周勋初文集

门弟子徐兴无 敬书

周勋初文集

当代学术研究思辨

周勋初 著

凤凰出版社

图书在版编目（ＣＩＰ）数据

当代学术研究思辨 / 周勋初著. -- 南京 ： 凤凰出
版社， 2023.7
　　（周勋初文集）
　　ISBN 978-7-5506-3949-2

　　Ⅰ．①当… Ⅱ．①周… Ⅲ．①学术思想－中国－文集
　Ⅳ．①B2-53

中国国家版本馆CIP数据核字(2023)第097595号

书　　　　名	当代学术研究思辨
著　　　　者	周勋初
责 任 编 辑	孙　州
装 帧 设 计	徐　慧
责 任 监 制	程明娇
出 版 发 行	凤凰出版社(原江苏古籍出版社)
	发行部电话025-83223462
出版社地址	江苏省南京市中央路165号,邮编:210009
照　　　排	南京凯建文化发展有限公司
印　　　刷	苏州市越洋印刷有限公司
	江苏省苏州市吴中区南官渡路20号,邮编:215104
开　　　本	880毫米×1230毫米　1/32
印　　　张	15.625
字　　　数	377千字
版　　　次	2023年7月第1版
印　　　次	2023年7月第1次印刷
标 准 书 号	ISBN 978-7-5506-3949-2
定　　　价	98.00元

（本书凡印装错误可向承印厂调换,电话:0512-68180638）

周勋初简介：

　　周勋初，上海市南汇县人，1929年生，副博士研究生肄业。

　　现为南京大学人文社会科学荣誉资深教授，历任南京大学研究生院副院长、古典文献研究所所长、中国古代文学重点学科学术带头人，兼任江苏省文史研究馆馆长。

当代国学丛刊

当代学术研究思辨

周勋初 著

南京大学出版社

南京大学出版社 1993 年 5 月出版

周勋初文集

江苏古籍出版社

当代学术研究思辨

西学东渐和中国古代文学研究

6

《周勋初文集》江苏古籍出版社2000年9月出版

北京大学出版社 2013 年 5 月出版

前 言

　　1987 年,我申报了一项高等学校哲学社会科学博士学科点专项科研基金,课题为"现代学者治学方法研究"。工作进行不久,发现这一课题很难全面铺开,进行宏观的全面综述。原因当然很多,有的难点相信可在研究的过程中逐步解决,但是研究的前提——资料方面的障碍,一时却难以克服。例如胡适其人,对近代学风的转变起过很大的影响,但他的资料难以搜集齐全,直至 1964 年 4 月台湾远流出版事业股份有限公司出版了《胡适作品集》三十七册,隔了很久之后,此间方能看到他的全部作品,但有关胡氏的研究论文,此间几乎中断了四十年,要想吸收大陆之外学者的研究成果,亦非易事;又如傅斯年其人,主持"中研院"历史语言研究所数十年,他受德国历史语言学派的影响,曾经提出"史学就是史料学"的口号,对近代学术影响甚巨,但有关他的资料,更难获得。就以大陆学者来说吧,《古史辨》派的出现,也曾给予学术界以重大冲击,但其主将顾颉刚的全集,云是将编成八册,然而至今只出了两册,全书之成又不知在何时。又如闻一多的著作,据云仍有大量遗稿有待于整理,仅靠目下流传的几种进行研究,总嫌不够全面。这项资料工作,看来一时难以解决,于是我在郑重考虑之后,决定采用另外一种表达方法,改从各种角度进行探索,写作几组性质有所不同的文字,对当代学术研究的演变和发展分别进行探索,总结学者治学过程中的经验和教训,从各个侧面反映学术界的成就。现将这本集子中的几组文字的写作意图略作介绍:

　　一、第一组文章为研究黄季刚、胡小石、陈寅恪、朱东润、罗根泽、程千帆六位先生的专题论文。他们的治学方法,各有其代表性。他们的成功与失误,都足供后学借鉴。

二、第二组文章为研究古今治学方法进展与文史观念变化的文字。这些问题很复杂,尽管每篇文章字数已不少,但只能说是举例的性质,提纲挈领地勾了一个轮廓。

三、第三组文章为有关近十年来学术进展情况的介绍,前一篇文章是我出席新加坡国立大学于 1991 年举办的"汉学研究之回顾与前瞻国际会议"而在会上所作的报告,后一篇文章是我同年赴香港中文大学作学术报告而准备的提纲。

四、第四组文章为对王国维、陈寅恪著作中较有代表性的五篇文章所作的评析。

在这四组文字中涉及的学者,王国维去世最早,但他在上海时与小石师同寓哈同花园,在北京时与陈寅恪同在清华学校任教,年仅长于陈垣三岁,故似也可归入当代学者之列。为了书名显豁,不拖泥带水,此书不采"现当代学者"的名称,而径题书名为《当代学术研究思辨》。

1992 年 12 月

目 录

黄季刚先生《文心雕龙札记》的学术渊源

《札记》产生的时代背景

1934 年,章太炎先生退隐苏州,设"章氏国学讲习会",弟子分头笔记,留下讲义多种。在王乘六、诸祖耿记录的一份讲义的《文学略说》部分,提到了民国初年桐城派和《文选》派纷争的一重公案,颇有意味。文曰:

> 阮芸台妄谓古人有文有辞,辞即散体,文即骈体,举孔子《文言》以证文必骈体,不悟《系辞》称"辞",亦骈体也。刘申叔文本不工,而雅信阮说。余弟子黄季刚初亦以阮说为是,在北京时,与桐城姚仲实争,姚自以老耄,不肯置辩。或语季刚:呵斥桐城,非姚所惧;诋以"末流",自然心服。其后白话盛行,两派之争泯于无形。由今观之,骈、散二者本难偏废。头绪纷繁者,当用骈;叙事者,止宜用散;议论者,骈、散各有所宜。不知当时何以各执一偏,如此其固也。

章氏论文,重魏晋而轻唐宋,但对桐城早期的一些宗师,也并不鄙薄。因此,他对骈、散之争并无多大成见,尤其是到了文言和白话之争兴起之后,更是觉得不必同室操戈若是。只是从上述介绍中也可看到,当年的冲突是很激烈的,章氏本人也已卷入了旋涡中。

清朝末年、民国初年,桐城派的最后几位大师马其昶、姚永朴、姚永概和林纾等人先后曾在京师大学堂及其后身北京大学任教,其后章太炎的门人黄侃、钱玄同、沈兼士、马裕藻及周氏弟兄等先后进入北京大学,逐渐取代了桐城派的势力。这是近代学术风气演变的一大交会,其中经过,可以作些考察。

民国二年(1913),北京大学礼聘章太炎到校讲授音韵、文字之学,章氏不往,而荐弟子黄季刚(侃)先生前去任教。这就在桐城派占优势的地盘上楔入了新的成分,引起了散文与骈文之争。

姚永朴在北京大学讲授桐城派的理论,著《文学研究法》凡二十五篇,颇得时誉。季刚先生继起讲授《文心雕龙》,那时他才二十八岁,风华正茂,其后汇集讲义而成《札记》一书,亦颇得时誉。如果说,《文学研究法》是代表桐城派的一部文论名著,那么《文心雕龙札记》就是代表《文选》派的一部文论名著了。

可以说,桐城派和《文选》派之间发生的这场论争是我国旧文学行将结束时的一场重要争论,对散文和骈文写作中的许多问题作了理论上的辨析和总结。因此,若要理解《文心雕龙札记》一书的价值,必须追溯我国几千年来散文和骈文发展的历史,才能掌握其中提出的若干重要观点的价值。

文学观念与师承的关系

众所周知,季刚先生早年受业于章太炎门下。光绪二十八年(1902)时,季刚先生考入湖北崇文普通学堂学习。其时朝政腐败,国势危殆,季刚先生乃与同学及朋辈密谋覆清。两湖总督张之洞觉察,而张氏与季刚先生之父云鹄先生乃旧交,至是遂资送季刚先生赴日留学。其时章太炎因从事推翻清廷的革命活动而在日本避难,主持《民报》笔政。光绪三十三年(1907),季刚先生向《民报》投稿,开始追随章氏。宣统二年（1910），章太炎在东京聚徒讲学，季刚先生才正式投入其门下。

季刚先生的另一位老师是刘师培。二人结识甚早，而确立师生关系则甚迟。光绪三十三年（1907）时，章太炎和刘师培流亡日本，生活窘困至极，同居东京小石川一室，季刚先生此时即已与之订交。民国建立之后，季刚先生至北京大学任教，其后刘师培以拥护袁世凯称帝失败，也进入北京大学任教。刘氏也开设魏晋南北朝文学方面的课程，同样讲授《文心雕龙》这部专著。他在这方面的见解，罗常培曾加笔录而有文字传世①，与《札记》并读，犹如桴鼓之相应。可以想见，当时在学术界产生的影响是不小的。于是桐城派的势力日益衰退，不能不让《文选》派出一头地了。

季刚先生与刘师培年岁相若，二人一直保持着朋友的关系。其后季刚先生以为自己的经学水平不如刘氏，乃于民国八年（1919）执贽行弟子礼。据殷石臞先生介绍，季刚先生自谓文学不让乃师。从二人的创作方面来看，此说可以信从，但从季刚先生信从阮氏之说来看，应当认为他在文学理论方面曾受到刘氏的影响。

刘氏的学说，是《文选》派的后劲。这与他个人的家世有关。刘师培出身于仪征一个三代传经的家庭，而仪征这地方文风的崛起，曾受前辈阮元的影响。阮元官位显赫，而又热心文教事业，对汉学的发达起到了倡导扶植作用。他还在文学思想方面提出了新的见解，对于清代中世之后文风的改变产生过很大的影响。作为仪征这一地区的后学，刘师培继起发挥阮氏学说，于是又有人称这一流派为"仪征学派"。

---

① 罗常培《汉魏六朝专家文研究》，独立出版社 1945 年出版于重庆。他还曾笔录《文心雕龙·颂赞》与《诔碑》两篇讲义，发表于《国文月刊》一卷 9、10 合期与 36 期。

仪征属扬州辖下，清代苏北地区文风很盛，出现过汪中等不少学者，这是一批在朴学上有高深造诣而又有其共同或近似观点的学者，有人总称之为"扬州学派"。

桐城派的建立，自康熙年间的方苞开始，经过刘大櫆、姚鼐等人的继续努力，乾、嘉之后声势日盛，甚至产生了"天下文章，独出桐城"的赞誉。桐城派有明确的写作宗旨，在文风上也就会形成某些共同的特点。尽管经过许多高手的努力，取得了不少成绩，但因理论方面的局限，不可避免地也会出现一些共同的缺点，那就是文章雅洁有馀，而文采不足。这一点姚鼐当时也已看出来了。他在编《古文辞类纂》时，在《序目》中标举宗旨曰："凡文之体类十三，而所以为文者八，曰：神、理、气、味、格、律、声、色。"为了补偏救弊，他又特辟"辞赋类"一目，希望扩大散文写作的源头，吸收骈文的某些艺术特色，使桐城古文在"味""色"方面丰富起来。

阮元就是针对桐城派的局限而提出了自己的学说，建立了自己的学派的。他认为应把骈文作为我国文学的正宗，把散文逐出文苑。这种见解当然也是很偏颇的。但他根据我国文学的特点而立论，强调文学创作必须珍视本国语言的特点，则有其合理的地方。这是《文选》派所以能够经受得住历史考验的原因。

阮元援引六朝文笔之说，所谓"有韵为文，无韵为笔"，主张文必有韵。他又以为文章必须注意比偶，于是又引《易经》中的《文言》以张大其说。总的来说，阮元推崇魏晋南北朝时骈文的成就，以《文选》为宝典，信从萧统《文选序》中的"事出于沉思，义归乎翰藻"之说。他在《文韵说》中提出："凡为文者，在声为宫商，在色为翰藻。"显然，这也正是针对桐城派的不足之处而提出的挑战。

刘师培撰《广阮氏〈文言说〉》，又援引载籍，考之文字，以为"文章之必以彣彰为主"，他在《文章源始》中推阐阮氏之说，强调"骈文一体，实为文体之正宗",而"明代以降,士学空疏,以六朝之前为骈体,以昌黎诸辈为古文,文之体例莫复辨,而文之制作不复睹矣。近代文学之士,谓天下文章莫大乎桐城,于方、姚之文奉为文章之正轨。由斯而上,则以经为文,以子史为文;由斯以降,则枵腹蔑古之徒,亦得以文章自耀,而文章之真源失矣"。

但上述见解,却引起了章太炎的反对。章氏在《文学总略》中对阮、刘二氏之说作了有力的批判。阮氏主张文必有韵,而又把"韵"的概念扩大,用文中的"宫商"(平仄)来替代,以为《文选》中的散体之作,也可归入"文"中。但我国古来的所谓"韵",都指押脚韵而言,《文选》中的散文固然不用押脚韵,就是那些骈体之作,除诗、赋、铭、箴等外,也同样不重押脚韵,因此章氏指出:"夫有韵为文,无韵为笔,是则骈散诸体,一切是笔非文。借此证成,适足自陷。"这也就是说,阮、刘二氏之说缺乏理论上的根据,与事实不合。

章太炎的《文学总略》一文,洋洋洒洒,意蕴甚为丰富。他从历史上考察,从理论上辨析,对阮元一派的理论作了彻底的清算。文章开端,他开宗明义地指出:"文学者,以有文字著于竹帛,故谓之文;论其法式,谓之文学。凡文理、文字、文辞皆言文;言其采色发扬,谓之彣。以作乐有阕,施之笔札,谓之章。……今欲改文章为彣彰者,恶乎冲淡之辞,而好华叶之语,违书契记事之本矣。"这是因为阮、刘之说不能圆满解释古今对"文"的内涵,故章氏提出了"以文字为准,不以彣彰为准"的见解。

章氏的这种理论,考证字源而标举宗旨,用的是朴学家的基本手法,可以说是一种朴学家的文论。

由上可知,季刚先生的这两位师长,文学观念上既有相同之处,也有不同之点。他们之间的争论,牵涉到对文学特点的不同认识,从而对文学的范畴持不同的看法。刘师培以"沉思""翰藻"为文的特征,注意音韵和比偶这样一些我国语言文字所特有的美感因素,章太炎则认为以此衡文,势必要把一大批作品逐出文学的领域之外,不合国情。因此,他追本溯源,主张凡是见之于竹帛的文字,都应归入"文"的范畴。

季刚先生折中师说,以为言各有当,从而对此作了新的剖析。他在《文心雕龙·原道》篇的札记中说:

> 阮氏之言,诚有见于文章之始,而不足以尽文辞之封域。本师章氏驳之,以为《文选》乃裒次总集,体例适然,非不易之定论;又谓文笔文辞之分,皆足自陷,诚中其失矣。窃谓文辞封略,本可弛张,推而广之,则凡书以文字,著之竹帛者,皆谓之文,非独不论有文饰与无文饰,抑且不论有句读与无句读,此至大之范围也。故《文心·书记》篇,杂文多品,悉可入录。再缩小之,则凡有句读者皆为文,而不论其文饰与否,纯任文饰,固谓之文矣,即朴质简拙,亦不得不谓之文。此类所包,稍小于前,而经传诸子,皆在其范罩。若夫文章之初,实先韵语;传久行远,实贵偶词;修饰润色,实为文事;敷文摛采,实异质言;则阮氏之言,良有不可废者。即彦和泛论文章,而《神思》篇已下之文,乃专有所属,非泛为著之竹帛者而言,亦不能遍通于经传诸子。然则拓其疆宇,则文无所不包;揆其本原,则文实有专美。

这种见解,显然是基于章、刘二氏之说而重作的结论。他把我国文学创作的扩展和演进看作一个历史的进程。人类进入文明时期,"书以文字,著之竹帛者,皆谓之'文'",这是"文"的初级阶段,章太炎所郑重申诚的,就是不能忽略作为文学源头的这一阶段。其后经过有句读之文,即经传诸子阶段,而发展为文采斐然的文章,也就进入了阮、刘所强调的六朝文学阶段了。这样看来,章、刘二氏之间看似针锋相对,实则并无原则性的矛盾,所以季刚先生通过细致的辨析形成了更完整的见解。

这种认识,与刘勰的见解甚为契合。《文心雕龙》前面二十篇文章,分论各种文体,符、契、券、疏等"笔札杂名"也被视作"艺文之末品",一一加以讨论,可见阮氏之说陈义过高,与六朝之时的文论大师刘勰的学说就不能相合。而刘勰在《总术》篇中描写"文"的特点说"视之则锦绘,听之则丝簧,味之则甘腴,佩之则芬芳",则显然不是指"著之竹帛"和"有句读者"的初级阶段之文而言。这样看来,章氏所立的界说又失之过泛,与刘勰之说不能完全切合。季刚先生讨论这一问题时,从《文心雕龙》这样一部体大思精的巨著中得到启示,作出了合适的结论。因此,他对文学特点的看法与刘勰相合,对文学领域的区划也与刘勰切合,所以他研究《文心雕龙》,也就不致发生畸轻畸重或隔靴搔痒的弊病。

总结上言,可知民国初年的文坛上,有三个文学流派在相互争竞,一是以姚氏弟兄和林纾为代表的桐城派,二是以刘师培为代表的《文选》派,三是以章太炎为代表的朴学派。季刚先生因师承,和后面的二派关系深切。他是《文选》学的大师,恪守《文选序》中揭橥的宗旨而论文,这就使他的学术见解更接近刘氏一边。但他汲取前人的创作经验,参照《文心雕龙》和本师章氏的"迭用奇偶"之说,克服了阮、刘等人学说中的偏颇之处,则又可说是发展了《文选》派的理论。

季刚先生在《总术》篇的札记中说:

> 案《文心》之书,兼赅众制,明其体裁,上下洽通,古今兼照,既不从范晔之说,以有韵、无韵分难易;亦不如梁元帝之说,以有情采声律与否分工拙。斯所以为"笼圈条贯"之书。近世仪征阮君

《文笔对》，综合蔚宗、二萧（昭明、元帝）之论，以立文笔之分，因谓无情辞藻韵者不得称文，此其说实有救弊之功，亦私心凤所喜好，但求之文体之真谛，与舍人之微旨，实不得如阮君所言；且彦和既目为"今之常言"，而《金楼子》亦云"今人之学"，则其判析，不自古初明矣。与其屏笔于文外，而文域狭隘，曷若合笔于文中，而文圃恢弘？……阮君之意甚善，而未为至懿也；救弊诚有心，而于古未尽合也。学者诚服习舍人之说，则宜兼习文笔之体，洞谙文笔之术。古今虽异，可以一理推；流派虽多，可以一术订；不亦足以张皇阮君之志事哉？

　　阮元建立《文选》派时，曾经援用过六朝时期的文笔之说，作为宣扬骈文的理论根据和批判桐城派的武器。季刚先生提出"合笔于文"之说，也是因为阮元持论过严而把笔中的许多名篇排斥在外，且不足以解释文学发展史上的各种复杂现象。但从他对阮元之说的推崇而言，可知他是以此为本而又吸收本师章氏等人之说来补偏救弊的。从这些地方来看，季刚先生的学说，比之阮元、刘师培等人的见解，更为圆通。作为这一流派的殿军，而又作出重要的发展，可以说他是一位《文选》派中的革新者。

对齐梁文学与《文选序》的不同评价

　　清代朴学的兴起，在文学上也产生了深远的影响。这一流派的大师，熟悉典章制度、名物训诂，对文字、声韵又有精深的研究，他们把这方面的修养运用于作文时，也就容易走上骈文的路子。因为骈文作者首先要在典故和声韵方面有深厚的功夫。

　　朴学家中先后出现过许多著名的骈文作者。阮元等人，自不必说，其他如孔广森、汪中、洪亮吉、李兆洛、凌廷堪等人，都是著名的骈文作者。他们也并不绝对排斥散文，例如汪中，就是以骈为主，而又骈散兼行的著名作家。他的成就，一直为后来的骈文作者所推崇。

季刚先生也极为推崇汪中的学术水平和创作水平。民国初年，当他一度出任直隶都督府秘书长时，曾于津沽逆旅间见有署名王蕙纫之题壁诗十首，内二首有云："城上清笳送晓寒，又随征毂去长安。当年娇养深闺里，那识人间行路难。""北来辛苦别慈帏，日日长途泪独挥。自恨柔躯无羽翼，不能随雁向南飞。"季刚先生问知为北里中人所作，顿起天涯同病之感，遂题诗于后曰："戎幕栖迟杜牧之，愁来长咏杜秋诗。美人红泪才人笔，一种伤心世不知。""簪笔何殊挟瑟身，天涯同病得斯人。文才远愧汪容甫，也拟摛辞吊守真。"这是因为季刚先生早年生活颇为艰辛，后以朴学名家，而又寝馈六朝文学，主张骈散兼行，不论是在性格上，还是在学业上，都有相通而引起共鸣的地方。汪中作《经旧苑吊马守贞文》，借他人之酒杯，浇胸中之垒块，所谓"俯仰异趣，哀乐由人。如黄祖之腹中，在本初之弦上。静言身世，与斯人其何异？"更能触动景况相同者的心弦。季刚先生随后弃政从学，这首诗中已可见其端倪。

汪中与阮元关系深切，乃是扬州学派中的知名人物。王引之《容甫先生行状》曰："为文根柢经史，陶冶汉、魏，不沿欧、曾、王、苏之派，而取则于古，故卓然成一家言。"章太炎《菿汉微言》曰："今人为俪语者，以汪容甫为善。"可以说，汪中是《文选》派和朴学派心目中可与桐城派分庭抗礼的一位理想人物。

刘师培在《文章源始》中说："歙县凌次仲先生，以《文选》为古文正的，与阮氏《文言说》相符。而近世以骈文名者，若北江（洪亮吉）、容甫（汪中），步趋齐梁；西堂（尤侗）、其年（陈维崧），导源徐、庾；即谷人（吴锡麒）、㢱轩（孔广森）、稚威（胡天游）诸公，上者步武六朝，下者亦希踪四杰。文章正轨，赖此仅存。"说明清代骈文作者取得的成就，与继承六朝文学的传统有关：即使是其中的突出人物如汪中等人，也与六朝文学有很深的渊源。

刘勰在《文心雕龙·体性》篇中，把文章的风格归为八类。其中"新奇""轻靡"二类，刘氏下定义曰："新奇者，摈古竞今，危侧趣诡者也。轻靡者，浮文弱植，缥缈附俗者也。"这些评语是褒是贬，学术界的看法很不一致，而季刚先生在《札记》中加以阐释，"新奇"下曰："词必研新，意必矜创，皆入此类。潘岳《射雉赋》、颜延之《曲水诗序》之流是也。""轻靡"下曰："辞须茜秀，意取柔靡，皆入此类。江淹《恨赋》、孔稚圭《北山移文》之流是也。"这里所举的例子是否合适，可以商讨，但从他对这两种风格的解释而言，则是以为"八体"之间无高下之分，都是刘氏心目中的美文。显然，这两种风格的文章突出地反映了齐梁文学的特点，季刚先生加以肯定，说明他在衡文时也不废齐、梁。

季刚先生的这种见解，近于刘师培而远于章太炎。章氏在《与邓实书》中说："仆以下姿，智小谋大，谓文学之业穷于天监。简文变古，志在桑中，徐、庾承其流，澹雅之风，于兹沫矣。"因为他重澹雅之文，所以推重魏晋而鄙薄齐、梁，对于那些"危侧趣诡""缥缈附俗"之作，自然极力排斥了。

二人对六朝文学的评价发生差异，还反映在对《文选序》有不同的看法上。萧统编集《文选》，作序说明去取原则，并且表明了文学方面的一些基本观点。不用说，《文选》派的创立宗派，也是把这篇《序》文作为理论根据的。季刚先生认为："学文寝馈唐以前书，方窥秘钥。《文选》《唐文粹》可终身诵习。"①他在《文选序》中"若夫姬公之籍"至"杂而集之"句上批曰："此序，选文宗旨、选文条理皆具，宜细审绎，毋

---

① 章瑶《黄先生论学别记》，载《制言》第 7 期，1935 年。

轻发难端。《金楼子》论文之语,刘彦和'论文'一书,皆其翼卫也。"①可见其对此文的珍重。章太炎的看法可就不同了,他在《文学总略》中说:"《文选序》率尔之言,不为恒则。……阮元之伦,不悟《文选》所序,随情涉笔,视为经常。"就是从局外人的立场来看,章氏的立论也未免过于"率易"。怎么可以把历史上发生过重大影响的一部总集,编选者阐明要旨的一篇重要文字,视为草率着墨的杂乱之作呢?季刚先生在这些地方不采师说,是有道理的。研究古典文学的人,确实不可不认真地去钻研一下《文选序》。

批判"褊隘者流"及"阳刚阴柔之说"

章太炎与刘师培的文学观念有不同之点,也有相同之处。二人都是著名的朴学大师。朴学着重语言文字方面的基础功夫,刘师培在《文说》中的《析字篇第一》中说:"夫作文之法,因字成句,积句成章,欲侈工文,必先解字。"这是朴学家论文的共通见解。季刚先生研究《文心雕龙》时,也反映出了朴学家首重文字的特点。可以说,《声律》《丽辞》等篇的札记,特别是《章句》篇的札记,最足以反映季刚先生在朴学方面的修养和这一流派论文的特点。

季刚先生曾说:"吾国文章素重声律、对偶、局度。"②因此,他在与此有关的一些札记中,灌注了他多年来研究小学和骈文的心得,都是水平很高的学术论文。

在这问题上,主张散文和主张骈文的人看法又有不同。桐城派重

---

① 见《黄季刚先生评点〈昭明文选〉》,潘重规过录本,载《黄季刚先生遗书》,台湾石门图书公司 1980 年印行。

② 武西山《追忆黄季刚师》,载《制言》第 5 期,1935 年。

散文，自然不谈什么"丽辞"，他们推重唐宋古文，抹杀魏晋南北朝骈文创作上的成就。季刚先生在《丽辞》篇的札记中指出："近世褊隘者流，竞称唐宋古文，而于前此之文，类多讥诮，其所称述，至于晋宋而止。不悟唐人所不满意，止于大同已后轻艳之词，宋人所诋为俳优，亦裁上及徐、庾，下尽西昆，初非举自古丽辞一概废阁之也。"这是对桐城派的尖锐批判，也是对六朝文学的有力维护。

自永明声律说兴起后，齐、梁文人普遍采用这项新的研究成果写作美文，由是文学的形式技巧得到了迅速的发展，人们对我国语言文字的特点了解得更清楚了。《文选》派重视六朝文学这一方面的新成果，桐城派则对此持否定态度，于是季刚先生诋斥之为"褊隘者流"。

桐城派不谈什么"丽辞"，他们对声韵的要求，强调音节方面的抑扬顿挫，所重视的，也就是所谓气势。季刚先生在《定势》篇的札记中论及文势中的一派，"以为势有纡急，有刚柔，有阴阳向背，此与徒崇慷慨者异撰矣。然执一而不通，则谓既受成形，不可变革；为春温者，必不能为秋肃，近强阳者，必不能为惨阴。为是取往世之文，分其条品，曰：此阳也，彼阴也，此纯刚而彼略柔也。一夫倡之，众人和之。噫，自文术之衰，欻言文势者，何其纷纷耶！"这里批判的，也就是桐城派的阴阳刚柔之说。

姚鼐在《复鲁絜非书》中首倡阴阳刚柔之说，认为其中的奥妙与天地之道相通，曾国藩继起推衍其说，分为太阳、太阴、少阳、少阴四象，以气势为太阳之类，趣味为少阳之类，识度为太阴之类，情韵为少阴之类。他并著有《古文四象》一书，将古今许多著名的文字列入"四象"之中，可见这位桐城派的"中兴"者在理论上也作出了发展。

这种学说，桐城后学一直把它作为论文精义而不断运用，姚永朴在《文学研究法》的《刚柔》《奇正》两章中，用了很多篇幅加以介绍和申述,其中说到后来的一些情况,如云:"案文正既以四象申惜抱之意,尝选文以实之,而授其目于吴挚甫先生,其后挚翁刊示后进,并述张廉卿之言,又以二十字分配阴阳,谓神、气、势、骨、机、理、意、识、脉、声,阳也;味、韵、格、态、情、法、词、度、界、色,阴也:则充其类而尽之矣。"可见直到清末民初,桐城派人物还是把它视作首要的理论而不断作出玄妙的解释的。

《文心雕龙札记》中,多次对这种理论进行批判,在《题辞及略例》中就提到:

> 自唐而下,文人踵多,论文者至有标榥门法,自成部区,然细察其善言,无不本之故记。文气、文格、文德诸端,盖皆老生之常谈,而非一家之眇论。若其悟解殊术,持测异方,虽百喙争鸣,而要归无二。世人忽远而崇近,遗实而取名,则夫阳刚阴柔之说、起承转合之谈,吾侪所以为难循,而或者方矜为胜义。夫饮食之道,求其可口,是故咸酸大苦,味异而皆容于舌函;文章之嗜好,亦类是矣,何必尽同?

他在全书开端就猛烈地攻击桐城派,足见当时两派冲突之激烈。这里他把"阳刚阴柔之说"也看作"老生之常谈",以此坐实"褊隘者"理论建树的贫乏。

实际说来,"阳刚阴柔之说"是对文章风格的研究。桐城派把写作与吟咏联系起来,把风格问题落实到字句与声调上,进行过很多有益的探讨。尽管这些学说之中杂有种种玄虚的说法,但如细加抉择,还是可以提炼出不少有启发意义的论点。季刚先生对此所作的批判过于苛刻,或因囿于当时学派之间的门户之见,而有此偏激的言论。

反对文以载道,提倡自然为文

《文心雕龙·原道》篇的札记中说:"《序志》篇云:'《文心》之作也,本乎道。'案彦和之意,以为文章本由自然生,故篇中数言自然,一则曰:'心生而言立,言立而文明,自然之道也。'再则曰:'夫岂外饰,盖自然耳。'三则曰:'谁其尸之,亦神理而已。'寻绎其志,甚为平易。盖人有思心,即有言语;既有言语,即有文章。言语以表思心,文章以代言语,惟圣人为能尽文之妙。所谓道者,如此而已。此与后世言'文以载道'者截然不同。"这是揭示论文宗旨的重要论点,故于正文首篇开端即行提出。

所谓"文以载道",也是桐城派的重要论点,季刚先生在书中曾多次加以批判。

"文以载道"之说首由宋代理学的开山祖师周敦颐提出,一直为后来的礼法之士所津津乐道,而季刚先生所说的"后世",则是指清代的桐城派中人物。

清代初期,方苞首开宗派,其核心理论即所谓"义法"之说。"义"即《易》之所谓"言有物",而只有宣扬儒家之道的文章始能称之为"有物"。王兆符在《望溪文集序》中称方苞"学行继程、朱之后,文章介韩、欧之间",可知桐城派的理想是在写作唐宋古文而宣扬宋明理学。这一文派之所以得到清统治者的支持,就是因为他们宣扬的"义理",大力维护纲常伦理,有利于封建政权的巩固。

姚永朴在讲授《文学研究法》时,也把这种理论置于首要地位,在开端的《起原》《根本》二章中,反复加以阐说。他先是引用了孔子、董仲舒、王通、韩愈等人的有关理论,后引周子《通书》中的"文以载道"之说,强调"是故为文章者,苟欲根本盛大,枝叶扶疏,首在于明道"。其次则在于"经世"。姚氏总结起来说:"吾辈苟从事兹学,必先涵养胸趣,盖胸趣果异乎流俗,然后其心静,心静则识明,而气自生,然后可以商量修、齐、治、平之学,以见诸文字,措诸事业。"由此可见,桐城派的理论确是反映了封建统治阶级的政治要求。

正像历史上无数先例所表明的那样,一些要求突破儒家思想束缚的人,经常借用道家的学说来对某种思想或某种概念另作解释。季刚先生的释"道",正是如此。他先引《淮南子·原道》篇、《韩非子·解老》篇和《庄子·天下》篇中有关"道"的学说来诠释刘勰之"道",接着又说:"案庄、韩之言道,犹言万物之所由然。文章之成,亦由自然,故韩子又言'圣人得之以成文章'。韩子之言,正彦和所祖也。"有人以为刘勰信从儒家学说,韩非是猛烈攻击儒家学说的法家人物,季刚先生引用韩非的学说去阐释刘勰的《原道》,在学派上就说不通。殊不知季刚先生引用的是韩非《解老》中的文章,这里发挥的是道家的学说。韩非"喜刑名法术之学而其归本于黄老",《解老》又是我国历史上第一篇诠释《老子》的文章,以此为阶梯而进窥道家的学说,最能掌握其要领。刘勰固然重视儒家学说,然而在自然观和方法论上也深受玄学的影响。季刚先生曾有《汉唐玄学论》之作,对刘勰的思想有深入的研究,这里援引《解老》与《天下》篇中的文章来释"道",与刘勰的文学思想是很契合的。

季刚先生又说:"道者,玄名也,非著名也。玄名故通于万理,而庄子且言'道在矢溺'。今曰文以载道,则未知所载者即此万物之所由然乎?抑别有所谓一家之道乎?如前之说,本文章之公理,无庸标楬以自殊于人;如后之说,则亦道其所道而已。文章之事,不如此狭隘也。"他由阐释"原道"进而批判"文以载道"之说,显然是不满于桐城派的宣扬封建礼教,以此作为文章的唯一要义,束缚天下士子的头脑。所以他又叮咛说:

今置一理以为道，而曰文非此不可作，非独昧于语言之本，其亦胶滞而罕通矣。察其表则为谰言，察其里初无胜义，使文章之事，愈病愈削，寖成为一种枯槁之形，而世之为文者，亦不复撢究学术，研寻真知，而惟此窾言之尚，然则阶之厉者，非文以载道之说而又谁乎？

季刚先生批判桐城派，要求突破正统思想的束缚，具有思想解放的意义。《通变》篇的札记中重申了这一重要见解。他在解释"龊龊于偏解，矜激于一致"时说："彦和此言，为时人而发，后世有人高谈宗派，垄断文林，据其私心以为文章之要止此，合之则是，不合则非，虽士衡、蔚宗不免攻击，此亦彦和所讥也。嘉定钱君有《与人书》一首，足以解拘挛，攻顽顿，录之如左。"随后他就录引了钱大昕书的全文。众所周知，钱氏的这一文字，乃是批判桐城派的力作。钱大昕以朴学大师的身份猛烈攻击桐城派的宗师方苞，可以说是一种"擒贼先擒王"的手段。《文选》派中人物援此讨伐桐城，又可看到他们与朴学之间的密切联系。

季刚先生明白示人以作文宗旨曰："文章之事，不可空言，必有思致而后能立言，必善辞令而后能命笔。而思致不可妄致也，读诵多，采取众，较核精，则其思必不凡近。以不凡近之思，求可观采之文，犹以脾朦为嘉肴，取锦绣为美服也。不此之务，而较量汉唐，争执骈散，鏖战不休，同于可笑，孰有志而为此哉？盖文章之事，无过叙事、论理、抒情三端。诚使叙不必叙之事，论不必谈之理，足下试思其文何若？此无论规摹姚、曾，抑或宗法汪、李，要未足陈于通人之前。……无学之文不必为，无用之文不必为，则文章之大已得；字句之妍媸，宁待斟酌而后晓哉？"①对于那些缺乏真情的文字，尤不予好评，颜延年作《宋文

---

① 《复许仁书》，载《制言》第 52 期，1939 年。

皇帝元皇后哀策文》，季刚先生批曰："此文实不悟其佳处，意窘词枝，总由无情耳。"①

季刚先生为人真率，所作诗词，情真意浓，恻恻动人。因此他的论文，反对桐城派的以"理"束缚人，主张文本自然，不受拘检，强调真情实感，这是与桐城派在文学观念上的根本对立。大家知道，季刚先生早年参加革命，曾为民国的建立作出过贡献。他的思想，虽然不能说已经形成了完整的资产阶级思想体系，但从他与封建专制主义政权的斗争中，却也可以看出他的思想有其民主主义的一面。文学思想上的自然观，正是政治思想上进步因素的反映。

由此可见，季刚先生在文学观点上有恪守《文选》派规范的地方，而在思想上也有新的发展，这是与阮元、刘师培等人根本不同的地方。

学有本源与追本溯源

季刚先生殁后，挚友胡小石先生撰挽联曰："所学兼儒林、文苑之长，浩浩洪流，抱简正逢龙起日；相知视惠施、庄周为近，茫茫泉壤，运斤空叹质亡时。""所学兼儒林、文苑之长"一语，是对季刚先生一生成就之的评。他在学术和创作上都曾作过巨大的贡献。

因为他是"儒林"中人，所以在文学上也讲求学有本源。不论是在理论上，还是在创作上，无不如此。

章太炎先生称赞其创作成就曰："文章自有师法，研精彦和《文心》，施之实事。为文单复兼施，简雅有法，不涉方、姚、恽（敬）、张（惠言）之藩，亦与汪、李殊派。至其朴质条达，虽与之异趣亦无间言。"②后学徐英

---

① 《黄季刚先生评点〈昭明文选〉》。
② 转引自柯淑龄的博士论文《黄季刚先生之生平及其学术》第 689 页。

则曰："骈文自汪容甫入而上追八代之奇，尔雅渊懿，安详合度，与刘先生申叔同为近代名家。"①一致推崇他是近代骈文的高手。而季刚先生的创作实践，又是与他钻研《文心雕龙》中的理论密切相关的。

《文心雕龙札记》一书，就从 1927 年文化书社印行算起，也已问世五十多年了。治《文心雕龙》者历久不衰，一直把《札记》视作重要的参考书。目下研究《文心雕龙》的盛况更是迈越往古，观点和方法也已大不相同，然而《札记》此书仍然享有不可动摇的地位。此中原因，值得好好地总结。

季刚先生对《文心雕龙》中文字典故方面的诠释，因为朴学修养湛深，固然精确不可移；就是对《文心雕龙》中理论的阐发，也是切理厌心，富于启发。季刚先生具有非常丰富的创作经验，而他的创作，正是继承刘勰所倡导的优秀传统发展而来；他的理论，直接继承着刘勰所阐发的微言奥义。他的成就，真可谓学有本源。那么通过他本人的高度成就，沿着他指示的门径，作探源之举，可免多歧亡羊之病，而有直指心源之助。阅读《文心雕龙》的人，当然在所必读了。

这样看来，《文心雕龙札记》一书乃是清末民初三大文学流派纷争中涌现出来的一部名著。季刚先生继承了《文选》派的传统，吸收了朴学派的成果，在批判桐城派的过程中，形成和发展了自己的学说。这场骈文和散文之争，有我国文学千百年来的历史作为参考，有不同流派的许多大师的意见可作借鉴，季刚先生以其过人的才力和不懈的钻研，心血所聚，成此一册，自然不同泛泛之作。这样的文字，历久弥新，可以预见，它将永远得到爱好文学者的珍视。

（原载《文学遗产》1987 年第 1 期）

---

① 转引自柯氏论文同一页。

胡小石先生的教学艺术

一

新中国成立初期,在大学里如何讲授古典文学,是一个崭新的课题。为了提高学生学习古典文学的兴趣,培养他们自学的能力,南京大学中文系为二年级学生开设了一门"工具书使用法"的新课,并请当时担任文学院院长的胡小石(光炜)先生主讲。这是我们1950年入学的这一届学生接触先生的开始。

先生德高望重,蜚声学坛,这是我们早已知道的。对于这样一位名教授,究竟有哪些过人之处,大家怀着好奇的心情揣摸着。几节课之后,首先使人产生强烈印象的是小石师的记忆力惊人,随之又看到了他学问的博大。

记得有一堂课讲查词汇出处。小石师介绍到《佩文韵府》,并打开原书让同学一一传观,那时先生年事已高,目力不济,对商务印书馆影印的这本书上的小字看不清楚,于是就叫学生朗诵条文,但一当学生读到某诗句或某文句时,先生立即背诵出这诗句或这文句的前后整段文字,这使大家大为惊讶。那时我们都是二十岁左右的青年,起初见到先生仪容俨然,不免有些拘谨,日后却又感到即之温然,也就随便了些,于是就有一些人不时提出问题来请教。可想而知,这些问题往往都是很幼稚的,而且上下古今,海阔天空,有的还常常带有一点"探测"的意思;但先生见到这种情景,总觉得年轻人好奇,求知欲强,因而来者不拒，随方解答，这就更使大家吃惊。现在人们形容记诵之博，往往称这样的头脑像一台电脑，那时可还没有这样的观念，只觉得先生脑海中的知识浩瀚无边。对于一个尚在学问的大门外张望的青年来说，人的智力究竟能够达到怎样的高度，总是缺乏明确的认识，那么如有一位堂庑博大的学者在面前树立起典范，也就可以开拓眼界，激发他奋力向上，小石师的形象就起到了这种潜移默化的作用。

世上聪明的人很多，却不一定能成为学者，先天的材料，还得靠后天的斫削。小石师的父亲季石先生是前清的一名举人，为了培养爱子成为杰出的学者，从小就对他进行严格的教育。清代末年学者最正规的治学途径是：先通小学，后通经学，由此顺流而下，再扩及诸子学、史学或文学。因此，一当小石师五六岁时，季石先生就亲自授以《尔雅》。这是第一本启蒙的书。韩愈曾说"周诰殷盘，诘屈聱牙"，但这些文章总还是有文义可循，便于记诵，《尔雅》字字不相联属，太难记了，但小石师年幼时下了功夫，老而不忘，1958 年我当研究生，有一次他追忆童年的家庭教育时叙此往事，随口背诵一二条为例："初、哉、首、基、肇、祖、元、胎、俶、落、权舆，始也。林、丞、天、帝、皇、王、后、辟、公、侯，君也。……"犹如背诵顺口溜一样，可见先生幼学功力之深。

先生的记忆力是这样的惊人，从小又下过这样的苦功，因此每当有人提问时，可以立即打开知识仓库，驱使材料，挥洒自如，令人仰慕。但先生又有非常严谨的治学精神，写文章时，决不专凭记忆，而是严肃地查对原文。不但自己这样做，而且要求学生也这样做。王季思（起）先生是小石师早年在东南大学任教时的高第之一，有一次在给青年教师谈治学经验时还提到，他曾送上一篇诠释元好问《论诗三十首》的论文，请小石师审阅。季思先生用张华"平吴之役，利在获二俊"的话诠释"论功若准平吴例，合著黄金铸子昂"二句，小石师以为这一典故只能用来说明前句，而后句未有着落，因而让他去查《国语》一书。季思先生始知此处用的乃是《越语》中勾践用黄金为范蠡铸像的故事。小石师随后又语重心长地告诫说,这些地方"聪明人要用笨功夫"。季思先生拿他早年受教时感触很深的一件小事转而告诫后学,追念先生教诲之情,令人感动。良好的学风,确是需要通过一代代的学者用严格的教育方法传承下去。

照常理想,小石师在大学里工作了几十年,有些课不知教过了多少遍,而他的记忆力又是这样强,可以用不着备什么课了吧,上堂时拿一些常识随便讲讲也就够精彩了。实际情况正与此相反。先生教学极为认真,上课的前一两天或更多时候,对那些熟透了的课,还是要认认真真从头备起,特别是上课前的那天晚上,更是雷打不动,一定用于备课。不论严寒酷暑,都是如此。南京号称"长江三大火炉"之一,夏夜的闷热更是令人难以忍受,我曾多次看到先生夏夜伏案备课。一位名满海内的老教授,对他的工作永远是这样的认真负责,那种挥汗疾书的动人景象,毕生难忘。

二

小石师掌握了高超的教学艺术,学生之中不管是专攻古典的、现代的或语言的,都爱听他的课。

罗雨亭(根泽)师早年负笈清华大学国学研究院和燕京大学国学研究院,见过不少名师,但他也曾说过:老辈学者一般都不善讲课,像小石先生这样能讲的人,老辈中极少见。

小石师去世时,方曙先(光焘)师曾对我说起,欧洲有些著名的教授,没有什么著作传世,但教学极有水平,有的学生也就著书专门介绍他的教学活动,因为教学本身也是一门艺术,应该作为研究的对象,中国就缺乏这一类的著作。小石师学问固佳,而教学上的成就也极突出，因此曙先师劝我写些东西专门记叙这方面的活动。我以资质驽钝，文笔迂拙，不足传先生风神于万一，故而不敢草率从事。其后极左思潮日益加烈，更使这类文字无法出现。现在想来，小石师的教学成就确实值得好好地总结。

有的先生上课时，也喜欢发挥，喜欢铺叙，但如跑野马，东西驰突无羁靮；如放风筝，随风飘荡无定准。小石师讲课时，纵横驰骋，放得开，也收得拢。这就是说，小石师对讲授的内容操纵自如，富有吸引力。

原因何在？我想这除了需要有广博的知识之外，思想方法上也要有很好的修养和训练。

小石师早孤，家道中落，冒籍进学未遂，乃考入两江师范学堂，因为这所学校是公费的。当时学的是农博，而又专攻植物分类。有一次，学堂监督李梅庵（瑞清）先生出题测试，题目出于《仪礼》，小石师家里藏有一部张惠言的《仪礼图》，他小时候就爱看这书，这时便根据此书，有条有理地写了一篇文章缴上。当时新学已起，年轻人中已很少有人钻研三《礼》之学了，梅庵先生发现学农博的人中竟然有一名年仅弱冠的学生能作有关《仪礼》的文章，大喜过望，遂特加青睐，亲自授以传统的国学。先生毕业后，赴长沙明德中学教生物，因条件太差，无法做实验，乃转而钻研《楚辞》，考证其中的花草树木。辛亥革命成功，梅庵先生以遗老身份退隐沪上，自称清道人，怕这位天资过人的学生埋没不闻，遂命先生至沪留住于家，一方面教他的子侄辈，一方面亲自加以指点深造。小石师经学治《公羊春秋》，史学治《史记》，精于书法，精于鉴别书画文物，主要得力于这一阶段梅庵先生的培植。

小石师早年的这些经历，在日后的教学活动和科研工作中还留下印记。他是师范学堂出来的，懂教学法，了解学生心理，并且受过自然科学的训练，分析问题时，条理清楚，逻辑性强，而又善于归纳。因此他在堂上讲课时，生动活泼，而又要言不烦。即使在板书问题上，也能显示其组织材料的功夫，简明扼要，安排顺当，使学生容易掌握，容易记录。

先生受过专业训练，精于绘图。每当他讲到课文中有关的花草树木时，则或举现代的植物名称做解释，使人恍然领悟到这些奇怪的名字原来就是日常见到的某种植物；有时则绘出图形，使得那些原先觉得很抽象的东西变为可以捉摸的事物。这样也就提高了学生的兴趣，让他们增长了具体知识。

他在讲授《诗经》《楚辞》时，对于先秦时期那些难于了解的名物制度，也能生动具体地予以阐述。例如讲到《湘夫人》中"筑室兮水中"一段时，就在黑板上精确地画出古代的居室图，使人感到屈原的描写何等分明。又如讲到《国殇》中"左骖殪兮右刃伤""絷两轮兮埋四马"时，也就画出古代的车马图，使人宛如看到古代战争时的场面。读古书时，一般人不了解古代的情况，难以联想起古时的形象画面，因而提不起学习古典文学的兴趣，上小石师的课，图文并茂，生动具体，且配上一手漂亮的字，使人获得高度的艺术享受。

先生这种注重实物教学的作风，贯彻于教学活动的终始。他在晚年给研究生上课时，还像从前那样，用一块旧的包袱，包起一叠厚厚的书，置于座位左前方。每当讲到什么具体问题，就打开包袱，取出有关的书，按照预先夹好的纸条检出材料，让大家传观。什么考古发掘报告、美术刊物、《东洋文化史大系》……《女史箴》、《高逸图》、《九歌图》、《文苑图》……都成了引证的材料。时代不同，过去的器物服饰等等也已不太容易了解，什么叫作冠、帻……什么叫作鬟、髻……通过图像，也就容易掌握了。一般的人都以为冠就是帽子，这样的理解就常嫌模糊。小石师曾讥笑某人画的《屈子行吟图》"屈原头上倒像顶着一只火柴盒子"，就是由于该画家对古代的冠缺乏了解。

1954年，曾有单位在南京市文联举办过一次古代服饰的展览会。小石师得知后，欣然带我前去参观。这个展览会倒是有些像西方的蜡像馆，"奇装异服"，色彩缤纷，对我这样一个幼稚的学生来说，倒也觉得热闹。参观的人很多，小石师不便多作评论，只对我的提问简单地予以解答。参观结束之后，我询问他观感如何，先生微笑地说："这些人倒像是从京剧舞台上学来的。"随后他又不无感喟地说："出土的文物和传世的图像很多，他们为什么不去参考一下这些可靠的材料？"

三

1956年底，我重新考回南京大学做先生的研究生，但只学了两年，系里因工作需要，决定把我改为教师，并叫我立即上课。小石师知道后，让人来通知我，叫我去一趟。我正为初上讲台缺少经验而担心，心想老师可要面授机宜了，因而兴冲冲地立即前往。小石师见面后就说："听说你就要上课了。我要告诉你，讲课时要注意一个'慢'字。初上讲台的人，看到下面有多少只眼睛盯着你，觉得很紧张，又怕学生听讲会松劲，因而只想多讲些，吸引住同学的注意力，这样常是越讲越快，同学接受不了，效果反而差。讲得慢，同学能消化接受，教学进度反而快。"当时听了，还有一些失望之感，觉得小石师讲课那么成功，口授心诀，只说了一个"慢"字，未免有些小题大做。经过多少年的摸索之后，方始觉得这个"慢"字里面确实大有文章。

小石师上课时，老是那么从容不迫，娓娓而道，引人入胜。成功的原因，除了能驾轻就熟地驾驭材料等因素外，还有感情方面的因素。小石师讲课时富有感情，但它不是西洋浪漫主义诗人那种惊雷疾电式的激情，而是表现为我国具有高度文化修养的文士传统的一种儒雅风度。这种感情，如氤氲和气，如清泉流水，洋溢贯穿于讲授的内容里面,从而产生一种吸引力,聆者犹如沐浴于春风之中。

小石师讲解时,用于名物训诂上的时间很多,分析很细,然而又是这样的动人,并不给人冗闷的感觉。因为他除具有深厚的朴学基础外,还具有浓厚的诗人气质。他在讲授具体知识时,伴之以鉴赏的态度,让人获得一种诗意的享受。

先生善朗诵。过去的文人吟咏诗文时,因为方言的关系,各地的腔调也有不同。小石师受梅庵先生的指教,朗诵的调子属于湖南系统。据先生说,此中关键在于读准四声。还记得先生朗诵李白《夜泊牛渚怀古》诗的情景,"牛渚西江夜,清天无片云。登舟望秋月,空忆谢将军。……"音韵清切,悠扬悦耳,恍然若见太白飘逸的身影徜徉于江渚之际。这样的朗诵,本身就诗意盎然,能够帮助读者增进对原诗意境的领会。

据陈觉玄(中凡)师回忆,小石师在两江师范做学生时,即以诗文名噪一时。觉玄师还引用过一首与友人江头小饮的绝句,诗曰:"十年骑马上京华,银烛歌楼人似花。今日江头黄篾舫,满天风雨听琵琶。"可以想见先生早年的风采。

清末民初之时,先生即从散原老人陈三立先生学诗。散原老人晚年以拒日人诱逼,绝食而死,气节文章堪为楷模,小石师平生誉之不绝口,而论诗不喜江西诗派,因为先生热情洋溢,不欲以学识代替才情。

小石师的这种气质,在人伦师友的交往上也反映出来。他早年受梅庵先生培植,师恩永志不忘,即使在闲谈之时,每当提及先师,亦必庄肃动容。每当梅庵先生忌辰,则必素食一日,以示悼念。

小石师是书法名家,早年寓居梅庵先生家时,即曾师弟联名悬格鬻书,中年书风峻秀,晚年融入流沙坠简笔法,天骨开张,书艺更上一层。有一次我曾随便问他:先生的书艺和梅庵先生相比又当何如?小石师立即惶悚地说:"先生书通各体,我只能得其一端而已。"这不单是自谦,也是他尊师感情的自然流露。

散原老人的第七子陈彦通(方恪)师以单身寓居之故,生活上诸多不便。小石师与陈七先生早年相识,晚年交往,颇予帮助。而小石师与得意高足曾昭燏先生之间,更是情同父女,小石师殁后,昭燏先生不胜伤感,晚年情思抑郁而罹惨变,应当也与感情上备感寂寞有关。

这里还可叙述一下小石师与昭燏先生工作上的亲密关系。昭燏先生任南京博物院院长时,曾主持发掘了南唐二陵、宜兴周处墓、西善桥南朝墓、沂南汉画像石墓等多处墓葬,作出了很大的贡献。小石师时任南京博物院顾问,每当发掘出来的文物需要鉴定时,辨疑析难,曾给田野考古工作很大的帮助。例如南唐二陵中发掘出来了一批女俑,头上有高耸的装饰,先生立即举陆游《南唐书》中后主昭惠周后"创为高髻"一语为证,说明这是当时的发髻形式。又如西善桥南朝墓中发掘出竹林七贤的画像砖,王戎手中摆弄的不知何物,先生立即举庾信《对酒歌》中"山简接䍦倒,王戎如意舞"为证,说明这也就是后来"唾壶击缺"故事中所用的如意。诸如此类,不胜枚举,先生博闻多识有如是者,疑难问题无不冰释。

我觉得小石师的诗人气质的另一表现是无所矫饰。从前的人常以"喜怒不形于色"来称赞人家有涵养,实则这只能说明其人胸有城府,老于世故,对要求感情真挚的诗人来说,未必是什么美德。小石师的情况与此相反,他的为人是"喜怒必形于色"。有一次,我们师生几个人在馆子里聚餐,旁边一席上正有两个人在议论清道人的一幅画,这二人与小石师相识,但对书画并不在行,小石师马上露出一副鄙夷不屑的神气,好像在说:你们也配议论我先生的书画。有些人认为小石师微伤偏激,与人感情破裂之后也不易弥补,但从另一角度来看,这些地方似乎也反映了先生感情真挚的一面。

四

梅庵先生主持两江师范时，为了提倡新学，聘请了许多日本教师，因此小石师年轻时就掌握了外语。他又是学习自然科学出身，阅读的书不限于传统的经史子集，因此他的学识也就有别于前此的正统封建学者，眼界开阔而富于新创。

民国初年，清廷遗老中有很大一批人寓居沪上，其中不乏知名的学者，如沈子培（曾植）、郑大鹤（文焯）、徐积馀（乃昌）、刘聚卿（世珩）、王静庵（国维）等，小石师与之都有交往，这对他学术上的成就也有帮助。当然，小石师年辈较后，且受新学的影响，因而没有沾染上什么"遗少"的习气，他能随着时代的发展而不断进步。

在这些人中，沈子培对小石师的影响尤为深巨。沈氏是近代至为淹博的一位学者，王国维誉之以"综览百家，旁及二氏"，陈寅恪称之为"近世通儒"，在国际上也有很高的声誉。小石师原籍嘉兴，季石先生和沈氏原是乡榜同年，当时此老寓居上海徐家汇，见到小石师，因其为故人之子，诱掖奖饰，倍觉亲切。小石师泛览群籍，精通多种学问，是与接近这位学者有关的。他常称培老（这是小石师对沈氏的尊称）博览群书，不着一字，而他自己就有这样的特点，治学严谨，不轻于落墨，这也是受到了沈子培的影响。然而他以长期从事教学之故，在学术上还是留下了不少著作，作出了多方面的贡献，影响甚为深远。

他首先用人神恋爱的新说解释《楚辞》中的许多爱情描写。在此之前，大家都用屈原"系心怀王"解释这些现象，或用人与人之间的恋爱关系来做解释，但都显得扞格难通，因为当时的人缺乏民俗学、宗教学、神话学等知识。小石师 1920 年于北京女子高等师范讲《楚辞》时，即用人神恋爱的新说加以阐发。其后有人据此写出论文，这就把《楚

《辞》的研究工作推进了一大步。

现在虽无确切的材料可以统计，我国大学中讲授中国文学史课究竟起于何人，但可断言，小石师是开设此课的早期学者之一。前此有人开的文学史课，实际上是学术概论或国学常识，没有贯彻史的线索。

小石师的研究学问，具有"语不惊人死不休"的精神。他的那本《中国文学史讲稿》，虽然只出版了上编，而且篇幅无多，但在同类著作中颇具特色，曾为专家学者所称道。他在每一个专题中讲的都是自己的心得，有些论点一直为后人所沿用，例如他对汉代文学的研究，前后共分为四期，读过汉赋等作品的人，都会感到这是恰切的概括。

但先生论学虽主新创，却并不故弄玄虚，有些道理讲得很平实，这是因为深入才能浅出。习字之初，大家都会遇到一个如何执笔的问题，因此常有人来请教"执笔法"，先生总是不作断语，而是诚恳地告诉人家，你觉得怎样写顺手就怎样写好了。但他随后又常是介绍梅庵先生的意见，认为"拨灯法"可以考虑。所谓"拨灯"，就是手握一管去拨油灯中的灯草，这样笔锋居中，而笔管略向内倾，按捺运转必然有力。我不能写字，但用外行人的眼光来看，这样的开导就能给人启发。又如先生解释"八分"一体时，援用闻人牟准《卫敬侯碑文》中提示的钟繇、卫觊"八分书"，印证二家上尊号奏及受禅表二刻，从而联系到《说文解字》中多次出现的"八分"一词，说明这是汉代习用的一个名词，即"背分"之义。这样去看"八分"字体，波磔分挑，最为明了，比起那些篆八隶二或隶八篆二等语涉玄虚的说法，觉得简要多了。

先生嗜读高邮王氏之书，早年研究甲骨文字，遂仿《经传释词》和《古书疑义举例》的体例而作《甲骨文例》，成为第一本研究甲骨文文法的著作。

先生从梅庵先生学习鉴定古器物和研究吉金文字,发现钟鼎的纹饰与文字的笔道之间有内在的联系,曾在 20 世纪 20 年代讲授古文字时阐发此义,而于 20 年代末、30 年代初,更著《齐楚古金表》《古文变迁论》等文,披露于世。他把殷商至战国的金文按年代和地域排列,作了综合的概括,归纳出了方笔—圆笔—纤笔的发展规律。这项发现,曾对古文字的断代工作起过很大的推动作用。

小石师在钻研各种学问时喜确立义例,如小学有《甲骨文例》《金文释例》等著作,楚辞有《离骚文例》等著作……无不条分缕析、纲举目张,看来这也是早年研究植物分类的缘故。

先生受过现代科学的洗礼,治学重实验,因此甚为称道程瑶田著《九谷考》的精神,一直推崇程著《通艺录》的成就。1936 年,曾在金陵大学国学研究班开设"程瑶田考古学"一课,且称颂程氏说:"考谷、说磬,皆不刊之书。"先生通过古器物的研究,阐述古代的礼制和工艺,这不但需要传统的国学知识,而且融合了近代自然科学的成就,这也是突过前人的地方。1957 年为我们几个研究生讲过这方面的若干专题,而当讲到剑的问题时,还带来一把战国时期的铜剑,借以说明:什么叫作三尺之剑,剑身上的专名均出于人身,剑的合金成分如何,等等。实物与文献互证,于是古籍上那些简短生涩的记载也就豁然贯通了。当他介绍到空茎又名映时,引用《庄子·则阳》篇"吹剑首者,映而已矣"为证,并随之俯身在剑首上吹了一下,"映"然有声,大家也就会心地笑了。

总的说来,小石师具有深厚的小学根底,继承了清代朴学的成就,而又能用现代的各种学问去丰富和充实,并用科学的研究方法去整理和提高,不论是日常的谈话或办事,都能显示其条理的明晰和见解的深入。而他又具有诗人的气质,一身兼文学与科学之长,因此他的讲学才能这么动人,治学才能这么精深。

当年的学者大都能诗，一般的人也熟悉杜诗。二十年代时，李详、王伯沆先生和小石师同在东南大学讲杜诗；三十年代时，王伯沆先生与小石师在中央大学讲杜诗，胡翔冬先生在金陵大学讲杜诗，前后均呈鼎足之势，各擅其妙，至今仍为学者所称道，于此也可看到先生诗学的深邃了。他五古学大谢，而七言绝句风调之美，并世罕睹，尤为朋辈所推服。

特别值得提出的是小石师的书学。他曾多次开设过中国书学史的专题课，一直受到学生的热烈欢迎。在这门学问上，他和一般学者或书法家有所不同，因为他精通古文字学，不论甲骨、金文、篆隶、行草，都有精深的研究，在理论上有丰富的素养；而且书法名家，各种字体无不擅长，在实践上也有精到的体会。再从其他方面来说，各个时代的政治历史，各个时代的金石绘画，各个时代的风气思潮，也都烂熟于心。因此，他的研究书学，从一个时代的学风透视一个时代的书学，从一个时代的书风透视一位书家的书艺，居高临下，目光如炬，妙义纷披，富于启发创新意义。先生晚年，有志于完成《中国书法史》的著作，然而着手不久，遽而奄化，在十年动乱中，残稿又遭损失，现在即使能组织人力完成，怕也难于实现先生的初衷了。《广陵散》永绝人间，悲夫！

当年东南大学至中央大学时期的一些教授，都是我国学术史上的杰出人物，如黄季刚（侃）、吴瞿安（梅）、王伯沆（瀣）、汪旭初（东）、汪辟疆（国垣）等先生，都是才学并茂，卓荦不凡。小石师优游其中，颉颃其间，非才思横溢者孰能处之。解放之时，这些先生大都已去世，有的则已离开学校，只有小石师和辟疆师仍健在并继续任教，鲁殿灵光，一直受到各界人士的尊崇。1962年小石师不幸去世，而辟疆师又患偏枯之疾，病废在床，不能亲临吊唁，但对这位老友之死，甚为伤感，遂亲拟挽联曰："平生自有真，相处卅年，差解性情唯有我；论文成独到，粃糠千古,商量学术又何人?"既道出了二人的情谊,又对小石师的为人和学识作了恰当的评价,识者以为的论。时隔四年,辟疆师也高寿而终,于是自东南大学、中央大学开始任教的两位老教授先后去世,其后就只能由他们的老一辈学生接替其工作了。

(原载《学林漫录》九集,中华书局 1984 年 12 月版)

胡小石先生与书法

胡小石先生生于清代末年,成长于民国初期,那个时候的知识分子,当时称为读书人,对外交往时,应有两项基本条件:一是写字,一是作诗。字要写得好,至少要合一定的规范;诗要拿得出手,不致出现出韵等错误。这两项基本功达到了大家普遍认可的水平,才能算是一位合格的读书人。

当然,事事都有例外,刘师培字写得不好,但才华出众,还是不会被埋没。只是字写得不好的人,总是不够体面。

小石先生小时候就能写好字。从他早年留下来的一些笔记来看,已经中规中矩,但要到他进入两江师范学堂学习,得到恩师李梅庵(清道人)指点后,才能突飞猛进,成名成家。

民国七年(1918)至九年,小石先生应梅庵先生之召,至沪寓其家中任家塾塾师,为其弟侄辈讲授经学、小学与诗文,其时与梅庵先生朝夕相处,继续接受老师的指点与教导。李氏为江西临川书香世家,收藏碑版拓本甚多,小石先生沉浸其中,学识大进,书艺大为提高。

这时沪上聚集有一大批清室遗老,如沈子培、陈散原等,本是小石先生的乡先辈与业师,又如郑大鹤、徐积馀、刘聚卿、曾农髯等,与梅庵先生时相过从,品评金石书画,小石先生优游其间,得闻绪论,迭经淬砺,学问已经成熟,其时即已撰就《金石蕃锦集》二册,由震亚书局出版石印本。

梅庵先生以书画享大名。其时寓居沪上,以此维持生活,小石先生乃随之公开鬻书。民国八年一月,曾农髯为作《胡小石先生鬻书直例》云：

> 阿梅有弟子胡小石，名光炜，嘉兴人也。随父官江宁，因家江宁。其为人孤峻绝物，苟非所与必面唾之，虽白刃在前不顾也。及观其事师敬友则循循然，有古人风。初居两江师范学校中专壹科学，及学既成，据几叹曰："此不过传声器耳，于我何与哉？"乃遂日求两汉经师家言，以古学为己任，于三代金文疑字，多所发明。其为文，则陶铸诸子百家，自立新说，不敢苟同也。初为书师阿梅，于大小篆隶分、六朝今隶草隶无不学。既而曰：山阴父子且各立门户。遂取流沙坠简及汉以来断碣荒碑，举世所弃者，穷竟其未发之蕴，而皆以孤峻横逸之气行之。髯尝语阿梅曰：小石书有万马突陈之势，犹能据辔从容，盖六朝之宋董也。或者曰：小石隘，其书矫。髯曰：其隘也，不可及也；其矫也，此其所以卓然能自立也。愿以告世之乞小石书者。己未一月。衡阳曾农髯熙。①

知人论世，后人应该明白，此时沪上仍是未脱晚清风习，又兼名家汇聚之地，一个二三十岁的读书人要在上海这一文化市场上公开卖字，如果不具备一定的实力，又怎能占有一席之地？

上海又是中国最大商埠，十里洋场，不少书家以书写商店匾额博得知名度。我在上海读书时，到处可见一位马姓书家书写的商店招牌。此人写的字功架很足，但我不知道究竟应该怎么看。小石师乃曰："此即所谓俗书。"韩愈《石鼓歌》云："羲之俗书趁姿媚。"那些只讲究用笔、章法等技巧，而胸无书卷、又欠性情的书法家只能迎合世俗，

---

① 见谢建华编《胡小石先生年表》（1888—1962），首载南京博物院编《胡小石研究》（《东南文化》1999 年增刊）。下附润格多则，今不俱引。

以"姿""媚"人，小石师对此自然不予好评。

乾隆喜欢在古代名画上题字，往往把一些画卷的空隙处都塞满了，小石师也感到讨厌，认为"乾隆诗不好，书又俗气，简直是糟蹋古画"。他对那些不精此道而又自命风雅的人从不作好评。只是世上总是有人随声附和，尤其对于乾隆一流的帝王将相。

东坡诗云："人瘦尚可肥，士俗不可医。"小石先生那一辈人最忌的是俗气。

早年高校中的教师，特别是教授古代文史的教授级人物，在书法上都有很高的造诣。南京的高校，从东南大学起直到改名为中央大学，在20世纪20年代至30年代，集中了一大批学术界的精英人物，他们常是结伴出游，或逛后湖，或玩钟山，或游苏州等地，且多杯酒酬唱，留下诗篇以作纪念。汪辟疆师曾出示过一把折扇，上面即有王伯沆、吴瞿安、黄季刚、胡小石、汪旭初、王晓湘等人的题诗。可以说，这些诗，都是一流的诗，这些字，都是一流的字。辟疆师也写得一手钟王体的好字。这些人若是活到现在，都可称为大书法家了。

吴梅、黄侃等人也经常为人题字。黄侃才思敏捷，书法圆润流美，题写的文字措辞之美，属对之精，令人叹服。吴梅则以曲学享盛誉，书法亦娟秀可喜。可就当时而言，社会上并没有把他们视作书法家。小石师不然，平辈中人也认为他书法方面的造诣独超众类。辟疆师的名著《唐人小说》，王晓湘的名著《词曲史》，都是请小石师题署的。

徐悲鸿评其书法曰：

> 小石才气洋溢，书旨微妙，自得流沙坠简，益清丽浑朴，便欲镕铸两汉晋魏，突过隋唐名家，时人或未之信也。书贵有真意，而宋人太乏工力，否则若朱晦翁、苏东坡，俱是不可一世才德，而未

跻极诣,则此二者胥不可偏废也。①

潘伯鹰亦评之曰:

　　小石先生言笑温雅,即之蔼如,顾其书乃雄古崛强,锋锷森立,不可逼视,殆自写匈中奇气耳。②

其他书画名家论之者尚多,今不一一俱引。

我在新中国成立初期,毕业后分配到中国文字改革委员会工作,叶恭绰先生时年已八十左右,大家都称他为叶老。他在国民党元老和共产党四老之一的吴玉章领导下出任汉字整理部主任。他知道我是南京大学的学生,出于小石师门下,而他们又是几十年前的朋友,故倍加关切。

1956 年年底,我应小石师之召,考回母校当副博士研究生。离开北京前夕,特赴叶老家中辞行。叶老很念旧,重感情,看到我去告别,略带哽咽地说:"我年纪这么大了,不知道以后还能不能再见面。"面对此情此景,我又感动,又凄凉,只是连声地说:"叶老宽心,以后我还会来看您的。"可悲的是,随后反右运动骤起,叶老以耄耋之年竟横遭摧残,我也无法再去见叶老了。

叶老说:"我要送你一件东西,当作纪念。只要你提出,我都会满足你的要求。"我就表示请他赐一件墨宝留作纪念。随后叶老就送来了一幅字,上面写的是张九龄的《感遇诗》(江南有丹橘)一首。

一回南京,就去拜见小石师,并转达了叶老的问候。小石师详细

　　①②　　原件藏南京求雨山胡小石纪念馆。拙编《胡小石文史论丛》据原件影印附入,南京大学出版社 2008 年 4 月版。

地询问了他的情况，我就把文字改革委员会举行的一次学术会议上，赵万里等人对叶老的尊重作了介绍，同时也真实地反映了一些具体情况。叶老毕竟年纪大了，本已高度近视，这时已几近失明，讲话时看不清外界的反应。汉字整理部开会时，老讲车轱辘话，常是占用大部分的时间，因此颇引起一些中年干部的不满。小石师感慨地说："叶誉虎年轻时特别精干，交通系中他是灵魂人物。年龄大了，变化太多了。"

我介绍，叶老送我一幅字，留作纪念，小石师就说："他的竹子画得好，你应该请他画一幅竹子。"只恨我当时见闻狭窄，否则请他画上几笔，再题诗留念，那不就留下一幅诗、书、画三绝的佳作了么？对此我一直引为憾事。

小石师很感兴趣，让我把叶老馈赠的这幅字拿去看。他品味了一番，提问道："你看这字是学谁的？"我对书法的知识极为有限，自知无法确切地回答，但在老师面前，却也不必遮遮掩掩，于是就如实答道："我看叶老的字像是出于黄山谷的。"因为他的字长挑大撇，拗折有力，与黄山谷的书风似乎接近。小石师不正面评述，只是有趣地说："叶誉虎的字是学阮大铖的，只是他不愿意讲就是了。"我很讶异，却也无言可对。我知道，明末的马士英、阮大铖等人虽是一代奸臣，但在文墨上都有很高的修养，我在上海博物馆一次展览会上看到过一幅马士英的山水小品，草木芜疏，风味颇佳。阮大铖的字，我自胡金望先生处获赠其所整理的《咏怀堂集》之前，没有看到过。小石师鄙夷阮的为人，但对他的所长却也不一笔抹杀。同样，他也推重王觉斯的书法。

小石师提到："有一次叶誉虎到南京来，我请他一起去玩清凉山，他不敢去。"因为清凉山上有座扫叶楼，对方不免有所忌讳。他们这辈人在怀旧时，常是夹入一些有趣的小掌故，让人感到生动且富有情趣。

我们从胡小石师问学，已在新中国成立之后，学生都用钢笔与铅笔写字，很少有人用毛笔了。他也不再讲授书法方面的课程，但社会上慕名而来求学的,仍然很多。而且彼时强调知识分子劳动化,因此不少服务性行业的单位也来求字。

当年中央大学的那些教授,都喜欢上馆子去聚餐,小石师在上课之后,时而也带我们去上馆子,馆子里的人都认识他,一见到他带人来,就立即告诉后堂,让水平最高的老师傅掌勺。

小石师介绍陈方恪先生来为我们上目录学课。陈七先生为陈散原之子,陈师曾、陈寅恪之弟,早年身为贵家公子,见多识广,诗酒风流,人称吃精吃怪。他有魏晋时人的风范,放浪形骸,常到街头巷尾一些不起眼的小馆子中去进餐,结果却在山西路的一家小店里发掘出了一位名厨。此人原来是汪伪政权中江苏省省长陈群从福建带出来的一位名厨,陈群自杀后,厨师流落在外,开了一家门面很小的饭店维持生活。陈七先生品尝后,觉得此人出手不凡,也就盘问清了底细。小石师得知后,也常带我们去品尝。一位名教授,带着四五个研究生,挤在一张简陋的小方桌上,真是其乐融融。后来我在南北各地好多出名的福建馆子中吃过,却从未遇到过这家小馆子中那样的高手。

南京有一家著名的清真馆子,原是因小石师而扬名的。早年他住在城南中华路附近,有一次冒广生和黄季刚玩雨花台,顺路去胡家拜访,因为周围没有像样的馆子,小石师只能在附近的那家小清真馆子中请客。店主见来了几位大名士,竭尽所能,烧了几个好菜,结果冒广生等大为满意,回去大肆渲染,说是他们在城南发现了一家明朝的馆子。其时张慧剑在南京办小报,也就大大宣扬了一番,结果这家馆子日益走红,成了全国清真馆子中的一面旗帜。

那家馆子的老板很有商业头脑,随后推出了"四大名菜",结果却惹恼了小石师。其中一个菜本叫"美味肝",用的是鸭的胰脏,烧好后呈粉红色,老板为迎合世俗心理,改名为"美人肝",于是市井中人奔走相告,大家都吃"美人肝"去,小石师大为不满,遂不再去用餐。原来这家店的招牌是由他题写的,迁新址时再请他写,小石师就断然拒绝了。

有一次我们正在上课,有人送来一纸公文,原来是鼓楼浴室开张,想请小石师写一个店牌。该文件下附一行小字,说明还要加写一行"内设男女盆汤",小石师示无奈状,后来好像就没有写。

又有一次上课时,公安部门有人拿出两张纸,让小石师判定上面的字是否一人所写,小石师端详一番后说:"这两张纸上的字是一个人写的。"并指着一张纸说:"这字虽然写得好像和那张不一样,但用笔还是一样的,只是故意歪歪曲曲就是了。"我对此道一窍不通,可心里还是在想:"这会不会冤枉好人?"

小石师品评书法,不但重个人风格,还重时代风貌,以为一代有一代的书风。他家里挂着一对史可法的条幅,我可想起一个待解的疑团来了。我读高中时,正在汪伪统治时期,周佛海出了一本《往矣集》,里面谈到他收藏着史可法临终前的一封家书。国破家亡之际,临危受命,叮咛反复,心系家人。孤忠大节,千载之下令人景仰。后来我到扬州史可法纪念馆去参观时,看到墙上有一砖刻,上面正是那幅临终家书。我就此提问,周佛海收藏的是否就是原件?小石师说史可法临终前的家书社会上流传很多,好多是他人模仿的。他家中挂的这两条字,也不是史可法的真迹,但当为晚明清初书家之作,因为该一时期的书法就是这样。

书法上的这种现象,可以说明很多问题,小石师举例说:像孔宙碑、张黑女墓志、流沙坠简、石门颂等书家,名不见经传,但他们留下的书法却代表了一代书风,足以说明一个时代孕育了该一时段的人物。这种见解,非胸罗万卷者不能道。小石师学问博大,书法上的见解只是其学术修养之一端而已。他曾应邀到各种学术单位作各种专题的学术报告,记得1953年纪念世界历史文化名人屈原时,南京大学于端午节前请他作了一次有关屈原的报告,他就提到了蒋××所画的屈原像冠服不当,当时听众中有傅抱石、陈之佛等人,均表示钦服。

小石师曾于1960年应江苏省文联之邀,讲《书艺要略》,叙及曹魏闻人牟准《卫敬侯碑阴文》内"金错八分书",上考"八分"一词,在汉为成语,且举《说文》中说为证。因云:"'八分'之'八'在此不读为八九之'八',乃以八之相背,状书之势者。""即以八字之本训言,亦云:八,别也。象分别相背之形。"如此理解,足以释千古之惑。而他早在1943年客座云南大学时,即曾应西南联合大学文学院罗常培院长之请,在"文史哲演讲会"上作"八分书在中国书学史上的地位"之专题报告,受到罗常培、汤用彤、浦江清等人的高度评价。其时他用玄学分析晋人书风,亦获好评。他在汤用彤等人面前能谈玄理,亦可见其学识之佳。

清末民初的学者,无不嗜读《世说新语》,黄侃亦曾作有《汉唐玄学论》一文,广获时誉。现在的人提到章黄学派,一般都视为一个研究小学的群体,实则章、黄建树多端,即以文史而言,二人均重魏晋文学,故于《文选》《文心雕龙》等典籍尤为关注。

中央大学的这批教授中,黄侃自是最为杰出的人物之一。小石师与辟疆师与其同事多年,交往甚多,晚年教课或闲谈中,亦常叙及黄侃的一些轶事。

章太炎与黄季刚恪守小学方面的正统学问,不重金文甲骨,不过二人之间还是有区别。章太炎对之拒斥甚严,黄季刚则表示不可尽废,只是世传金文甲骨赝品太多,而当代学者又嫌水平不够,还不足以进行研究。罗振玉治甲骨,在日本印就《殷虚书契》后,放在一家书店内出售,售价奇高,好像要一百二十银圆一部吧,但购者如系学术界人,托朋友去向罗氏洽购,则可降价售出,差别甚大。小石师很早就以治甲骨文名世,《甲骨文例》一文,学界均视为治契文文法的开山之作,因此托人去买时,好像只花了八十大洋。黄季刚也托人去洽购,罗振玉一听是黄季刚来买,就给他一个下马威,说:"你们师徒二人都说甲骨是假的，如今可要来买书，想降价，办不到，要买就到书店中去买。"黄季刚被他好好整了一下，只喊"这个月可要勒紧裤带了"。小石师结交多名人，言及此等趣事，可作学林掌故看待。

辟疆师号展盦，与黄季刚交情深厚。他书房中悬挂的"珏盦"题名，就是由黄季刚书写的。有一次，辟疆师与我漫谈往事，说："季刚晚年的文字，比不上年轻时的。"我就提出疑问。因为照常理推断，人的年龄越大，越发成熟，水平也就会更高，黄季刚的情况怎么会相反呢？辟疆师笑曰："一个女人，大姑娘时，临出门前总要打扮一番，收拾得整整齐齐；老太婆了，光着屁股在街上跑，也无所谓了。"聆听之后，颇感他们那一辈人谈吐之时总有那么一种《世说新语》中人的味道，喜叙文坛往事，时而穿插一些小趣闻，谈吐可称典雅，时而又杂入一些放达不羁的词话，让人觉得一种特有的风貌。我想，中国文人向来推重魏晋风度，从我接触的人来看，小石师这一辈人最富这种特色，比他们低一辈的人，时亦可见一二，等到我们这一代人，成长在解放之后，历经阶级斗争的洗礼，又有经济大潮的冲击，魏晋风度之于知识分子，只能是在书本上看看而渺不可及的了。

（原载中央文史馆编《中国书画家》2012年第2期）

胡小石先生与中国文学史研究

简　历

　　胡小石(光炜)先生生于清光绪十四年(1888)。二十一岁时毕业于两江师范学堂农博分类科。他广泛地学习过生物、矿物、地质、农学等理论并进行实习,接受过自然科学方面的严格训练。次年,留校任两江附中博物教员。其时慈禧太后已死,两江总督端方乃迎戊戌变法时获罪而在家乡看管的前史部主事陈散原(三立)来南京居住。两江师范学堂监督李梅庵(瑞清)遂介绍文学优异的两位学生胡小石与胡翔冬(俊)前往学诗。散原老人让他们递上几首旧作,分析曰:"小石诗风神隽永,可从七绝入手,而兼学多体;翔冬诗思致湛深,可向姚、贾一派发展,而专习中晚唐五律。"二人后来均以诗享大名,各种体裁均有佳制,但在散原老人指出的方向上成就尤为突出。

　　其后六七年,胡小石先生辗转各地任中学博物教员。因条件限制,无法做科学实验,只能采集一些动植物的标本。李梅庵主持两江师范学堂校务时,为兴新学,聘请了许多日本教授开设新课,胡先生由此掌握了日语,发现日本人所定的我国动植物名称很不妥,从而根据《说文》《尔雅》加以改正。之前他因家庭的影响,对国学本有基础,投入考订动植物名称的工作之后,对清儒的朴学沉潜日深,特别推崇乾嘉时期程瑶田作《九谷考》的精神。这就形成了胡先生治学的特点:坚持乾嘉学派"无征不信"的原则,特别重视实物的调查研究,并核对文献资料,务求文献与实物相互印证。

民国七年(1918),小石先生应李梅庵之召,到上海任家塾教师,一方面教梅庵的子侄辈,一方面仍从师受学。李梅庵时以遗老的身份退隐沪上,自号清道人。他是书画名家,又是金石学大师。其时晚清名宿如沈子培(曾植)、郑大鹤(文焯)、徐积馀(乃昌)、刘聚卿(世珩)、王静庵(国维)、曾农髯(熙)等均在此流寓,时常各出其所藏的金石、甲骨、书画相互观摩讨论。胡先生优游其间,受到影响,遂由碑版、法帖上溯至金石、甲骨刻辞。其后他以书法名家,并研究金文甲骨,就是从这一时期开始的。

民国九年,李梅庵去世,胡先生由两江师范同学陈中凡先生推荐,出任北京女子高等师范学校教授兼国文部主任。

他在上海时,曾在哈同的管家姬觉弥创办的仓圣明智大学教过一段时间的国文,但开设什么课可不清楚,到了女高师后,也就开设了中国文学史、修辞学、诗歌选作等课①。

对中国文学史的贡献

中国学术源远流长,史学尤为发达,但在正宗的史传体内,文苑一门中仅录若干文士,始终没有发展出文学的专史。日本接受西学要比中国为早,清末就已出现过几种中国文学史,胡先生早年读日本书时,接触到了文学史的问题,北上讲授此课,酝酿已经成熟,也就构拟出了新的体系。

陈中凡先生曾在北京大学任教,熟知这一时期高校中开设新课的

---

① 程俊英《胡小石老师在女高师》,载南京大学古典文献研究所《古典文献研究(1989—1990)》,南京大学出版社 1992 年版。

情况①。他介绍说：

> 其时北京大学开有文学史课，由朱逖先先生主讲。看他的讲义，分经、史、辞赋、古今体诗等篇，近于文学概论。读其内容，实则是学术概论，非文学所能包括②。小石因举焦循《易馀籥录》说，大意谓"一代文章有一代之胜，《诗经》、《楚辞》、汉赋、魏晋南北朝乐府诗，以及唐诗、宋词、明制义，各有它的特色。至后代摹拟之作，便成了馀气游魂，概不足道。"

可见胡先生的文学史观，比之前人与同时学者，已有很多不同。

林传甲在京师大学堂任教时，仿日人笹川临风（种郎）《支那文学史》一书而编成教学所需的《中国文学史》讲义③。内容包罗万象，第一篇讲文字，第二篇讲音韵，第三篇讲训诂，第四篇至第六篇讲古今文章内容作法之流变，第七篇至第十一篇讲经、史、子之文，第十二篇至

---

① 陈中凡先生于民国三年（1914）考入北京大学文科中国哲学门，三年后毕业，任北大预科补习班国文教员。民国七年（1918）起兼任北京女子高等师范国文专修科教员，后任国文部主任兼教员。见姚柯夫编《陈中凡年谱》，书目文献出版社1989年版。

② 朱希祖（1879—1944），字逖先，一作逷先，浙江海盐人。章太炎在日本讲授国学时，朱氏与黄侃、钱玄同、周树人（鲁迅）、周作人等同往听课。民国初期进北京大学中文系任职。曾撰《中国文学史要略》一书，北京大学出版社民国五年（1916）版。

③ 侯官林传甲编著《中国文学史》，宣统二年（1910）由武林谋新室印行兼发行。题记中云："传甲斯编，将仿日本笹川种郎《中国文学史》之意以成书矣。"胡先生在《唐代文学》一章中介绍以地域关系来区分文学的学说时说："这种议论，尤以日本人之研究中国文学者为尤甚，如笹川种郎之《支那文学史》便主此说，近来颇影响到中国作文学史的人。"可见他阅读过许多日本人的有关著作，并直接阅读了笹川种郎的文学史。

第十四篇讲汉魏至"今"文体,第十五、十六两篇讲骈散两种文体。从今人眼中看来,实属庞杂而缺乏体系,但无论日本学者或中国学者,大家都认为若要学习中国文学,就得这么办。日人古城贞吉于明治三十年(1897)著《支那文学史》,或为彼邦出现的第一部较完整的文学史,内容就很相似①,反映了那一时期人们的普遍看法。学习文学而无经、史、子方面的知识,则如无本之木;学习经、史、子而不从小学入手,则入门不正,难以取得成绩。显然,这是乾嘉朴学兴起之后形成的传统。

清末民初,西学东渐,中国学术界波涛汹涌,各种流派之间冲突不歇。京师大学堂转为北京大学时,以姚永朴、姚永概与林琴南为代表的桐城派,以刘师培、黄侃为代表的《文选》派,就曾展开激烈的争论②。这里也有探讨中国文学特点的用意。章太炎撰《文学总略》一文,则以为桐城派与《文选》派的主张均不能说明中国文学的实际情况,因而持最广义之说,主张"榷论文学,以文字为准,不以彣彰为准"。直到朱逷先主讲中国文学史时,文学与学术的界线仍未划清,实际上是继承其师章太炎的观点。

谢无量于民国七年(1918)在中华书局出版了《中国大文学史》一书,体系庞大,包容了当时所谓国学中的大部分内容,但仍博得大家的欢迎,一再重版加印,可见这种文学观念潜力之深厚③。

---

① 此书由东京经济杂志社出版,后于明治三十五年(1902)由东京富山房、育英舍出订正版。明治三十八年(1905)第三次印刷。后由昆明王铁珊(灿)译出,改名《中国五千年文学史》,民国二年(1913)由开智公司出版,1976年台北广文书局又影印出版。

② 参看拙作《论黄侃〈文心雕龙札记〉的学术渊源》,载《文学遗产》1987年第1期,后收入本书中,改称《黄季刚先生〈文心雕龙札记〉的学术渊源》。

③ 此书于民国七年(1918)由上海中华书局出版,至民国二十一年(1932)时已重印17次。1967年台湾"中华书局"又发行新版,至1983年时已重印6次。大陆于1992年亦由郑州中州古籍出版社影印再版。

胡先生的文学史观，与此完全不同。严复于光绪二十二年（1896）译出赫胥黎的《天演论》，产生了极为巨大的影响，胡先生也信从此说，在观察文学发展时也持进化的观点。以前的文学史家大都持退化观，民国二年（1913）袁家谷（树五）为古城贞吉著、王灿译《中国五千年文学史》作序时说："中国文学虽盛，而百家纷然，群籍督然，鲜有统系。不讲固已，即讲亦乌从而讲之？五千年中，而浑浑，而噩噩，而昧昧，谓非退化，谁其信之？"这也是前人常见的观点，即为鲁迅所讥讽的一代不如一代论①。

胡先生之父季石先生出于清末三大学者之一的兴化刘融斋（熙载）门下。刘氏为阮元、焦循一系的扬州学派中人，因此胡先生熟悉扬州学派中人的观点，讲授文学史时，在《通论》部分首引《易馀籥录》中"一代有一代之所胜"的学说作为理论依据，以为此说具有四种崭新的观念：（一）阐明文学与时代的关系；（二）认清纯文学之范围；（三）建立文学的信史时代；（四）注重文体的盛衰流变。这就把文学史的研究推进到了一种崭新的境界。

一些继承乾嘉朴学的传统，而又学习西学的人，考察文学发展时，大都受到焦循这一学说的影响。王国维在《宋元戏曲史序》中说：

凡一代有一代之文学：楚之骚，汉之赋，六朝之骈语，唐之诗，宋之词，元之曲，皆所谓一代之文学，而后世莫能继焉者也。②

由此可见，胡先生讲述中国文学史时坚持的文学进化观，其核心

---

① 鲁迅在《风波》中塑造了一位九斤老太的典型，常说"一代不如一代"，成了退化论者的一句名言。

② 此书于民国四年（1915）由上海商务印书馆出版。民国十六年（1927）罗振玉辑入《海宁王忠悫公遗书》时改名《宋元戏曲考》。

为文体发展观。在他同时代的人中,也有同一论调,说明这在当时有其代表意义。比之过去的桐城派、《文选》派,或者代表章太炎文学观点的朱逖先等人的文学观,都要先进得多。

一代人有一代人的特点。胡先生讲授文学史时,考察文学的演变,偏于形式技巧,这是因为时人重创作,而他本人又有丰富的创作经验。

如上所言,其时北京高等教育界还曾发生过桐城派与《文选》派的争执。桐城派倡古文,亦即重视散文的写作,胡先生称之为单笔;《文选》派倡选体,亦即重视骈文的写作,胡先生称之为复笔。单笔、复笔之说古已有之,散文与骈文在古代文坛上递为雄长。胡先生在分析过韩愈"以笔代文、以集代子"所起的历史作用之后,拟成一张"单笔、复笔兴替表",兹迻录如下:

单笔派 |群经诸子迁扬| → 苏绰姚察 → 陈子昂王绩 → 元德秀独孤及 → 苏源明梁肃 → 中唐诸子

→ 杜牧孙樵刘蜕 → 陆龟蒙皮日休 → 元祐诸子·至此而盛

复笔派 |楚辞汉书选学| → 魏晋六朝 → 初唐(四杰) → 盛唐 → 苏颋张说 → 温庭筠晚唐李商隐段成式

→ 宋初(西昆体)·至此而断

胡先生在分析作家作品时,也从这一角度进行剖析。例如他在评述《哀江南赋》的特点时就说,庾信"外表最善以单笔运用复笔,而内容又加以时事而且夹以议论。照明人赋之分类法:为古赋(汉)、俳赋(六朝)、律赋(唐)、文赋(宋)。子山虽生于六朝之末,他偏不作俳赋,而来作为宋代文赋之远祖的《哀江南赋》"。

散文、骈文之分是由中国语言文字的特点而引起的。作家或以散文见长，或以骈文见长，也就是擅用单笔或擅用复笔的问题。而在白话文运动兴起之前，文人写作时无不面临着以单笔为主还是以复笔为主的选择。胡先生对此问题的重视，正是这一历史阶段的时代风气的反映。按照师承关系来说，他是重视单笔的，清末的学风重《汉书》，李梅庵则重《史记》，胡先生在论"两汉之散文"时，分析说："前期散文作家，如贾谊、贾山、晁错、司马迁等人，思想多半杂糅诸子百家，而表现的方式大都用单笔，可举《史记》为代表。后期作者，如谷永、匡衡、刘向、班固等人的思想纯粹属于儒家，而发表的方式，大都用复笔，可举《汉书》为代表。后人谭到文体，每以散文、骈文并称。以为两句对比为骈文，单笔直下为散文。然而分别得不完全。于是清代李兆洛，选了一部《骈体文钞》，收罗了许多汉代的散文，可见骈体不一定要对偶。不若以单笔、复笔区分文体。如《史记》中十分之九都用的是单笔句调，参差不齐，可以随意变化。《汉书》复笔最多，句调整齐，少有伸缩的馀地。自从东汉以后，复笔盛行，一时《汉书》公然有代《史记》而兴之趋势。直到唐代中叶以后，文风又恢复到单笔的时代。本来《史记》和《汉书》是两部史书。不过古代中国文史不大分得清楚，尽管是一部记载人类活动的事迹的历史，总得有史家卖他的气力大做其文章，而且从前人学作散文的，也以此二书为规范，而后世文人对于《史》《汉》二书之推尊不同，亦即单笔与复笔交相交替之朕兆。"随后他接着说："若以作史的体例来作论断的根据，则《史记》实不如《汉书》。若用文学的眼光来评断，则《汉书》远不如《史记》。"何以如此？"以叙事文来论，用单笔方能尽曲折回旋之能事。司马迁叙事不怕头绪纷繁，惟其头绪多，更能显出他的本领。有时遇着头绪不一定有安插，竟至突如其来。后人学《史记》遇到此等处，便弄到手脚慌乱，招架不住了。"由此可见，他重《史记》的单笔，是从创作上考察的，他们这一辈人在文笔上都有丰富的创作经验，故能从创作甘苦上总结前人的得失。胡先生接着批评桐城古文说："后来清代桐城派的文人，口口声声讲学《史记》，其实他们顶高不过学得欧阳修而已。"如以前述清末民初桐城、《文选》两派的纷争而言，他虽推崇《史记》的单笔，但却贬抑桐城，这当是嫌桐城派的古文内容以高头讲章为主而义法之说又流于八股腔的缘故。

胡先生在文学史研究中的贡献，即将文学从学术中区分出来，他总结前代经验，却是推重《文选》一派。在第一章《通论》部分，从文笔之辨叙起，云："此后直到清代，对于文学有明显主张的，约分三派：（一）桐城派——主单语，重散文。即古之所谓笔，此派以方苞为首。（二）扬州派——主偶体，重骈文。即古之所谓文，以阮元为首。（三）常州派——调合文笔之说，如张惠言等，均骈散兼工。"随后即总结道："以上三派，论信徒之多，必推桐城派。若论立论之精准，即数扬州派。"这是因为"六朝所下'文'的定义，即前人对于'诗'的定义。惟当时文、笔之分甚严。而所称为'文'者，除内涵之情感以外，还注重形式方面，必求其合乎藻绘声律的各种条件"。可知他在抉择时偏重《文选》派。因为《文选序》与《金楼子·立言》篇中均有重情与重形式技巧的主张，既有合乎当代文学观念之处，又能注意到我国语言文字的固有特点。

胡先生也反对章太炎在《文学总略》中提出的文学界说，认为："近来的章太炎氏，又主张极广义的：'凡著于竹帛者，谓之文。论其形式，谓之文学。'照他说来，太无限定。凡公司之股票，神庙之签条，均可称之为文，讲来实不胜其烦。现在若要讲文学的界限，与其失之太宽，不如失之太狭。故宁从阮氏之说，而不取章氏之论。"

胡先生结合中国实际，详细分析了古文与骈体的交换与融合，又采择境外新说，如立普斯的移情说与厨川白村《苦闷的象征》中的理论，提出了自己为文学所下的定义：

> 文学，是由于生活之环境上受了刺激而起情感的反应，借艺术化的语言而为具体的表现。

有关文学的定义，见仁见智，人人可以发表意见，也很难说哪一种说法最为正确。但胡先生之说，在早期的文学史著述中，无疑是较为可取的，这就为《中国文学史讲稿》的取材与论述树立了明确的规范。

尽管他对文笔之辨、骈散之争有精到的分析，但他讲授文学史时，力求客观，避免门户之见，作党同伐异之论。在《文学史之研究》一节中再三强调"应注重事实的变迁，而不应注重价值之估定"。因此应具"冷静的态度""求信的态度""求因果的关系之注意"，这些都是写作文学史时理当遵守的准则。

在所有的中国文学史中，胡先生的这一本书可以说是最具个人色彩的专著。这从以下几方面可以看出。

一、胡先生在上海客寓李梅庵家时，即已从事金文甲骨的研究，讲授文学史时，以为甲骨"诚然是很可靠的材料，但决不能称之为文学"，因而仅从殷代遗留的图像讲起。图画中之形体，一变而为文字中的名词。名词又不能代表动作，乃另造动词以应用。讲授文学而首先叙述文字的发展，当是着眼于文学的工具为文字，文字发展后组合为文学作品。这里也是前人"读书必先识字"这一观念的体现。

二、胡先生诗学湛深，富于创作经验，分析前人文学成就时，常能深入腠理，因为他在这些地方具有独到的体会。例如他论"南朝文学"时，提到"炼字"问题，云："炼字在中国修辞学中，占有极重要的地位。中国的古代文学有定式，所以要想在此已定之范围内出奇制胜，遂不得不趋向炼字的一途。此时的阴铿、何逊等，都是炼字的大家，后来影响到唐代的杜甫。所以在杜工部的批评文学中,很推崇那位'能诗何水曹(何逊)',又自谓'颇学阴何苦用心'。工部诗有全由何逊的诗中脱化而出的,如他的'孤月浪中翻',从何水部之'初月波中上'而来。再举何逊诗的炼字之处,如'薄云岩际宿,初月波中上'的'上'字,'夜雨滴空阶,晓灯暗离室'之'暗'字,'疏树翻高叶,寒流聚细文'之'翻'字'聚'字,以及'江暗雨欲来,浪白风初起'的'白'字,都是极千锤百炼之功夫而成的。"由此可知杜甫之所以能够取得杰出的成就,与他善于总结与吸收前人的创作经验有关。胡先生在《杜甫〈羌村〉章句释》中还说:"前辈诗人在技术上有一控制世界万象之武器,即动词是也。故凡动词之选择之烹炼,须求其效果生动深刻、新颖而又经济,实费苦心。观昔人改诗诸例,如'身轻一鸟过'之'过','天阙象律逼'之'逼','僧敲月下门'之'敲','春风又绿江南岸'之'绿'。其经营再四而后能定者,皆属动词,可以悟其理。"①返观胡先生自作,如《戊辰上巳北湖神祠修禊联句》中"夕岚袅窕鸡笼悬"之"悬"字,《雨中游李氏园同子离白华》诗中"稠云荡松气,灵雨湿鹃声"中的"荡""湿"二字,都是炼字的佳例②。可知胡先生的艺术分析,出之己身的深切经验,非一般的所谓赏析可比。

三、胡先生早年学习生物科学时,曾对植物分类下过一番功夫,后在钻研各种学问时,喜确立义例,如小学有《甲骨文例》《金文释例》等著作,楚辞有《〈离骚〉文例》等著作。从事文学史研究,也喜欢做归纳,或列表以明之。例如介绍汉代文学时,则作《两汉模仿文学一览表》。又如他在讨论杜诗声调时说:"我从前曾作过《杜诗声调谱》,得

---

① 《胡小石论文集》,上海古籍出版社1982年版。

② 胡先生诗词后由弟子吴白匋先生辑成《愿夏庐诗词钞》二卷与《补钞》一种,分附《胡小石论文集》与《续编》。

当代学术研究思辨

一定例如下：就是他的七绝，全首以前二句拗者居多，前二句中又以第一句拗者为多。此种调门，后来黄山谷、李空同最喜欢学他。总之，子美的诗，无论内容及声律各方面，都极力避去前人已经走过的路，所谓用一调即变一调。后来学他的宋人，尚能得他的善变之处，至于明代人，只学得他的高腔大调罢了。"这种经排比归纳而得的结论，可信程度高，在学理上与方法上，都能予人以启发。

胡先生的著述态度极为审慎，为了讲清永明时所流行的四声八病之说，他广征载籍，参照沈约自己的作品和他所举的例证，证明"沈休文之浮切为平仄"。胡先生续云："我最初以为是一件小小的创获。但后来看见一部湖南人邹叔子所留下的《遗书·五均论》当中早已有此论调，可见刻书要占年辈，否则有剿袭前人的嫌疑。后来看到阮元《揅经堂续集》中的《文韵说》又早已如此说法。到后来又细翻到《新唐书》第二百零一卷《杜甫传论》（附《杜审言传》后）见到有以下几句话：'唐兴，诗人承陈、隋风流，浮靡相矜。至宋之问、沈佺期等，研揣声音，浮切不差，而号律诗。'宋子京在这里所说的'浮切不差'，岂不是明明白白指的是绝不可错乱的律诗中之平仄吗？于是更叹读书及持论之不易。"由此可见其不轻于立论如此。

嘉兴沈子培为一代大儒，与胡季石为乡榜同年。胡先生在沪时常去造访，沈氏以其为故人之子，倍加青睐，诱掖奖饰，故对胡先生之治学影响甚大。沈氏尝告："嘉兴前辈学者，非有真知灼见，不轻落笔，往往博洽群书，不着一字。"①沈氏本人的情况即如此。胡先生学问博大，而不轻于著述，继承了沈氏所告知的嘉兴学者的传统。他从 1920年起讲授文学史，但从来没有考虑到要正式出版，只是出于一次偶然

---

① 　吴白匋《胡小石先生传》，载《文献》1986 年第 2 期。

的事件,才匆忙付印的①。但他在文学史初建阶段所作出的贡献,却是不容埋没的。

影 响

胡先生终身在高等学校中任教,一直开设中国文学史课,学生中也有不少人以讲授中国文学史为专业。其间薪火相传,曾在这一领域中产生很大的影响。

在他早期的学生中,冯沅君、苏雪林、胡云翼、刘大杰等人在中国文学史这一学科的建设中贡献尤为突出。冯沅君、苏雪林为民国九年(1920)北京女子高级师范学校时的学生,冯氏后与其夫陆侃如合著有《中国诗史》②《中国文学史简编》等书,苏氏亦撰《中国文学史》《辽金元文学史》等著作多种。胡云翼、刘大杰为民国十一年(1922)武昌高等师范学校时的学生,二人分别著有《新著中国文学史》《中国文学发展史》等书,这些书中都可发现师说的影响。

胡云翼的《新著中国文学史》于民国二十年(1931)成书,自序中称,“最近十馀年来,文学史的专著乃风起云涌的出版,据我所知,已有下列二十种之多”,但“实有多数不能令我们充分满意”。“我们认为满意的实只有吾家教授胡小石的《中国文学史》及吾家博士胡适的《白话文学史》。”“胡小石先生的《中国文学史讲稿》,叙述周密,持论平允,是

---

① 见吴白匋《胡小石先生传》。此书于民国十九年(1930)春由上海人文社排印发行,原名《中国文学史讲稿上编》。上海古籍出版社于1991年重印,金启华先生从听课笔记中又整理出《宋代文学》一章,补入《讲稿》,辑入《胡小石论文集续编》,上海古籍出版社1991年版。

② 此书于民国二十年(1931)由上海大江书铺出版。民国二十四年(1935)又由上海商务印书馆出版。

其特色。其缺点则亦嫌忽视民间文学的发展。"胡适的著作"过于为白话所囿,大有'凡用白话写的作品都是杰作'之概,这未免过偏了"①。

胡云翼嫌《讲稿》忽视民间文学的发展,自是事实,但这也正是其成书时代的反映。胡先生学问的成熟,在清末民初,其时民间文学研究还未提上日程。他在自己研究不多的地方不轻易发表意见,正是他态度审慎的一种表现。吴白匋(征铸)先生在 1991 年上海古籍出版社重印的《中国文学史讲稿》一书所作的《后记》中说:"忆 1942 年,师在国立女子师范学院,讲中国文学史竟,铸因进言座前曰:'何不将《上编》以后讲稿付印,俾成全书?'师曰:'元人杂剧,宋元南戏,明清传奇、小说,与各种俗文学,目前均有专家研究,成绩斐然,余实无多发明,口述作介绍则可,汇录成书则不可。'先师毕生治学,文必己出,如无真知灼见,从不剿袭雷同,笔诸简端。其律己严谨也若此。"从此可见《讲稿》的价值,并可知此书何以缺少"下编"的原因。

冯、陆二氏之书,恪守"一代有一代之所胜"的原则,所著《中国诗史》,甚至把宋代以后的诗,元代以后的词,明代以后的曲,全部摒诸诗史之外。立论虽有偏颇,但冯氏出于胡小石先生的门下,陆氏出于王国维的门下,学术渊源固可追溯而知。

胡先生在《文学的意义之各种解释》中对"文""文学""诗"等与当今有关的各文学名词的意义,从《说文》与其他经典中寻求解释,认为"今人所说的文学意义,正与古人所举诗的定义很合"。返观冯、陆二氏的《中国诗史》一名,其"诗"字的用法,正与胡先生《文学史》中的考证所得相合,其间的承续关系,还是很清楚的。

学术的发展有积累的问题。后人写作的文学史,每在综合上下功夫。中华人民共和国成立之前,刘大杰的《中国文学发展史》最为后

---

① 此书于民国二十一年(1932)由上海北新书局出版。

出,作者文笔洒脱,又善综合前人之说,因此成就颇有可观①。观其体例,以及汉赋分为四期等论,不难发现其师胡先生的影响。刘氏在《自序》中说:"人类心灵的活动,虽近于神秘,然总脱离不了外物的反映,在社会物质文化日在进化的途中,精神文化自然也是取着同一的步调……文学的发展,必然也是进化的,而不是退化的了。文学史者的任务,就在叙述他这种进的过程与状态,在形式上、技巧上,以及那作品中所表现的思想与情感。"说明他对文学发展的看法,与胡先生之说一致。刘氏也认为"赋是汉代文学中的主流,正好像唐诗宋词一样",只是他的书后出很久,不再严格拘守"一代有一代之所胜"的程式而有所扩展就是了。

　　李孝定为20世纪30年代中央大学的学生,后在甲骨文研究中作出了卓越的成绩。他在回忆从师受学的过程时说:"好的教师并不能将他的学问倾囊相授,但好的治学方法和开明的治学态度,却常能令学生终身受用,我感戴小石先生的,正是这方面的教诲。甲骨文这门课,就以先生所著《甲骨文例》一文为讲义,只是发凡起例的工作,但其贡献,也正在此。……小石先生影响学生的,毋宁是他开朗的胸襟和不故步自封的精神。"②胡小石先生在中国文学史研究方面的贡献,也应作如是观。

（原载《学林往事》上册,朝华出版社2000年3月版）

---

① 此书上册于民国三十年(1941)由上海中华书局出版,下册于民国三十八年(1949)亦由上海中华书局出版。其后多次修改,并在各地多次再版。
② 李孝定《逝者如斯》,台湾东大图书股份有限公司1996年版,为《沧海丛刊》内的一种。

我所了解的胡小石先生

我于 1950 年考入南京大学中文系,二年级时始从胡小石师问学,那时他已 63 岁,当我于 1957 年重回母校从他进修副博士课程时,他已 69 岁,因此我们这一届学生实为他的晚年弟子。对于他早年的情况,多得之传闻;新中国成立之后的情况,有的为亲历,有的仍属传闻。因为我的身份只是一名普通学生,有些难得明白的事,一时还不清楚,今为纪念老师计,竭尽所知,从教学、政治和新中国成立后的一些经历分三个方面作些介绍,供各界人士参考。

一

小石师一辈子以教书育人为职志,而他之进入高等学校任教,是在 1920 年时由陈中凡师推荐,应北京女子高等师范学校(后改称女子师范大学)之聘,出任该校教授兼国文部主任开始的。这时从他受教的,有冯沅君、苏雪林、黄庐隐、程俊英等多位日后的名流。小石师初上高校讲台就培养出了这么多的英才,一直以为快事。时值"五四"时期,女学生更有冲决封建罗网的要求。女高师中曾有一件轰动一时的壮举。袁昌英编了一部《孔雀东南飞》的话剧,剧中人物均由同学扮演。程俊英年轻貌美,出演刘兰芝;冯沅君出身于封建大家庭,曾经缠足,又显得年老,故演焦母。这一文坛佳话,近代文学史上应该大书特书。小石师应邀观看演出,晚年提到此事仍兴味盎然。

1957 年,我回南京大学当小石师的副博士研究生,曾赴华东师范大学从束世澂先生学习中国古代史,小石师遂修书问候时在该校任教的程俊英先生。俊英先生拜读老师信件后，激动异常，追忆往事，连着说"四十年了，四十年了"。我等回宁时，俊英先生又修书致候，并买了四听茶叶分赠小石师与中凡师。1960年时，小石师因病住上海华东医院，俊英先生遂偕丈夫张耀翔教授前往探视。1990年时，我负责筹办胡小石、陈中凡、汪辟疆三教授百年诞辰纪念会，正值王元化先生邀请我前去参加他的博士生答辩，于是至程府面请她来宁参加纪念会。俊英先生已近90高龄，心情很沉重，表示心有馀而力不足，但一定要写两篇回忆录，纪念两位老师，这就是后来发表在南京大学古典文献研究所编《古典文献研究》(1989—1990)上的《胡小石老师在女高师》《陈中凡老师在女高师》两文。

小石师于1922年转至武昌高等师范学校任教，学生中有刘大杰、胡云翼、贺扬灵、李俊民等人，又是英才辈出，均为日后学界的名流。

小石师在女高师与武昌高师时，都开设中国文学史课，培养出来的学生，在这一领域中卓有建树的为数尤多，冯沅君、刘大杰、胡云翼等几位成绩更为突出。沅君先生与小石师一直保持着密切的联系，每次来信都恭执弟子礼。大杰先生在复旦大学讲课时，对小石师倍加赞誉，曾向学生介绍小石师的教学情况，认为既有诗意又富激情，听讲者都会产生强烈的共鸣。

大家知道，中国虽然早在清末就已出现中国文学史这一新兴学科，但与所谓"国学"仍未划清界限。小石师参照西洋学说，澄清了驳杂模糊的文学观念，为古代文学的发展勾勒出了一条清晰的线索。他在文学史上的贡献是卓越和深远的。

1924年后，小石师回南京出任金陵大学与中央大学的教授，先后培养出来的学生也就更多了。

小石师的那本《中国文学史讲稿》，是在1929年时用学生苏拯的一份笔记匆忙付印的，未足反映他的学术造诣，但也可从中看出小石师的治学特点。每讲一个问题,都有他个人的心得体会,条理清晰,见解深刻,对每一个阶段的文学现象,都能有精到的概括,例如他把汉赋的发展分为四期,就一直为后来的文学史研究者所承用。

近人论学科建设,总是谈到林传甲、黄人如何首编文学史,谢无量等人如何编写大文学史,小石师的那本文学史发表在后,而且只有上编,因此人们一般都不能正确评价他在建设这一学科时所作出的贡献。如果大家知道他在 1920 年时就开始讲授文学史,而且先后培养出了众多文学史专家,也就不难看出他在这一领域实有奠基之功。

小石师在两江师范求学时,学堂监督李梅庵先生为兴新学,聘请了许多日本学者前来授课,小石师在北京女高师时开始讲授修辞学,或许可称国内讲授这一新学的首创者。

小石师在各校都曾讲授过古代诗歌。由于他自己有丰富的创作经验,且对古代文学有深刻的领会,教学效果极佳。钱仲联先生撰《近代诗钞》,选择至严,而录小石师的诗歌达 80 多首,且加评语曰:"得李瑞清之清隽,沈曾植之瘦硬,陈三立之镵刻,加之融会变通,形成了自己玄思夐想、百锻千炼的独特诗风。"可见他在近代诗坛上的地位。

1934 年,金陵大学中文系开设国学研究班,由小石师与黄季刚先生等开设专题课。当时规定每一位教授开设八门新课,在四个学期中选授,小石师开设的新课为"书法史""程瑶田考古学"等,都是他人从未涉及的专题,于此亦可见其学识的广博和精审。

小石师对学生极为爱护,游寿、曾昭燏等几位求学时,经常住在他家里,随时请益。他对学生的作业,提出宝贵意见,常能使人终身受益。王季思先生晚年经常拿他早年受教之事作例,告诫后学。他曾写作一篇文章,用《晋书·陆机传》上张华"平吴之役,利获二俊"之语诠释元好问的《论诗绝句三十首》中"论功若准平吴例,合著黄金铸子昂"二句,小石师以为此说不太贴切,因而叫他去读《国语·越语》。季思先生始知勾践曾用黄金为范蠡铸像，此处当用这一典故，诠释才算正确。小石师随后又告诫说："这些地方，聪明人要用笨功夫。"季思先生于半个世纪之后重返母校，为青年学生讲治学心得，追溯这一往事，不禁老泪纵横，使听者感到强烈的震撼。教师的追求是得天下英才而教育之，小石师能得众多英才多方面地发扬光大其学术，地下有知，亦当感到快慰。

二

小石师从不介入政治活动，一生从未参加过任何党派。但他特富正义感。中年处在北洋军阀至国民党统治时期，政治黑暗，民不聊生，因而常是站在进步人士一边。

他在北京女高师任教时，与李大钊友情甚笃，过往甚密。有一次，二人一起参加北京高校的索薪运动，大家围在新华门外面，里面却无人出来接见并解决问题。当时李大钊极为气愤，突然高呼一声，随即昏厥倒地，小石师站在他旁边，极为震惊。后来他说："守常平时极为温和，想不到他当天反应会这么激烈。"李大钊有一次赴南方参加革命活动，路过南京，还专门下车拜访小石师，但从未说到其时组党之事。

小石师于抗日战争期间，随同中央大学迁至重庆沙坪坝，其间利用休假，还数次赴云南任教。云南昆明为民主力量集中的地方，小石师与楚图南等交往甚密，家中常有民盟成员来聚谈，对于国民党政府内宋、孔等家族大发国难财的卑污行为，深恶痛绝。其时教师生活极为清苦，这从小石师所作的诗文中可以看出。社会上的这种不公，使他对国民党的统治感到绝望。

国民党执政时期，中央大学因在首都建校，自然成了首屈一指的高等学府。黄季刚先生死后，小石师已成最负盛名的学者与名士。

1946 年，蒋介石庆六十寿辰，朝野各式人等纷纷祝贺，当时的一个什么"民意机构"派人与小石师商洽，许以重金酬谢，请他写作一篇寿文，云是代表民间的意愿，敬祝领袖万寿无疆。他们的算盘也可称精明，想请一位与政治素无因缘的大手笔为总统祝寿，不是可以说明民心所向了么？孰知一当此人说明来意，小石师即坚决拒绝。那人反问："前时美军将领史迪威尔逝世，那次公祭典礼上的祭文，不是由你写作的么？"小石师答曰："史迪威尔来中国帮助我们抗战，所以我才写祭文。我只会给死人写祭文，不会替活人写寿文。"来人变色悻悻而去。

小石师的这一抗争，极为难能可贵。那时蒋介石的势力还如日中天，因此各界为其祝寿时，也有许多知名学者竞献忠心，撰文歌颂者有之，献九鼎者有之，小石师为人风骨凛然，才有此远超流俗的表现。

国民党政权覆灭前夕，政治腐败，物价飞涨，学生运动时起，并提出了"反内战、反饥饿、反迫害"的口号。小石师同情学生，力所能及地予以支持和援助。1949 年 4 月 1 日，小石师和进步师生前往总统府请愿，遭到一批号称淮海战役突围出来的军官的袭击，当场打死学生两人。小石师及时进入总统府门房躲避，那些追逐师生殴打的所谓官兵隔着玻璃已看到有人在里面，但见小石师仪容伟然，知系有身份的人物，遂未闯入，否则后果真不堪设想。

国民党政权打算逐步退出大陆，行政院命令中央大学立即迁往台湾，教师内部也就分成两派，展开了激烈的斗争。绝大多数的教师主张留下来不动，并组织了一个护校委员会，由梁希、潘菽和小石师三人负责，临时代理校领导职务。国民党政权自不甘罢休。风声越来越紧，梁希与地下党联系密切，潘菽的两位堂房兄弟都是共产党的高级干部，不敢久留，也就离开了岗位，因此后期的护校委员会仅有小石师一人主持。情况极为复杂，政治、经济、人事上的种种问题，难于处理，小石师于此极尽辛劳，并且承担着巨大的风险。有一次工人突然发难，大约为了经济问题，要找小石师算账。随后不久，新政权成立，那次聚众闹事的工头立即被抓了出来。据云此人为隐藏下来的一名特务，伺机鼓动工人闹事，把矛头指向护校委员会。小石师几遭不测，可见其时处境之艰险。

三

中华人民共和国成立之时，小石师已年过花甲。他经历过清、北洋军阀与国民党执政时期，目睹民生困苦，民族灾难深重，常为国家担忧。新中国成立初期，社会上出现了蓬勃的气象。一些丑恶的社会现象，如流氓、娼妓等，立即肃清，干部也能清廉自守，这对于一个经历了几个朝代的知识分子来说，确是感到从未有过的欢畅。因此小石师在新中国成立初期，衷心拥护这一新兴政权。

此时小石师已属老一辈的知识分子。活跃在学术界的，比他要低上一辈。按照当时的阶级观点，知识分子中可以分为几种类型，像胡适一系的人物，当然是资产阶级知识分子。留在大陆上的，像俞平伯等人，也属这一阶级，所以要在全国范围内批判他的红学观点。小石师是与黄季刚、吴瞿安等先生同辈的学者，比起俞平伯等人要高上半辈，因此在先进分子的眼光里，应属封建学者。他自东南大学时起即于此任教，其后历经中央大学、南京大学，留校任教者大都是他和汪辟疆师的学生，因此有人就称中文系为"封建堡垒"。只是由于小石师一直支持学生运动，护校有功，而且在学术界具有极高的声望，因此各级领导还是甚为礼敬。江苏建省时，就曾列名第一届省政府委员，其后还出任过很多学术文化机构和参政议政机构的领导职务。

随着政治形势的变化，小石师的一些旧交情况发生了很大的变化,这对小石师也会有所影响,但他总是从大局着眼,力所能及地做些工作。

小石师曾先后出任中央大学的中文系主任和文学院院长,然因不耐庶务,实际工作由学生段熙仲、张世禄二教授经办,大家都认为二人是小石师的左右手。段先生和国民党的上层人物有些关系,新中国成立之后成了政治问题。华东革命大学成立,指定段先生去学习。当时俗称进"革大"学习为"洗脑筋",段先生以陶渊明不为五斗米折腰自许,不愿前往,于是离职回安徽老家。据云这时他对小石师有所怨言,以为之前一直帮你办事,如今坐视此事,不帮他讲一句话。这样看问题,可谓当局者迷。小石师处此地位,又怎能讲什么话?但到1956年知识分子政策出台时,小石师随即向南京师范大学中文系推荐,使他获得了重回高校的机会。段先生后来在六华春菜馆设宴招待高校故友,席间持酒向小石师鞠躬致敬,感谢老师的关怀与帮助。

其时小石师年事已高,且担任要职,但他还是为学生开基础课。中文系规定大学三年级学生上的中国韵文选课,例由小石师和辟疆师担任,以唐、宋为界,分别讲授前后两段。小石师教学效果特别好,受到学生热烈欢迎。辟疆师诗学湛深,然而不善表达,且一口江西土话,外地学生无法懂得。以前学生仰慕高名,总有不少学生选他的课,这时学生当家做主,也就提出了撤换教师的要求。有一班学生建议韵文选课全部由小石师承担。小石师坚决不答应,以为下半段课仍应由辟疆师承担。当时高校中原来的大一语文课已被撤掉,1952年又经过院系调整,许多学校的教师集中过来,中文系的教师严重过剩。小石师出任南京大学图书馆馆长后,就把汪辟疆、刘继宣二先生吸收到了图书馆中去,且为之特辟一室,让辟疆师鉴别馆藏善本。处在这一历史转折关头,小石师不忘故旧,尽管其时个人已很难发挥人事上的作用,但他还是力所能及地照顾他人。

这时政治运动不断,但对小石师的影响还不太大。由于他年轻时家境贫寒,一生清白,虽长期在南京工作,与政界却没有丝毫关系。国民党元老于右任、吴稚晖等人组织诗社,倡导书法,南京高教界不少名流厕身其间。小石师于此宿负盛名,但从不迎合此辈附庸风雅,因此各种政治运动都牵涉不到他,党政领导对他还是非常敬重的。

全国的形势急剧变化,学校内部人事关系也在变化。原来中文系的中年教师大都是小石师的学生,有些人还是他留下任教的。他们与师辈在学术上水平悬殊,一时又得不到开课的机会,于是有人便在某一方面谋求优势,到处扬言"泰山压顶",后且公开向小石师表示,要求让课给他,小石师遂不再上本科生的文学史课。

思想改造运动中,也曾有一些人使他感到不快。如有过去的学生,当时的一位年轻教师,说国民党政府打算任命小石师为中央大学校长时,小石师虽然严词拒绝了,但内心可能还是高兴的。这种捕风捉影的诛心之论,当然难于接受,也惹得他生气。

按照我的观察,小石师的政治态度,在反右派之后有些变化。之前,他对国家知识分子政策深信不疑,不断写信催三子令闻先生回来。令闻先生在美国宾夕法尼亚大学任教,学的是工科,国内正缺少这类人才。小石师时任南京市归侨委员会主任,正负责联系过去中央大学的几位教授回国。他曾对我说:"令德在联合国工作,回来做不成事,也就让他去了。令闻回来可以发挥作用,他妻子又是学小儿科的,国内也可找到合适的工作。他们可在南京就职,也可到北京科学院去工作。"但在反右之后,我就不再听到他催促儿子回国的话了。

反右开始时,省里领导曾在上层开过一次座谈会,听取大家的鸣放意见。小石师发了言。其中提到:"政府应该吸取明末的教训,不要亲小人、远君子。"但到《新华日报》正式发表时,记者让他看校样,他又觉得这样讲对党的形象不好,也就画掉了。事后不少人因鸣放获罪。

小石师心有馀悸，他觉得，假如当时不画掉这一段话，后来的事就难说了。其后小石师也曾提起他为什么要讲这些话，事情不会凭空发生，这也是有感而发。当他主持中央大学护校委员会时，国民党政府发下过一笔钱，让学校赶忙迁往台湾。这时风声鹤唳，各种人物站在不同的立场纷纷提出不同意见，有一位院长早已离开了学校，但当听到上面有款项下来时，立即回校要求分钱，大家各奔前程。小石师气得当场拍桌子，制止住了这场风波。但政权新建，此人却又积极异常，地位步步高升。这类事情颇多。小石师秉性正直，看不惯这类事，因而规劝党政领导借鉴历史，以免重蹈前人覆辙。想不到这样一些由衷之言，反而会有那么危险的后果，这对一位直率的人来说，不能不有所警惕。

反右之后，运动接连不断，什么"交心"啊，"大批判"啊，"拔白旗"啊，同时还在组织"大跃进"，什么大炼钢铁啊，除四害打麻雀啊，等等。这些对小石师倒是影响不大，因为他已七十高龄，平时一直住在外面，可以不参加系里活动。因此除了家中铁门被拆掉拿去炼钢铁之外，其馀触动不大。但他看不惯的事仍时有发生。学生大编教材，系领导作动员报告，贯彻阶级观点，大批谢灵运的诗歌，说是他的那些山水诗，东一句，西一句，连都连不起来，犹如上句在讲电灯泡，下句在讲桌子，这样的诗有什么好？陈中凡师一贯要求进步，政治热情高，他对六朝文学有很深的研究，但不喜大谢的诗，这时也跟着讲了些贬低的话。小石师知道后大为气愤。他说学生不懂事，随他们怎么讲好了，你陈老已是七十多岁的人了，怎么可以跟着讲同样的话？难道唐朝人的眼睛都瞎掉了，他们还比不上你们懂诗？于此也可看出小石师的耿直。他有他的信念，决不从时俗转移。

小石师于1962年去世。四年之后，"文化大革命"即起。在那一切都要算老账的年代，小石师还是遭到了"控诉"与"批判"。中文系的一位干部，20世纪50年代的一名学生，就曾在群众大会上声嘶力竭地揭发已去世多年的老师的"罪行"。"三年困难"前期，小石师家和当时的老百姓一样，营养严重不良，多时不知肉味。有一次，保姆夏妈不知从哪里弄到一小块肉，剁成末子，拌在稀饭里。小石师颇感惊讶，也就诙谐地说："猪兄猪兄，久违久违！"这话不知怎么传出去了，于是惹得那位学生义愤填膺，作为反党反社会主义的反革命言论而要批倒批臭。世上既有这么一种斗志昂扬的学生，死去的老师自然难逃扑碑砸冢之祸。但小石师能免于生前受辱，也可称为幸事的了。

在此我愿通过一件小事，叙述另一些人的真实心态。

反右之后，中央开了一次重要会议，俞铭璜主任回来传达，介绍最高领导人的讲话，说是好多地方的领导人都说怕教授，教授有什么好怕的？你们回去批他们。随后也就掀起了"大批判"和"拔白旗"的运动。中文系确定先批罗根泽先生，并指定让研究生承担这一任务。研究生也不想写这类文章，因此每人只写了五六百字交差了事。俞主任也似乎并不打算真搞，只想应付一下。但新中国成立初期的知识分子对待运动还缺乏经验。罗先生认为他的《中国文学批评史》是建立在丰富的资料上的，你们几个学生讲讲大道理就能批倒了么？因此，他多次提出"可以具体一些么，可以具体一些么！"表示不屑之意。这下子俞主任可拉不下面子来了。于是召开会议，指定我承担这项批判任务，给我两个月的时间，写一篇文章压下罗先生的傲气。当时正在掀起大字报的高潮，校领导规定每人每天要写一百张大字报，还要轮流去敲石子大炼钢铁，这些都给我豁免了，但一定得完成写文章的政治任务。

事态的发展出人意料，也无法控制。我思想上负担很重，不知道怎么办。我家上代，父亲和伯父都是当教师的，平时总希望学生尊重教师，维护尊师重道的传统。我自入南大当学生起，和罗先生一直感情很好。我本科毕业时,分配到北京去工作,临走的隔天晚上到罗先生家中辞行,罗先生说我已经向学校推荐了,希望把你留下当助教,上面说不合适,留不下来,希望你今后多努力。对于他的这番好意,我一直铭记在心,这时却要我去批判老师,真是左右为难,不知如何是好。第二天下午,仍想不出什么头绪,遂上小石师家去求指点。小石师听我介绍后,沉默半晌,最后说:"文章你还是得写。但要注意态度,不要伤感情。"这真是金玉良言,也是唯一可能的选择。所谓"大批判",当时被认为是思想战线上的阶级斗争,因此学生操笔为武器,尽管讲不上几句有力的话,但无不竭尽讽刺谩骂之能事,以"一面倒"的声势宣告胜利。我在写作时,力求磨损"大批判"的锋芒,把它写成商讨性的带有学术气息的文章。

罗先生当然感到很委屈,曾向他人表示过,胡老、陈老是最大的权威,反倒保护起来,一点不触动他们;自己治学勤奋,写的东西多,如今反而成了靶子,作为资产阶级的反面教员而供"大批判"。他对俞主任的决定颇有怨言。"大批判"运动随后定名为"拔白旗"运动。全国"轰轰烈烈"地开展,各高校之间似乎也在展开"革命"比赛。上级不断督促,大搞群众运动,实际上是运动群众,让学生对教师猛烈开火。但我校中文系的批判始终仅集中在罗先生一人身上。

有一次,俞主任又找我们研究生商讨任务,结束后把我和谭优学留下。谭优学时任研究生支部的负责人,我则为批判文章的执笔者,我们知道他在布置一番之后就要面授机宜了。这时俞主任交心了,他说:"现在外面风越刮越紧,我们必须跟上去。但我们头脑也要清醒。胡小石、陈中凡都已是七十多岁的人了,还能批么? 现在没有办法,只能拿罗根泽来批一下,但罗先生身体也不好,批垮了,怎么办? 上面压得这么紧。这种形势,你要顶是顶不住的。我们也没有什么办法,只能走一步看一步。"显然,他心情也很沉重。以他这样政治经验丰富而又足智多谋的人来说，也无可奈何。只能外面轰轰烈烈，里面搜索枯肠，力求减缓风势。

隔了一段时间，运动停了下来，俞主任立即下令收场。在当时高校中，我中文系的批判规模可以说是很小的，小石师、中凡师等几位德高望重的耆宿始终没有触动一根毫毛。

风向转变，北京文教界的一些领导随即采取行动，为前此受到冲击的人恢复名誉。罗先生接到通知，让到北京参加《文学评论》的编委会。回来后罗先生显得很高兴，在教研组里谈了很多观感。何其芳说他们也顶不住，只能把《文学研究》改成《文学评论》，但研究的方针不会改变。周扬还走过来和他握手，鼓励他一定要写完《批评史》。这次他本想和许多老朋友见面，但清华研究院时的学长刘盼遂缺席，说是请了病假，罗先生遂抽空前去探视。一见面发现对方身体很好，也就问他为什么不愿与会。刘先生说："干了几十年，人家都说我学问不错，这次他们批我，把我说得一文不值，我还要去干什么？"罗先生反而劝他释然于怀，不必如此认真计较。通过与各界广泛接触，罗先生已彻底改变认识，连声称赞俞主任执行政策好。比起其他高校来，南京大学的"拔白旗"运动可能属于低调处理的一档。多数学校的锋芒要厉害得多。有一所高校，运动中一贯足尺加码，就曾勒令教授们手执白旗登上高台接受批判，诸多花样翻新的所谓"革命行动"，破坏了正常的师生关系，其后果是十分严重的。

罗先生对我写批判文章一事，表示谅解，有一次教研组会议结束后，我陪他回家，他就解释性地说："你这文章写得不错。"但罗师母可就不太能够这样对待了。她是一位家庭妇女，不太了解外面的形势，总以为我们二人本来师生关系很好，这次学生怎么批判老师起来了。对此我也无法辩解。隔了很长时间，她才通过许多事例了解真情。在她去世前夕，曾对赵瑞蕻、杨苡二先生说："罗根泽在这里教了这么多年的书,这么多的学生,还是周勋初常来帮我。"杨苡先生把这话转达之后,我才放下了压在心头多年的负担。

俞铭璜主任原任江苏省委文教部长,据说也因鸣放时有些话有所违碍,下放到南京大学中文系来的,后调华东局任宣传部副部长。"文化大革命"之前曾奉命撰文批判"有鬼无害论",因此一直有人认为他是极左思潮的代表人物。1978年拨乱反正之后,高教部有一位司长来我校开座谈会,就曾问道:"俞铭璜在你们这里搞了很多极左的东西吧?"我当时就不假思索地回答:"没有,他是爱护知识分子的。"因为那一次有关"大批判"的谈话给我印象太深刻了,我不能昧着良心说话,应该说出事情的真相。我虽没有能力对俞主任的一生作出全面评价,但在所谓"拔白旗"运动中看到的就是这样。

人处运动之中,无法自拔,也无从躲避。不管你是什么高级干部、高级知识分子,或是芸芸众生,大家都像处在旋涡之中,只能随波逐浪,以免自己也遭灭顶之灾,非但横遭恶名,还会连累九族。只是历经磨难,人与人的正常关系几乎破坏殆尽。当然也有人乐意兴风作浪,或是出于狂热,或是出于盲从,或是借机有所表现,但我相信绝大多数的人并非心甘情愿。他们痛苦、惶惑,却又无法处身世外。当年批判罗根泽先生时,有人表示下一步应该轮到胡小石了,有人甚至提出还要给我考验,叫我继续写批判文章。这是多么可怕的前景。幸亏日后情况有变,否则我真不知如何自处?今日追念老师,仍是思绪万千,馀悸犹在,愧疚郁塞,心情无法平复。但愿今后的学生不再接受这种"考验",让大家能在正常的学术环境中传道授业解惑。

〔原载《胡小石研究》(《东南文化》专辑),《东南文化》1999 增刊〕

《胡小石文史论丛》导读①

胡光炜（1888—1962）先生，字小石，以字行。号倩尹，一号夏庐，晚年又号子夏、沙公。原籍浙江嘉兴（秀州），然生长于南京。父亲胡伦叔，字季石，清代举人，曾在上海龙门书院从刘熙载（融斋）学习，后因候补道，故移居南京。胡家原为书香世族，家富藏书。季石先生长于古文与书法，生下小石先生后，督促甚严，希望其日后成为一名卓越的学者，故自五岁时即亲自授以《尔雅》。小石先生因家庭的影响，继承清儒朴学传统，与扬州学派有甚深之渊源。

光绪二十五年（1899），季石先生病殁，家道遂行中落，其时小石先生年仅十一岁，只是依靠母亲为织造局络经的劳动收入及些微房租维持生活。至是小石先生乃就读私塾。其时孤儿寡妇，备尝世态炎凉。然小石先生不忘父亲的期望，始终努力奋进。清末废科举兴新学前，曾两次冒籍报考秀才，终因年龄过小而未遂，仅得一佾生（学政在落榜的童生中选取的乐舞生，祭孔时列阵，当时认为抵半个秀才）。

光绪三十一年（1905），小石先生考取宁属师范简易科，后又考入两江师范学堂预科，光绪三十三年，插班进入农博分类科，学习生物、矿物、地质、农学等理论，接触到了当时所谓新学中的许多自然科学知识。其时严复翻译的赫胥黎《天演论》正风靡一时，小石先生因学习对象的一致，故受达尔文的进化论影响尤深。

---

① 此文所引胡小石文章，凡未出注者，皆见《胡小石文史论丛》，南京大学出版社 2008 年版。

学堂监督李瑞清（字梅庵，号清道人）为著名学者，又擅书画与鉴赏。他为办好教育，亲自赴日考察，延聘了许多该国学者来授课，小石先生年轻时即通日语，亦因此故。其时社会上的人仍重视旧学，学校的文化活动中，国学的比重仍很大。有一次，梅庵先生出题测试，题目出于《仪礼》，小石先生家中藏有一部张惠言的《仪礼图》，他从小就喜欢此书，这时便据此写了一篇文章缴上。《仪礼》向称难治，其时学习三《礼》之学的人也已日见其少，梅庵先生发现学农博的学生中竟有一名新生能有条有理地做《仪礼》的文章，大喜过望，遂特加青睐，亲自授以传统的国学。

陈中凡（字觉元，号斠玄）先生于宣统元年（1909）考入两江师范学堂公共科读书，与小石先生前后同学，然因专业不同，并不相识。但他常从饶有文誉的同学周实丹处听到称赞小石先生才华的言辞。有一次，二人同登清凉山的扫叶楼，见到署名光炜的题句"清丝流管浑抛却，来听山中扫叶声"，不禁击节赞赏，可见小石先生学生阶段即已诗才洋溢。

清室灭亡前夕，恰值光绪与慈禧相继去世，两江总督端方遂迎拘于乡里的陈三立（字散原）至南京居住。散原先生为诗坛巨擘，梅庵先生乃介绍两位诗才崭露的学生小石先生与胡俊（字翔冬）先生前往受学。散原先生为清末诗坛"同光体"的领袖，而对古今诗歌的创作特点与技巧均有精深的理解。他在接见二胡之后，各让递上诗作数首，后评曰：小石诗情甚美，神韵绵邈，可先从唐人七绝入手，兼习各体；翔冬诗情湛深，句法老到，可学中晚唐五律，走孟郊、贾岛的路子。其后小石、翔冬先生均以擅诗获大名。小石先生之诗，古今各体均有建树，而七言绝句风调之美，并世罕睹。散原老人后尝赞曰："仰追刘宾客，为七百年来所罕见。"此亦可见其水平之高。

宣统二年，小石先生毕业，留任两江师范学堂附中博物教员。次年辛亥革命爆发，清廷逊位，两江师范学堂停办，小石先生遂先后就职于江苏第四师范学校、江苏镇江中学等校，均任博物教师。民国二年（1913），梅庵先生介绍他到长沙明德中学任教。小石先生身处外地，不免感到孤寂。学校条件又差，无法做实验，乃自行采集植物标本。然而讲授之时，感到日本教习所述我国动植物的名称与实物颇多不合，于是根据古代文献与实地调查予以纠正。前已提到，小石先生受清儒的影响很大，特别崇仰乾嘉学者程瑶田所作《九穀考》的征实精神与科学态度，其后他在金陵大学国学班中还曾开设程瑶田研究的专题课，即以此故。

民国三年四月，小石先生患怔忡之症，辞职回宁，后至江苏女子第一师范任职，讲授博物兼教国文，又因人事上的问题而去职。在这几年中，小石先生健康不佳，职业又不稳定，梅庵先生乃于民国六年八月介绍他去上海仓圣明智大学任国文教员，他又因脚气病而于十月返宁休息。次年一月健康好转，复应梅庵先生之召，寓其家中，在家塾内教授其子侄辈。小石先生书法本有根底，此时更为精进，于是师弟一起悬格鬻书。前辈著名书家曾熙（农髯）为之撰鬻书直例，序曰："其为人孤峻绝物，苟非所与必面唾之，虽白刃在前不顾也。及观其事师敬友则循循然，有古人风。初居两江师范学校中专壹科学，及学既成，据几叹曰：'此不过传声器耳，于我何与哉。'乃遂日求两汉经师家言，以古学为己任，于三代金文疑字，多所发明。其为文，则陶铸诸子百家，自立新说，不敢苟同也。"对于小石先生孤傲绝世的品格和文必己出的精神，作了很好的提示。

其时有一大批清代遗老寓居上海，彼此相互交往，小石先生因梅庵先生的关系，结识了不少著名学者，如沈曾植（子培）、劳乃宣（玉初）、郑文焯（大鹤）、徐乃昌（积徐）、刘世珩（聚卿）、王国维（静安）等，这对他学术上的成就也有帮助。只是小石先生年辈较后，沉潜新学，所以没有沾染什么"遗少"的习气,他能随时代的前进而不断发展。

在上述前辈学者中,沈子培对他的影响尤为深远。沈子培是学识极为淹博的一位学者。王国维誉之为"综览百家,旁及二氏",陈寅恪称之为近代通儒,在国际上也有很高的声誉。他与季石先生原是乡榜同年,其时此老寓居上海徐家汇,因小石先生为故人之子,诱掖奖饰,倍感亲切。沈氏告以"嘉兴前辈学者非有真知灼见,不轻落笔,往往博洽群书,不着一字",小石先生受此影响,学问博大而惜墨如金,体现了嘉兴学者的这一特点。

小石先生寓居梅庵先生家中前后有三年之久。梅庵先生为临川世家,所藏之书画碑帖至富,又精鉴识,小石先生耳濡目染,学识日进,其后他以精鉴著称,颇得力于这一阶段梅庵先生的培植。而他治经主《公羊》,喜读《史记》,也与梅庵先生的治学方向一致。

民国九年(1920),梅庵先生逝世,小石先生乃由中凡先生推荐,就北京女子高等师范学校之聘,任教授兼国文部主任,讲授文学史、修辞学与诗歌创作等课程。

民国十一年,北京女子高等师范学校改为国立北京女子师范大学,七月小石先生辞职南返。先生旅居北京三年,学生中有冯沅君、苏雪林、黄庐隐、程俊英等人,日后均有所成,其中冯、程等人,一直与小石先生保持着紧密的联系。小石先生初入高校任职,就培养出了这么一批高足,一直引为快事。

是年八月,小石先生转至武昌高等师范学校任教授兼主任,讲授散文、诗选与中国文学史。学生中有刘大杰、胡云翼、贺扬灵、李俊民等人,其后刘、胡均以研治文学史而知名。由其著述视之,可知均曾受到小石先生很大的影响。

民国十三年,小石先生离开武昌高师,先在西北大学任教半年,兼任主任,后以母病,乃回南京,任金陵大学教授兼系主任。自民国十四年起，兼任东南大学教授，兼文理科长。南京向为中国文化重地，学校众多，其中金陵大学为教会创办的私立大学，东南大学则为国立大学。国立大学每有合并改名之举，故东南大学后曾改称第四中山大学、江苏大学、中央大学，小石先生一直在这公私两所学校内任教，每以国立大学为专任而在私立大学兼职，且常是出任研究室主任之类职务。

抗日战争时期，中央大学内迁重庆沙坪坝，小石先生曾在白沙女子师范学院兼职。民国三十二年（1943）休假时，则至云南大学任教。抗日战争胜利后，小石先生随中央大学复员南京，仍至金陵大学兼课。南京解放后，仍然如此。直到1951年，始不再兼任金陵大学职务。

政府易帜，中央大学改名为国立南京大学，1952年全国高等学校院系调整，南京大学与金陵大学文理学院合并，仍称南京大学。小石先生任职于此，直至1962年去世，时年七十四岁。

小石先生治学的领域至为广泛，在高校中开的课程也甚为丰富多样，内如书法史、甲骨文、修辞学、古器物研究等，都是前人从未涉及的新兴学科，于此可见其开拓能力之卓越、学术建树之丰富。然为当今学科分类计，他所常开的课程，仍为散文、诗歌、文学史、批评史等，今结合其撰述的若干论文，作综合介绍如下：

文学史

中国历史悠久，史学特别发达，然只限于政治史一类，其他有如学术史等门类，则长期附入其中而不能单独成长。中国文学史的情况与此相似。

清代末年，情势巨变。东方的老大帝国在西方列强的侵逼下，连遭打击，国势危殆，遂致群心思变。甲午之役，向以文化输出国自居的天朝上国败于蕞尔日本，更使朝野人士深受刺激，从而引起了深刻的反思。大家觉得一定要对一些旧制度加以变革，才能触发新机，从而摆脱覆国的危险。清廷乃于光绪二十七年（1901）下令续办京师大学堂，次年七月十二日上谕颁布《钦定学堂章程》，大学仿日本例，分为政治、文学、格致、农业、工艺、商务、医术等七科，文学科内则分为七目。光绪二十九年闰十月二十六日又颁布《奏定学堂章程》，增设经学科，然于文学科内之情况则无所变动。

这是影响中国知识分子前途的一件大事：废除行之千年的科举，学习西方学术而兴新学。士人不再以几部儒家经典为中心进行综合性的学习，而是分门别类地接受专科教育。在这时代背景发生根本变化的前提下，中国文学史这一新兴学科乃应运而生。

大家知道，中国之有本国文学史一类的编著，首推林传甲与黄人二人所编的《中国文学史》。黄人其时在其居地苏州基督教会所办的东吴大学任教，因为学校的性质与所处的位置，这一讲义产生的影响无法与林传甲的著作相比。今即从林著《中国文学史》讲起。

侯官林传甲时在京师大学堂优级师范馆任教。他参照大学堂章程与其中的中国文学专门科目所列要求，编此讲义。中国古代本来没有这种分章分节逐项论述的著作。日本自明治维新后，接受西化的时间要比中国为早，已有多种新型的中国文学史出现，中国继起学习西学，自然需要参考日人的著作，因此大学堂章程亦云"日本有中国文学史，可仿其意，自行编撰教授"。这就形成了林著《中国文学史》的特点，一是遵循京师大学堂所订之章程，一是参照日本学者的著作而撰述。林氏自述亦云："传甲斯编，将仿日本笹川种郎《中国文学史》之意以成书焉。"

可以说，早期各家《中国文学史》的撰述，大都与林著的编写方式相仿，虽然内容有深浅之别，实质则无多大差别。

林著内容包罗万象，第一篇讲文字，第二篇讲音韵，第三篇讲训诂，第四篇至第六篇讲古今文章内容作法之演变，第七篇至第十一篇讲经、子、史之文，第十二篇至第十四篇讲汉魏至"今"文体，第十五、十六两篇讲骈散两种文体。从今人眼中看来，实属庞杂而缺乏体系，但无论日本学者或中国学者，大家都认为若要学习中国文学，就得这么办。日人古城贞吉于明治三十年（1897）著《支那文学史》，或为彼邦出现的第一部较完整的文学史，内容就很相似，反映了那一时期人们的普遍看法。学习文学而无经、史、子方面的知识，则如无本之木；学习经、史、子而不从小学入手，则入门不正，难以取得成绩。显然，这是乾嘉朴学兴起之后形成的传统。

林传甲在《中国文学史》结束时分述骈散两种文体，反映了清末文学领域中两大文学流派的竞争。清代散文本以桐城派之声势为大，王兆符在《望溪文集序》中称方苞"学行继程、朱之后，文章介韩、欧之间"，可知桐城派的特点就在模拟唐宋古文而宣扬程朱理学。因其祈向与清廷的政治意愿相符而一直得到统治者的青睐。然自清代中叶起，提倡骈文者实繁有徒。自阮元等人倡导学习《文选》始，又形成了后人称之为《文选》派的一大潮流。清代末年，骈文声势之盛，直有压倒散文之势。林传甲在书中结束时说："散文以表意为主，空疏者犹可敷衍，骈文包罗宏富，俭腹者将无所措其手足也。……传甲谓泰西文法，亦不能不用对偶，中国骈文，亦必终古不能废也。"[①]可知其时学人对于文坛两派发展趋势之关注。

京师大学堂转为北京大学时，以姚永朴、姚永概与林琴南为代表

---

① 林传甲编著《中国文学史》，宣统二年（1910）武林谋新室印行兼发行。小石先生在《中国文学史讲稿·唐代文学》一章中介绍以地域关系来区分文学的学说时说："这种议论，尤以日本人之研究中国文学者为尤甚，如笹川种郎之《支那文学史》便主此说，近来颇影响到中国作文学史的人。"可见他阅读过许多日本人的有关著作，并直接阅读了笹川种郎的文学史。

的桐城派，以刘师培、黄侃为代表的《文选》派，就曾或明或暗地展开激烈的争论。这里也有探讨中国文学特点的用意。章太炎撰《文学总略》一文，则以为桐城派与《文选》派的主张均不能说明中国文学的实际情况，因而持最广义之说，主张"榷论文学，以文字为准，不以彣彰为准"①。直到朱希祖主讲中国文学史时，文学与学术的界线仍未划清，实际上是继承其师章太炎的观点。

谢无量于民国七年（1918）在中华书局出版了《中国大文学史》一书，体系庞大，包容了当时所谓国学中的大部分内容，但仍博得大家的欢迎，一再重版加印②，可见这种文学观念潜力之深厚。

民国九年，小石先生北上至北京女子高等师范学校任教，讲授中国文学史。有关其时这一学科的情况，陈中凡先生曾有介绍，他说：

> 其时北京大学开有文学史课，由朱逖先先生主讲。看他的讲稿，分经、史、辞赋、古今体诗等篇，近于文学概论。读其内容，实则是学术概论，非文学所能包括。小石因举焦循《易馀籥录》说，大意谓"一代文章有一代之胜，《诗经》、《楚辞》、汉赋、汉魏南北朝乐府诗，以及唐诗、宋词、明制义，各有它的特色。至后代摹拟之作，便成了馀气游魂，概不足道"。③

可见小石先生的文学史观，比之前人与同时学者，已有很多不同。

小石先生在文学史研究中的重要贡献，即将文学从学术中区分出

---

① 参看本书《黄季刚先生〈文心雕龙札记〉的学术渊源》。
② 此书于民国七年（1918）由上海中华书局出版，至民国二十一年（1932）时已重印 17 次。1967 年台湾"中华书局"又发行新版，至 1983 年时已重印 6 次，大陆于 1992 年亦由郑州中州古籍出版社影印再版。
③ 《悼念学长胡小石》，《雨花》1962 年第 4 期。

来。他总结前代经验，却是推重《文选》一派。在第一章《通论》部分，他从文笔之辨叙起，云："此后直到清代，对于文学有明显主张的，约分三派：（一）桐城派，主单语，重散文。即古之所谓笔，此派以方苞为首。（二）扬州派，主偶体，重骈文。即古之所谓文，以阮元为首。（三）常州派，调合文笔之说，如张惠言等，均骈散兼工。"后即总结道："以上三派，论信徒之多，必推桐城派。若论立论之精准，即数扬州派。"这是因为"六朝人所下'文'的定义，即前人对于'诗'的定义。惟当时文、笔之分甚严。而所称为'文'者，除内涵之情感以外，还注重形式方面，必求其合乎藻绘声律的各种条件"。可知他在抉择之时偏重《文选》派。因为《文选序》与《金楼子·立言》篇中均有重情与重形式技巧的主张，既有合乎当代文学观念之处，又能注意到我国语言文字的固有特点。

小石先生也反对章太炎在《文学总略》中提出的文学界说，认为"近来的章太炎氏，又主张极广义的：'凡著于竹帛者，谓之文。论其形式，谓之文学。'照他说来，太无限定。凡公司之股票，神庙之签条，均可称之为文，讲去实不胜其烦。现在若要讲文学的界限，与其失之太宽，不如失之太狭。故宁从阮氏之说，而不取章氏之论"①。

小石先生因家庭的关系，本对扬州学派有所了解，这时他从文学界的纷争中进行抉择，基于他当时对中外文学理论的理解，也就自然地倾向于接受扬州学派的理论，从而郑重地介绍了焦循有关"文学一代有一代之所胜"的观点。应该说，这一学说的基本内容是符合中国文学史的实际的，所以后起的各种文学史中无不把汉赋、唐诗、宋词、元曲作为主要内容而加以申述。

小石先生还对焦循的这一学说作了分析，以为其中含有四种崭新

---

① 参见胡小石《中国文学史讲稿》第一章《通论》，人文社 1930 年出版，上海古籍出版社 1991 年再版，编入《胡小石论文集续编》，第 11 页。

的观念：（一）阐明文学与时代的关系，（二）认清纯粹文学之范围，（三）划立文学的信史时代，（四）注重文体的盛衰流变。这一结论，应是可以成立的。只是焦循列举的各种文体中，如明之制义，以为亦可视作一代文学之所胜，则近人无一赞同者；他举"汉之赋"为一代文学之代表，后人亦多争议。因为"纯文学"之说，原是中国学者接受西洋的文学观之后才提出的新观念。西洋向以诗歌、戏剧、小说为文学的主体，因此一些主张彻底贯彻西洋学说的人势难接受赋这样一种文体到文学的行列中去。曹聚仁编《中国平民文学概论》，仅列诗歌、戏曲、小说三种；刘经庵编《中国纯文学史纲》，即在《编者例言》中明确宣布所注重的是中国的纯文学，除诗歌、词、曲及小说外，其他概付阙如①。

赋是一种最富中国文化特色的文体。依用语及结构而言，介于韵文与散文之间；以性质而言，介于文学与学术之间。因此有些人就称它为文学中的"四不像"。汉代大赋的写作最富这一特点。作者写作这类文字，必须具有多方面的才能，因此《魏书》作者魏收才有"作赋须大才"之说。而且赋这一种文体对其他文体的写作影响至巨，例如杜甫的名篇《北征》即曾深受曹大家《东征赋》、潘岳《西征赋》的影响。汉代文士把聪明才智集中在大赋的创作上，《文选》中即首列汉赋多篇，研究中国文学而漠视汉赋的存在，无疑是偏颇不全的。

对汉赋之类文体持确认的态度还是否决的态度，成了文学史者能否从中国实际出发进行撰述的一种标志。

小石先生采纳焦循文学"一代有一代之所胜"说而构建其文学史体系。自他强调汉赋之重要地位后，后起的一些著名文学史家，如冯沅君、胡云翼、刘大杰等，无不采择此说，这一体系遂在学术界成为共

① 曹聚仁《中国平民文学概论》，梁溪图书馆 1926 年版。刘经庵《中国纯文学史纲》第 1 页，北平著者书店 1935 年版；东方出版社 1996 年再版。

识。于此可见,小石先生的文学史观符合中国国情,既能克服前此学人墨守成说者之拘执,又能破除后起学人纯依西学而立论者之偏颇,他对中国文学史这一新兴学科的建设作出了巨大贡献①。

小石先生的这一文学史讲稿乃于民国十八年(1929)时取一学生之笔记至上海人文社仓促付印,且仅刊出上编,故全称为《中国文学史讲稿上编》。行世之后,颇获好评。因为此书建立起了一种符合中国古代文学实际的史学体系,而著述者在讲授文学史时,重鉴赏,讲个人的创作经验,继承了以往文学批评的传统,融入了不少个人的心得,故有别于国内外学者的同类著述。余冠英先生亦赞之云:"篇幅不长,颇具卓识。"

小石先生的著述态度极为严谨,例如为了讲清永明时所流行的四声八病之说,他广征载籍,参照沈约自己的作品和他所举的例证,证明"沈休文之浮切为平仄"。小石先生续云:"我最初以为是一件小小的创获。但后来看见一部湖南人邹叔子所留下的《遗书·五均论》当中早已有此论调,可见刻书要占年辈,否则有剿袭前人的嫌疑。后来看到阮元《揅经室续集》中的《文韵说》又早已如此说法。到后来又细翻到《新唐书》卷二〇一《杜甫传论》(附《杜审言传》后)见到有以下几句话:'唐兴,诗人承陈、隋风流,浮靡相矜。至宋之问、沈佺期等,研揣声音,浮切不差,而号律诗。'宋子京在这里所说的'浮切不差',岂不是明明白白指的是绝不可错乱的律诗中之平仄吗? 于是更叹读书及持论之不易。"由此可见其不轻于立论如此。

《中国文学史讲稿上编》实为一部精审的学术著作,内中不但包容着许多可贵的研究成果,尤其可贵的是贯彻着精到的史识。

---

① 参看本书《文学"一代有一代之所胜"说的重要历史意义》,原载《文学遗产》2000 年第 1 期。

楚　辞

小石先生的研究工作,可说是从"楚辞"开始的。因任博物教师,注意到植物的名称古今有异,有关的介绍,中外不同,因而致力于名实之辨,运用前此有关《尔雅》等方面的知识,研读"楚辞"。他在旧学方面有深厚的基础,新学方面有近代的科学知识,又因年轻时即已诗学湛深,各方面的修养均已齐备,其成就也就超出时人甚远。

民国九年(1920),小石先生至北京女子高等师范学校任教,讲授"楚辞"时,首用人神恋爱的新说解释"楚辞"中的爱情描写。这在楚辞学上具有划时代的意义。前人讲"楚辞"时,均据王逸、朱熹之说,以为屈原运用美人香草手法,借以表示眷怀楚国,心系怀王。尽管这种解释与"楚辞"文意扞格难合,但因其时尚无新的学术观念出现,大家只能默守成说。小石先生通过日语阅读过许多社会科学方面的著作,而他又喜博览,平时积累了很多民俗学、宗教学、神话学等方面的知识,于是首先提出了人神恋爱的新说。学生辈受到启发,起而阐扬此说,苏雪林随作《楚辞九歌与中国古代河神祭典的关系》等文[①],其后这一种新说遂为"楚辞"学界广泛接受。

小石先生至云南大学任教时,仍主讲"楚辞"。其时闻一多、游国恩在西南联合大学任教,亦授"楚辞"。闻、游二人于此均有很多著作行世,小石先生之新见因不留文字,罕为世人所知,实则他在这方面的见解,不逊于任何一位"楚辞"学者,他的贡献有益于学界者甚多。

闻、游二人的年辈,比之小石先生稍后,因此二人的文字,现代学

---

①　载《现代评论》第八卷 204—206 期,后收入《蠹鱼生活》,真善美书屋 1929 年版。

术论文的色彩要明显一些,但其严谨的程度却未必更高。闻一多本为新诗人出身,故在论证《九歌》诸神时想象的地方很多。游国恩在《楚辞》的很多方面作过开拓,但在文献的处理上或有不规范处,例如他在论证河伯的家族时,还把一些后代材料中的传说引作证据,实则这是不该用于论证先秦传说中的地祇的①。

小石先生以时代先后与著作性质为准,把有关神话传说的材料分为五等。

一等材料为《诗经》《尚书》。《诗经》中的《生民》《玄鸟》等诗,保存着先民的感生说。《尚书》中可发掘部分材料,但此书已历史化,故对之不能存很大希望。

二等材料为《楚辞》中的《离骚》《九歌》《天问》等文。《山海经》《穆天子传》很重要,先秦诸子中《庄子》《吕氏春秋》等书中也有材料可发掘。

三等材料,如今文中的纬书,《易乾凿度》《诗含神雾》《春秋潜潭巴》《孝经钩命诀》等,已多残佚,带有浓厚的方士色彩。《淮南子》和《史记》中的材料具中等价值。

四等材料,如《列子》、皇甫谧《帝王世纪》、干宝《搜神记》等。

五等材料,如王嘉《拾遗记》、沈约《宋书·符瑞志》、《神异经》、《汉武故事》、《汉武帝内传》等。

研究神话传说时,首应援用一、二等材料。在一般情况下,不宜援用四、五等的材料去论证先秦时期的神话传说。

于此可见他在治学方面的谨严态度。

小石先生著《〈楚辞〉郭注义征》一文,就是在为发掘第一等材料而

---

① 《论九歌山川之神》三《论河伯》,载《读骚论微初集》,商务印书馆 1934年版。

努力。郭璞是晋代的大学问家,《晋书》本传言其曾为《楚辞》作注,然至宋代,已无传本。今所存者,汉注唯有王逸一种。小石先生以为郭璞曾为《尔雅》作注,列为《音义图谱》,又注《三仓》《方言》《穆天子传》《山海经》《子虚》《上林赋》等数十万言,诸书内容均与《楚辞》相通,援用这些书中的材料,用以解释《楚辞》中的名物,自能相合。因此《〈楚辞〉郭注义征》一文,可为郭璞《楚辞注》恢复基本面貌,用以阅读《楚辞》,其价值可与王注并重。

这一文字,可谓导夫先路。其后饶宗颐撰《晋郭璞〈楚辞〉遗说摭佚》,采取的是同样的视角与方法①。

他对名物的辨析具有独到的功夫,因此他在讲授《楚辞》时新见迭出。例如他在讲到《离骚》"余既滋兰之九畹兮,又树蕙之百亩"时,根据南宋吴仁杰的《离骚草木疏》,指出兰、蕙属唇科植物,一茎一花称为"兰",一茎数花称为"蕙"。"纫秋兰以为佩"中之"兰",为泽兰,方茎对叶,属唇形科,紫苏、薄荷之类。"朝饮木兰之坠露兮"中之"木兰",即木莲,木本,常绿植物,夏季开花,叶大,光滑,背有毛。解释草木之名,而能如此具体深入,只有博通古今者才能如此。又如他在讲到《九歌·国殇》中"左骖殪兮右刃伤""霾两轮兮絷四马"时,即依考古材料画出古时车子的图形,什么毂、轼、衡、盖等,一一指陈,学生也就可以具体把握;又如讲到《湘夫人》中"筑室兮水中"时,绘出古时的居屋图,学生也就一目了然,对《楚辞》中叙及之生活环境均可清晰地了解。

如果说,《〈楚辞〉郭注义征》一文体现了小石先生早年学习农博科而介入国学中的《楚辞》研究的人生转折,《〈离骚〉文例》一文则体现出了他深受清儒影响的另一侧面。小石先生在两江师范求学时,曾从日

---

① 载《楚辞书录》外编《楚辞拾补》,为其中的第二部分,香港苏记书庄 1956 年版。

籍教授学习修辞学,而他又喜读高邮王氏之书,再加上他在专业训练中特别关注植物分类,因此在对古文献作整理与分析时,喜作文例的研究。例如他在研究古文字时,曾作《金文释例》《甲骨文例》等文。其中有关甲骨的这一著作,学术界公认这是甲骨文中文法研究的开山之作。

屈原之作,以年代久远故,文字的表达方式与今有异,后人难以理解。小石先生以为历经汉、宋两代王逸、朱熹等人详加注释之后,文字大体可读;清儒戴震等人再加以梳理,文字上的层次始能了然。小石先生在此基础上再作深究,对语句中出现最多又起关键作用之词的用法详加辨析,借此可以细致而正确地把握全文脉络。《〈离骚〉文例》条分缕析,共分三十二例,每一个例子中又分出几种不同情况,且各举例以明之。例如(廿四)言"既又"例曰:

(甲)以"既又"开阖为对文者,诗云"终风且暴",犹言既风又暴也。

纷吾既有此内美兮,又重之以修能。

余既滋兰之九畹兮,又树蕙之百亩。

既替余以蕙纕兮,又申之以揽茝。

(乙)以"既又"开阖而不为对文者。

闺中既以邃远兮,哲王又不寤。

既干进而务入兮,又何芳之能祗?

(丙)省又。

初既与余成言兮,后悔遁而有他。(言后又悔遁而有他也。)

(丁)省既。

苟中情其好修兮,又何必用夫行媒?

椒专佞以慢慆兮,㮀又欲充夫佩帏。

固时俗之流从兮,又孰能无变化?

羿淫游以佚畋兮,又好射夫封狐;固乱流其鲜终兮,浞又贪夫厥家。

已矣哉! 国无人莫我知兮! 又何怀乎故都!

（戊）既在下列。

跪敷衽以陈辞兮,耿吾既得此中正。

从（甲）例引及《诗》"终风且暴"中句视之,可知此文乃循王引之《经传释词》的路子,而又作了新的发展。读者循此阅读《离骚》,可得正解。

小石先生写作《〈远游〉疏证》一文,明云仿孙志祖《孔子家语疏证》而成。这类文字偏重实证,不重推论,可觇其与清儒朴学传统联系之紧密。

小石先生将《远游》全文与其他文字比较,云:"细校此篇十之五、六皆离合《离骚》文句而成（《九章·惜诵》亦类此）。其馀则或采之《九歌》《天问》《九章》《大人赋》《七谏》《哀时命》《山海经》及老、庄、淮南诸书。又其词旨恢诡,多涉神仙。（《九辩》末'愿赐不肖之躯而别离兮'一节,亦颇相类,惟彼文结语曰'赖皇天之厚德兮,还及君之无恙',则与超无为邻太初者异趣矣。）疑伪托当出汉武之世。"可知这里用的也是疏理出处再从学术上加以区分的方法。

小石先生引用例句时,表现出了很高的识见,例如他在阐释"恐天时之代序兮,耀灵晔而西征。微霜降而下沦兮,悼芳草之先零"数句时,云:"此数语隐括《离骚》'日月忽其不淹兮,春与秋其代序。惟草木之零落兮,恐美人之迟暮'大义。"于此可见小石先生对于典籍的精熟,亦可见其创作经验之丰富,只有那些老于此道的人才能发现前人变换笔法的踪迹。

又如他在阐释"壹气孔神兮……虚以待之兮"时,云:"'壹气'犹《老子》言'专气致柔'之'专气'。'孔神'《老子》言'孔德之容'。'孔'读为'空',虚也。'虚以待之',《老子》言'致虚极',言'虚其心',言'保此道者不欲盈'。"于此可见其视野之开阔。文字方面的正解,得益于朴学方面的深厚修养。

又如他在阐释"贵真人之休德"时,引《史记·秦始皇本纪》卢生说始皇:"真人者,入水不濡,入火不爇,陵云气,与天地久长。"这种诠释之法,不引申,不发挥,与时人颇为不同。20世纪二三十年代的辨伪学者写作有关《楚辞》的文章,采用进化的观点,涉及思想史方面的问题,旁征博引,辗转为说,借此把《楚辞》方面的文章区别出作者的不同年代。这类文章看起来论证得似乎更细致,但因多用假设、推论等手段,其不确定性也会大大增加。小石先生的这类文字,纯以排比为手段,读者自可根据材料自行推断,故颇有引而不发之势,这就会给读者留下更多思考的馀地。

在小石先生为数不多的《楚辞》论文中,还有《楚辞辨名》一文值得注意。此文篇幅无多,文字简练,解决了《楚辞》方面很多混淆不清的问题。

后人阅读古书,每因不明体例而徒滋纷扰。小石先生举吴子良《林下偶谈》为例,言其"訾《选》名为无义"。实则后人常举某些人的一些名作作为代表,借以指代其他。《昭明文选》以"骚"为类而收入他文,刘勰《文心雕龙》于《辨骚》篇中纵论《楚辞》诸文,均属此意,而目下的一些《文心雕龙》学者尚阋阋争辩,有的学者还不明此义而责怪前人,实则小石先生早已把这个问题简单明了地解决了。

小石先生把《楚辞》的各种不同称呼一一分析,文字简练,举证丰富,末复归纳有力,云是:

合上所举观之，名"楚辞"，以声言；名"骚"，以情言；名"赋"名"经"，以地位言。

按此原理而读涉及《楚辞》之文，无不通达无碍，此文之可贵在此。

新中国成立之后，小石先生还作过一个名为《屈原与古神话》的讲演。内分三个部分：一是古神话的一般问题，纵论中外许多古老民族神话传说，因地区不同，在各种条件的影响下而各不相同，中国的神话传说中历史性的核心，被儒家扩大了它的作用，许多美丽动人的事分别散见于各种篇籍之中，长篇史诗产生特迟。二是屈原与《天问》。这是讲演的重点。小石先生以为，屈原赋中著录古代神话最丰富的篇什是《天问》，其实乃"问天"之作。上半篇所问者多属自然现象，下半篇所问者大概属古史记录的方面，许多神话材料杂出散见其中。他从其中抽出（一）人类始祖说；（二）自然现象；（三）洪水故事；（四）古英雄记四个方面，各举例以阐说。从中可见其视野之广阔，各种文献与地下发掘材料，中外相类故事，均驱使自如。小石先生随后指出："屈原不是一个神话的传播者，相反的他是一个神话的怀疑者。""他不像那些把神话历史化的人，拿理性化的历史去说教。他从幻想的自然观和社会观的迷雾中飞跃出来追求唯物的真理，是科学思想的开端。我们可以这样说：人类智慧的发展，到此大大地进了一步。"于此可见，小石先生的研究工作客观而公正，尊重事实，不歪曲文本而迎合政治需要与世俗之见，这也是他的研究著作能够经受得住历史考验的原因之所在。

唐　诗

小石先生在东南大学任教时，与扬州李详（审言）、江宁王瀣（伯沉）共事，俱授杜诗。李详为《选》学大师，曾撰《杜诗证选》《韩诗证选》等文，讲授杜诗时，也以诠释杜诗之出处为重点；王瀣服膺宋学，讲课时不忘时政，因此讲授杜诗时，也时而联系古今政治进行阐发。

李、王二人声名早著，年辈比小石先生为高。三人同时讲授杜诗，对于小石先生来说是有压力的。但他诗学湛深，对杜诗饶有心得，因而讲授之时自成一格，同样受到学生的欢迎。

小石先生因出身师范教育，在教学的每一个环节，如情绪的掌控、板书的编排等方面，都有高超的表现。又加口才特佳，且有一手漂亮的字，学生都称听胡先生讲课，犹如享受。然因前时缺乏录音等设备，又无听课记录可供参证，今日已难复原小石先生讲授杜诗时之风神。只是小石先生前后曾作过三场有关杜诗之学术讲演，后已整理成文章，亦可借此一窥先生杜诗学之一斑。

《李杜诗之比较》一文，乃据 1924 年的一份讲演记录稿整理而成。李、杜为盛唐时期并立于诗坛的巨擘，在中国文学史上占有重要地位。二人风格各异，成就不同，后人常作比较的研究，用以分析彼此不同的创作特点，进而探讨其成因。1927 年时，傅东华作《李白与杜甫》一书；1933 年时，汪静之作《李杜研究》一书，均由商务印书馆出版。可知小石先生的研究为时更早。相比之下，小石先生的分析更为透辟，见解更为深入。

小石先生首先介绍了前人进行比较的几种方法。有的人以地域不同做比较，以为杜甫代表北方诗人，李白代表南方诗人，这是民国初年一时很风行的理论。日本人研究李、杜的诗，多从此入手，如对中国文学史研究产生过很大影响的笹川种郎《支那文学史》便主此说。自刘师培作《南北文学不同论》后，此说更为风行。但小石先生以为，交通便利、政治统一之后，以地理作区分，已靠不住。李、杜生于盛唐，不宜依此理论剖析。

有的专家根据思想的不同而做比较，以为李白代表道家，杜甫代表儒家，李作多有超出人世之感，杜作则句句不脱离社会。小石先生以为这话有一部分道理，但应注意二人思想并非根本上不相同，因此这一点也不必引申。

李、杜之不同，最好侧重艺术上之表现来做比较，为此他把中国古代诗歌之流程作了历史的考察，说明二人所走的路完全不同。下面他又从用字、内容、声调等不同方面着眼而进行分析。因为他在诗歌的创作上有丰富的经验，故对此有个人独到的体会，如云："少陵五律最长最有名的如《秦州杂诗》二十首之类，可认为从庾信《咏怀》诗化出。这是唐人所未走的路。"由此可觇杜甫在诗体创新上的贡献之巨。

小石先生论杜诗声调，则从观察拗体着眼，以为"子美作诗，内容及声律都极力求避前人旧式，所谓用一调即变一调，后来宋人能学他的善变处，至于明人只学得他的高腔大调罢了"。可见他的观察问题，是把李、杜诗歌放在中国诗歌发展史的长河中进行考察的。

小石先生在讲演结束时，又作了简明扼要的总结：

> 李守着诗的范围，杜则抉破藩篱。李用古人成意，杜用当时现事。李虽间用复笔，而好处则在单笔；杜的好处，全在排偶。李之体有选择，故古多律少；杜诗无选择，只讲变化，故律体与排偶都多。李诗声调很谐美，杜则多用拗体。李诗重意，无奇字新句，杜诗则出语惊人。李尚守文学范围，杜则受散文化与历史化。从《古诗十九首》至太白作个结束，可谓成家；从子美开首，其作风一直影响至宋、明以后，可云开派。杜甫所走之路，似较李白为新闻，故历代的徒弟更多。总而言之，李白是唐代诗人复古的健将，杜甫是革命的先锋。

这一研究成果极富启发性,对后人有巨大影响。1962 年中华书局印行《杜甫研究论文集》第一辑时即被收入。

小石先生所作《杜甫〈北征〉小笺》《杜甫〈羌村〉章句释》二文,原来是 20 世纪 60 年代为中文系同学所作的两场报告,从中可见他在讲授杜诗时的一些思路。

《杜甫〈羌村〉章句释》开端,有小序介绍二诗之关系与不同。首云:"《羌村》作于至德二载秋自凤翔还鄜州省家后,殆与《北征》同时。所写情景,多可补《北征》中所未道者,而以小诗形式出之。"其后他就诗体之大小不同者作比较的研究,分述云:

> 凡诗之长篇与短篇,为用不同。以戏曲譬之,长篇如整体连台戏,短篇则折子戏。长篇波澜壮阔,疏密相间,变化起伏,而不能处处皆警策。短篇则力量集中,精彩易见。亦犹观折子戏者,每感其动人之效果迅速,易于见好也。

小石先生之释《羌村》,可注意者,一为体察之细,一为功力之深。后者如释"兵革既未息,儿童尽东征"二句,曰:

> 东征意指收京。"儿童",一作"儿郎",今不取。二语差异甚大。言儿郎可以该"丁",尚未尽兵祸之惨酷。言儿童则壮丁尽而未成年者亦执戈而赴戎行。杜《新安吏》作于乾元二年九节度相州溃师之后,诗云:"客行新安道,喧呼闻点兵。借问新安吏,县小更无丁。府帖昨夜下,次选中男行。中男绝短小,何以守王城?"事与此正同。案:唐人丁口制度,随时变更。据王溥《唐会要》卷八十五《团貌》条,自高祖武德至玄宗天宝,丁年凡三变(《旧唐书·食货志》文同)。今条列如下:

武德六年（六二三）三月　始生为黄　四岁为小

　　　　　　十六为中　二十一为丁

　　　　　　八十为老

　　神龙元年（七〇五）五月　二十二成丁

　　　　　　五十九免役

　　天宝三载（七四四）十二月　十八以上为中

　　　　　　二十三以上成丁

　　凡朝野太平，则成丁之岁数亦较晚。今丁已尽遣，乃及中男或更幼者，故云儿童尽东征也。至《垂老别》，则征及老翁。《石壕吏》索老翁不得，并老妪亦往应征，为状更惨。

　　"儿童"为常见之词。诸家注杜，未见有如是深入者。小石先生考成丁年岁之变化，用以分析其时征战之残酷，人民受苦之深，读者自可由此懂得注释诗歌水平之高下。

　　一般人读诗，每视难字与典故为拦路虎，实则这些都可借助辞书加以解决。读者欲求欣赏水平的提高，自不能停留在这一层面上。他们必须在通解全诗的基础上，阅读一些富有启发性的赏析文字，进而探求古人用字遣词之妙。

　　小石先生在释《羌村》第一章首句"峥嵘赤云西，日脚下平地"时说："'西'在此，不仅是方位字，当读为动词。如山之大云向西而移，知其时为东风。言赤者映日之故。云隙漏出日脚，日脚下地，言将暮也。"就是一种深入一层的解读法。常人于此每囫囵吞枣，体会不到杜诗措辞之妙。小石先生随后于释"妻孥怪我在，惊定还拭泪"后说："开门一见，不言喜而言怪者，以为甫死久矣，不意其尚在。言喜反浅也。"随后他又申述道：

前辈诗人在技术上有一控制世间万象之武器，即动词是也。故凡动词之选择与烹炼，须求其效果能生动、深刻、新颖而又经济，实费苦心。观昔人改诗诸例，如"身轻一鸟过"之"过"，"天阙象纬逼"之"逼"，"僧敲月下门"之"敲"，"春风又绿江南岸"之"绿"。其所经营再四而后能定者，皆属动词，可以悟其理。

这样的文字，富有启发性，对读者最为可益。

《杜甫〈北征〉小笺》一文，首先对杜诗中的这一鸿篇巨制的历史意义作出评价，文曰：

《北征》为诗中大篇之一。盛唐诗人力破齐、梁以来宫体之桎梏，扩大诗之领域，或写山水，或状田园，或咏边塞，较前此之幽闭宫闱、低回哀怨者，有如出永巷而骋康庄。至杜甫兹篇，则结合时事，加入议论，撒去旧来藩篱，通诗与散文而一之，波澜壮阔，前所未见，亦当时诸家所不及（元结同调而体制未弘），为后来古文运动家以"笔"代"文"者开其先声。后来诗人如元和中韩退之，如宋代庆历以来"宋诗"作者之欧、王诸家以至"江西诗派"，至近世如所谓"同光体"，其特征大要皆以散文入诗，其风气几无不导源于杜，亦可云自《北征》一篇开端。

这就为《北征》一诗在文学史上的地位树立了指标的意义。莫砺锋在《杜甫评传》中也援引上文而指出："我们认为对于《北征》的总体评价以胡小石《杜甫〈北征〉小笺》为最确切。"[①]

①　见第二章《广阔的时代画卷与深沉的内心独白》，南京大学出版社 1993年 10 月版。

小石先生接着对此诗写作手法的创新作了具体分析，文曰：

　　《北征》，变赋入诗者也，题名《北征》，即可见之，其结构出赋，班叔皮《北征》、曹大家《东征》、潘安仁《西征》，皆其所本，而与曹、潘两赋尤近。其描写最动人处，如还家见妻儿一段，则兼有蔡文姬《悲愤》、左太冲《娇儿》两作之长。其胪陈时事，直抒愤懑，则颇得力于庾子山《哀江南赋》。杜极称庾诗赋曰："清新庾开府。"《哀江南》在赋中为新，《北征》在诗中亦为新也（杜短韵亦多得力庾子山拟咏怀诗）。总之，《北征》一方则奄有众长，一方又独抒己见，两者结合，诚所谓古为今用也。

　　其后他就全诗逐句进行分析，内中有笺证，有鉴赏，妙义纷披，令人起切理厌心之感。中如释"坡陀望鄜畤，岩谷互出没。我行已水滨，我仆犹木末"曰：

　　人非猿猱，何得行于树杪？盖诗人写景，往往只取片时之感觉，纳入文字，不俟说明，骤见似无理，而奇句却由此而生，谢朓《郡内高斋闲望》云"窗中列远岫，庭际俯乔林"，已创斯妙。而杜自早岁即喜用之，如《渼陂行》云："船舷暝戛云际寺，水面月出蓝田关。"稍后，如《白水县崔少府高斋》云："高斋坐林杪，信宿游衍阒。清晨陪跻攀，傲睨府峭壁。"尤妙者，以此拔入咏画之作，遂极突兀可喜。如《丹青引》"玉花却在御榻上"，马竟登床，如《奉先刘少府新画山水障歌》云："堂上不合生枫树，怪底江山起烟雾。"树生堂上，尤奇者如《严郑公厅事岷山沱江画图》云："沱水流中座，岷山到北堂。白波吹粉壁，青嶂插雕梁。"白波吹壁而壁不倾，青嶂插梁而屋不破，是画也，非真也，然说出反浅。所谓诗要通，又要不通，要不通之通。

这类文字，体会细腻而真切，从中可见作者非仅胸罗万卷，其难得者尤在对诗中的隐微之处能一一抉发而将奥妙之处娓娓道出。

然统观全局，小石先生之释此诗，最难能可贵之处犹在窥破杜诗中之史识。《北征》末尾，结合时事，入以议论，叙当时战局曰：

> 仰观天色改，坐觉妖氛豁。阴风西北来，惨澹随回纥。其王愿助顺，其俗善驰突。送兵五千人，驱马一万匹。此辈少为贵，四方服勇决。所用皆鹰腾，破敌过箭疾。圣心颇虚伫，时议气欲夺。

小石先生释之曰：

> "阴风西北来，惨澹随回纥"二句影射回纥衣饰，此应与《留花门》诗相参证。《留花门》诗有"连云屯左辅，百里见霜雪"句，亦状回纥之服色。按回纥奉摩尼教，其教色尚白。摩尼教出自波斯教。波斯教本为祆教，又曰拜火教，摩尼教即由祆教发展而来。摩尼教何时开始传入中国，此有二说。法人沙晚于《摩尼教流行中国考》中云不早于唐肃宗宝应元年（七六二年）。则子美作《北征》际，尚不见摩尼教于中国，此说实误。沈曾植《和林三唐碑跋九姓回纥毗伽可汗碑跋》中叙摩尼教与回纥关系极精确，云"开元以后，为大食所驱，乃东徙而入回纥"，并云："其徒白衣白冠。"及后，会昌中曾禁此教，逼使教徒服便衣。由此可证：至德二载回纥已信摩尼教矣。回纥旌旗为白色，此文献有证。《旧唐书·回纥传》："子仪至新店，遇贼军战，却数里，回纥望见，逾山西岭上曳白旗而趋击之，出其后，贼众大败。"（《新唐书》同段作"即逾西岭，曳

旗驱贼"，则失其旨矣）又《旧唐书·李嗣业传》亦载此事："嗣业与子仪遇贼于新店，与之力战数合，我师初胜而后败，嗣业遂急应接。回纥从南山望见官军败，曳白旗而下。"

从这一段笺证中，可知小石先生识见之卓越，诚可谓读诗有得。沈曾植（子培）为清末研究西北史地之杰出人物。小石先生在学术上深受其影响，由是对于唐代西北诸多少数民族之宗教、习俗、服饰等有详尽之了解，才能对这类诗句的底蕴有深入的发掘。这些地方足证小石先生之学识，比之前人与当代注家，均有其优胜之处。

而小石先生之释《北征》，目光关注者，尤在"凄凉大同殿，寂寞白兽闼"两句。这两句，"宋以来注家皆未注意，亦未得其解"，所以他在《小笺》中详加阐发。

首先，他对这两句诗内的殿阁之名加以说明。

宋敏求《长安志》九，记南内兴庆宫、勤政楼之北曰大同门，其内大同殿。案兴庆宫位于京城朱雀街兴庆坊，坊本名隆庆，玄宗龙兴旧邸。此宫玄宗即位后仍常居之。著名之勤政、花萼二楼，龙池、沉香亭皆在其中。《新唐书》二百七《宦者传·高力士传》："帝斋大同殿，力士侍。帝曰：'我不出长安且十年，海内无事，朕将吐纳导引，以天下事付林甫，若何？'力士对曰：'天子顺动，古制也……天下柄不可假人，威权既振，孰敢议者？'帝不悦。力士顿首，自陈心狂易，语谬当死。帝为置酒，左右呼万岁。"案此处问答数语，实与后来天宝乱事有关。而问答之地，乃在大同殿。白兽闼当为白兽门，以协韵改闼。白兽门，《长安志》无记。以唐宫三内，门户繁多，实不胜载。向来注家多引《三辅黄图》释之。以汉宫例唐宫，终不得确解。今据《旧唐书》八《玄宗纪》，记玄宗诛韦后奠定帝业始末云：中宗暴崩，韦后临朝称制，"遂以庚子夜，率（刘）幽求等数十人，自（禁）苑南入。（苑）总监钟绍京又率丁匠百馀人以从，分遣万骑往玄武门（宫城北门，北临禁苑。入门即西内太极宫。太宗诛太子建成，即率众由此门入。）杀羽林将军韦播、高嵩，持首而至。众欢叫大乐，攻白兽、玄德等门，斩关而进。左万骑自左入，右万骑自右入，合于凌烟阁前。时太极殿前有宿卫梓宫万骑，闻噪声，皆披甲应之。韦庶人惶惑，走入飞骑营，为乱兵所害"。《新唐书·玄宗纪》略同，但云入玄武门，会两仪殿（在太极殿北），而不及白兽、玄德等门。据《长安志》图凌烟阁所在，近西内宫城东北隅，西南往太极殿，以旧书所记参之，玄宗率众入白兽等门，斩关而进，合于凌烟阁，则白兽门当在凌烟阁北不远之地，入门至阁，经阁西南行至太极殿，此门在当时，必为西内入玄武门后由北往南所经之一要地。《资治通鉴·唐纪·睿宗纪》上记此役颠末，即略本《旧唐书》，云隆基使李仙凫将右万骑攻白兽门。胡三省注：白兽门即白兽阙，即杜甫《北征》所谓"寂寞白兽阙"者。与玄武门皆通内诸门之数，可谓近之。杜特著之诗句中，见玄宗后来成帝业与之有关。

小石先生随后又说："杜《北征》诗篇末方颂新君，忽著此二语，皆关上皇旧事，其用意甚深微曲折。"随后他即广征载籍，叙及玄宗蒙尘途中有分道制置之举，而肃宗旋即皇位于灵武。制置之谋，肇于房琯，陈陶斜之败，肃宗归罪于房琯，杜甫以谏官上疏救之，几罹不测。"肃宗以怨父者怨琯，又以恶琯者恶杜，故杜自此后由华州窜秦州，由秦州窜同谷，由同谷窜成都，转夔巫，出三峡，流落湖湘，羁旅终身，漂泊以死，诗人固李氏王朝宫廷政争中之一牺牲品也。"文章分析至此，读者始可明白这两句诗的含义之深，涉及面之广。如此读诗，始可知杜诗何以会享"诗史"之盛誉。

小石先生随后又总结道：

> 《北征》于歌颂中兴之馀，忽参入此二语，其事皆与肃宗无关，而悉出上皇，与上文似不甚连类。用意极隐微，实一篇主旨所在。故杜早于灵武擅立、成都内禅之日，已豫见玄、肃将来父子之关系必至恶化，固不待南苑草深，秋梧叶落，始叹上皇暮境有悲凉之感。古今行内禅者亦多此结局也。

熟悉杜诗的读者当可发现，小石先生走的是以诗证史的路子，故与钱谦益的治学方法相通。此文末尾也说："昔钱牧斋作《草堂诗笺》，深得知人论世之义，高出诸注家。其于《洗兵马》一篇，即发扬玄、肃当时宫闱隐情。惟于《北征》初未之及，故复于此曲折说之，俟言诗者教焉。"实则钱谦益对《洗兵马》一诗的笺释，颇多穿凿，故自《草堂诗笺》问世时起，即招到潘耒等人的诘责。小石先生不没前人之长，为前贤讳，他的后续工作，确已显得更为精当。因此此文于1962年《江海学刊》第4期刊出后，即为学界所推重，旋被1963年中华书局出版的《杜甫研究论文集》第三辑所收入。

邓小军在《杜甫〈北征〉补笺》中说：

> 《北征》是杜诗皇皇巨制。对于了解杜甫和杜诗，具有举足轻重的作用。1962年，胡小石先生在《江海学刊》发表《北征小笺》，对《北征》的研究取得突破性成就。本文拟在《北征小笺》基础上作出补充笺证，详人之所略，略人之所详，以就教于方家。①

---

① 载《北京大学学报（哲学社会科学版）》第44卷第3期，2007年5月。

由此可见此文影响之巨。

小石先生还曾写过一篇《张若虚事迹考略》。然因文献阙如，只能对张氏事迹作尽可能的发掘，而从小石先生的驱使材料而言，可见其对于文献之娴熟，亦可见其对于此诗之挚爱。

小石先生还曾作过一次《南京在中国文学史上的地位》的讲演，最后总结道：

> 合而观之，则南京在文学史上可谓诗国。尤以在六朝建都之数百年中，国势虽属偏安，而其人士之文学思想，多倾向自由方面，能打破传统之桎梏，而又富于创造能力，足称黄金时代，其影响后世至巨。

论证南京文学之显著于世，当自孙吴之后，故叙其发展，首重东晋以下南朝时期之诸代，而以后来之南唐为其尾声。"盖以有创造性之事实言之，当如此也。"可见他的考察问题，总是以"创造"为首要，即使是对一时一地之宏观透视，亦作如是观。因此，他在这一讲演中提出的几点看法，对于研究中国文学史的人实有重要的指导作用。

小石先生指出：中国文学，及其有关诸方面，真正在南京本地创成者，以次数之，可有下列诸事：

（一）山水文学。

（二）文学教育，即文学之得列入大学分科。

（三）文学批评之独立。

（四）声律及宫体文学。

他对这四个方面都有精到的分析。例如介绍《宋书·雷次宗传》中记宋文帝元嘉十五年（438）在北郊鸡笼山（今之北极阁）开四馆教学，而以谢元（谢灵运从祖弟）主文学。"此次开四馆，可为世界分科大学之最早者。而以文学（诗赋）与儒学（经学）平列，又为文学地位增高之新记录。此与唐代自开元起以诗取进士，有同等重要。吾人于此不得不言对于文学脱尽西汉以来之传统观点，真能明了其价值者，实从南京起也。"这样分析问题，纯出客观，具有说服力，绝非对于生长地区的阿好之词。

这次讲演最后论声律与宫体，态度也极为客观，故结论亦合乎事实。云："所谓宫体者，以托咏宫闱，词旨轻艳，为纯粹抒情诗之一。此类专言人世男女恩怨之作，实起自民间多数无名人之歌咏。""山水文学盛行后，一般文士更辟新路，即以此等民间俗文学为基础，而加之藻采，复与声律之原则结合，以增声音上之铿锵，纯乎惟美主义。其描写闺阃女性，往往犯色情之诮。然是时帝王以至士大夫能诗者，殆莫不好此，此为南方文学特殊现象之一。""隋人平陈，固取得征服者地位，然炀帝杨广，即为一出色之宫体诗人，其平陈也，乃并南京之文学而接收之。如《春江花月夜》一曲，陈代原作已失传，今世所见者，反以炀帝所作二首为最早也。""宫体文学发展至最后，往往浸入玄想，初唐之张若虚、刘希夷诸家之长歌，堪为好例。"这一番议论，可谓宫体文学的一段小史，即以今日之目光视之，亦可称精彩纷呈，可圈可点。

七　绝

小石先生早年从散原老人学诗，因才情卓异，风神秀美，故受命从唐人七绝入手，而后再依性之所近，兼习各体。小石先生诗名日盛，精通各体，然于七绝仍情有独钟，生平讲诗，喜作七绝之剖析。1934 年时曾为金陵大学研究生专设一课，尚存其时的讲义。吴白匋先生在《胡小石先生传》中介绍说：

首作引论，言我国诗歌，擅长于短篇中见其机趣，而七绝最妙。其源流正变，始于刘宋汤惠休之《秋思引》，自南齐永明以后，逐渐采用律调，其内容乃当时宫体。不离闺情，至唐人扩大范围，方尽其能事。唐乐府诗可以被之管弦者，往往为七绝诗，实为"词"体之祖。七绝以抒情为正格，以叙事议论为变格。次论唐七绝句正格，自显而隐，分十六格，各举一名作为首例，下录同格者若干首附之。……十六格中，第一至第五格为对比今昔，第六至第八格为对比空间差别，第九格为超过因果关系，第十格、第十一格为设问答，第十二格至第十四格为假设想象，第十五格为事物之人格化，第十六格为意在言外。最后附唐人习用三字之名词押末句韵脚，以求重点突出，音节铿锵一法。经此解剖，七绝诗作法大明，乃极便于鉴赏与追摹矣。又次讲七绝变格，所选为杜甫诗数十首，择要言之，最后以王建、王涯宫词与曹唐小游仙诗大篇叙事诗作附录备参考。①

　　《七绝诗论》中，其有关"今昔对比"者讨论得尤为深入。今人作诗歌赏析，亦莫不致力于此，小石先生过人之处，在于能将诗人抒发今昔之感如何落实，有具体而明确之指陈。他借用了绘画理论中的一个术语"勾勒"，借以提示诗人如何将此四句写得跌宕起伏，前呼后应。这样的分析，不但可以帮助读者明白诗歌的结构，而且有助于指导读者也去从事创作。

　　按前人运用勾勒说分析文学问题者颇多②。小石先生赋予新的

---

　　①　吴徵铸，字白匋，20 世纪 30 年代初就读于金陵大学。所作《胡小石先生传》，发表在《文献》1986 年第 2 期。

　　②　参看张仲谋《释"勾勒"》，《文学遗产》2007 年第 5 期。

含义,意指诗中的一些关键词,涉及全诗意脉流动中之呼应与结构。详观他在全文中的分析,实与他在诗歌与书法等方面具有深厚的学养与具体的体验有关。

今先详引全文开端分析王昌龄《从军行》(五首之一)一诗之分析文字。王诗云:

> 琵琶起舞换新声,总是关山旧别情。撩乱边愁听不尽,高高秋月照长城。

小石先生分析道:

> 七绝书写情趣,若加以分析,其最重要之一点在于表现时间上之差别,即今昔之感。生命短促,时间不能倒流。屈原悲"老冉冉其将至","冉冉"为行貌,继乃申之曰:"日月忽其不淹兮,春与秋其代序。惟草木之零落兮,恐美人之迟暮。"夫人生最感甜蜜者为回忆,回忆即将过去所得之生命,使其重新活动于眼前。

> 如饮苦酒,虽苦而能令人陶醉也。此意后世诗人各以当时流行之形式写之。如郭璞《游仙诗》之一:

> > 六龙安可顿,运流有代谢。时变感人思,已秋复愿夏。

> (铸按:先师题所居为"愿夏庐"本此。)

> 夏日炎炎可畏,而在秋时回忆之,亦足留恋。贾岛《渡桑干》:

> > 客舍并州已十霜,归心日夜忆咸阳。无端更渡桑干水,却望并州是故乡。

> 在并州则忆咸阳,离去时则又留恋之。蒋捷《虞美人》词:

> > 少年听雨歌楼上。红烛昏罗帐。中年听雨客舟中。江阔云低、断雁叫西风。 如今听雨僧楼下。鬓已星星也。

悲欢离合总无情，一任阶前、点滴到天明。

借听雨叙少、中、晚年生命之不同，非常明晰。

凡此皆写对于过去生命之留恋与追忆。中国诗如此写者甚多，不必一一列举。然时间为不断之流，难于具体描写，故往往以不同之空间说明之。如以两个不同之空间，说明两个时间之变迁，其初步为划清时间之界域，每用相对性之文字说明之，称为"勾勒字"。"勾勒"乃画家术语，工笔画以线条作框廓，谓之"勾勒"，即泼墨写意，亦须作数笔勾勒，方见神采。七绝用勾勒字，目的正同。其源亦出于《诗》《骚》。《采薇》："昔我往矣，杨柳依依。今我来思，雨雪霏霏。"以"昔""今"为勾勒字。《离骚》："朝饮木兰之坠露兮，夕餐秋菊之落英。"以"朝""夕"为勾勒字。(《离骚》此类语颇多，《诗》亦然，不具引。)

第一格即为此种显用相对之勾勒字以说明时间或事物者。王昌龄此作，以"新""旧"二字勾勒。王闿运《王志》卷二论七绝句法曰：

> 此篇声调高响，明七子皆能为之，而不厌人意者，彼浮响也。此诗何以不浮？则以"新""旧"二字相起，意味无穷。杜子美"听猿""奉使"(《秋兴八首》)亦以虚实相起，彼则笨伯，此则逸才，能使下二句亦有神采。

此论精当，试再加以说明。琵琶本为胡乐，极盛行于唐时，军中亦用之，读唐人边塞诗可证。首句劈空说起，起舞而换奏新声，面似欢庆，实则戍边士卒，穷愁无聊，作乐自遣。第二句转入正意。"总是"概括自古以来征戍之苦。著一"旧"字，谓虽唱新调而苦情如故也。第三句点明边愁无尽。此三句皆抽象语，故以具体景语作结。"长城"与"关山"映带，亦写"旧"字。秋月凄清，然不以"高高"字形容之，则与万里长城不称，写不出凄清寥旷之境矣。

若言唐音,则唐人习用响亮之双字或双声叠韵之连绵词,以达成之,明七子皆师其法,而无深情厚意,组合完篇,则为王氏所讥之"浮响"矣。

其下又引顾况一诗,亦以"新""旧"为勾勒字者,诗云:

> 暂出河边思远道,却来窗下听新莺。故人一别几时见?春草还从旧处生。

小石先生指出,此诗实从古人诗中化出。他说:

> 首句用蔡邕《饮马长城窟》"青青河畔草,绵绵思远道。远道不可思,夙夕梦见之"意。古人多临河而怀远,如(传)李陵诗"临河濯长缨,念子长悠悠"即是,盖河水流动,可使舟行,故临河而思远也。次句用谢灵运《登池上楼》"池塘生春草,园柳变鸣禽"意。新莺既鸣,听者则感时序已变,远人犹未归来。上二句实写,下二句虚写。"旧处"盖指昔日与友人游赏处,春草又生,怀旧之感自起。此诗颇善学古人,用二名篇意,参差错落,浑化含蓄,乃如己出。

小石先生于所分十六格中,各举有代表性的七绝名篇为标本,提示其勾勒字之作用,从而阐明全诗之脉络及优胜之处。但也有一些诗中无勾勒字可言,如《诗论》十五举王昌龄《送窦七》云:

> 清江月色傍林秋,波上荧荧望一舟。鄂渚轻帆须早发,江边明月为君留。

下云：

> 此格乃诗人情绪之扩大，蒙蔽一切，使之同化。在修辞学上谓之活喻，即事物不问其有无生命，均予以人格化。每用于感情最浓郁激昂之时。无勾勒字而形象浑然天成。

此格与前所说者迥异，分析亦随之作另一种提示。小石先生随之又举李白《闻王昌龄左迁龙标遥有此寄》一诗以明之。唐人七绝，首推李白、王昌龄二人之作，七绝因字数不多，风格上之差异本难区分，李、王二人之作空灵飘逸，更难以笔墨形容而说明其不同。然小石先生于此二首之后曰："出语明快，此青莲异于龙标处。"寥寥数语，然极富启发性，非深于诗道者不能道。

小石先生又于刘禹锡《伤愚溪》诗后评曰："唐人七绝，青莲（李白）、龙标（王昌龄）最高，然极不易学，可学者为刘、白。（铸按：先生毕生为七绝诗，得力于此二家。）学李商隐亦可，嫌稍晦耳。"

小石先生之读诗，非目下所谓鉴赏者依据若干西方理论泛泛而谈者可比。他于朴学沉潜至深，读书不轻放过一字，故在鉴赏之前每字必求得正解，这方面亦可见其功力。例如《诗论》六引王维《送沈子福之》诗，曰：

> 杨柳渡头行客稀，罟师荡桨向临圻。惟有相思似春色，江南江北送君归。

小石先生释之曰："临圻之'圻'当读若'矶'，不读'祈'。用谢灵运《富春渚》诗：'溯流触惊急，临圻阻参错。'《文选》李善注曰：'圻读与碕（即矶字）同。'谓近岸也。"诗下略缀数语，能在人们习焉不察的地方，作明晰之区分,有益于读诗匪浅。又如《诗论九》引李白《陪族叔刑部侍郎晔及中书贾舍人至游洞庭》一诗,中有"潇湘江北早鸿飞"一句,释之曰:"潇湘,潇,清也。古时湘水最清,潇湘即清湘之意,非谓二水。"又如《诗论》十六引柳宗元《酬曹侍御过象县见寄》,曰:

> 破额山前碧玉流,骚人遥驻木兰舟。春风无限潇湘意,欲采蘋花不自由。

后又详释之曰:

> 象县,唐时亦称象州,明、清时属广西柳州府。破额山,未详所在,或云湖北黄梅有破额山,显与此诗境不合。碧玉,形容水色之美,盖指柳江,流经柳州东南入象县。木兰舟,唐宋以来,习用为舟船美称,简作"兰舟",未必真为木兰木制。蘋花,草本,生浅水中,开花白色。"自由"一语,汉代已有之,《礼记·少仪》:"请见不请退。"郑玄注曰:"去止不敢自由。"
>
> 第三句"春风无限潇湘意",暗用《九歌·湘夫人》"白蘋兮骋望,与佳期兮夕张"辞意。下一句"欲采蘋花不自由",言外之意,乃佳期不可得也。

有关此诗,还可介绍程千帆先生聆教时的另一种感受,借供参考。千帆先生也是 20 世纪 30 年代就读于金陵大学的学生,他曾追忆道:

> 记得我读书的时候,有一天我到胡小石先生家去,胡先生正在读唐诗,读的是柳宗元《酬曹侍御过象县见寄》:"破额山前碧玉流,骚人遥驻木兰舟。春风无限潇湘意,欲采蘋花不自由。"讲着

讲着，拿着书唱起来，念了一遍又一遍，总有五六遍，把书一摔，说，你们走吧，我什么都告诉你们了。我印象非常深。胡小石先生教《唐人七绝诗论》，他为什么讲得那么好，就是用自己的心灵去感触唐人的心，心与心相通，是一种精神上的交流，而不是《通典》多少卷、《资治通鉴》多少卷这样冷冰冰的材料所可能记录的感受。我到现在还记得当时胡先生的那份心情、态度，就是在这样的情况下，我学到了以前学不到的东西。①

于此可见小石先生之授诗，因材施教，不拘一格，方法极为多样。然均重启发、重感悟。对前人之作则反复吟咏，借此激发情愫，沟通今古，作心灵上之交流，故非当下死板的章句之学所可比拟。

小石先生对于诗中花草树木的说明，因具专业知识的关系，其阐释尤为与众不同。例如他在《诗论》十一引陈标《蜀葵》诗，释之曰："蜀葵是菜类，非今之向日葵。为锦葵科植物。'蜀'字含有'大'意，非地名也。或称'菺'，或称'戎葵'（见《尔雅》），五月开花，似木槿，五色夺目。"又如《诗论》十四引钱起《秋夜送赵洌归襄阳》诗，云：

　　　　斗酒忘言良夜深，红萱露滴鹊惊林。欲知别后思今夕，汉水东流是寸心。

释之曰：

　　　　斗酒，点明饯行。忘言，别愁难言也。萱，《离骚》作"薁"，又

————————

名"鹿葱"，《诗·伯兮》："焉得谖草，言树之背。"《毛传》曰："谖草使人忘忧。"《释文》曰："本作萱。"故又称"忘忧草"。其实萱根有毒，食之易失记忆。萱花色红，开于五月间，此处言秋夜，盖借表忘忧之意，不关时令。鹊惊林，盖暗用魏武《短歌行》"月明星稀，乌鹊南飞。绕树三匝，无枝可依"故实，表示离散失所。佳处在后两句，言别后思念之情如汉水东流无尽，总过襄阳。

由上可见，《唐人七绝诗论》虽篇幅无多，小石先生的诠释又采引而不发之势，仅在难解之处略作点拨，但循此读诗，则不仅能真切地理解文字，把握诗意，而且能知古人创作的奥秘，进窥七绝的神髓，其有益于读诗与写诗者盖亦多矣。

（南京大学出版社 2008 年 4 月版）

陈寅恪先生的"中国文化本位论"

清华学校国学研究院三教授

1927 年，王国维自沉于昆明湖，寅恪先生作《挽王静安先生》诗，内有"文化神州丧一身"之句，不仅为私交痛，而且为神州大地丧失这一位文化巨人而惋惜。随后他又写下了《王观堂先生挽词》，运用长篇七言古诗的形式，把王国维的一生放在晚清政局的变化中考察，抒发他的兴亡存殁之感。诗中有云：

> 元祐党家惭陆子，西京群盗恰王生。许我忘年为气类，北海今知有刘备。曾访梅真拜地仙，更期韩偓符天意。回思寒夜话明昌，相对南冠泣数行……

蒋天枢先生注曰："陈先生曾在清华工字厅与王先生话清朝旧事。"[①]这或许会使当代的读者感到难解。王国维于清末曾在学部总务司行走，充学部图书馆编辑；民国建立之后，溥仪仍驻故宫称帝，王国维以大学士升允之荐，入直南书房，这对经历过科举制度的知识分子来说，真是莫大的光荣，王国维对清室怀有深厚的感情，也就可以理解了。寅恪先生的情况不同。清室覆亡之时，他年仅二十二岁，从十

---

① 《寅恪先生诗存》，附陈寅恪《寒柳堂集》，上海古籍出版社 1980 年版。

三岁起,即长期在国外留学,从未在清朝各级政府任职。既未吃过朝廷俸禄,则又何以惓惓如是,产生"南冠泣数行"的悲恸之情呢?

这与他的家世有关。

众所周知,寅恪先生出身于一个著名的知识分子家庭,祖父陈宝箴,字右铭,曾任湖南巡抚;父三立,号散原,曾授吏部主事。父子二人都是戊戌变法中的重要人物。他们的生活年代,正值太平天国之后,列强侵略纷至沓来之时。陈氏父子在湖南时,开矿山、兴新学,力主变法,属于当时的先进人物,对中国历史的进步也起到了促进作用。他们与湖南的曾、左、谭等家族关系甚深,也是洋务派中的重要人物。但到陈三立之后,这一家族中士人的色彩越发深厚,大都改以学术著称于世了。

陈氏父子受到过清廷以那拉氏为首的皇族的严重迫害,但他们恪守封建社会中臣子的道德规范,清室覆灭之后,不再出仕新朝。《王观堂先生挽词序》中,寅恪先生借解释王国维之死因,曾经阐发过这一原则,这对了解他们的思想状态很有帮助。今征引于下:

> 凡一种文化值衰落之时,为此文化所化之人,必感苦痛,其表现此文化之程量愈宏,则其所受之苦痛亦愈甚;迨既达极深之度,殆非出于自杀无以求一己之心安而义尽也。吾中国文化之定义,具于《白虎通》三纲六纪之说,其意义为抽象理想最高之境,犹希腊柏拉图所谓 Idea 者。若以君臣之纲言之,君为李煜亦期之以刘秀;以朋友之纪言之,友为郦寄亦待之以鲍叔。其所殉之道与所成之仁,均为抽象理想之通性,而非具体之一人一事。夫纲纪本理想抽象之物,然不能不有所依托,以为具体表现之用;其所依托以表现者,实为有形之社会制度,而经济制度尤其最要者。故所依托者不变易,则依托者亦得因以保存。吾国古来亦尝有悖三

纲违六纪、无父无君之说，如释迦牟尼外来之教者矣，然佛教流传播衍盛昌于中土，而中土历世遗留纲纪之说，曾不因之以动摇者，其说所依托之社会经济制度未尝根本变迁，故犹能借之以为寄命之地也。近数十年来，自道光之季，迄乎今日，社会经济之制度，以外族之侵迫，致剧疾之变迁，纲纪之说，无所凭依，不待外来学说之掊击，而已销沉沦丧于不知觉之间；虽有人焉，强聒而力持，亦终归于不可救疗之局。盖今日之赤县神州值数千年未有之巨劫奇变，劫尽变穷，则此文化精神所凝聚之人，安得不与之共命而同尽，此观堂先生所以不得不死，遂为天下后世所极哀而深惜者也。

这就可以明白了。以溥仪而言，平庸卑琐，本不足论，陈氏父子与王国维等人恪守三纲六纪的抽象思想，并不是忠于清朝或溥仪一人。在他们看来，这就是中国文化精义之所在。作为中国文化自觉的承受者，王国维不惜牺牲自己的生命去维护这一理想，在旁人看来，或许近于愚昧，但在了解中国文化的人看来，则又应当作深一层的体察。

清华研究院的教授中，还有寅恪先生的前辈梁启超在。梁氏在清代曾受德宗（载湉）的赏识，但他进入民国之后，仍在政界积极活动。张勋率辫子兵入紫禁城，拥溥仪称帝，梁启超鼓动段祺瑞起兵并通电全国，号召推翻复辟的小朝廷，这就是《挽词》中说的：

> 清华学院多英杰，其间新会称耆哲。
> 旧是龙髯六品臣，后跻马厂元勋列。

蒋天枢注中引用寅恪先生之语曰："梁先生通电中比张勋为朱温，亦间诋康。费仲深树蔚诗云：'首事固难同翟义，元凶何至比朱温。'……所发通电中并诋及南海，实可不必。余心不谓然，故此诗及之。"关于这一件事，他们的学生周传儒还有说明。他在《史学大师梁启超与王国维》一文中叙及梁氏时，也强调他有"尊师重道"的美德，说是"1926年，康有为逝世，新会于法源寺设祭坛开吊，率门弟子致祭。自己披麻戴孝，有来会吊者，叩头还礼，有如孝子。然而复辟之役，则义正辞严，加以讨伐，公私分明"①。从陈、周师生两代的不同评价中，可以看出时代的演变以及道德观念的变化。寅恪先生毕竟是生于清末的人，对于"三纲六纪"的伦理，尤为重视。但他又是具有深邃的史学观念的人，已经懂得从社会经济制度的变化中来考察"纲纪之说，无所凭依"，明知作为中国文化之抽象理想境界很难实现，只能坐视其消沉沦丧。王国维的悲剧，也就是他心头的隐痛。这应当是他在各种文字中经常流露出悲感惆怅的原因。

但寅恪先生并不甘心于无所作为。"知其不可而为之"，正是我国传统精神的一种表现。作为一个继承中国文化传统的著名学者，深信这种文化具有巨大的力量，可以以此唤起世道人心，矫正世俗衰敝。《赠蒋秉南序》中说："欧阳永叔少学韩昌黎之文，晚撰《五代史记》，作义儿、冯道诸传，贬斥势利，尊崇气节，遂一匡五代之浇漓，返之淳正。故天水一朝之文化，竟为我民族遗留之瑰宝。孰谓空文于治道学术无裨益耶？"寅恪先生研究的范围，主要放在魏晋南北朝至唐代与明清之际，对于宋代的研究文字，并不多见，但他却在许多地方再三推崇天水一朝之文化，读上文后，可知其寓意之所在。他在许多文章中"贬斥势利，尊崇气节"，也是沿袭前代学者的做法，企图一匡浇漓之俗，返之淳正。明乎此，也就可以了解他许多文章的用意。

---

① 周传儒《史学大师梁启超与王国维》，《社会科学战线》1981年第1期。

陶渊明研究中透露的消息

自从钟嵘在《诗品》中尊陶渊明为"古今隐逸诗人之宗"，《宋书》把他归入《隐逸传》之后，历代文人对此不断进行探讨：陶渊明为什么要隐逸？他的社会地位究竟怎样？他的家世是否理得清楚？他的思想为什么有这样的特点？……因为陶诗之于六朝文坛，乃是一种变格，而这种诗体又在后世起过巨大的影响，这样自然会引起后人的热烈争论。

晋宋之时距离现在年代已久，有关陶渊明的记载又残缺不全，许多疑难问题往往不易解决。《晋书》《宋书》和《南史》的本传上都说他是晋大司马陶侃之后，萧统《陶渊明传》中也有同样的记载，但陶集中却没有什么可以直接用作印证的材料。《赠长沙公（并序）》一诗，又因版本不同，文字有异，引起过反复的争论，直到朱自清作《陶渊明年谱中之问题》，还说："……至世系年岁，则只可姑存其疑而已。"足见这方面问题混乱的严重了。

梁启超作《陶渊明之文艺及其品格》一文，说是"宋以后批评陶诗的人最恭维他耻事二姓，这种论调我们是最不赞成的"，"若说所争在什么姓司马的，未免把他看小了"，"其实渊明只是看不过当日仕途混浊，不屑与那些热官为伍，倒不在乎刘裕的王业隆与不隆"[①]。寅恪先生不然。他在引用了上述论点之后，下结论道："总之，渊明政治上之主张，沈约《宋书》渊明传所谓'自以曾祖晋世宰辅，耻复屈身异代，自〔宋〕高祖王业渐隆，不复肯仕。'最为可信。与嵇康之为曹魏国姻，因

---

① 据《饮冰室合集》第十二册内《饮冰室专集》之九十六《陶渊明》中文字，中华书局 1989 年影印 1936 年本。

而反抗司马氏者，正复相同。此嵇、陶符同之点实与所主张之自然说互为因果，盖研究当时士大夫之言行出处者，必以详知其家世之姻族连系及宗教信仰二事为先决条件，此为治史者之常识，无待赘论也。"他并批评梁启超说："斯则任公取己身之思想经历，以解释古人之志尚行动，故按诸渊明所生之时代，所出之家世，所遗传之旧教，所发明之新说，皆所难通，自不足据之以疑沈休文之实录也。"

由此可见，陶渊明的思想非常复杂，各家的意见针锋相对，颇难清理。寅恪先生于此没有花什么笔墨，并不依靠什么考证等手段，而是采取了一种快刀斩乱麻的论证方式，只是根据古代那些恪守纲纪规范的士人的精神状态而立论，近乎直觉地去把握陶渊明在改朝换代过程中必然会坚持的政治立场。他之所以有此史识，则是出于自身的体验。陈氏的上代，在出处上就恪守纲纪规范，"耻复屈身异代"，这是古代士大夫极为珍视的操守问题。作为陈氏的后裔，他对旧时士人坚持气节的思想情操，自然了解得很深刻。

寅恪先生提出研究魏晋南北朝时士人的言行出处时，必须注意其"家世之姻族连系及宗教信仰"二事，具有深刻的指导意义。他在论及唐宋以后的历史人物时，还提请读者注意研究对象的"家传遗教"。这些确是"治史者之常识"，丝毫不能忽视的。

新中国成立之后，《历史研究》创刊时，寅恪先生就发表了《记唐代之李武韦杨婚姻集团》一文，通过"李、武为其核心，韦、杨助之粘合"的婚姻集团，如何"宰制百年之世局"，作了详细的考察。他从前人不大留神的这一社会现象着手进行解剖，确是接触到了封建社会中一些重要问题的本质。

在奴隶社会和封建社会里，统治阶级常是把婚姻看作一项重要的政治活动。恩格斯说："不论在哪一种场合之下，婚姻都是由双方的阶级地位来决定的，所以就这点而言，常是衡量利害的婚姻。"①联婚的双方讲求"门当户对"，说明婚姻乃是阶级或阶层之间进行的一项加强联系的活动，所以《红楼梦》中描写贾、王、史、薛婚姻集团之间的牢固关系，有"一荣俱荣，一枯俱枯"之说。

在这个问题上，也就充分反映出了各个阶层的政治动向，各个阶层的道德观念，各个阶层的教养和喜好，并且反映出了社会上的民情风俗。因此，探讨士人之间的姻族联系，对于治史确有其重要意义。寅恪先生把元稹的《会真记》等传奇都作为重要的史料而进行研究，说明他的史学观念确有其独到之处。

寅恪先生之所以专注这一问题，也与他的家世有关。因为他的上代，自陈宝箴入湘任巡抚起，就与当地的许多著名家族通过婚姻而建立起了密切的联系。婚姻原是政治势力的结合，因此陈氏与左、谭、曾氏及山阴俞氏辗转都有婚姻关系。这些家族，尽管政治上有清浊之分，思想上有先进和落后的差别，但都带有洋务派的特点，在这一点上有共同的思想基础。俞大维在《谈陈寅恪先生》一文中说："本人与寅恪先生，在美国哈佛大学、德国柏林大学连续同学七年。寅恪先生的母亲是本人唯一嫡亲的姑母；寅恪先生的胞妹是我的内人。……本人与寅恪先生可说是两代姻亲，三代世交，七年的同学了。"②可见这些家族联系之紧密。这也就是一个著名的婚姻集团，在近代中国的历史上占有重要的地位。寅恪先生是从这种环境中出来的人，所以深知婚姻问题与政治问题联系之紧密，并且从此下手，探讨历史上的许多复杂事件了。

---

① 恩格斯《家庭、私有制和国家的起源》，《马克思恩格斯选集》第四卷，人民出版社 1966 年版。

② 俞大维《谈陈寅恪先生》，载《谈陈寅恪》，台湾传记文学出版社 1978 年再版。

他在《陶渊明之思想与清谈之关系》一文的开端,论及竹林七贤时,曾对嵇康的自然之说多所阐发,且以嵇康、杜预比类言之,说明二人以姻亲之故而影响其政治立场。随后又以嵇康与山涛辈比类言之,说明七贤内部以姻亲关系背景不同之故,自然地导致政治上的分歧。其中说道:"巨源本来亦与叔夜同为主张自然之说者。但其人元是司马氏之姻戚,故卒依附典午,佐成篡业。至王氏戎、衍兄弟既为晋室开国元勋王祥之同族,戎父浑、衍父乂又皆司马氏之党与,其家世遗传环境薰习,固宜趋附新朝致身通显也,凡此类因缘可谓之利诱,而嵇康之被杀可谓之威迫。魏末主张自然之名士经过利诱威迫之后,其佯狂放荡,违犯名教,以图免祸,如阮籍、阮咸、刘伶之徒尚可自解及见谅于世人,盖犹不改其主张自然之初衷也。至若山、王辈,其早岁本崇尚自然,栖隐不仕,后忽变节,立人之朝,跻位宰执,其内惭与否虽非所知,而此等才智之士势必不能不利用一已有之旧说或发明一种新说以辩护其宗旨反复、出处变易之弱点,若由此说,则其人可兼尊显之达官与清高之名士于一身,而无所惭忌,既享朝端之富贵,仍存林下之风流,自古名利并收之实例,此其最著者也。故自然与名教相同之说所以成为清谈之核心者,原有其政治上实际适用之功用,而清谈之误国,正在庙堂执政负有最大责任之达官崇尚虚无,口谈玄远,不屑综理世务之故,否则林泉隐逸清谈玄理,乃其分内应有之事,纵无益于国计民生,亦必不致使'神州陆沉,百年丘墟'也。"他对魏晋南北朝时期自然与名教之间的关系作了深入的阐发,曾经起过巨大的影响,推动了哲学史研究的发展。从这篇精见迭出的学术论文中,也可看出他"贬斥势利,尊崇气节"的用意。这样的文章,不但对学术研究有重要的指导意义,而且对"治道学术"确能有所裨益。

由此可知,寅恪先生在学术论文中经常流露出由其"所生之时代,所出之家世,所遗传之旧教"而形成之个人特点。了解这一点,对于他

"所发明之新说"也会有所帮助。

不"愦愦"的王导与不"反动"的韩愈

有一些历史学家喜作翻案文章。实际说来，这也并不是什么难事。办一件事，总是有得有失；做一个人，总是既有优点又有缺点。你可以从这个角度看，我可以从那个角度看，收集些资料，加上些时行的观点，唱些高调，实际上是拖出某位古人来伴着唱唱反调，何况有些还只是前人已唱过的老调。这样的翻案文章，或许能够倾动一时，但不可能有什么内在的生命力。

寅恪先生的有些文章，看似翻案，实际上却自出手眼，植根在他的中国文化本位的理论基础之上，并非放言高论、故作姿态的应时之作。

例如他对王导的评价就与众不同。《述东晋王导之功业》一文中，首引王鸣盛《十七史商榷》卷五〇"《晋书·王导传》多溢美"条曰：

> 《王导传》一篇凡六千余字，殊多溢美。要之，看似煌煌一代名臣，其实乃并无一事，徒有门阀显荣，子孙官秩而已。所谓翼戴中兴，称"江左夷吾"者，吾不知其何在也。以惧妇为蔡谟所嘲，乃斥之云："吾少游洛中，何知有蔡克儿？"导之所以骄人者，不过以门阀耳。

琅邪王氏为晋室南渡后的江东第一大族。王导执政几十年，似乎确实不曾做出过什么轰轰烈烈的大事，只是夤缘际会拥戴司马睿割据一方，从中分得一杯羹罢了。《世说新语·政事》篇上记载，王导自称"人言我愦愦，后人当思此愦愦"，可见当时就有人以为他无所作为而看不起他。

寅恪先生研究魏晋南北朝的历史时，总是从曹氏一系与司马氏一系的递嬗兴废叙起，考察统治阶级、政治与文化的变化，评价王导的历史贡献时，亦复如此。其文曰："东汉末年曹操、袁绍两人行政之方法不同，操刑网峻密，绍宽纵大族，观陈琳代绍罪操之檄及操平邺后之令可知也。司马氏本为儒家大族，与袁绍正同，故其夺取曹魏政权以后，其施政之道号称平恕，其实是宽纵大族，一反曹氏之所为，此则与蜀汉之治术有异，而与孙吴之政情相合者也。东晋初年既欲笼络孙吴之士族，故必仍循宽纵大族之旧政策，顾和所谓'网漏吞舟'，即指此而言。王导自言'后人当思此愦愦'，实有深意。江左之所以能立国历五朝之久，内安外攘者，即由于此。故若仅就斯点立论，导自可称为民族之大功臣，其子孙亦得与东晋南朝三百年之世局同其兴废。岂偶然哉！"

王导笼络吴人，团结南北士族，巩固了偏安东南一隅的汉族政权。这时的北部中国正经历着连绵不断的战乱，传统的文化行将毁灭，文化的重心自然地移到了南方；汉魏以来的礼乐制度，得以保存。我国的历史亘数千年而从不中断，中国的文化绵绵不绝，作为这一文化自觉的继承人，自然会追本溯源，对于维护这种文化传统使之不中断的人物予以高度评价了。所以寅恪先生在这篇文章的末尾又郑重地说：

> 总而言之，西晋末年北人被迫南徙孙吴旧壤，当时胡羯强盛，而江东之实力掌握于孙吴旧统治阶级之手，一般庶族势力微薄，观陈敏之败亡，可以为证。王导之笼络江东士族，统一内部，结合南人北人两种实力，以抵抗外侮，民族因得以独立，文化因得以续延，不谓民族之功臣，似非平情之论也。

俞大维在《谈陈寅恪先生》一文中说："他研究的重点是历史，目的是在历史中寻求历史的教训。他常说：'在史中求史识。'因是中国历代亡的原因，中国与边疆民族的关系，历代典章制度的嬗变，社会风俗、国计民生，与一般经济变动的互为因果，及中国的文化能存在这么久远，原因何在？这些都是他研究的题目。"寅恪先生之所以特别重视典章文献，当是认为一代的文物制度体现了该时期的文化。他在著述《唐代政治史述论稿》之前，先写出《隋唐制度渊源略论稿》，大约也是着眼于此的吧。

此书《叙论》中说：

隋唐之制度虽极广博纷复，然究析其因素，不出三源：一曰〔北〕魏、〔北〕齐，二曰梁、陈，三曰〔西〕魏、周。所谓〔北〕魏、〔北〕齐之源者，凡江左承袭汉、魏、西晋之礼乐政刑典章文物，自东晋至南齐其间所发展变迁，而为北魏孝文帝及其子孙摹仿采用，传至北齐成一大结集者是也。其在旧史往往以"汉魏"制度目之，实则其流变所及，不止限于汉魏，而东晋南朝前半期俱包括在内。旧史又或以"山东"目之者，则以山东之地指北齐言，凡北齐承袭元魏所采用东晋南朝前半期之文物制度皆属于此范围也。又西晋永嘉之乱，中原魏晋以降之文化转移保存于凉州一隅，至北魏取凉州，而河西文化遂输入于魏，其后北魏孝文、宣武两代所制定之典章制度遂深受其影响，故此〔北〕魏、〔北〕齐之源其中亦有河西之一支派，斯则前人所未深措意，而今日不可不详论者也。所谓梁陈之源者，凡梁代继承创作陈氏因袭无改之制度，迄杨隋统一中国吸收采用，而传之于李唐者，易言之，即南朝后半期内其文物制度变迁发展乃王肃等输入之所不及，故魏孝文及其子孙未能采用，而北齐之一大结集中遂无此因素者也。旧史所称之"梁制"实可兼该陈制，盖陈之继梁，其典章制度多因仍不改，其事旧史言之详矣。所谓〔西〕魏、周之源者，凡西魏、北周之创作有异于山东及江左之旧制,或阴为六镇鲜卑之野俗,或远承魏、〔西〕晋之遗风,若就地域言之,乃关陇区内保存之旧时汉族文化,以适应鲜卑六镇势力之环境,而产生之混合品。所有旧史中关陇之新创设及依托《周官》诸制度皆属此类,其影响及于隋唐制度者,实较微末。

读过这段文字之后,更可了解到寅恪先生何以要为王导"翻案"了。隋唐两代的文化,最为光辉灿烂,追踪溯源则又可知,它与汉、魏、西晋的礼乐政刑典章文物有着继承和发展的关系,其间历经曲折,但江左这一阶段,实际上维系了文化一脉,起到了承前启后的作用,而王导其人,正是在维护中国文化这一事业上贡献极为卓著的历史人物,寅恪先生自然要著专文予以表彰了。

新中国成立之后,替王导说上几句好话,因为此人没有涉及什么敏感问题,因而风险还不见得有多大。替韩愈说好话,在新中国成立之前,当然不算怎么一回事,但在新中国成立之后,情况可就不同了。这在学术上是一个敏感的问题。因为他曾说过"民不出粟米麻丝、作器皿、通货财以事其上,则诛"这一类话,因此一而再地遭到批判,学术界常见声讨这类言论的文章。

寅恪先生于1954年《历史研究》第2期上发表了《论韩愈》一文,大力表扬韩愈的巨大贡献。他首先旗帜鲜明地宣称:

> 古今论韩愈者众矣,誉之者固多,而讥之者亦不少。讥之者之言,则昌黎所谓"蚍蜉撼大树,可笑不自量"者(《昌黎集》五《调张籍诗》),不待赘辩,即誉之者亦未中肯綮。今出新意,仿僧徒诠释佛经之体,分为六门,以证明昌黎在唐代文化史上之特殊地位。

这六门建树是:

一曰：建立道统，证明传授之渊源。

二曰：直指人伦，扫除章句之繁琐。

三曰：排斥佛老，匡救政俗之弊害。

四曰：诃诋释迦，申明夷夏之大防。

五曰：改进文体，广收宣传之效用。

六曰：奖掖后进，期望学说之流传。

寅恪先生的新说，近于现在有人所提倡的宏观研究。他在提到"道统""人伦"时，当然没有具体分析这是哪一个阶级的道，为哪一个阶级服务的人伦。联系以前的分析来看，他是着眼在韩愈对中国文化所作出的贡献。中国文化流传几千年而不绝，韩愈于此作出了巨大的贡献，有识之士，当然会从大处着眼，予以首肯了。

历史的前进不可能是直线的，对历史人物的评价也会有反复。数十年来，尽管一而再地有人声讨韩愈的罪状，并且企图抬高柳宗元的成就，来取代韩愈的地位，但是一当实事求是的学风稍占上风之后，还是有人出来根据历史说话。《中国大百科全书》先后编成，《中国文学》卷中介绍韩愈的条目内，寅恪先生的《论韩愈》一文被列为唯一的重要参考文章，说明他根据每一个人对中国文化传统的贡献而作出的评价，还是得到了学术界的推许。可以预计，这类具有深刻的史识的文字，一定会对后人分析复杂的历史现象起指导作用。

绝世孤衷与血泪为文

1937 年，日军进入北京，散原老人忧国伤时，坚拒日人诱逼，以 85 岁的高龄，绝食而死，表现出了一个儒家文化培养出来的知识分子的崇高气节。寅恪先生历尽千辛万苦，辗转到了后方，而他在 1942 年任教香港大学时，也坚拒日人与汪伪的诱逼，同样表现出了崇高的气节。

1949年大陆解放，寅恪先生坚决不去香港，因为他认为香港是"英帝国主义殖民地。殖民地的生活是我平生所鄙视的。所以我也不去香港，愿留在国内"①。

热爱中国文化的人，必然热爱他的祖国，这是儒家文化哺养下的中国知识分子最宝贵的一种传统。从清朝末年以来，中国一直在危亡的边缘上徘徊，这又引起了多少知识分子的忧心和焦虑。寅恪先生喜读陶诗，也喜读《哀江南赋》和杜甫在离乱中所写的诗，应当也是有感于古人心灵的震颤，有所共鸣因而称叹不已吧。

从1954年起，到1964年止，寅恪先生用了他晚年的全部时间和精力，撰成《柳如是别传》这一巨著，为发扬中国文化的精义作出了新的贡献。

对于这部著作，社会上曾有种种不同的意见。有人认为：以他这么高的声望，却去表彰一个妓女，真是匪夷所思。何况柳如是其人，风流放诞，历史上不乏丑诋她的记载，寅恪先生偏要为她大书特书，是否想作出奇制胜的翻案文章？

读过《柳如是别传》之后，可知这部著作虽用传记的形式写成，实际上却是一部反映明末知识分子动态的史诗。他以甲申前后天翻地覆的历史事实为轴心，通过柳如是这样一位奇特女子的经历，把东南地区的一些著名文人，如松江几社中的陈子龙（字卧子）、嘉定四子中的程嘉燧（字孟阳）和常熟名宿钱谦益（号牧斋）等串联起来，展开一幅巨大的历史画卷，让读者看到，在这动乱的年代里，各种各样的知识分子怎样在严酷的命运前面抉择自己的归宿。寅恪先生对柳如是身边

---

① 见《陈寅恪先生编年事辑》卷下，1947年条引《第七次交代底稿》，上海古籍出版社1981年版。

的这些士人，以其对待国家命运的态度为准，予以表扬或贬斥，从而起到了"贬斥势利，尊崇气节"的作用。

例如柳如是早期的恋人宋徵舆（字辕文），"终明之世，未能以科名仕进，致身通显。明季南都倾覆，即中式乡会试，改事新朝，颇称得志，而河东君则已久归牧翁，《东山酬和集》之刊布，绛云楼之风流韵事，更流播区宇，遐迩俱闻矣。时移世改，事变至多，辕文居燕京，位列新朝之卿贰，牧斋隐琴水，乃故国之遗民，志趣殊途，绝无干涉。然辕文不自惭悔其少时失爱于河东君之由，反痛诋牧斋，以泄旧恨，可鄙可笑，无过于此"，对此予以深刻的贬斥。

对于钱谦益，则鄙其秉性懦弱，南都倾覆之时不能殉节，反而率众出降，但后期能在柳如是的激励下，积极从事复明运动，则又予以嘉许。

对于陈子龙，则对他的风流文采和孤忠大节无保留地称颂。

但他独出手眼表而出之者，仍是书中的主角柳如是。为此他写下了如下一段话：

> 披寻钱柳之篇什于残阙毁禁之馀，往往窥见其孤怀遗恨，有可以令人感泣不能自已者焉。夫三户亡秦之志，《九章·哀郢》之辞，即发自当日之士大夫，犹应珍惜引申，以表彰我民族独立之精神、自由之思想。何况出于婉娈倚门之少女，绸缪鼓瑟之小妇，而又为当时迂腐者所深诋，后世轻薄者所厚诬之人哉！

这话说得何等沉痛。可见寅恪先生写作此书，充满着激情，其立论之高，见解之新，又岂是一般表扬和批判的应景文章所能仿佛。

《陈寅恪先生编年事辑》卷下1964年引《吴宓日记》，记"寅恪细述其对柳如是研究之大纲。柳之爱陈子龙及其嫁牧翁，始终不离其民族气节之立场、光复故物之活动。不仅其才高学博，足以压倒时辈也。……总之，寅恪之研究'红妆'之身世与著作，盖借以察出当时政治（夷夏）、道德（气节）之真实情况，盖有深意存焉。绝非消闲风趣之行动也"。

寅恪先生对自己的史学理论没有发表过什么宣言，但贯穿在他史学活动的点滴笔墨之中，出于对中国文化的热爱，他是饱含着感情写下一篇篇文章的。人家都说他的历史论文富于文学意味，原因也在于此。

《柳如是别传》结束，寅恪先生作偈语曰："刺刺不休，沾沾自喜。忽庄忽谐，亦文亦史。述事言情，悯生悲死。……痛哭古人，留赠来者。"又《广州赠别蒋秉南》诗曰："孙盛《阳秋》海外传，所南《心史》井中全。文章存佚关兴废，怀古伤今涕泗涟。"足见他撰文时感情的执着。曹雪芹著《红楼梦》，自述其著书之心情曰："满纸荒唐言，一把辛酸泪。都云作者痴，谁解其中味？"了解寅恪先生的心情，再来读他的著作，当有同感。

"中国文化本位论"的实质

寅恪先生在许多文章中曾自述其政治与学术方面的观点。他在这些问题上表达比较含蓄，没有作过详尽的阐发，因此其实质难以把握，这里只能结合他的立身行事，作些探索。

他在《冯友兰中国哲学史下册审查报告》中自白曰：

> 寅恪平生为不古不今之学，思想囿于咸丰同治之世，议论近乎曾湘乡、张南皮之间。

前面已经提到，寅恪先生的学术研究工作富有个性，读他的文章，应该对他的家世和"所遗传之旧教"有所了解。他之推崇曾国藩与张之洞，当然也与他的家世与"所遗传之旧教"有关。但时代已经向前发展了，他所生活的年代已与咸丰、同治之世有了很大的不同，因此他的这一番话，也不能拘执于字面，应该从其基本精神上去把握。

实际说来，寅恪先生这里申述的是"中学为体，西学为用"的观点。《陈寅恪先生编年事辑》于1961年秋7月时，记"老友吴雨僧宓自重庆来广州，询先生近况"，且引《吴宓日记》曰："寅恪兄之思想及主张毫未改变，即仍遵守昔年'中学为体，西学为用'之说（中国文化本位论）。在我辈个人如寅恪者，决不从时俗为转移。"可见他的这一观点自始至终没有动摇过。

"中学为体，西学为用"，本是洋务派提出的口号，寅恪先生自称"议论近乎曾湘乡、张南皮之间"，说明他的主张有"近乎"洋务派的地方，但也明示这种议论实质上已与后者有别。所以吴宓在"中学为体，西学为用"之后加上注脚，指明这是一种"中国文化本位论"的观点。从寅恪先生的文集中看，他所阐述的主要也确是中国文化的问题。

这里寅恪先生已对"中学为体，西学为用"的提法另作新解，因此我们不能简单地把寅恪先生理解为抱残守缺的时代落伍者，好像他只是捡拾清代洋务派的馀唾，相信封建社会的三纲五常再加上西洋的船坚炮利，就可以解决中国的发展问题。如果这样去理解，那也未免把复杂的问题简单化了。

就在《冯友兰中国哲学史下册审查报告》中，寅恪先生阐述过关于文化的继承和发展问题，他说：

> 窃疑中国自今日以后，即使能忠实输入北美或东欧之思想，其结局当亦等于玄奘唯识之学，在我国思想史上，既不能居最高之地位，且亦终归于歇绝者。其真能于思想上自成系统，有所创

获者，必须一方面吸收输入外来之学说，一方面不忘本来民族之
地位。此二种相反而适相成之态度，乃道教之真精神、新儒家之
旧途径，而二千年吾民族与他民族思想接触史之所昭示者也。

这种史识，不是极其富有启发性，且对目前的现实也是具有借鉴作用
的么？

说到"中国文化本位"，当然又会想到上面提到过的"三纲六纪"之
说，或许有人会联系到他的家庭出身，以为他仍在宣扬封建伦理"君为
臣纲，父为子纲，夫为妻纲"的那一套吧。

但从寅恪先生晚年的一些文章中可以看出，这种理解是不符实
情的。

寅恪先生晚年，写下了两篇表彰才女的大作——《论再生缘》与
《柳如是别传》。他对陈端生悲惨的一生极为同情，而对封建社会中重
男轻女的社会观念和一般舆论极为厌弃。《论再生缘》中说："夫当日
一般人所能取得之政治上最高地位为宰相，社会上最高地位为状元，
此两事通常皆由科举之途径得之。而科举则为男性所专占之权利。
当日女子无论其才学如何卓越，均无与男性竞争之机会，即应试中第、
作官当国之可能。此固为具有才学之女子心中所最不平者，而在端生
个人，尤别有更不平之理由也。"随后他就叙及陈端生的家庭，进一步
抒写陈端生之不平之鸣："端生在幼年之时，本已敏慧，工于吟咏，自不
能不特受家庭社会之熏习及反应。其父玉敦、伯父玉万辈之才学似非
卓越。至于其弟安生、春生、桂生等，当时年尚幼稚，亦未有所表现，故
当日端生心目中，颇疑彼等之才性不如己身及其妹长生。然则陈氏一
门之内，句山以下，女之不劣于男，情事昭然，端生处此两两相形之环
境中，其不平之感有非他人所能共喻者。职此之故，端生有意无意之
中造成一骄傲自尊之观念。此观念为他人所不能堪，在端生亦未尝不

自觉,然固不屑顾及者也。如《再生缘》第三卷第九回云:'已废女工徒岁月,因随母性学痴愚。芸窗纸笔知多贵,秘室词章得久遗。不愿付刊经俗眼,惟怜存稿见闺仪。'可见端生当戏写《再生缘》时,他人已有不安女子本分之议论,故端生著此一节,以示其不屑顾及之意。'因随母性学痴愚'之语,殆亦暗示不满其母汪氏未能脱除流俗之见也。"寅恪先生反对封建社会中男尊女卑的错误观念,通过分析陈端生的思想,作了有力的申述。随后他又从《再生缘》的情节中,提出了更精辟的见解:

> ……至端生所以不将孟丽君之家,而将皇甫少华之家置于外廊营者,非仅表示其终身归宿之微旨,亦故作狡狯,为此颠倒阴阳之戏笔耳。又观第壹柒卷第陆柒回中孟丽君违抗皇帝御旨,不肯代为脱袍;第壹肆卷第伍肆回中孟丽君在皇帝之前,面斥孟士元及韩氏,以致其父母招受责辱;第壹伍卷第伍柒回中孟丽君夫之父皇甫敬欲在丽君前屈膝请行,又亲为丽君挽轿;第捌卷第叁拾回中皇甫敬撩衣向丽君跪拜;第陆卷第贰贰回、第贰叁回、第贰肆回;及第壹伍卷第伍捌回中皇甫少华向丽君跪拜诸例,则知端生心中于吾国当日奉为金科玉律之君父三纲,皆欲借此等描写以摧破之也。端生此等自由及自尊即独立之思想,在当日及其后百馀年间,俱足惊世骇俗,自为一般人所非议。

寅恪先生在许多文章中,一再倡言自由与独立(自尊)。早在写作《清华大学王观堂先生纪念碑铭》时,即揭橥此义:"其词曰:士之读书治学,盖将以脱心志于俗谛之桎梏,真理因得以发扬。思想而不自由,毋宁死耳。斯古今仁圣所同殉之精义,夫岂庸鄙之敢望。先生以一死见其独立自由之意志,非所论于一人之恩怨,一姓之兴亡。"可见寅恪先生主张的"中国文化本位论",并非提倡那些陈腐的封建礼法,他所看重的,是人的尊严和思想的自由。在这一点上,他是贯彻了以中国文化为主,吸收了外来文化的精华,而郑重提出的。

就在《王观堂先生挽词序》中,他已明言"吾中国文化之定义,具于《白虎通》三纲六纪之说,其意义为抽象理想最高之境,犹希腊柏拉图所谓 Idea 者。若以君臣之纲言之,君为李煜亦期之以刘秀;以朋友之纪言之,友为郦寄亦待之以鲍叔。其所殉之道,与所成之仁,均为抽象理想之通性,而非具体之一人一事"。由此可知,他所阐述的"三纲六纪"之说,并不是指后代儒生所宣扬的愚忠愚孝与饿死事小、失节事大之类,而是指人际关系中具有高尚情操的人所应具有的道德规范。人类进入文明社会,过群体生活之后,必然出现种种相互结合的社会关系,如君臣、父子、夫妇、朋友、师生等等;以家庭而言,父母负有抚育子女的责任,子女负有孝养父母的义务,两方面都应把维护这种关系看成是神圣的职责。如果处在结合体中的人都为实现这种理想而努力,那么社会上就会到处出现协调的气氛,这也就是儒家所追求的大同之世了。

寅恪先生一生从事教育工作,从未有过参政的经历。根据许多及门弟子的追忆,他对待教学工作非常认真负责。王永兴先生回忆他在西南联大受教时的一段经历道:

> 抗日战争时期,寅恪先生在昆明住在青云街靛花巷一所破旧的老式小楼里。当时西南联合大学的教室在文林街的昆华北院和北门外临时修建的简易校舍,距离寅恪先生住处很远。我们经常看见他老人家抱着用黑布包袱包着的一大包书,沉重而缓慢地走在昆华路上。为什么要带这么多的书呢?寅恪先生讲课时要引证很多史料,他把每一条史料一字不略地写在黑板上,总是写

满了整个黑板，然后坐下来，按照史料分析讲解。他告诫我们，有一分史料讲一分话，没有史料就不能讲，不能空说。他以身作则，总是在提出充分史料之后，才能讲课，这已是他的多年习惯。当时，寅恪先生多病体弱，眼疾已相当严重，写完黑板时常常汗水满面，疲劳地坐下来闭目讲解。他的高度责任感，他的严谨求实精神，他为了教育学生不惜付出宝贵生命力的高尚行为，深深感动并教育了我们。他的学问，他的德行，为师而无愧。直到今天，当我也走上讲台去教学生的时候，我总是想着他的言教身教，他的榜样永远鞭策我前进。①

寅恪先生学问博大，清华学堂早年的一批学生，就常自恨自己语文修养太差，不配当他的学生②。时至后日，所谓传统的国学日益衰落，可以想见，定会有很多学生听不懂他的课，但他不因学生水平低而放弃自己的职守，他也在为实现"三纲六纪"中规定的理想而奋斗。《赠蒋秉南序》中说："默念平生，固未尝侮食自矜，曲学阿世。"其操守之坚贞，人无异词。可见他的倡言"中国文化本位论"，并非徒托空言，而是身体力行，在在发出感人的光辉。

《王观堂先生挽词序》中说："近数十年来，自道光之季，迄乎今日，社会经济之制度，以外族之侵迫，致剧疾之变迁；纲纪之说，无所凭依，不待外来学说之捃击，而已销沉沦丧于不知觉之间；虽有人焉，强聒而力持，亦终归于不可救疗之局。"眼看自己所追求的理想日遭破坏，社会风气日趋险恶，这就不能不使他感到痛心，因而时常发出一些愤世嫉俗的言论。《俞曲园先生病中呓语跋》曰："尝与平伯言：'吾徒今日

---

① 王永兴《怀念陈寅恪先生》，载《学林漫录》初集，中华书局1980年版。
② 见陈哲三《陈寅恪先生轶事》记蓝孟博语，载《谈陈寅恪》。

当代学术研究思辨

处身于不夷不惠之间,托命于非驴非马之国。'"从社会发展史的角度来说,这当是指中国长期处在半封建半殖民地的不正常环境之中。封建主义的糟粕,依然大量存在,而我们的祖先所创造的一些优良传统,却已在迅速地遭到摧毁;资本主义的影响不断扩大,但资产阶级启蒙时期及上升时期产生的一些值得肯定的道德规范,却未能相应地出现在中国的大地上。这对主张以中国文化为本位,从而吸收西洋文化精英的人来说,不能不产生幻灭之感。于是他在《读吴其昌撰〈梁启超传〉书后》中又说:"余少喜临川新法之新,而老同涑水迂叟之迂。盖验以人心之厚薄,民生之荣悴,则知五十年来,如车轮之逆转,似有合于所谓退化论之说者。是以论学论治,迥异时流,而迫于时势,噤不得发。"可见其思绪之郁塞了。

根据俞大维的介绍,寅恪先生"不喜欢玄学,在子书方面除有关典章制度者外,他很少提及"。"他的兴趣是研究佛教对我国一般社会和思想的一般影响。至于印度的因明学及辩证学,他的兴趣就比较淡薄了。"可知他虽精通玄学与佛教教义,但其思想主流,承受的是儒家的传统,所以对于历史文物制度的递嬗演变特别感兴趣。总的看来,他接受的是儒家中的精华部分,并以此为主导而融入资产阶级启蒙时期及上升时期的一些精华,如独立、自由之说,从而形成其"中国文化本位论"的。

任何一种文化传统,都有它的精华部分,也有它的糟粕部分。任何一种社会,在发展的过程中,都有继承本国文化中的哪些部分、舍弃哪些部分的问题。所谓东方文明的国家,特别是这种文明的发源地中国,儒家文化的传承已达数千年之久,更是面临着如何从中抉择遗产,即如何解决批判地继承的问题。如果强调三纲六纪中桎梏人性的专制部分,自然会起阻碍历史前进的作用,但若发扬"三纲六纪"诸关系中各对立面之间相互协调的一面,则应当能产生良好的效果。纵观当今世界，不是经常见到这样的报导么？中国文明覆盖区经济高速增长引人注目，所谓亚洲的"几条小龙"，无不注意儒家学说中有关人际关系和谐的一面，来加强工业、商业、政治、文教种种领域内的凝聚力。东邻日本经济奇迹的出现，不论本国还是外国的观察家都认为，主要得力于教育，而日本式的家庭教育、学校教育和公司职业教育，都与儒家传统有关。这些活生生的现象，不值得我们去深思么？

日本自明治维新之后，社会得到了飞速的发展，20世纪60年代之后，资本主义的经济建设更是取得了巨大的成就。在这过程中，儒家的传统不是被一笔抹杀。他们发扬其可取的成分，作为教育的重要内涵，使之产生重大的影响。这就说明，社会的发展并不必然地要以扫除儒家文化为前提。当然，他们的利用儒家文化，有其特殊的用意，但是这些现实中的事例，对于社会体制已趋稳定的中国，难道不可以引为借鉴么？反观寅恪先生的"中国文化本位论"，要求"一方面吸收输入外来之学说，一方面不忘本来民族之地位"，不是值得我们珍视和重新加以探讨的么？

也许有人会说，寅恪先生理想化了的"三纲六纪"之说，只是一种空论，儒家文化的实质，只是对人性的压迫和摧残。但是我们如果读过蒋天枢先生的《陈寅恪先生编年事辑》，可以看到，他的家庭基本上实现了人伦之间的和谐关系。再从他任教清华学校国学研究院时的情况来看，也是充满着师生之间的和谐关系。蓝文徵在《清华大学国学研究院始末》中说："研究院的特点，是治学和做人并重，各位先生传业态度的庄严恳挚，诸同学问道心志的诚敬殷切，穆然有鹅湖、鹿洞遗风。每当春秋佳日，随侍诸师，徜徉湖山，俯仰吟啸，无限春风舞雩之乐。院中都以学问道义相期，故师弟之间，恩若骨肉，同门之谊，亲如手足，常引起许多人的羡慕。因同学分研中国文、史、哲诸学，故皆酷爱中国历史文化，视同性命。"①可见寅恪先生所解释的"三纲六纪"的理想，在他经历的现实生活里，就有其基础。这种理想，并非只是一种无法实现的幻觉，只要人们肯定它、宣扬它、实践它，也就必然有助于我国今天的精神文明建设。

史学上的地位

由于寅恪先生具有史学上的多种修养，其成就也是多方面的，因而有人称赞他精通外语，有人称赞他长于考据，有人把他和某位史学家并列，称为唐史研究中的两位杰出代表。这些都是实情，但却未见其全体。实则寅恪先生是植根在中国深厚的儒家文化传统之中，坚持自己的信念，身体力行，为维护"中国文化本位论"而毕生奋斗的一位大师。依我国的史学历程而言，他是继司马光、顾炎武而起的一位杰出人物。高瞻远瞩，苦心孤诣，具有独到的史识。读者惊骇其学识精博之馀，幸毋忽其荦荦大者。

（原载《纪念陈寅恪先生诞辰百年学术论文集》，北京大学出版社1992年12月版）

---

① 《谈陈寅恪》附录三。

陈寅恪先生研究方法之吾见

陈寅恪是近代学术史上一位杰出的学者,然评价多异。新中国成立之前,学界誉之为国宝,称之为教授之教授;新中国成立之后,理所当然地被定性为"资产阶级学术权威"。郭沫若于 1958 年 6 月 10 日《光明日报》上发表了一封答北京大学历史系师生的信,讨论厚今薄古问题,其中提到"就如我们今天在钢铁生产方面,十五年内要超过英国一样;在史学研究方面,我们在不太长时间内,就在资料占有上,也要超过陈寅恪"。不言而喻,陈氏在观点上自属落后乃至反动之列,因而不存在赶超问题。但树大招风,对于这样一位资产阶级史学的代表人物,自然也要集中力量加以批判,肃清他的不良影响。是年七八月间,中山大学历史系组成了一个"资产阶级学术思想批判研究会",写了七十一篇文章,批判陈寅恪的就占了三十六篇。其他高校中或多或少也有类似举措,可见其时陈氏处境之险恶。

"文革"之后,情况有了变化,陈氏的著作全部印出,对其学术上的成就,评价似乎越来越高。1980 年《陈寅恪文集》前面几种出版时,上海古籍出版社在《出版说明》中说:"他关于魏晋南北朝史、隋唐史、蒙古史、唐代与清初文学、佛教典籍的著述尤为精湛,具有较高的学术价值,早为国内外学术界所推重。""在长达半个多世纪的研究、教学、著述事业中,尽管尚未摆脱传统士大夫思想的影响,但是,他治学的严肃认真、实事求是态度,却也使其学术成就达到了很高的境界。"这一评价正体现了人们在"文革"结束不久之后的微妙心理,一方面从态度上肯定他,誉之为"很高的境界";一方面掌握分寸,称之为"有较高的学术价值"。比之目下的一些评论，情况当然又有不同。尽管各家所见有异，但大都已将"较"字略去了。

如何分析这种纷纭复杂的情况，愿供愚见。

陈寅恪以掌握多种语言见长，熟悉史料见称，香港学者许冠三著《新史学九十年》，也从这一角度出发，将之归入"史料学派"，随傅斯年之后，作为该学派的代表人物而加以论列的①。傅斯年筹组中央研究院历史语言研究所时，曾在该所开宗明义的《历史语言研究所工作之旨趣》中指出"近代的史学只是史料学"②，而历史语言研究所的建立，从其名称上看，就可知道曾受西方历史语言学派的影响。1920 年代初期，陈寅恪在德国留学时与傅氏同学，后应傅氏之约，遥领历史语言研究所历史组主任达二十年之久。他也确是极为重视史料的扩展、整治与活用，那么是否就可据此将其归入史料学派呢？

陈寅恪在 1942 年作《朱延丰突厥通考序》时说："年来自审所知，实限于禹域之内，故仅（谨）守老氏'损之又损'之义，捐弃故技。凡塞表殊族之史事，不敢复上下议论于其间。"而据蒋天枢所作《陈寅恪先生编年事辑》，可知他在四十五岁之后就不大写作有关边疆史事的文章了。这对陈氏早年花了大功夫而学得的本领来说，未能充分施展，实属可惜。但这方面的训练，对其一生当有巨大影响。只是陈氏文中不提早年学习的情况，朋辈记载也不多，因此前此阶段的学术背景，终嫌不够明晰。有人认为曾受兰克（Leopold von Ranke 1795—1886）学派的影响，乃从其时学术环境推论，或许符合事实。傅斯年即极为推崇兰克，并有志探讨史学规律，亦即所谓历史中的因果关系，这点在陈

---

① 许冠三《新史学九十年》第八章《陈寅恪：喜聚异同，宁繁毋简》，香港中文大学出版社 1986 年版。

② 中央研究院《历史语言研究所集刊》第一本第一分，署名"本所筹备处"。

氏的史学论文中也有所反映。

陈寅恪学贯中西，从本国学术渊源而论，当然会归结到清儒考证学派的影响。有的学者就强调他一贯承袭乾嘉朴学的家法。

生在清末民初的人，出身于儒学世家，当然会受到其时占主导地位的朴学的影响。陈寅恪在很多地方赞誉钱大昕等人的成就，幼年时对《说文》与高邮王氏父子训诂之学，曾下过一番功夫，亦可见其学术渊源。但陈氏的治学道路，已与前此的乾嘉朴学大不相同。试读《陈垣〈元西域人华化考〉序》，可知他对清代学术最有代表性的经学与史学都有不满，文曰："往昔经学盛时，为其学者，可不读唐以后书，以求速效。声誉既易致，而利禄亦随之。于是一世才智之士，能为考据之学者，群舍史学而趋于经学之一途。其谨愿者，既止于解释文句，而不能讨论问题。其夸诞者，又流于奇诡悠谬，而不可究诘。虽有研治史学之人，大抵为宦成以后休退之时，始以馀力肆及，殆视为文儒老病销愁送日之具。当时史学地位之卑下如此，由今思之，诚可哀矣。此清代经学发展过甚，所以转致史学之不振也。"而"近二十年来，国人内感民族文化之衰颓，外受世界思潮之激荡，其论史之作，渐能脱除清代经师之旧染，有以合于今日史学之真谛"。可见他所推重并从事的，是超越前时的新史学。

陈寅恪在《冯友兰〈中国哲学史〉下册审查报告》中自称："平生为不古不今之学，思想囿于咸丰、同治之世，议论近乎曾湘乡、张南皮之间。"有的学者认为首句言其研究专业指中国历史中古——魏晋南北朝、唐代一段，怕未必切合原意。汪荣祖著《史家陈寅恪传》，自第六章至第九章，即均以"为不古不今之学"标题，且释之曰："所谓'不古不今'指国史中古一段，也就是他研究的专业。""寅恪何以选择'不古不今之学'？大致因古史资料每多残缺，难有定论；而清末民初以来，疑古之风甚炽，学者不免常凭己意臆测武断，'几若善博者能呼卢成卢，喝雉成雉之比'。此乃'寅恪不敢观三代两汉之书'的原因,自不愿在证据较少的古史中,争无谓之胜。近代史资料甚多,而寅恪因家世背景之故,于晚清史事知之既稔,自感兴趣,或即因家世之故,有所回避,雅不欲以此为学术研究的主题。此所谓古既不'好',今又不'成',只能'不古不今'。"①此说似颇有理,然仍有扞格难通处。今略作申论如下。

王国维于民国十四年(1925)在清华研究院讲《最近二三十年中中国新发现之学问》,云是"古来新学问起,大都由于新发现",随后他就列举了"此二三十年发现之材料并学者研究之结果",分五项说明,计为:(一)殷墟甲骨文字;(二)敦煌塞上及西域各地之简牍;(三)敦煌千佛洞之六朝唐人所书卷轴;(四)内阁大库之书籍档案;(五)中国境内之古外族遗文②。陈寅恪对学术界新发现的材料极为重视,对这五个方面的新学问均甚关注,中年时对(三)、(五)二项尤为致力,但对第(四)项亦极关注。陈哲三《陈寅恪先生轶事》记蓝孟博语曰:"在清华时,不论天气冷热,常乘车到大高殿军机处看档案。清时机密都用满文书写,那是最原始的史料,先生一本本看,遇重要的就随手翻译。"③可见其对明清史的兴趣。他在早年即写有《高鸿中明清和议条陈残本跋》等文,晚年写有《论再生缘》《柳如是别传》等有关明清时代之鸿文。且陈氏后自署其著作曰《金明馆丛稿》,据蒋天枢先生生前面告,此名表示陈氏的研究兴趣中明清史方面颇占重要位置。金乃后金之谓,实指清代,盖其未入关前即称后金。如此,后人自不能断言陈氏"不古不

① 汪荣祖《史家陈寅恪传》第六章《为不古不今之学——佛教史考证》,台湾联经出版事业公司1984年版。

② 此文收入《静庵文集续编》,《王国维遗书》第五册,上海古籍书店1983年据商务印书馆1940年版影印。

③ 载《谈陈寅恪》,台湾传记文学出版社1978年再版。

今"之学只指中古而言。

考"不古不今"之说出于扬雄《太玄经》卷五"更、次五",文曰:"童牛角马,不今不古。"陈氏援此说明其思想方法既有异于古,亦不全合于今。反而言之,则亦可以说是又有继承又有创新的一面。《太玄经》中与"不今不古"对应者曰"童牛角马",则似意在暗示自身的这一特点可称绝无仅有。

陈寅恪曾说"读书须先识字","版本之学不可不讲",而据介绍,他读书总是先从批校开始,在校雠中发现问题,《陈寅恪先生编年事辑》中曾举他读《高僧传》数例以说明之。近年来《陈寅恪读书札记》①、《〈唐人小说〉(汪辟疆校录)批注》②等材料陆续面世,可以看出他读书时积累材料的特点。应该说,这些地方与清儒矩矱大体相同。

清儒在经学上投入力量最多,群经新疏、《经义述闻》等名著,于字义疏通上取得了很大成就。其后扩展到子学,如《读书杂志》《诸子平议》等,其贡献也在疏通文义上。疏通文义的结果,有助于正确理解经籍子书,但这个别文字的诠释,大都就事论事,而不能提到"讨论问题"的高度,故触类旁通处大都属于语法、句法等方面。陈寅恪的情况有所不同。例如他读《莺莺传》,从"会真记"一名揭示莺莺为一地位低微之女子,因"会真"即遇仙或游仙,仙之一名,"多用作妖艳妇人,或风流放诞之女道士之代称,亦竟有以之目倡伎者"。又如陈氏从寇谦之父子与王羲之父子等人均以"之"字命名,知为天师道的标志,从而推断琅邪王氏等家族实为天师道世家。六朝世家大族最重家讳,而在许多家族中常可发现上下数代之间均以"之"字缀于名下的习俗,前人读书

---

① 上海古籍出版社 1989 年版。
② 载国家古籍整理出版规划小组主办《中国古籍研究》第一卷,上海古籍出版社 1996 年版。

多不得其解，甚至以为文字有误。陈氏的这类研究，着眼于社会、民俗、宗教问题，通一字而豁然开朗。这种境界，是读清儒著作时难以见到的。

大家都说陈寅恪的论文有以小见大的特点。对这个"小"字如何理解？许冠三以为"在《府兵制前期史料试释》中，他曾由'是后夏人半为兵'七字见府兵制突变之年……在《柳如是别传》中，因片言只字而及于通释的论述，更是举不胜举"。这样的解释，颇有助于指导读者掌握陈氏处理史料的特点。但陈氏的这一读书方法，从"片言只字"上发掘其内含之意蕴，实乃"读书必求正解"之谓，亦即要求正确诠释史料，从而推断史实的真相。所谓"以小见大"，或许还可从另一角度去阐释，俞大维说陈氏平生不作通论性的文字①，他每从某一具体的小问题谈起，从而提到意义重大的文化背景中加以考察。例如《狐臭与胡臭》一文，长不到两千字，所谈者为生理上的小问题。这类题目在清儒中是看不到的。但陈氏借此分析中外文化交流的问题，则可见其立论之大。

陈寅恪的文字之所以与前有异，乃时代不同之故。我国古代的史家都着重政治史的编纂，而陈氏长期在域外学习，学到了许多新兴的社会科学，这样他的着眼点当然会有所不同了。

陈氏论史重通识，尤为重视种族、家族、"社会阶级"、文化等问题。例如《天师道与滨海地域之关系》一文，《引言》中说："通计先后三百馀年间之史实，自后汉顺帝之时，迄于北魏太武刘宋文帝之世，凡天师道与政治社会有关者，如汉末黄巾米贼之起源，西晋赵王伦之废立，东晋孙恩之作乱，北魏太武之崇道，刘宋二凶之弑逆，以及东西晋、南北朝人士所以奉道之故等，悉用滨海地域一贯之观念以为解释者，则尚未

---

① 俞大维《谈陈寅恪先生》，载《谈陈寅恪》。

之见。故不自量,钩索综合,成此短篇。或能补前人之所未逮,而为读国史者别进一新解欤?"这样的文字,不但前所未见,即在其后学人的笔下也难见到。能够写出这样文字的人,又怎能以"史料学派"视之?陈氏并云"滨海之地应早有海上交通,受外来之影响",则是着眼于中外文化之海上交流,似乎还接受了欧美学界所谓海洋文化论的影响。他在《冯友兰〈中国哲学史〉下册审查报告》中还说:"六朝以后之道教,包罗至广,演变至繁,不似儒教之偏重政治社会制度,故思想上尤易融贯吸收。凡新儒家之学说,几无不有道教,或与道教有关之佛教为之先导。……至道教对输入之思想,如佛教摩尼教等,无不尽量吸收,然仍不忘其本来民族之地位。既融成一家之说以后,则坚持夷夏之论,以排斥外来之教义。此种思想上之态度,自六朝时亦已如此。虽似相反,而实足以相成。从来新儒家即继承此种遗业而能大成者。窃疑中国自今日以后,即使能忠实输入北美或东欧之思想,其结局当亦等于玄奘唯识之学,在吾国思想史上,既不能居最高之地位,且亦终归于歇绝者。其真能于思想上自成系统,有所创获者,必须一方面吸收输入外来之学说,一方面不忘本来民族之地位。此二种相反而适相成之态度,乃道教之真精神、新儒家之旧途径,而二千年吾民族与他民族思想接触史之所昭示者也。"这种"通古今之变"的文字,有辨析,有观点,有思想,乃从中国文明史的整体考察中提炼而出,又岂是只能"聚异同"的人所能写出的。

陈氏论史,重"综汇贯通,了解其先后因果之关系","在史中求史识"。他常采用假设法,文中常有"设一假说"等字样,随后就汇聚之史料进行分析,寻找出这些事件前后演变的规律。例如他在考察南朝统治者的递嬗时,认为早期阶段实为北人中善战之武装寒族为君主领袖,而以北人中不善战之文化高门为公卿辅佐;迨至南朝后期,寒族北人中之善战者亦已不善战,政府乃不能不重用新自北方南来之降人以为将帅。陈室之兴，其所佐大将多为南方土豪洞主，依时势论，陈室皇位终将转而入于南朝土族之手。这是以时代演变的眼光考察南朝皇权转移规律之一例。又如他在考察武曌在历史上发生的作用时，并不注重传统的道德评价。从远处讲，陈寅恪对宇文周模仿《周礼》创建政治制度之用心及其所以创建的制度之实质有过深入的分析，而对李唐先世在北周时期的地位也有许多详细的论证。这时他先从初唐的政局叙起。太宗仍然依赖胡汉六镇关陇集团成员，高宗欲立武昭仪为后，卒得具备"山东豪杰"首领资格的徐世勣之助，遂得排除关陇集团之控制。武曌控制政权后，一方面通过婚姻关系而组织起李、武、韦、杨婚姻集团，宰制百年之世局，一方面又大力推行科举制度，培养一批非士族出身的新型官僚，于是中晚唐时又发生了牛李党争。由此可见，陈寅恪用假设方式表述的问题，富有系统性，他把各种社会现象用社会集团、政治制度、民族关系、文化背景等因素加以辨析，说明各种社会力量冲突激荡下形成的新格式，比之就事论事着重道德评价的旧史学，自然要深刻得多。这样研究历史，也就具有透过现象看本质的深度。

学界还说陈寅恪创立了以诗证史、以史证诗的新方法。实则以诗证史，宋代即已有之，钱谦益注杜诗，即曾沟通诗史。陈氏喜用此法，将诗歌作为一种史料运用，这与他将小说与正史并列，官书与私著等量齐观，庶几得史事之真相的主张是一致的。而他对小说私记的看法，也有崭新意义，《顺宗实录与续玄怪录》中说："通论吾国史料，大抵私家纂述易流于诬妄，而官修之书，其病又在多所讳饰，考史事之本末者，苟能于官书及私著等量齐观，详辨而慎取之，则庶几得其真相，而无诬讳之失焉。"这种见解，与同时的陈垣、岑仲勉等人有所不同。陈、岑等人显然侧重官书而贬抑私著。

陈寅恪引《杨太真外传》《南部新书》考杨太真入宫之年，引《东观奏记》推断宣宗谋害郭后,引《续玄怪录》证宪宗之被害,都把小说作为第一手资料使用。这些都是突破旧史绳束的新观点。他还在审视笔记小说中的材料时提出了"通性之真实"的理论,认为有的记载按之事实固不可信,但却反映了其时的民情风俗,因而仍有其重要价值。例如《剧谈录》中叙及元稹交结李贺而遭辱事,全不合事实,曾遭到过古今不少学者的否定与斥责。陈寅恪则以为"《剧谈录》所记多所疏误,自不待论。但据此故事之造成,可推见当时社会重进士轻明经之情状,故以通性之真实言之,仍不失为珍贵之社会史料也"。这一观点,可以说是认识到了艺术的真实的问题。

陈寅恪在史料的处理问题上提出了很多值得重视的意见。他的史料观,采用的是广义说,以为一切能够用来说明历史现象的材料都是史料。史料应当加以科学的鉴定。广泛占有材料,仔细加以比勘,当然是研究者首先必须做到的。材料有真伪之分,真的材料中可以有伪造的成分,伪的材料中可以有真实的成分,陈氏在《梁译〈大乘起信论〉伪智恺序中之真史料》中加以阐发,从年代学、地理学、典章制度等不同角度分析《序》中存在的问题,并且提醒他人考辨此类材料时不能局限于佛门一系的典籍。这种处理材料的方式,合乎辩证法,具有方法论的意义,自与前人的考订文字面目有异。

陈氏有的论文立论新奇,喜用推论之法,例如他说陶渊明为天师道徒,理由是其祖陶侃曾被人骂为溪狗。陶氏居庐江郡,原为溪族杂居之区,溪族每以渔为业,陶侃早年本为业渔之贱户。溪人崇天师道,故陶渊明能提出新自然论。可见这篇文章是通过一系列的类推而得出结论的。陈氏当然也重归纳,注意排比材料,但时而根据个别材料进行推论,因此他的文章有的嫌根据不足,容易引起争论。但读他的文章时,却又感到浮想联翩,富有文学意味。

我觉得陈氏的好些论文的结论未必可信,但仍可以从中得到不少启发。例如他论陶渊明时提到的名教与自然之争，即曾启迪近代哲学界人。又如他论黄巢之乱阻断运河而唐亡，全汉昇后即写有《唐宋帝国与运河》一书论证东南水运之重要意义①。因此，阅读陈氏论文，可得多种启发，因为其中含有"通识"的结晶，后人每能循此续作探讨而得重大收获。又如陈氏论魏晋南北朝至唐代时区别胡汉以文化论而不重种族血统，这是涉及我国民族文化观的一个绝大问题，可以由此探知我国传统文化中的许多重要方面，亟应多方探讨深入阐发。

近代以来，学术分科越来越细，文学史学，各不相涉。陈氏生于清末，又属士族门第，接受的是文史不分的传统。他的论文，每具文史高度融合的特有情趣。而他又长期在高等院校中兼任中文系与历史系的教授，因此今人仅将之视作历史学家，是片面的。按他本人的自述，按今人对学科的认识，陈氏所关注的，实际上是中国文化的问题。

他对历史人物的评价，每与他人有异，例如他的大力表扬王导，着眼于民族得以独立，文化得以续延；又如他的大力推崇韩愈，则着眼于唐代文化史上之特殊贡献。这就是说，凡对中国传统文化保护有功，或有发扬之力者，都得到好评，反之则否。

吴宓评陈氏之思想与主张，以为一生坚持"中学为体，西学为用"之说，并谓这是一种"中国文化本位论"②。

陈氏的这一思想，自己没有充分阐述过，但如上所言，他在《冯友兰〈中国哲学史〉下册审查报告》中有所表露，认为自后"其真能于思想上自成系统，有所创获者，必须一方面吸收输入外来之学说，一方面不忘本来民族之本位"。这是他的主张，也是他治学的结论，"二千年吾

①　商务印书馆 1944 年重庆初版，1946 年上海再版。
②　吴宓 1961 年 8 月 30 日记。蒋天枢《陈寅恪先生编年事辑》卷下转引，上海古籍出版社 1981 年版。

民族与他民族思想接触史之所昭示者也"。他之论滨海地域之道教及其对后世的影响，论西域文化与佛教文化之传入，都贯彻着这一观点。这种思想与主张，表达了他维护中国文化的信念，也体现了他维护中国文化的热忱。

由此可知，陈寅恪的评价古人之所以常引起今人的猛烈批判，每因持以评价古人的标准有所不同所致。在今人看来，这也就是陈氏的立场问题了。《述东晋王导之功业》中说："王导之笼络江东士族，统一内部，结合南人北人两种实力，以抵抗外侮，民族因得以独立，文化因得以续延，不谓民族之功臣，似非平情之论也。"《论韩愈》中说："世传隋末王通讲学河汾，卒开唐代贞观之治，此固未必可信；然退之发起光大唐代古文运动，卒开后来赵宋新儒学新古文之文化运动，史证明确，则不容置疑者也。"而在今人看来，王导、韩愈都是官僚地主阶级的代表，本不值得肯定，更不应表扬。韩愈讲过"民不出粟米麻丝、作器皿、通货财以事其上，则诛"一类的话，早就被学术界中的一些激进成员谥为反动文人。东晋政治甚为腐败，王导执政多年，又有"愦愦"之称，因而有人予以批判，认为陈氏以王导为"决定历史者"，真是"反动唯心史观"的表现，因为历史是"人民群众"所创造的。应该说，评价古人可有各种不同的视角，随之可有各种不同的标准，各人就其所见而论，不必偏执一端。但各种见解的是非得失，还得经受历史的考验，而历史经过一个周期之后，星回飙转，当年的"革命"理论却渐次显示其危害，因为依此势头发展下去，也就导致"文化大革命"中的毁灭一切；而陈氏那些看似落后的见解，却为越来越多的人所接受。身为中国人，自然应该"不忘本来民族之本位"，以中国文化的延续为重。这种观点必将引起人们更多的关注与思考。

陈寅恪称玄奘为一代文化所托命之人，而他在《挽王静安先生》诗中说："吾侪所学关天意，并世相知妒道真。"则是亦以一代文化托命之人自喻。他所坚持的道,应该是指传统文化中一些最有永久价值的东西。陈氏曾在《读莺莺传》中畅论新旧道德并存之时新进者如何利用此一空隙自致青云,而他在《赠蒋秉南序》中自称"未尝侮食自矜,曲学阿世",则是以"士"人的传统价值准则自律的。后人如何评价其操守,是一个关涉对传统文化总体评论的大问题,相信这与其学术成就一样,会引起好几代人的关注和思考。

但残酷的现实仍不禁令人惨然,在极左思潮愈演愈烈的情况下,那些与传统文化共命之人,必然备受摧残甚或致死,呜呼"革命"!

(中国社会科学院文学研究所、中国社会科学院中国边疆史地研究中心、新疆师范大学、新疆大学、中华文学史料学学会联合主办"世纪之交中国古典文学及丝绸之路文明"国际学术研讨会论文,原载《中国古典文学学术史研究》,新疆人民出版社 1997 年 11 月版)

陈寅恪的治学方法与清代朴学的关系

　　陈寅恪先生生于清末光绪十六年（1890），成长于民国初期，其时清代朴学仍在学术界占重要地位，陈氏日后治学自然会受到乾嘉学术的影响。

　　俞大维在谈到陈寅恪的学术素养时说："他对'十三经'不但大部分能背诵，而且对每字必求正解。因此《皇清经解》及《续皇清经解》，成了他经常看读的书。"①可知他的学术道路仍然有其沿袭清人的地方。陈氏门人，著《陈寅恪先生编年事辑》的蒋天枢也认为其师"沿袭清人治经途径"②。陈寅恪在清华大学的同事萧公权说"陈君治学一贯承乾嘉朴学之家法"③，萧氏学生汪荣祖也认为陈氏"一贯承袭乾嘉朴学的家法"④，这种判断有其可信之处。生在这一时期的学者，又出身于儒学世家者，都会受到朴学的影响。这在陈寅恪的著述中留下了很多踪迹。

　　俞大维说："关于国学方面，他常说：'读书须先识字。'因是他幼年对于《说文》与高邮王氏父子训诂之学，曾用过一番苦功。"⑤陈氏著述

---

①　俞大维《谈陈寅恪先生》，载《谈陈寅恪》，台湾传记文学出版社 1978 年再版。

②　蒋天枢《陈寅恪先生编年事辑》卷中，上海古籍出版社 1981 年版。

③　转引自许冠三《新史学九十年》上册第八章《陈寅恪：喜聚异同，宁繁毋简》，香港中文大学出版社 1989 年第 1 版第 2 次印刷。

④　汪荣祖《史家陈寅恪传》第三章《较乾嘉诸老更上一层》，台湾联经出版事业公司 1997 年 10 月增订 2 版。

⑤　俞大维《谈陈寅恪先生》。

中,不少地方讨论到文字问题。他在《从史实论〈切韵〉》一文中引《世说新语·豪爽》篇云:"王大将军年少时,旧有'田舍'名,语音亦楚。武帝唤时贤共言伎艺事,人皆多有所知,唯王都无所关。"又引《宋书·宗室·长沙景王道怜传》曰:"道怜素无才能,言音甚楚,举止施为,多诸鄙拙。"又引《梁书》卷四八《儒林·沈峻传》略云:

> 沈峻,吴兴武康人。家世农夫,至峻好学,与舅太史叔明师事宗人沈麟士门下,积年,昼夜自课。吏部郎陆倕与仆射徐勉书荐峻曰:凡圣贤可讲之书,必以《周官》立义,则《周官》一书,实为群经源本。此学不传,多历年世。北人孙详、蒋显亦经听习,而音革楚、夏,故学徒不至。惟助教沈峻,特精此书。

陈寅恪于"楚、夏"二字下加按语曰:

> 《魏书》玖壹《术艺传·江式传》云:"音读楚、夏,时有不同。"《颜氏家训·音辞篇》云:"著述之人,楚、夏各异。"皆以"楚""夏"对举,并同此例,其"楚"字,盖据《孟子·滕文公》篇"许行"章之古典,以楚为夷,即"非正统"之意,与本文所论之"楚言",实不相关涉也。①

此例正可用以说明"读书须先识字"的重要。陈氏读书至精,一字都不轻易放过。文中辨析,"楚"字寓有方言、"田舍"、夷三义,后两义与文中所要解决的问题不合,陆法言《切韵序》中叙及之"楚"自当作方言看。

---

① 《金明馆丛稿初编》,上海古籍出版社 1980 年 8 月第 1 版。

《李德裕贬死年月及归葬传说辨证》一文辨析典籍中党、黨二姓之混淆，以为黨为汉姓，党为羌姓。宋章定《名贤氏族言行类稿》卷四八中之黨氏应作党氏，此处当为编写《四库全书》之清代文臣误改。这也可作读书须先识字之例[①]。

陈寅恪在另一论文《顺宗实录与续玄怪录》中引涵芬楼影南宋本《续幽（玄）怪录》壹《辛公平上仙》条中文云：

> 洪州高安县尉辛公平，吉州庐陵县尉成士廉，同居泗州下邳县。于元和末偕赴调集，行次阌乡。（绿衣吏王臻）曰："我乃阴吏之迎驾者，此行乃人世不测者也。幸君能一观！"

陈氏下加按语曰：

> "幸"字初视之，极可通。细审之，则疑是"辛"字之讹。盖所以别于下文之"成公"也。徐乃昌先生《随庵丛书续编》覆刻李书，附有校勘札记，"幸"字未著异读。[②]

于此可知陈氏读书之仔细。这种改字的方法，从校雠学来说，应属理校一类。陈氏读书写作时，每先对引文作一番处理，遇有不通或可疑之处，则常用理校或他校之法加以疏通，例如牛僧孺《玄怪录·张佐》中有云："叟曰：'吾宇文周时居岐，扶风人也。'姓申名宗，慕齐神武，因改宗为观，十八，从燕公子谨征梁元帝于荆州。……"陈氏在这一段文

---

①② 《金明馆丛稿二编》，上海古籍出版社1980年10月第1版。

字之旁批曰："'观'应为'欢'，'子谨'应为'于谨'。"①又在诠释白居易《新乐府·新丰折臂翁》时言及开元初捕斩突厥默啜之边将郝灵佺，史传、文集中时而记作灵荃、灵筌、灵俭，陈氏乃云："佺字乃取义于尧时仙人偓佺，与灵字有关，不可别作他字也。"②

《顺宗实录与续玄怪录》中所引之《续玄怪录·辛公平上仙》一文，文字脱漏甚多，陈寅恪一一以理补足，而又有未尽满意处，故于引文前先申明说：

> 李书则其名称异同，著作年代及文句校释诸端，颇多疑滞之义，未易通解。但兹篇所引据之李书一节，为《太平广记》所未收入者，其字句无从比勘。

可知他在研究工作开始时，总要先对文字作一番校勘，以免根据误文进行论证，陷入错谬的歧途。

蒋天枢论及陈寅恪对中译本佛经之研究时，亦曰："其治理方法，首先着眼于'校勘工作'。《高僧传初集》卷首识曰：'此书若以高丽藏本校之，当有发明。'后来确曾以宋元本、高丽本校过。卷首'各卷目录'，并以释宝唱撰《名僧传》分别引校于书眉及行内，各卷皆然。"③

陈寅恪的治学方法所受清儒的影响，当然不仅限于上述数端，但读书须先识字、研究之始应先对文字作校勘等项，正是清儒坚持的重要原则，于此可见其与清代朴学的渊源。

西学东渐，中国学人的治学方法必然会受西方学术的影响，尽管

---

① 陈寅恪遗作《〈唐人小说〉批注》，包敬第整理，载《中国古籍研究》第一卷（1996 年 8 月），上海古籍出版社 1996 年 11 月版。
② 《元白诗笺证稿》第五章《新乐府》，古典文学出版社 1958 年 4 月第 1 版。
③ 蒋天枢《陈寅恪先生编年事辑》卷中。

早期的学者都认为乾嘉学者已经掌握了科学方法，但以其时输入的西方学术，即如严复所介绍的资产阶级新兴学术而言，还是有其差距。一般来说，清儒与西方学者在研究工作中运用的方法，基本上是形式逻辑方面的知识，只是西方学者的著述于此论述得更全面，更系统，更易于掌握，因此民国初年的学者对于名学的学习甚为重视，以为有助于研究工作的开展。

顾颉刚自述接受科学方法的训练时说：

> 后来进了大学，读名学教科书，知道惟有用归纳的方法可以增进新知；又知道科学的基础完全建设于假设上，只要从假设去寻求证据，更从证据去修改假设，日益演进，自可日益近真。①

顾颉刚是胡适的学生，胡适曾提出著名的论点：大胆地假设，小心地求证。可知其对假设的重视。于此亦可窥知其时学人对假设的重要性认识之一般。陈寅恪对假设也极重视，文中常见"作一假说"之类的提示。

他在《论隋末唐初所谓"山东豪杰"》中说：

> 此"山东豪杰"者乃一胡汉杂糅，善战斗，务农业，而有组织之集团，常为当时政治上敌对两方争取之对象。兹略引史料，稍为证明，并设一假说，以推测其成立之由来，或可供研治吾国中古史者之参考欤？②

---

① 《古史辨》第一册《自序》，朴社 1926 年 9 月再版。
② 《金明馆丛稿初编》。

《武曌与佛教》中说：

> 武曌在中国历史上诚为最奇特之人物……兹篇依据旧史及近出佚籍参校推证，设一假定之说，或于此国史上奇特人物之认识，亦一助也。①

《崔浩与寇谦之》中说：

> 崔浩与寇谦之之关系，北朝史中一大公案也。治史者犹有待发之覆，兹就习见之材料，设一假说，以求教于通识君子。②

大家知道，陈寅恪在论证魏晋南北朝的政权向唐代演变时，提出了两个重要概念，一曰关陇集团，一为山东豪杰。"关陇集团"为北周君主团结胡汉贵族而形成之权力中心，也就是陈氏文中常说的贵族阶级。"山东豪杰"则流品较杂，依据陈氏的分析，其中至少可以包括三股力量：（一）窦建德、刘黑闼等；（二）翟让、徐世勣等；（三）青、齐、徐、兖诸豪雄。"综合上引关于山东豪杰之史料，就其性强勇，工骑射，组织坚固，从事农业，及姓氏多有胡族关系，尤其出生地域之分配诸点观之，深疑此集团乃北魏镇戍屯兵营户之后裔也。"③

所谓北魏镇戍屯兵营户，其位于东南方者，亦即保卫北魏政权布防于山东的边镇之兵。前后分布于冀、定、瀛、相、济、青、齐、徐、兖等州，充任兵役者其重要成分为胡人，尤其是敕勒种族。

---

① 《金明馆丛稿二编》。

②③ 《金明馆丛稿初编》。

上述山东豪杰的特点，乃经概括而提炼，这里用的正是归纳法。但清儒归纳诸多材料某一现象的共性时，例证的性质大体上是一致的，陈寅恪在归纳山东豪杰的特点时，所持的标准则非一端，而是从一善战、二胡姓、三胡种形貌、四务农、五组织力强，几种标准综合起来着眼而得出的结论。这样归纳问题，因为标准多，牵涉广，虽能说明很多社会现象，但其结论也会显得游移不定。因此陈氏提出的两个概念，"关陇集团"之说用的人较多，也就是说已为史学界中相当多的专家所认可；"山东豪杰"之说则不太为人所使用，也就是说史学界中专家尚还不太认同。

　　这些地方，可以看到时代的影响，正如顾颉刚在自我介绍中所言，这时的学者认识到假设和归纳的重要，因此在研究工作中广泛运用。陈寅恪也具有同样的特点。

　　陈寅恪在论及魏晋南北朝时期的人物时，云是"研究当时士大夫之言行出处者，必以详知其家世之姻族连系及宗教信仰二事为先决条件"，《陶渊明之思想与清谈之关系》一文即由此入手而分析问题。

　　根据近代学科分类，陶渊明是一名文人，以诗文创作著称，但因彼时文人注重思辨，陶渊明在诗文中也时常触及当时思想领域中的一些问题，故陈氏借此论证陶渊明在思想史上的地位。

　　他得出的结论是："渊明之为人实外儒而内道，舍释迦而宗天师者也。推其造诣所极，殆与千年后之道教采取禅宗学说以改进其教义者，颇有近似之处。然则就其旧义革新，'孤明先发'而论，实为吾国中古时代之大思想家，岂仅文学品节居古今之第一流，为世所共知者而已哉！"①这样高的评价，不但在此之前没有看到过，之后也没有看到过。大家都把陶渊明称为大文学家，似乎还没有什么人跟着称之为大

---

① 《金明馆丛稿初编》。

思想家的。

陈寅恪称陶渊明为魏晋南北朝时期的大思想家，实际上也是一种假设。随后他就提出了一系列的例证，然后进行归纳，证成这一假设。

陈寅恪对陶渊明的评价，主要是由分析《形影神》这一组诗得出的。《形赠影》诗否定旧自然说，《影答形》诗为主张名教者之言，质言之，"形"代表旧自然说，"影"代表名教说，"神"则代表新自然说。这是陶渊明发明的新说，"两破旧义，独申创解"，"结束二百年学术思想之主流，政治社会之变局"，所以陈氏据此称之为"中古时代之大思想家"。

陶渊明在组诗中的意见，最重要的话，在于《神释》诗中"甚念伤吾生，正宜委运去。纵浪大化中，不喜亦不惧"几句。后人是否可以根据这几句话就称陶氏为大思想家，也就见地不一，有的注释就把这几句话看得很平常。

陈氏论文还经常提到要注意研究对象的"家世遗传"与"地域薰习"（或称"环境薰习"）。陶渊明之所以能提出新自然说，即与其"家世遗传"与"地域薰习"有关。

考陶渊明之"家世遗传"，云自曾祖陶侃之前就已是天师道教徒，故陶氏本为天师道世家。只是《晋书·陶侃传》上无此记载，也可以说任何典籍上都没有提到这一点，那么陈氏又是怎样提出这一看法的呢？

陈寅恪所提出的唯一证据，是《世说新语·容止》篇上记载温峤称陶侃为"溪狗"，但这是中原士大夫在轻诋吴人呢？还是陶侃确是溪族而有此称？陈氏自己也不能遽加肯定，他还要寻找其他旁证。

陈寅恪在《〈魏书·司马睿传〉江东民族条释证及推论》中叙及溪族时就以陶侃为例，说明"地域薰习"的问题。

《晋书》上说陶侃"本鄱阳人也。吴平，徙家庐江之寻阳"。这一地区有溪族杂处。《世说新语·贤媛》篇上又说陶侃少时任鱼梁吏，刘孝标注引《幽明录》又说侃曾在寻阳取鱼，凡此均可说明陶侃本出身低微，这就更增加了陶氏本为溪族的可能。

陈寅恪又引陶渊明的《桃花源记》，内有"武陵人，捕渔为业，缘溪行"等语，遂与前面的论证联系起来，以为《桃花源记》虽有寓意，然亦写实，此文正说明了溪人以渔为业。陶家既为溪人，又以渔为业，而溪人又多天师道教徒，这不就证明陶渊明出身于天师道世家了么？

由于陶渊明为天师道世家之后，故持自然说，而他于此又别具胜解，故能提出新自然说，与慧远分庭抗礼，不受庐山佛教团体的影响。可见陶渊明在思想上确是卓有树立，故陈氏称之为中古大思想家。

陈寅恪的论述，看起来体系完整，有根有据，逻辑颇为谨严，但若细加推究，则不难发现，文章虽然援据繁富，但提出的每一个证据都非铁证。如云陶侃被人诋为溪狗，有可能本为溪人；陶侃居于庐江，其地有溪人杂处，因此陶侃有可能是溪人；孙恩的天师道军队中有溪人，因此溪人有可能信天师道；陶渊明《桃花源记》中讲的"武陵人，捕渔为业"，有可能在说溪人业渔；但这又可以反过来说，陶侃溪狗之说只是北方士大夫对南人的轻诋之词；庐江之地也有汉人杂处；孙恩队伍中有溪人，也有其他族人；《桃花源记》中的记载只是假说之词，并无深意。这样看来，陈寅恪所提供的例证，只是一个个"可能"，由一种"可能"推到另一种"可能"，众多"可能"加起来，也不能认为"必然"。

再从文章的逻辑程序来看，这里提出的一个个例证，看似围绕一个中心议题，但内容并不一致，因此并不符合归纳的要求。这里的论证方式，实际上是层层推论，由一个推论进入第二个推论，再过渡到第三个推论，直到导致假设中提出的论点为止。因此，这种论证方式也可构成如下顺序：孙恩为天师道信徒，因此其军队为天师道成员的组合；他的军队为天师道部队，其中有溪人，因此溪人为天师道徒众。溪人居于庐江,庐江人每捕鱼为业,陶侃也是庐江人,也以渔为业,故应为溪人。何况他还曾被人骂为溪狗,尽管这种骂人的话还不能截然当真,但若加上前面的层层推论,陶侃之为溪人,应是大有可能的了。

然如上所言,陈寅恪在推论时所举的一些例证只是提供了各种可能,其结论不一定可信。陶渊明为大思想家的新说,也就有人相信,有人不信,或许不信的人还多于相信此说者。

但陈寅恪在这一问题上还另有申发。他曾撰《桃花源记旁证》一文,对陶渊明的这一名文"别拟新解"①。陈氏以为魏晋南北朝时人们为避免战乱,每屯聚坞壁据险自守,时人于此亦多有记载。东晋末年戴延之从刘裕入关灭姚秦,就其见闻撰《西征记》二卷,最堪注意。戴书虽失传,然《水经注》等书中常引及其文,中多有关坞壁的记载。而《陶渊明集》中有《赠羊长史诗》,其序云:"左军羊长史,衔使秦川,作此与之。"说明陶渊明与征西将佐本有交往,"疑其间接或直接得知戴延之等从刘裕入关途中之所闻见。《桃花源记》之作即取材于此也"。这里使用的论证方法,与前所述及者一致,据此例证而言,也只是提供了一种"可能",其中并无"必然"的联系。

再以《赠羊长史诗》而言,这里提供的只是一个孤证,"衔使秦川"四字与戴延之的"西征",只是一种偶合,羊长史不一定会像戴延之那样关心路上的景象。陈寅恪这里作此假设,依据的一些资料,有可能助成其新说,而不是必然如此。陈氏只是通过丰富的联想将材料贯穿,比附而成一种新说。

这里还可注意的是:陈寅恪在论证时经常仅凭孤证作推论,建立新说。他在《〈魏书·司马睿传〉江东民族条释证及推论》中论证陶侃为溪族时,亦用此法。《后汉书》卷一一六《南蛮传》言长沙武陵蛮为槃

①　《金明馆丛稿初编》。

瓠之后,同书同卷章怀注引干宝《晋纪》,云:"武陵、长沙、庐江郡夷,槃瓠之后也。杂处五溪之内。"而《晋书》卷六六《陶侃传》上说:"陶侃,本鄱阳人也。吴平,徒家庐江之寻阳。"陈氏乃云:

> 或谓士行自鄱阳徒居庐江之寻阳,则其种族当与干宝所言无关。然《晋书·士行传》载其徒居在吴平之后,据《晋书》玖柒《匈奴传》郭钦疏请徒北方戎狄,以为"宜及平吴之威,谋臣猛将之略"。则晋之平吴,必有迁徒吴境内少数民族之举。郭氏遂欲仿效已行于南方之政策,更施之于北方耳。由此言之,士行之家,当是鄱阳郡内之少数民族。晋灭吴后,始被徒于庐江。令升所记,乃指吴平后溪族分处之实况。《晋书·陶侃传》特标"吴平"二字,殊非偶然。读史者不必以士行之家本出鄱阳,而谓其必非溪族也。

陈寅恪这里提出的例证,是《晋书·匈奴传》中郭钦提出的一项建议,以为应该利用"平吴之威",迁徒北方的一些少数民族,陈氏因而联想到前时吴国境内也会有迁徒南方少数民族的举措。陶侃适于此时由鄱阳迁庐江,而庐江境内有溪族杂处,故陶侃必为其时迁徒少数民族政策下迁来的溪族。这种推论,中间也只存在或然的可能,因为史书中并无晋人强行迁徒南方少数民族的记载,陶侃很有可能只是出于个人的某种原因而迁居,陈氏这里所作的推论并无"必有"此事的关联。

近人研究陈寅恪的学术思想时,每将他与陈垣等人并论,以为既继承了乾嘉学派的传统,又吸收了西方学术的新说,故能有此成就。这种说法当然可以成立。但也应看到,陈寅恪的研究方法与其同辈中人有很大的不同。

梁启超在论述清代学术时,曾对乾嘉朴学的特点作过一些总结,如云学者"最喜罗列事项之同类者,为比较的研究,而求得其公则";恪守"孤证不为定说"等学术规范①。这些原则,清末民初的学者大都遵守,但陈寅恪的情况则有差别。

陈垣撰文,内容有很新的,如论宗教等,但其方法,则每用归纳,特别是在一些有关文献学的著作中更是如此。陈寅恪则常用推论,且时而根据孤证作推论。因此,陈寅恪所提供的有些结论,学界往往不敢贸然接受。

但陈寅恪学问博大,"综贯会通"的结果,常能提出一些让人感到意想不到的新见。例如魏晋南北朝时有一种奇怪的现象,一些世家大族不避家讳,例如琅邪王氏中的王羲之、王献之等人父子名字中同用一字,这种现象如何解释? 陈寅恪从《魏书》与《北史》记寇谦之之名字有异这一现象中得到启发,以为《北史》中只记作"寇谦","之"字并非脱漏,此字实为道教徒的一种标志,故可省略;然若同用一字,家族之中亦不以为嫌犯。这是一个重要的发现②。读者依此阅读,可以发现情况确实普遍如此,故可借此认知哪些家族信从道教。

这种父子同名的现象,有人也已注意到,陈垣《史讳举例》第五十三中有《南北朝父子不嫌同名例》,发表在《燕京学报》第四期上,时在1928 年③。但陈垣只是提出了许多例证,何以如此,则没有作出解释,因此只能说是罗列了一些现象而不能作出科学的结论。只是陈垣还提出了王僧达之后叔侄都以"僧"为名,又引《廿二史考异》,言魏宗室多同名。然则从一个时代而言,父子同名还不能仅用道教问题来解

---

① 《清代学术概论》十三,《中国近代思想文化史料丛书》本,复旦大学出版社 1985 年 9 月第 1 版。

② 陈寅恪《崔浩与寇谦之》,载《金明馆丛稿初编》。

③ 此文后收入陈垣《史讳举例》,为卷五《避讳学应注意之事项》第五十三,科学出版社 1958 年 1 月第 1 版。

释。因此，魏晋南北朝时期父子同用"之"字命名还只能说是个案，这种现象还有可能经过深入考察而作出新的解释。

众所周知，陈寅恪早年长期在德国、瑞士、法国与美国等地学习，初意在为研究东方学作准备。19世纪后期，历史语言学派风行欧美，所以陈氏学习多种语言，接受这一学派的训练。历史语言学派的学者从种种不同语言的词汇中发现问题，通过词义的不同译述，语音的对应规律，说明不同语言系统中人的文化交流与相互影响。陈寅恪在《魏志司马芝传跋》中就使用了这种论证方法，《传》中记云：

> 特进曹洪乳母当，与临汾公主侍者共事无涧神，系狱。

陈氏云：

> "无涧神"疑本作"无间神"，无间神即地狱神，"无间"乃梵文Avici之意译，音译则为"阿鼻"，当时意译亦作"泰山"。裴谓无涧乃洛阳东北之山名。此山当是因天竺宗教而得名，如后来香山等之比。泰山之名汉魏六朝内典外书所习见。无涧即无间一词，则佛藏之外，其载于史乘者，惟此传有之，以其罕见之故，裴世期乃特加注释，即使不误，恐亦未能得其最初之义也。
>
> 据此可知释迦之教颇流行于曹魏宫掖妇女间，至当时制书所指淫祀，虽今无以确定其范围，而子华既以佛教之无间神当之，则佛教在当时民间流行之程度，亦可推见矣。①

《魏志司马芝传跋》一文文字简短，只谈了无间神的问题，其目的

---

① 《金明馆丛稿二编》。

是在说明中国文化受印度的影响,佛教在汉末已传播朝野,《魏志》中的记载可以说明曹魏宫廷之中也已受到影响。

与此类同,日本学者藤田丰八撰《甚么是"不得祠"?》一文,以为《史记·秦始皇本纪》三十三年中说的"禁不得祠",实亦记载印度佛教传播中国之事,他说:

> 汉时佛教传入中国,其始译 Buddha 为"浮屠"。嗣因忌"屠"字,而称为"浮图",后"佛徒""佛陀"之译字亦出现,后世中国学者,因习于此等名称,对于"不得"系 Buddha 的对音,自然想不到。然若如吾人之解释,"不得祠"系"浮屠"之异译,则《史记·秦始皇本纪》谓三十三年曾禁止之,颇饶意味。此后,中国文献久绝其教之迹者,固其所矣。①

由此可见,其时东方学者阐述中印文化交流时,常是采用历史语言学派的研究方法,从语音的对应中发现问题,寻找二者之间联系的脉络。从中可见,他们提出的证据,往往是孤证,使用的方法,往往是推论。陈寅恪之常以孤证通过推论而提出一些出人意表的新见,即与早期所接受的东方学的训练有关。

这种论证方式与清儒的论证方式不同。因据孤证立论,故其可信程度颇难断言。佛教于汉末已遍播朝野,或许情况就是如此,要说秦代之时佛教已遍播朝野,则似乎难以信从。

陈寅恪在《刘复愚遗文中年月及其不祀祖问题》一文中叙及桑原骘藏《蒲寿庚事迹考》及藤田丰八《南汉刘氏祖先考》,可见其对日本东

---

① 原载《东洋学报》第十六卷第二号,今自卫聚贤编《古史研究》第二集上册转引,商务印书馆 1934 年版。

方学者研究著作之重视。值得注意的是,陈寅恪与藤田丰八都对刘姓的家世饶有兴趣,因为他们都认为可以通过刘氏一些不同于汉人的文化观念阐述唐代的文化交流问题。

陈氏引用了杜甫在潭州所作之《清明》二首之一,云:

> 朝来新火起新烟,湖色春光净客船。绣羽衔花他自得,红颜骑竹我无缘。胡童结束还难有,楚女腰肢亦可怜。不见定王城旧处,长怀贾傅井依然。(下略)

这里引用的杜诗,据涵芬楼景宋《分门集注杜工部诗集》本,陈氏下加按语曰:

> "胡童"二字所见诸善本皆不著异读,(仅近日坊贾翻刊杜诗钱注本作"夷童",盖钱注本原避清代疑忌,故以"胡"字作空阙,翻刊钱本者遂臆补"夷"字,非别有依据也。)自无舛误,亦必非"湖童"之讹脱,盖"湖童"一名殊为不辞故也。据此,"胡童"之"胡"必作"胡人"之"胡"解无疑,不论杜公在潭州所见之胡童为真胡种,抑仅是汉儿之乔妆,以点缀节物嬉娱者,要皆足证成潭州当日必有胡族杂居。若不然者,则其地居民未尝习见胡童之形貌,何能仿效其妆束,以为游戏乎? 故依杜公此诗,潭州当日之有胡商侨寓,可以决言,然则复愚之自称长沙刘蜕,即其寄居潭州之证,又岂无故耶?[1]

这里使用的方法,如读书须先识字,识字得讲求版本,引用材料要

---

[1] 《金明馆丛稿初编》。

经过校雠，常使用理校法等，均可见其读书的特点，这是与清儒治学相合的地方。他撰此文的目的则在证明杜甫时潭州有胡人居住，故可推论刘蜕之自称长沙刘蜕亦系胡人寄寓。刘蜕不祀祖，由此可推知其为伊斯兰教徒。

陈寅恪在《〈三国志〉曹冲华佗传与佛教故事》一文中考华佗之事迹，先引杭大宗世骏《三国志补注》肆引叶梦得《玉涧杂书》中文，疑其医术之神异，陈寅恪则以为有关华佗的一些异闻佛经中多见记载，因此华佗故事也是中印文化交流的产物。即如华佗一名，也与印度语言有关，陈氏文曰：

> 夫华佗之为历史上真实人物，自不容不信。然断肠破腹，数日即差，揆以学术进化之史迹，当时恐难臻此。其有神话色彩，似无可疑。检天竺语"agada"乃药之义。旧译为"阿迦陀"或"阿羯陀"，为内典中所习见之语。"华"字古音，据瑞典人高本汉字典为 r_a^ω，日本汉音亦读"华"为"か"。则"华佗"二字古音与"gada"适相应，其省去"阿"字者，犹"阿罗汉"仅称"罗汉"之比。盖元化固华氏子，其本名为旉而非佗，当时民间比附印度神话故事，因称为"华佗"，实以"药神"目之，此《魏志》《后汉书》所记元化之字，所以与其一名之旉相应合之故也。[①]

不但此也，即如著名的竹林七贤故事，"七贤所游之'竹林'，则为假托佛教名词，即'Velu'或'Veluvana'之译语，乃释迦牟尼说法处，历代所译经典皆有记载，而法显（见《佛国记》）玄奘（见《西域记》玖）所亲历之地。此因名词之沿袭，而推知事实之依托，亦审查史料真伪之一例

---

① 《寒柳堂集》，上海古籍出版社 1980 年 6 月第 1 版。

也"。凡此均可说明,研究陈寅恪的研究方法不能不注意其东方学的背景,这是他与清代考证学派截然有异的地方,也是他与同时的一些学者具有不同面貌的地方。

总的看来,陈寅恪的研究方法,不能纯用承袭乾嘉学术做解释。他喜作假设,每用孤证,从一种提供可能性的例证推导出结论。有时会用一连串的推论,辗转互证,以期得出新的结论。尽管这样的结论有时不能让人接受,因为"可能"相加不能成为"必然",但读他的文章,总觉得浮想联翩,特富文学意味。且因陈氏对其材料的语言环境有具体而深入的了解,对有关的各种社会现象之间的联系有全面而透彻的观照,又兼天资颖悟,时而发言微中,其成果卓然有异于人,又非他人之所能及者。而他在论证过程中,又常渗透个人的身世之感;评价研究对象时,纯依个人的感受作出判断:这些更增加了文章特有的文学意味。

我在前面说到陈寅恪的文章具有个性。读这样的文章,常能获得特有的兴味。他的行文特点,我想用"史家的眼光,文学的意味"来作说明。

(原载南京大学古典文献研究所编《古典文献研究》总第 7 辑,凤凰出版社 2004 年 7 月版。2003 年 12 月,我应香港浸会大学之邀,在该校召开的"第五次文学与宗教国际学术研讨会"上作主题讲演,题作《探索与困惑——研究宗教与六朝文学的一点思考》,讲演稿收入葛晓音主编《汉魏六朝文学与宗教》,上海古籍出版社 2005 年 9 月版。本文根据讲稿扩展而成)

朱东润先生治学的特色

在我国近代学术史上，出现过一批杰出的学者，他们并非出身儒学世家，本人在学界起步时也并非专注于古代文学，但随着时代潮流的激荡，转而由其他领域闯入古代文学研究领域，随后由一个课题转入另一个课题，纵横驰骋，不断开拓新领域，并取得巨大成就。这一令人瞩目的现象，发人深省，他们的成功经验，值得探索。

王国维本喜新学，寝馈于叔本华哲学，随后以此解释《红楼梦》中的悲剧，又因性之所好，而发为词论。生值甲骨大量出土之时，转而从事殷周史的研究，随后又研究西北地理，凡文史方面的许多问题，都有创辟。又如闻一多，本学西洋美术，后写新诗，入大学任教后，有计划、分阶段地对《诗经》《楚辞》、唐诗一一进行研究，无不取得成绩。从这二人来看，他们原先感兴趣的东西，属于新潮方面，由新入旧，引入了新的视角、方法和观念，也就在旧学中结出了新的果实。

朱东润先生也是属于这一类型的杰出人物。他早年留学英国，学习的主要内容当然属于西洋学术，回国后很长一段时间也是教的英文。后入武汉大学，由教中国文学批评史始，转而进行《诗经》研究，其后结合教学与自己的关注之点，在史书、《楚辞》、传记文学等方面不断开拓，取得大量成果，既博且专，为后人树立了学习的榜样。

一

朱先生的第一部正式出版的著作是《读诗四论》，据云在他的一系列著作中此书付出的精力最大。

此书首篇《国风出于民间论质疑》，可以说是集中地反映了作者的研究特色。

先秦时期已有《诗》有六义之说。"六义"的内涵是什么，众说纷纭，难下定论。但"风、雅、颂"这一组，指的是诗体，则按之现存《毛诗》中的分类与标题，应该是大家都能接受的。其中风出民间之说，也是源远流长，古已有之。按古有采诗之说，周天子命太师秉木铎而往民间采诗，借以了解下层动态。这主要指的是"国风"中的诗篇。传说孔子曾经对此进行过整理，因此很多解释《诗经》的人以为其中寓有深意，汉儒对此曾有种种解说，宋儒虽对《诗序》中的若干说法表示不能接受，也只是嫌其微言大义过于牵强，因而较为注意文字的原意就是。清儒进而依文解经，对若干表达男女恋情的诗篇重作解释，其努力的方向，却仍在向证实"国风"为民间文学的方向发展。

时至近代，一些向西洋取经的学者吸收了新的理论，确认文学起源民间，胡适解释"国风"中的篇章时，还作了大胆的发挥，甚至以为"《葛覃》诗是描写女工人放假急忙要归的情景"，《嘒彼小星》一诗"是写妓女生活的最早记载"，可见当时的新进人物都以为"国风"中反映了下层社会中的众生相。

由上可见，"国风出于民间"之说源远流长，不论旧派新派，从无异议，朱先生大胆提出"质疑"，有违时尚，于此可见其特立独行之风概。

要想推翻一种已成定说的理论，非有深厚的文献学功力与敏锐的文艺学眼光不可。这里光是发表一些感想，或是东抄西袭一些材料，就想重作结论，显然是无济于事的。若想推翻一种世代相传于今为烈的说法，必须进行严肃考辨，采用科学的方法，进行周密的论证。

朱先生在对"国风"中的诗篇进行分析时，不拘于传统的所谓师法、家法，但也重视汉人的材料；不为近代一些先验性的理论所支配，但也曾参照西洋的一些理论而立说。他的研究态度是实事求是的。

朱先生曾系统地学习过逻辑学，因而他的这篇文章，显得逻辑特别谨严。他首先对汉人的诗说进行考辨，得出的结论是："考之鲁、齐、韩、毛之说，凡《国风》百六十篇之中，其作家可考而得其主名者，其人莫不属于统治阶级，其诗则非民间之诗也。"其后又从（甲）由其自称之地位境遇而可知者，（乙）由其自称之服御仆从而可知者，（丙）由其关系人之地位而可知者，（丁）由其关系人之服御而可知者，（戊）由其所歌咏之人之地位境遇而可知者，（己）由其所歌咏之人之服御仆从而可知者，末复总起来说："凡仆所论绝去一切依傍，自名物章句之微，就《诗》言《诗》而疑其不出于民间者，于《国风》百六十篇中得八十篇，已得其半矣，放之人情，证之以类推之法，又得二十篇，合之共得百篇，已得八分之五矣。"

他人论证至此，已可说是题无剩义，但朱先生还不满足，又设七难以明之。他站在反对者的立场，对上述论点从各种角度进行挑剔和责难，随后对此一一进行解释。这样的文章，真如墨翟之论攻守，使巧者亦无以施其伎，遑论那些只能跟在人后嚷嚷的人了。

朱先生的这一研究成果，或许太有违时尚，因而时至今日，大家对它的重视还很不够。这类复杂的学术问题，当然还可不断探讨，作出种种新的解说，但朱先生的学术勇气，以及精密考辨的能力，科学论证的方法，都值得后人学习。朱先生在写作第一部学术著作时就表现出了如此高的识见和思辨能力，既不为传统的说法所拘，也不为新的潮流所动，独辟蹊径，一往无前，预示着日后他的研究工作将无往而不利。

二

朱先生任教大学而在中文系开课时,担任的第一门课程是中国文学批评史。令人奇怪的是,当时武汉大学中名师宿儒甚多,为什么文学院院长闻一多偏要让朱先生出来开这门新课?

大家知道,中国古来只有政治史一类著作,而无分门别类的学术史出现。近代兴起的中国文学史与文学专题通史是在西洋学术的影响下产生的。其中中国文学批评史这一门类发展较后,二十年代始有第一部著作出现,其取材大都出自诗文评类著作与历代文苑传序,还未能汲取西洋学术的新观念而多方取材,构建起新的学术体系。二十年代末、三十年代初,有的高校中已有一些教师在进行学科的基本建设。因为这是一种新的课题,在过去的学术传统中少有依傍,若有深谙西洋学术而又了解中国文化的人出来创辟,无疑会取得更好的成绩。闻一多先生从当时正任英语教师的人中商请朱先生出来任职,当是着眼于此的吧。

果然,朱先生不负众望,筚路蓝缕,写成了《中国文学批评史大纲》一书。虽然作者一再谦称这是一部讲义,有待于增补修订,但还是可以从中发现不少优胜之处,下述三点似更值得注意:

一是朱先生参照西洋学术而对我国古代文论进行阐述,观点更见明确。例如他在研究司空图的诗论时,引 H. G. Giles 所著 *A History of Chinese Literature* 中的论点分析其思想,并进行考辨;又例如他在论述唐人诗论之作时,将殷璠、高仲武、司空图等归为"为艺术而艺术"类,元结、白居易、元稹等归为"为人生而艺术"类,这真如朱自清所指出的,"教我们能以靠了文学批评这把明镜,照清楚诗文评的面目。诗文评里有一部分与文学批评无干,得清算出去;这是将文学批评还给文学批评,是第一步。还得将中国还给中国,一时代还给一时代。按这方向走,才能将我们的材料跟那外来意念打成一片,才能处处抓住要领;抓住要领之后,才值得详细探索下去"。

二是提出了近详远略的原则。中国是个早熟的国家,古代文化极为发达,儒家信而好古,后人言学术者也无不喜谈春秋、战国时诸子百家的学说。但学术是发展的,溯源固然重要,而各种学说如何迂回曲折而泽及后世,浸润后人,却是更为重要的课题。作为一部史书,就得原原本本,寻求学术发展的规律,以便从中汲取教训,获得启示。如果一偏于古,鄙薄近代学术不论,那就真如王充所讥弹的"知古而不知今,谓之陆沉"。

从《中国文学批评史大纲》中的章节安排来看,宋代以后的人物大增,占了全部篇幅的大部分,内如纪昀、章学诚、阮元、曾国藩等,在学术史上曾有重大影响,作为学术领域中的一角,他们的见解和著述在古代文论领域中也曾发生过影响,在《大纲》中占一定篇幅,看来还是可取的。作者遴选这些人物入史,体现了重视近代的新趋势。在近代历史上,是厚古薄今呢,还是厚今薄古?两种不同看法的后面,往往夹杂着复杂的政治意图。实际上那些崇古的人未必懂得"古",不像朱先生那样在《诗经》《楚辞》《左传》等方面都有著述;重今之人常是只着眼于为眼前的政治目的服务,不像朱先生那样,心无旁骛,努力运用新观点,为建设新的中国文学批评发展史而奋斗,让我国的传统文化也跻身于世界之林。经过几位前辈学者的努力,这一学科终于取得了飞速的发展,朱先生的奠基之功,他所作出的特殊贡献,都将受到后人的称颂。

三是对写入著作的文论名家——作了专题研究,故能保证全书具有很高的学术水准。这一点将在后文中作讨论。

三

朱先生在史学方面也作出了巨大贡献。四十五岁之后,致力于传记文学的建树,可以更明显地看出他治学的特色:融贯中西,沟通文史。这与他留学英国,而在中文系任教,又担任《史记》等专书的讲授有关。

近代中国,内忧外患不断,国家濒临灭亡,这一时期的知识分子,无不忧国忧民,对祖国的历史加以特殊的关注。他们从历代节烈之士的事迹中汲取鼓舞的力量,而从若干时期的腐败政治所引发的外敌入侵等事件中寻找历史鉴戒。衰乱之时的历史,也就成了学术界的热点。

朱先生学习极为勤奋,他每开一门新课,总要在备课的基础上写成一部著作。由于讲授《史记》,也就产生《史记考索》一书。这书的写法还比较传统,重点放在辨析重要著作的义例,以及考证、辑佚等方面。作者继此而作《汉书考索》《后汉书考索》,在研读过程中,也就更为注意政局对文坛的影响了。例如他对刘宋时期政治与文学的分析,就很精辟,且有感慨存焉。

因为他在史学上下过很大功夫,而他在英国留学时,又深受彼邦风行的传记文学的影响,这就激发了他在本国建立传记文学这一新学科的热忱。为此他从理论上加以阐发,写了好几篇有关传记文学的论文,留下了一系列传记文学的著作,并在他的努力下,首先为传记文学建立博士点,并培养出了全国第一位传记文学的博士生。他在传记文学这一新的学科门类的建设中作出了巨大贡献。

全面评述朱先生在传记文学方面的成就,对我来说,无疑是力不从心的,在此我只想指出如下三点:

一是他所挑选的一些传主,在中国历史上都有其代表意义。这些传主集中在宋、明两代。他们身处积弱之世,在思想上有很多苦闷,于是以文学为武器,抒写爱国热忱。《元好问传》的情况与之相近,《杜甫叙论》则以杜诗的发展为例,阐述作家应该如何顺应时代的演变而作出史诗般的记录。

二是在难点上下功夫。每一位传主,生平中总有一些事件曾经引起过不同评价,例如陆游,创作上的成就和爱国精神一直照耀史册,从无人非议,但他为韩侂胄作《南园记》《古阅泉记》之事,不但见讥当代,而且史书上也有微词。朱先生对当时几种有代表性的记录作了精密的考证,指出其不合事实处,并从当时的政治背景方面进行分析,说明陆游以将近八十的高龄,为什么还会应韩侂胄之请而撰文,陆文内容到底反映了什么情绪,这些都在《在一致对外的基础上和韩侂胄接近了》一章中有充分的阐述。朱先生对每一位传主所经历的历史事件,既不加意维护,也不深文罗织,平实公允,令人信服。

三是倾向性方面的问题。西洋史学强调客观记录,以为搜集好资料之后,应该原原本本地叙述好事情的原委与人物的活动,从中寻找事物演变的规律。对于这些,朱先生都做到了。但他毕竟是一个中国的知识分子,受传统史学的陶冶甚深,以史为鉴的观念和史家褒贬的笔法,仍然强烈地表现出来。例如他的第一部传记文学著作《张居正大传》,就着眼于明代政局的混乱,一位革新者如何利用复杂的形势建功立业,但也正由于本身的问题,留下了很多后患。他在写作《陈子龙及其时代》和《元好问传》时,无不有感于身处衰亡之世的文士的自处之道,如何用笔反映其时代,投身挽救故国的运动中去。显然,这些都与朱先生的心境密切相关。

中国一些卓越的史学家,如陈寅恪、陈垣等人,前期受西洋史学的影响,也偏于客观地研究历史,不重视经世致用,经过抗日战争之后,感时伤事，也就加强了古为今用的意识。陈寅恪推崇欧阳修的《五代史记》，贬斥势利，尊崇气节；陈垣由西方汉学入手，最后回到阐发《资治通鉴》胡三省注的微言大义上来。这些史学家的发展道路，与朱先生在传记中的情感是一致的，不论是史学还是文学，或是文史交融的传记文学，讲的是古代，但也反映出了作者关心现实的拳拳爱国之情。

四

朱先生勇于开拓，从一个领域进入另一个领域，显得那么轻松自如，但细察他的活动，则又可以看到他的研究工作非常规范，足以垂示后人。这也可举一些著作加以说明。

他在确定研究对象之后，总是先搜集材料，进行考辨，然后按其历史发展阶段，选择重点，写成一篇篇专题论文。例如在编写《中国文学批评史大纲》时，就对古文论中的若干疑难问题，如司空图诗论、沧浪诗话、古文四象论，以及方回、何景明、钱谦益、王士禛、李渔、袁枚等人的理论，进行深入剖析，然后写入批评史中。因此，《大纲》虽是一部讲义，只像是自古至今人物的排列，但作者对其中每一位人物都进行过专题研究，故全书的质量也就有了保证。上述单篇论文，后即汇成《中国文学批评论集》一书，同样受到读者的欢迎。

朱先生的作家研究，常是以系列著作的形式出现，例如有关梅尧臣的著作，就有《梅尧臣传》《梅尧臣诗选》《梅尧臣集编年校注》三书；有关陆游的著作，就有《陆游选集》《陆游研究》《陆游传》三种。……可知他的传记文学写作，准备充分，先从整理文献的基础工作做起，再进行专题研究，然后以舒畅的笔调，撰成传文。因为成竹在胸，故只觉得他信笔挥洒，游刃自如，实则事先都花了大功夫，才有此炉火纯青的表现。

朱先生的传记文学中还有一点可以指出，就是传主为人所知的程度越小，则此著作的篇幅就越大，传主为人所知的程度越大，则此著作的篇幅越小。像张居正，当然是明代的一位重要人物，但一般人对明代的情况相对来说兴趣要小些，所以大家对传主的了解也就有局限，朱先生将此写成"大传"，论证也就特别充分。而像陆游、杜甫，名声大，诗篇多，以此作为传主，生平事迹，人所悉知，不烦缕陈，朱先生用精练的笔墨抒写，吸引人处，也就在识见高明这一层上。阅读陆游、杜甫二人的评传，观其运用材料之精当，议论之深入熨帖，无不使人起切理厌心之感。作者对唐、宋二代的社会环境了解深透，对诗文创作烂熟于心，由此俯瞰传主在唐宋历史上的活动，以及他们每一阶段所留下的精彩诗文，也就娓娓道来，一无游词窜杂，又能将传主的主要活动说深说透了。

优秀的传记文学著作无不"成如容易却艰辛"。作者像是只顺着传主的历史发展一路写来，倒像不花什么心思似的，实则在章节安排和征引材料上花了很多心思，即以《杜甫叙论》中的叙事而言，每遇需要刻画一些重要人物的性格，描绘某些重大事件的场面时，朱先生就采用人物对话的方式，着重渲染一番。例如他在介绍到王忠嗣不顾个人的利害得失，反对以几万士卒的生命去夺取石堡城，就在顺次叙述唐王朝与吐蕃的关系时，突以舒缓的笔法插入李光弼劝谏王忠嗣的一番对话。这在《资治通鉴》中是一段著名的文字，司马光描写王忠嗣的远大眼光与高贵品格，沉郁顿挫，跌宕有致。以此写入传记文学，则将遇到很多困难，作者若要重复历史记叙，尽管古今汉语属于同一体系，但毕竟表达方式不同，语汇和句法有异，因而语言的感情色彩也有不同。要想通过对话再现《资治通鉴》中所刻画的人物的神采，无疑是困难的，但朱先生在不违反历史事实的情况下，增加了一些描写，如云："忠嗣部下河西兵马使李光弼看到形势不对，正在设法走近忠嗣"，随后恳切地说:"大夫的库中充满财帛,为什么吝惜数万段的重赏不去杜塞〔董〕延光的谗口呢?"最后感动地说:"先此我唯恐连累大夫,因此说出了自己的苦心。大夫能做到古人的用心,是光弼不能及的。"行文明白晓畅,也体现了白话文叙事的优点,把李光弼的爱护敬佩之情表达出来了。以前我读到此处,觉得司马光在对话结束之后还写有李光弼"遂趋出"一句,更能体现李光弼的敬畏情绪,朱先生何以没有相应的表达? 后来想到"趋"这种动作,现代人的生活中已无任何踪迹可循,照原话叙述,大家不明白;加一小注,则嫌小题大做,无此必要。可知朱先生在任何地方都曾颇费斟酌。他之所以在传记文学上取得卓越成就,与他具有多方面的修养和对写作的认真态度有关。

五

朱先生在长达六七十年的学术生涯中,为后人留下了几百万字的著作,这些宝贵的精神财富,将永远激励后人,启发大家热爱祖国的文化。

我觉得,朱先生的治学特色可以下列几点加以概括:

> 特立独行,实事求是地从事研究;
> 不受绳束,大刀阔斧地锐意开拓;
> 严谨周密,循序渐进地规范操作。

朱先生学问博大,著作等身,而我学识浅陋,管窥蠡测,势难掌握要领。限于水平,上述体会未必正确,在此谨向大家求教,尚祈不吝指正。

(原载《复旦学报》1997 年第 2 期"纪念朱东润先生诞辰一百周年"专辑)

罗根泽先生在三大学术领域中的开拓

罗根泽,字雨亭,1900 年生于河北深县(今深州市)一个世代务农的家庭。他在十足岁以后才上小学。因为家庭经济拮据,学习很不正常,有时休学,有时跳级,时断时续。考上深县中学后,以无力缴学杂费而中辍;考上河北省立第一师范后,又因患病而中途休学。总计中小学共读了八年,却一直没有取得正式的学历。后来就随居家侍母的本县学者武锡珏学习经史和古典诗文,前后又有二三年之久。武先生是桐城派学者吴汝纶的弟子,国学上很有修养,罗先生在这一时期,开始练习写作一些有关先秦诸子的文章。武先生在母亲死后,出外工作,罗先生为生计计,就任本县高级小学国语教师,却又因无学历而受到歧视。1925 年,武先生赴河北大学中文系任教授,罗先生遂考入该系学习,同时在中学里兼课,以资弥补生活上的困难。当时时局混乱,学校时办时停,他自己也因经济的原因,时读时辍。1927 年考取清华大学研究院国学门,后又投考燕京大学国学研究所,该所每月有些津贴,可以解除生活上的困难。这样他就在两所学校里同时攻读,直到 1929 年于此二处同时毕业。

在这期间,他接触了不少名师。在清华时,读的是"诸子科",指导导师为梁启超先生,梁先生去世后,改由陈寅恪先生指导。在燕京时,读的是"中国哲学",指导导师为冯友兰先生和黄子通先生。他在学术观点和研究方法上,曾受梁、冯二人的影响,尤以梁启超的影响为大。那时他已在从事中国文学批评史方面的研究,因而也向正任教于燕京大学国学研究所的郭绍虞先生请益。

研究院毕业后,罗先生由学长刘盼遂先生介绍,赴河南大学任教。这时他已有著述和一定的名声,所以到任之后就得到了"教授"的职称。此后,也就再没有离开过高等教育界,先后曾在天津女子师范学院、河北大学、中国大学、安徽大学、北京师范大学、西北联合大学、中央大学以及后来的南京大学等处任教,开设过中国文学史、中国文学批评史、诸子概论、国学概要、中国学术史等课程。

罗先生在三十多年的学术活动中,不断辛勤垦辟,作出了多方面的贡献。兹就其主要部分,分诸子学、中国文学批评史、中国文学史三方面加以叙述。

诸子学领域中的开拓

罗先生从清华大学国学研究院和燕京大学国学研究所毕业后,一面从事教学,一面勤奋地从事著述,陆续在《燕京学报》等刊物上发表了许多论文,又出版了几部专著。

1932 年,罗先生应顾颉刚先生之约,主编了《古史辨》的第四册;1937 年,又续编了《古史辨》的第六册。因为他一直喜欢研究先秦诸子,平时积累了不少这方面的资料,这时确定方针,分类排列,很顺利地就把这两厚册书编了出来。在第四册中,刊出了通考和有关儒、墨、道、法四家的文字。在第六册中,以通考和考据诸子者为上编,以考据老子一家者为下编。这两部书,成了截至那时有关诸子学论文的总汇。

在《古史辨》第一册出版时,顾颉刚先生曾写了一篇很长的自序,介绍他的治学经历,表达他对古史的见解,曾在学术界引起很大的反响。当《古史辨》第四册《诸子丛考》编就后,罗先生应顾氏之请,也作了一篇很长的自序,表明他的治学志趣和整理先秦诸子的见解。这篇自序,不但对于了解他的学术道路,而且对于指导后学,都具有不容忽视的价值。

《自序》开头就说,学海茫茫,渺无涯际,自己又嗜好多端,犹如一只无舵的小舟,不知向何处停泊,但"经了这一次的彷徨,最后体察出自己的短处和长处:自己没有己见,因之缺乏创造力,不能创造哲学,亦不能创造文学。但亦唯其没有己见,因亦没有偏见,最适于做忠实的、客观的整理的工作。利用自己因爱好哲学而得到的组织力与分析力,因爱好文学而得到的文学技术与欣赏能力,因爱好考据而得到的多方求证与小心立说的习惯,来做整理中国文学和哲学的事业。由是拟定了以毕生的精力,写一部忠实而详赡的《中国文学史》和一部《中国学术思想史》"。《自序》随后介绍了编写《中国学术思想史》的详细计划。

他先将中国学术思想分为四期:(一)自上古至东汉之末,未受外来影响,可以叫作"纯中国学时期"。(二)自魏初至五代之末,可以叫作"中国学与印度学之交争时期"。(三)自宋初至清中叶,可以叫作"中国学与印度学之混合时期"。(四)自清中世至现在(指1932年——勋初),可以叫作"新中国学与西洋学之交争时期"。因为时间的关系,他在当时所研究的,只是第一期——纯中国学时期。这一期中,又可分为经学和诸子学两类,他所研究的,只限于诸子。在诸子学中,他又细析为五种研究:

(一)人的研究——他完成了《孟子评传》一种。

(二)书的研究

 (1)文字内容的研究

  (a)校注——可以利用现代人在文法研究上的成果和甲骨金文方面的新材料。

  (b)通释——本想写一本《荀子通释》,且已拟目,后仅完成《荀子论礼通释》一文。

  (c)标点——本想标点《管子》,未完成。

  (d)索引

 (2)著作年代的研究

  (a)对全书作综合之研究——完成《孔丛子探源》《尹文子探源》等文。

  (b)对全书各篇作分别之考订——完成《管子探源》《〈庄子〉外杂篇探源》等文。

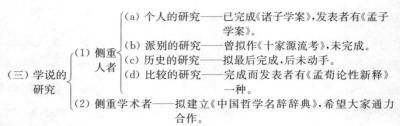

（三）学说的研究
　　（1）侧重人者
　　　　（a）个人的研究——已完成《诸子学案》，发表者有《孟子学案》。
　　　　（b）派别的研究——曾拟作《十家源流考》，未完成。
　　　　（c）历史的研究——拟最后完成，后未动手。
　　　　（d）比较的研究——完成而发表者有《孟荀论性新释》一种。
　　（2）侧重学术者——拟建立《中国哲学名辞辞典》，希望大家通力合作。

（四）佚子的研究

（五）历代人研究诸子的总成绩
　　（1）子学考。
　　（2）历代人眼光中之诸子。

由上可见，罗先生对诸子的研究曾有周密的计划和宏大的抱负。但以一人之力也很难在这许多领域中取得全面的丰收，只是罗先生以不懈的努力辛勤耕耘，还是取得了累累硕果。这些方面的成就，大都吸收进了《古史辨》的第四册和第六册中。

罗先生的这些文章具有很高的学术价值，1958年人民出版社约请他编成《诸子考索》一书，重行出版。在书中，他把单独印出的专著和登载在《古史辨》之外的其他几篇论文也一起编入，在因情况改变而略作改动之处均加注说明，所有文章以类相从，分成几组，以便读者。罗先生有关诸子研究的文字，大都荟萃于是。

《战国前无私家著作说》和《晚周诸子反古考》二文，属通论性质。这是两篇力作。材料的丰富，论证的严密，影响的深远，在学术界获得广泛的好评。

《古代经济学中之本农末商学说》《古代政治学中之"皇""帝""王""霸"》《古代发现"人"的历史》三文，属专题研究性质。

《由〈墨子〉引经推测儒墨两家与经书之关系》《〈墨子〉探源》《与张默生先生讨论名墨书》三文，属于研究墨子的一组。

《老子及〈老子〉书的问题》《再论老子及〈老子〉书的问题》《历代学者考证老子年代的总成绩》《〈庄子〉外杂篇探源》四文，属于研究道家的一组。这是《古史辨》诸子学中讨论得最为热烈的一个问题。其中《历代学者考证老子年代的总成绩》一文，原是《古史辨》第六册《诸子续考》的自序。罗先生对此作了全面的介绍和总结。他所主张的老子即太史儋一说，是其中有代表性的一派。可以说，罗先生的这几篇文章对这一论点阐述得最为充分。

《孟子传》《荀子游历考》《荀卿年代补考》《孟荀论性新释》《子莫考》是属于研究儒家学说的一组。《孟子传》原名《孟子评传》，原是他在清华研究院学习时，在梁启超先生指导下写成的毕业论文，1932年由商务印书馆出版，收入《诸子考索》时已经删削。

《邓析子探源》《尹文子探源》《〈庄子·天下〉篇的辩者学说》《〈燕丹子〉真伪年代之旧说与新考》诸文，属于名家与小说家方面的研究。

《管子探源》一文，1927年于清华大学研究院学习时即已着手研治，后在燕京大学研究所完成，作为该所的毕业论文。1931年由中华书局出版。《管子》一书，内容很庞杂，包括了很长一段时间内许多学派的不同论点，前人虽已了解此书非管仲手笔，但全面地加以考订，是由罗先生此文开始的。里面很多精微的辨析，至今仍可供学术界参考。因为此书性质特殊，故单独编为一组。

《〈商君书〉探源》《慎懋赏本〈慎子〉辨伪》《慎懋赏〈慎子传〉疏证》三文，属于研究法家学说的一组。这里考辨慎懋赏本《慎子》的两篇文章，现在看来，似乎有些小题大做，实则这事正可用以说明辨伪学者的科学精神。此书曾为缪荃孙、张钧衡等人收藏，缪、张都是清末民初的著名藏书家，精通版本之学，然而他们不辨学术源流，故而反将燕石视为宝玉。此书收入《四部丛刊》后，顾实、孙毓修等人又备加赞誉。应该说，这些封建学者对古籍的熟悉程度或许超过《古史辨》中这些年轻的辨伪学者，但他们泥古不化，对于各家的学术，实际上是模糊不清的，《古史辨》派摆脱了旧学风的局限，思想方法也较周密，因此他们的成绩能够超越前人。

《孔丛子探源》《陆贾〈新语〉考证》《〈新序〉〈说苑〉〈列女传〉作始于刘向考》《〈战国策〉作于蒯通考》《〈战国策〉作于蒯通考补正》《跋金德建先生〈战国策〉作者之推测》《潘辰先生试论〈战国策〉的作者问题商榷》《〈别录〉阐微》一组，则是将有别于上述子学的文字汇编在一起。其中与潘辰讨论《战国策》作者问题的一篇文章写成于新中国成立之后。

总的说来，罗先生在这一领域内的主要活动是编辑了两册《古史辨》，留下了四十多万字的考辨文章。他的这些工作，符合历史发展的要求，曾把学术研究向前推进过一大步。

先秦时期，学术界无所谓经、子之分，因为儒家学派也只是与其他学派并列的一个学派。但自汉武帝独尊儒术、罢黜百家之后，儒家的地位提高了，于是有关这一学派的几部重要典籍，几位主要人物的语录，都被尊奉为"经"，作为法定的正统思想而供人学习。历代统治阶级出于政治上的需要，不断把自己思想意识方面所需要的东西黏附上去，使得这些普通的书成了驳杂难明的圣经贤传。历史发展到了现代，经过五四启蒙运动的洗礼，这些封建社会中承袭下来的传统观念，也要在理性面前经受批判了。顾颉刚、钱玄同等人兴起的这场疑古运动，就是适应时代的需要而兴起的。

《古史辨》前后一共出了七集，其中除第七集是由童书业先生主编的之外，顾颉刚先生主编了一、二、三、五集。他在古史和经学的领域中对前人的成就作了相当彻底的清算，声势之大，气势之雄，曾经引起学术界的震动。应该说，这一场疑古辨伪的运动，顾先生的贡献最大，产生的影响最为深远。他是当之无愧的《古史辨》派的主将。但在诸子学方面的辨伪任务，对陈陈相因的错误说法摧陷而廓清之，这项工作主要是由罗根泽先生来担当和组织的。

先秦时期,百家争鸣,思想异常活跃。这是我国学术史上至可宝贵的黄金时代。当时的许多学者,彼此之间也有继承和发展的关系,但也出现了伪造他人事迹和歪曲他人学说的问题。各学派建立之后,宗旨各不相同,但各有其严密的理论体系,只是由于历史年代悠远,古史记载残缺不全,有人又喜欢托古立说或造作伪说,因而各种学术思想常是显得复杂而难于辨认。要想进行一番清理,也不是一件容易的事。

绝大多数的子书不曾立为国家的法定经典,文人学士在此领域中发些议论,不会引起多大麻烦,因此自唐代起,就有人对几种子书的性质进行考辨。《古史辨》第六册卷头语中引陈师道《后山集》卷二二《理究》中文,讨论诸子年代的先后,说明这项学问已有很好的开端。其后宋濂著《诸子辨》,胡应麟著《四部正讹》,姚际恒著《古今伪书考》……又把这项工作向前大大地推进了。罗先生继承了这一传统,但他生活在现代,接受过逻辑思维的科学方法的训练,因此在材料的收集、整理、归纳、鉴定和对学派内容的考辨等方面,其精确的程度,与前人那种随笔式的议论已大不相同。

《战国前无私家著作说》是一篇具有代表性的文章。罗先生为了证成这一命题,作了非常周密的辩证。全文分为"上实证""下原因"两部分。他先从检验材料入手,用事实说明战国之前确无私家著作,这里他又分四层加以论证:一、战国著录书无战国前私家著作;二、《汉志》所载战国前私家著作皆属伪托;三、《左》《国》《公》《穀》及其他战国初年书不引战国前私家著作;四、春秋时所用以教学者无私家著作。他在每一节中,对于解决这一问题的材料总是搜集完备,其功夫之深,令人惊叹。而在解释为什么战国之前无私家著作的原因时,他又细分为三节加以说明:一、孔子以前书在官府;二、战国前无产生各家学说之必要;三、伪托古人以坚人之信。这样也就把这一疑点阐释得很充分了。

章学诚在《校雠通义·原道》篇中说:"古无文字。结绳之治,易之书契,圣人明其用,曰:'百官以治,万民以察。'夫为治为察,所以宣幽隐而达形名,盖不得已而为之,其用足以若是焉斯已矣。理大物博,不可殚也,圣人为之立官分守,而文字亦从而纪焉。有官斯有法,故法具于官;有法斯有书,故官守其书;有书斯有学,故师传其学;有学斯有业,故弟子习其业。官守学业皆出于一,而天下以同文为治,故私门无著述文字。"这一段话的主旨是在说明古代学术的变迁。古时学在官府,官师合一,其后官失其守,乃衍而为私学。据章氏的考察,以为这一过程发生在战国时期,所以他在《文史通义·诗教上》中说:"盖至战国而文章之变尽,至战国而著述之事专,至战国而后世之文体备。故论文于战国,而升降盛衰之故可知也。"

罗先生提出"战国前无私家著述"这一重要论点,显然曾受章氏之说的影响,但二者之间已有很大的差别。章氏提出这一重要论点时,没有作出什么论证,只能说是一种智者的悬测,这样也就很难令人信服。罗先生的这一论文,建立在丰富的材料上,论证时逻辑谨严,推理合适,说服力很强。他从各种不同角度证明了这一事实:前此的官学,至此发展为私学,人们开始离事言理,学术由此进入蓬勃发展时期。章学诚的这一重要论点,要到罗先生的文章出现后,方能说是提高到了科学的程度,从而才能说是建立起了一个合乎现代社会科学要求的论点。

这一时期,罗先生受朋友吕振羽等人影响,开始学习马克思主义,因而曾有运用阶级观点进一步加以论证的打算。1932年,他在《战国前无私家著作说》的《跋》中说:"此文虽发表于1931年4月出版之《管子探源》,而撰述则在1927年秋。年来研究中国古代社会经济知战国前无私家著作,亦可以社会经济解说之。"《跋》文大意是说:春秋以前为初期封建时代,内分贵族与农奴两个阶级。贵族遵祖宗之遗法,守国家之旧典,不需要抑且反对著书立说。战国之后,封建势力逐渐沦丧,新兴之地主与商人日益膨胀;中产阶级率有求学之机会,而且每恃自己之政见与学说作为夺取政权之利器,于是群趋于著书立说之途。《跋》文结束时还说:"日后有暇,当专文论之。"可惜他后来注意力转移,未能完成这一夙愿。

他的另一篇力作《晚周诸子反古考》,原是为补足康有为《孔子改制考》中"托古"之说而写作的。他认为"托古"之说既起,则自会引起"反古"之说,因此他对先秦诸子中的反古之说一一进行爬剔,写成了这篇洋洋洒洒的大文。应该说,罗先生的看法是很可取的,但和前文一样,仍然未能针对社会经济问题而用阶级分析的方法去作进一步的分析,联系各家学说的社会背景而说明"托古"的具体内容,因此也不能用深入一层的眼光来说明"反古"的动力。钩稽材料的结果,只能让人看到各种传说在茫茫往古交锋,然而无法让人了解这些笔墨之争的性质和现实意义。而这正是未能及时采用历史唯物主义观点而产生的缺憾。

早在《古史辨》第六册时,冯友兰先生在序言中就指出,当时史学界有三种趋势,即信古、疑古及释古。"疑古一派的人,所作的功夫即是审查史料。释古一派的人所作的功夫,即是将史料融会贯通。"《古史辨》中的文字,绝大多数属于"疑古"之作,进行的是审查史料的功夫。罗先生有志于作"释古"的工作,但却来不及完成这一任务。

后人不应低估这项审查史料工作的重要性。自从《古史辨》第四集和第六集发表后,大家通过对几个问题的讨论和几部典籍的考索,对诸子学的源流演变也就形成了新的见解。以往的人总是认为老子在孔子之前,《老子》是老子的私人著作,《管子》也是一部私家著作,经过这番讨论和考辨,才知道《老子》一书产生于战国,《管子》里面包含着复杂的内容。只有在纠正了世代相传的错误观念之后,才能建立新的学术史。在这一方面,罗先生作出了突出的贡献。

学术研究是不断向前发展的。罗先生根据精密考辨而得出的结论,是否可以成为定论,还要经受后人的考验。有人对战国之前是否有私家著作提出了不同意见,结果如何,也有待于学术界的检验。而罗先生的一些研究成果确是可以作为一个阶段的代表。他的文章中包孕着经过整理的丰富资料,仍然可供后人利用。近年来各地发现了不少先秦两汉古籍的竹简和帛书,里面还有前此学者从未见到过的子书,学术史的研究进入了一个新的阶段。近人对稷下黄老学派的研究,自与前时的结论大异。罗先生考索过的几部典籍,可以利用新材料重行探索,但他的研究成果,仍然可以作为重要的参考资料。

中国文学批评史领域中的开拓

罗先生在研究院学习时,已在进行中国文学批评史方面的研究,其后由于郭绍虞先生的介绍,接替他到清华大学去上课,罗先生研究工作的中心课题,也就由诸子之学逐渐转到中国文学批评史方面来了。

他在研究这门学问时,也曾制订出周密的工作计划,首先想纂辑文学批评论集,然后“由博返约”,写作一本逢说就录资料较详的《中国文学批评史》,分册出版,最后根据这些资料,写出一本简明的《中国文学批评史纲要》。从后来的情况来看,文学批评论集未能正式成书,但分门别类地收集了丰富的资料。写成的批评史,有自周秦至宋代的部分。由于全书没有写完,打算最后完成的那种精粹的中国文学批评史纲要也没有写出。

罗先生本打算把全部《中国文学批评史》分订成四册,周秦汉魏南北朝部分为第一册,隋唐五代部分为第二册,宋金元部分为第三册,明清部分为第四册。其中周秦至晚唐五代部分是在抗战以前完成的；周秦汉魏南北朝部分完成得最早，1934年曾由北京人文书店出版。此书后经改写，加上续写的部分，1943年改由商务印书馆出版，分别印成《周秦两汉文学批评史》《魏晋六朝文学批评史》《隋唐文学批评史》和《晚唐五代文学批评史》四书。抗战胜利后，商务印书馆在上海又重印过一次。新中国成立后，古典文学出版社于1957年重印此书，又把商务版的第一、二种书合为《中国文学批评史》第一分册，第三、四种书合为第二分册。1961年时，中华书局上海编辑所印出的《中国文学批评史》第三分册，即两宋部分，原稿是在抗日战争胜利复员到南京以后写成的，但一直没有来得及定稿，罗先生去世后，只能作为遗著按原样印出。元明清部分，则以未曾动笔，没有留下任何稿子，只能付之阙如。

研究中国文学批评史的人都知道，新中国成立之前，郭绍虞、罗根泽、朱东润三位先生在建设这门学科时贡献最大。其中郭、朱二家都有首尾完整的著作行世，罗先生的书却始终没有完成，而且在他生前只是刊出了全书的一半，那他又怎能颉颃其间而成鼎立之势，享有这么高的声誉呢？

这是因为罗先生在这项研究工作中作出了独特的贡献。

在罗先生的《中国文学批评史》问世之前，陈中凡、郭绍虞的《中国文学批评史》，方孝岳的《中国文学批评》，铃木虎雄的《中国古代文艺论史》（有孙俍工的译本），均已先后出版。后出之书，必须另辟蹊径，才能显示著者的新见解和著作的特色。罗先生以他过人的勤奋和治诸子之学而培植起来的分析、综合能力，终于使自己的著作独树一帜，呈现出崭新的面貌。

综观罗著《中国文学批评史》三分册，可以说有三个明显的优点。

1. 材料丰富。郭绍虞先生在罗著《中国文学批评史》第三分册的序言中说："雨亭之书，以材料丰富著称。他不是先有了公式然后去搜集材料的，他更不是摭拾一些人人习知的材料，稍加组织就算成书的。他必须先掌握了全部材料，然后加以整理分析，所以他的结论也是持之有故，而言之成理的。他搜罗材料之勤，真是出人意外，诗词中的片言只语，笔记中的零楮碎札，无不仔细搜罗，甚至佛道二氏之书也加浏览。……当文学批评史这门学问正在草创的时候，这部分工作是万万不可少的。而雨亭用力能这样勤，在筚路蓝缕之中，作披沙拣金之举，这功绩是不能抹杀的。"这样的评语，出于同一学科的师长之口，应该可以作为论定之词。

检视三分册中的章节，不难发现这方面的特点。例如《魏晋南北朝文学批评史》中的第五章《音律说（下）》，第十一章《佛经翻译论》；《晚唐五代文学批评史》中的第二、三章《诗格（上、下）》，第四章《诗句图》……是其他各家没有注意或论述不多的问题。这些材料在我国文学批评史上应该有什么位置，那是另一问题，但它们曾经引起古代文人的广泛注意，并有不少人进行钻研，对于文学或多或少发生过影响，却是不容忽视的事实。那么罗先生对此作了辛勤的搜辑和整理，为后人提供了可贵的材料，无疑是值得称道的。

就在人们注意较多的一些问题上，他也辛勤发掘材料，丰富这一方面的论述，如《隋唐文学批评史》第三章《诗与社会及政治》中列有《刘峣的先德后艺说与尚衡的文章三等说》；《晚唐五代文学批评史》第一章《文章论》中列有《黄滔吴融等的反艳丽说》；《两宋文学批评史》第一章《宋初的诗文复古革新论》中列有《智圆的仁义五常古文说和善善恶恶古诗说》，第二章《宋初对李杜韩柳集的甄理与鼓吹》中列有《智圆的始见韩柳集》……也是其他各家没有注意或陈述不多的问题。新材料的提供，也就丰富了人们对这一类问题的认识。

《晚唐五代文学批评史》第五章《诗品及本事诗》中列有《续本事诗三种》一节，罗先生先后介绍了处常子、罗隐、聂奉先所续的三种。处常子的《续本事诗》二卷，见《郡斋读书志》"总集类"；聂奉先的《续广本事诗》五卷，见《直斋书录解题》"文史类"。罗隐的《续本事诗》，书目上未见著录，只在《诗话总龟》的注释中还保存着残留的四条。于此可见著者搜辑之勤。又如《两宋文学批评史》第八章《浙东派的事功文学说》中列有《四灵的论诗碎唾》一节，罗先生从卷帙浩繁的《水心文集》《后村先生大全集》和不太被人注意的《梅磵诗话》中搜出数条，也是难能可贵的创辟之举。这些工作，不但为学术界提供了丰富的新资料，而且在方法论上也有重要的意义。

过去人们收集我国文学批评史的材料时，不出诗文评、各家诗文集和各朝正史文苑传的范围；罗先生则扩展到有文字的一切领域，诸如经、子、史和佛道二典等等。凡与文论有关者，涓滴无遗，尽行辑录。他所用的材料，都是通过自己的辛勤劳动细心抉择而得。《旧序》中引用了顾炎武《日知录》中的话，著书譬犹铸币，宜开采山铜，不宜充铸旧钱。返观此书，诚无负于斯言。罗先生在《旧序》中还标举著书宗旨曰："搜览务全，铨叙务公。"由于时代的演变，各人对问题的看法容有不同，后一句话或难为人所接受，但是前一句话他确是努力做到了的。

2. 体例创新。这是随着上面的问题而来的另一个重要问题。因为材料搜集之后，如何整理，按什么方式写作最便读者阅览……这些都得郑重考虑。有些人把这类问题看得很轻，认为只是一些形式方面的小道，这种人往往是不精于著述的外行，只是一些空空洞洞的"内容第一"论者。殊不知著述体例之于全书，具有举足轻重的作用。一部著作，不管内容多好，如果编纂的体例不当，条理混乱，他人不便阅读，那么尽有优点也是枉然。

大凡写作史一类的著作，大家都喜欢采用编年史一类的写作方式。这样写作的中国文学批评史，就是按照各家各派出现的前后，顺次叙述。罗先生对此作了全面的考虑，感到此中问题比较复杂，因为批评史上经常出现各家各派围绕着某一问题而发生的争论,如果把各种论点分散到各人的专章中去,也就很难看清当时这种争论的总体情况,从而反映出在这个问题上争论的规模和热烈的程度。又如历史上各家各派对某一专题的探讨,前后之间有着明显的继承发展关系,如果把这个问题作为专章叙述,就能呈现出清晰的线索,如果让论点一一分散在各人名下,夹杂在其他一些论点之中,也就会使发展的线索模糊,读者不易得其要领。这就必须设计出一种能够照顾到各种情况的新体例来。

罗先生在《绪言》中表明,他要撷取我国史书编写中三种方法之长,"创立一种'综合体':先依编年体的方法,分全部中国文学批评史为若干时期……再依纪事本末体的方法,就各期中之文学批评,照事实的随文体而异及随文学上的各种问题而异,分为若干章。……然后再依纪传体的方法,将各期中之随人而异的伟大批评家的批评,各设专章叙述。"这样统筹兼顾,确实使全书的编写出现了新的面貌。

史书编写中的这三种方法,一般人也是很熟悉的,但要用到批评史的编写上,那就不光是将材料分类的问题了。这里首先取决于编写者对材料的理解程度。他要有笼罩全局的眼光,按照古代文学理论在各阶段中表现出来的特点,将之区分为几大阶段;然后把每一阶段中出现的各种文学批评现象,作适当的分类:或以文学论点为中心,或以文体演变为中心,或以文学流派为中心……分别叙述。有些伟大的理论家,不便将其理论体系割裂的,则设专章叙述。这样的编写,纲举目张,条理井然,在体例上是很好的创造。

举我国文学批评史上的黄金时代——魏晋南北朝为例。罗先生把这一阶段的文学批评一共分为十一章:第一章《文学概念》、第二章《文笔之辨》介绍人们对文学特点的探讨;第三章《文体类》,第四、五章《音律说》,第六章《创作论》,第七章《鉴赏论》,分别介绍了这一时期文学批评上的几个重要问题；八、九两章是对刘勰、钟嵘二人的专题介绍，这是因为二人的理论体系很完整，内容非常丰富，不宜加以割裂。第十章为《北朝的文学论》，十一章为《佛经翻译论》，因为这些文学现象各有其特点，所以需要分别介绍。这样的分类，可谓有条不紊，点面结合，读者顺次阅读，则有条有理，也就容易领会和掌握。

再拿章节的内部来看，各种论点的编排，根据其发展的自然顺序，给予相应的地位和篇幅，也就显得恰当妥帖。例如第三章《文体类》中，共有一《文体二义》、二《魏晋以前的文体论》、三《桓范的各体文学方法论》、四《傅玄的"七"论及连珠论》、五《陆机的十分法》、六《挚虞文章流别志论》、七《李充翰林论》、八《左思及皇甫谧的赋论》、九《颜延之所谓"咏歌之书"与"褒贬之书"》、十《萧统文选的分类》、十一《旧题任昉文章缘起》，共十一章。读者如果查对某一家的文体论，那在阅读这一章中的某节之后，也就不难领会这种理论在历史上的地位和所起的作用。

当然，每一种体例的创建，都是具有二重性的。这种"综合体"，有时也会顾此失彼，产生另一方面的缺点。例如曹丕的《典论·论文》，陆机的《文赋》，因为缺少专章介绍，只是把其中的一些重要论点分别纳入有关的章节之中，这就难以让人看清这两篇重要论文的全貌。但统观全局，则还得承认罗著《中国文学批评史》在"综合体"的探索中所分的章节，确是别具匠心，优点大大超过缺点的。

3. 分析细致。为了方便读者，罗先生采取了很多方法，对复杂的文学现象进行概括，使之具有一目了然的外观。例如他在介绍钟嵘《诗品》时，先制一表，介绍上品若干人，中品若干人，下品若干人；后又制一表，说明各人之间的继承关系，这就把头绪纷繁的问题勾清了线索，读者也就易于掌握了。

根据现代人的需要，运用现代人的文学观念，对古代文人提出的理论重行概括，这在研究古代文学批评时怕是难以避免的。问题在于这种概括是否精当。罗先生在介绍刘勰时，在《创作论》一章中说："他的讨论创作论的文章计有神思、体性、风骨、通变、定势、情采、熔裁、声律、章句、丽辞、比兴、夸饰、事类、练字、隐秀、指瑕、养气、附会、总术、物色、才略二十一篇。约而言之，不外才性、文思、文质、文法、修辞、文气、音律、比兴、风格九方面。"于是他就这几个方面一一作了论述，也就是对《文心雕龙》中的创作论作了综合的研究。又如《批评及其原理》一章，顺着《指瑕》《知音》等文中的内在逻辑，有分析有综合地作了简要的介绍，这些地方都能察见编写者思想的明快。

书中对文学批评家的理论所加的按语，也常是很精到的。例如他在介绍柳冕《谢杜相公论房杜二相书》中的论点时，下评语曰："他似已知道了某种社会，当然要产生某种文学的道理，较以前的倒因为果的以文教世的言论，切实多了。"又如介绍欧阳修的《代人上王枢密求先集序书》时，下评语曰："欧阳修步趋韩愈的地方确是很多的，但进于韩愈的地方也不少，最重要的就是'事信言文'。……文章的至不至及传不传，决定于事的信否大小与言的文或不文。言的文不文是韩愈所颇计较的，事的信否大小韩愈并未言及。这是欧阳修的新见解，这种新见解对宋代文学的影响极大。"这些都是读书有得之见，可供读者参考。

尽管此书并非完帙，但因包容着很多优点，所以问世之后，立即得到学术界的重视。朱自清在《诗文评的发展》中就指出："这是一部值得细心研读的《中国文学批评史》。……罗先生这部书的确能够借了'文学批评'的意念的光，将我们的诗文评的本来面目看得更清楚了。他在《魏晋六朝文学批评史》里特立专章阐述'文体类'的理论。从前写文学史及文学批评史的人都觉得这种文体论琐屑而凌乱，没有给予充分的注意。可是读了罗先生的叙述和分析，我们能以看出那种种文体论正是作品的批评。不是个别的,而是综合的;这些理论指示人们如何创作如何鉴赏各体文字。这不但见出人们如何开始了文学的自觉,并见出六朝时那新的'净化'的文学概念如何形成。这是失掉的一环,现在才算找着了,连上了。"刘溶池在《评罗著〈中国文学批评史〉》(《东南日报》1949 年 4 月 21 日《文史》副刊第 87 期)中也对这一著作作了很高的评价。

前面已经说过,罗先生写作此书时,已在好几家同类著作问世之后,他要另辟蹊径,写作一部各方面都具有特色的著作,除了在材料、体例、解析等方面力求有所突破之外,他还想在理论上有创新,于是他介绍了许多西洋资产阶级学者的文学批评理论。由于罗先生小时在农村长大,所受的教育很不系统,很难达到掌握外语的高水平。因此,他在进行中西文学理论比较研究时遭遇到的困难是不少的。全书第一章《绪言》中的十四节文字,差不多就是杂糅各种各样人物的学说而组成的。十九世纪英国文艺学家德昆西(De Quincey)以为:"文学之别有二:一属知识,一属情感。属于知识者其职在'教',属于情感者其职在'感'。"这种学说曾经发生过颇大的影响,日本汉学家儿岛献吉郎就把中国文学分为"理智文学"与"感情文学"两大部分。五四运动之后的很长一段时期内,学术界一直流行这样的观念,以为文学是感情的产物,罗先生在写作《中国文学批评史》时受其影响,也就把古代的文学批评分为"载道"(或称"尚用")与"缘情"(或称"尚文")两派,各种各样的理论,一一分别纳入这两派之中。这种注重理论概括的做法,因为依据的原理不尽科学,其结果可说是瑕瑜互见。从好处来看,能将各家各派的学说融会而贯通之,借以反映文学思潮的递嬗;其缺点是,一些材料的归纳,不能反映事实的整体和本质。因为对一个具体的文学批评家来说,理智和感情实际上是无法割裂的。如果只强调他的某一方面而忽视另一方面,也就会陷入片面之弊。例如他在论述晚唐五代的文学批评时，为了勾出一条从"尚用"向"尚文"转变的线索，也就把皮日休和陆龟蒙二人的论点生硬地向一个方面靠去，于是在《皮日休陆龟蒙的隐逸文学说》中只强调其重隐逸和重形式的地方，而对他们思想中的重要部分，那些批判现实的抗争之音和用世的理论，也就不能给予应有的介绍和评价，这样也就把二人的面目掩盖得模糊不清了。

新中国成立之初，罗先生无暇重理批评史方面的旧业，到了五十年代中期，方才恢复这方面的研究工作。他和郭绍虞先生一起主持了《中国古典文学理论批评专著选辑》的出版工作，所选各书，均由人民文学出版社印出。他自己校点的徐师曾《文体明辨序说》一书，以前曾由文化书社印过，但印数过少，这时又被列为《选辑》中的一种，和于北山先生校点的吴讷《文章辨体序说》一书合在一起重印了一次。而他选注的《中国历代文学理论批评文选》上册，内分"卷一、先秦两汉"，"卷二、魏晋南北朝"，"卷三、隋唐五代"，共三部分，曾由南京大学排印，作为内部交流教材，但却没有来得及作最后的加工，未能正式出版。

中国文学史领域中的开拓

罗先生在中国文学史方面的贡献，似乎有些为诸子学和中国文学批评史方面的盛名所掩，实则他在这一领域中也曾作过辛勤的探索，留下著作三种，文章多篇。这三种著作是：《乐府文学史》一册，1931年文化书社出版，1996年东方出版社再版；《中国古典文学论集》，1955年五十年代出版社出版；《罗根泽古典文学论文集》，1985年上海古籍出版社出版。《中国古典文学论集》一书，收集了《古代奴隶社会的奴隶谣谚》《陶渊明的人民性和艺术性》《古诗十九首之作者及年代》《木兰诗产生的时代和特点》以及所附讨论文字，再加上《李白爱祖国爱人民的一面》和将旧作改写而成的《绝句三源》二文，共六篇文章而编成的。这六篇文章后来又编入了《罗根泽古典文学论文集》中。《论文集》的责任编辑聂士美先生还编了一份《罗根泽先生著作年表》，发表在南京大学古典文献研究所编的《古典文献研究（1988）》上，由南京大学出版社于 1989 年出版。

此外，罗先生还编了一本《先秦散文选注》，先后由作家出版社、人民文学出版社发行。此书的注释工作由戚法仁先生担任，罗先生写了一篇很长的序言，对先秦诸子散文的发展作了明晰而深入的分析。

下面介绍他对编写中国文学史的见解。

不论做哪一种学术研究工作，着手之始，他总是先对从事的这门学问作一个鸟瞰的透视，制订出工作步骤，然后以顽强的精神，为实现这目标而奋斗。他在研治文学史时，认为截至三十年代，还不具备写作一部合理的中国文学史的条件。这是因为：一、中国社会史的问题还没有解决；二、中国文学史本身存在着问题。中国文学的历史极长，而文学史的历史则极短，惟其文学的历史极长，所以文学的材料极多，文学上的问题也极繁杂；惟其文学史的历史极短，所以对极多的材料与极繁杂的问题大都未能充分地研究与解决。这就决定了文学史的编写工作不能仓促上阵。

他本想对文学史上的各类文体，先作分别的研究，编写出一部《中国文学史类编》，内分：一、歌谣，二、乐府，三、词，四、戏曲，五、小说，六、诗，七、赋，八、骈散文。后来觉得歌谣是诗词乐府的生母，而本身的变化则极广；又以文学批评虽不一定也算创作，但确是创作的导师，于是又将歌谣散入诗词及乐府，而添入批评，仍是八类。这八类文体的发展史，他已先后完成了几种，乐府部分且用《乐府文学史》的名义先行刊出。

这是我国第一部研究乐府这一文体的发展历史的专著。作者对材料作了初步的分析，还把各种杂乱的记叙条理化了。每一阶段都曾作出小结。这样也就反映出了罗先生在写作上的特点，条理清楚，便于阅读。

为了写作这书，他对许多专题还——加以考订，《胡笳十八拍作于刘商考》《木兰诗作于韦元甫考》《南朝乐府的故事与作者》等文，就是为了解决乐府发展史上的问题而写作的。这些问题解决得是否合适，可以商讨，但可以看出作者的态度是严肃的，从中体现出他在科学研究上一贯坚持的求真的精神。

现在看来，这书所用的材料，不能说是很充分，主要依靠《乐府诗集》《古诗纪》和史书《乐志》中的记载。罗先生在研究每一种学问时，总是强调首先要掌握充分的完整的材料，有关乐府的研究，未能做到这点，于是他在《我怎样研究中国文学史》中又说："研究中国文学史的人，应当从大处着眼，但必须从小处着手。十几年前，我感觉到中国文学通史的体大而思不易精，由是拟编中国文学分类史，已写了几类，但除乐府一类已经出版，无法撤销，其馀都不欲遽然问世。现在我的着手处又缩到比分类史更小的单篇论文。"而这可以《五言诗起源说评录》一文为代表。

为了解决五言诗起源的问题，他把历史上出现过的学说一一评述，中有挚虞、刘勰、钟嵘、任昉、萧统、白居易、蔡居厚、王应麟、铃木虎雄、朱偰、徐中舒、黄侃、李步霄等十三家的学说。他们有关五言诗起源的各种见解，都不合事实，罗先生在分析批判前人学说的基础上，根据现存史料，细心抉择、排比、归纳，得出新的结论。"今根据以上所考订，制一五言诗简明进行表于下：公元前二三十年（西汉成帝时），已有纯粹五言歌谣，为五言诗之原始时期。公元七八十年（东汉章、和时），已有文人五言诗，为文人初作五言诗时期。公元一百五六十年（东汉桓、灵时），已多优美之五言诗，为五言诗完成时期。公元二百年后（汉、魏之交），五言诗笼罩一时诗坛，为五言诗全盛时期。"这样的结论，因为是从大量的材料中客观地概括出来的，也就经得起推敲，值得参考。

《绝句三源》一文，也是综合了大量材料而写成的。他考"知绝句有三个来源：一是名称的源于联句，二是体裁的源于歌谣，三是格律的源于调声对偶"。考订精详，说服力强，或可成为定论。罗先生之所以能够写出这样的论文，也是由于在五言诗的问题上曾作过深入研究。

他还希望大家都来做这样的工作。"假如能有许多同志肯依据文学原书及其他书籍作出许多单篇论文，则文学史上的问题可以逐渐获得解决，然后据论文以编著文学分类史和断代史，再据分类史和断代史以编著通史，则依据的都是原书了。"这样的工作进程，或许有人会嫌它细碎迂缓，但却真是稳扎稳打，步步为营。照此方法做去，可以避免架空立论的弊病。

而文学史课题最主要的任务是叙述文学变迁。例如六朝时叙述骈文，唐代便改叙古文，但这只是文体的时代行列，不是文学的变迁。文学的变迁是怎样自六朝的骈文递嬗为唐代的古文，因此，文学史的另一主题是寻求变迁原因。"文学的内在本质要变，但向哪里变，变成什么样子，都不决定于内在的文学本质，而决定于外在的社会需求。""文学是社会产物，社会的需要随时不同，文学的供给自然也随时变异。"这样的见解，可以说是符合唯物史观的原理的。

作家的创作缘由也应探讨，这由他的身份、环境、性格三方面所决定。不过这"不能决定文学的变迁，文学的变迁仍是决定于社会的需求"。"文学史的主题是叙述文学变迁，解释变迁原因。助长变迁或延缓变迁的伟大作家的创作缘由应当提叙，适应变迁的普通作家的创作缘由可详可略,与创作缘由无关的宦游家属离合聚散,则不必赘述。"这些都是深思熟虑之后发表的甘苦之言,可供学术界参考。

总的说来,罗先生在新中国成立前写的文章,以考证性的题目为主;新中国成立后写的文章,情况有了很大的改变,他努力学习马克思主义的文学理论,力求运用新观点来从事研究,因此这一时期写作的文章,题目要宽泛得多,除专家和专书的研究外,还有很多专门探讨重要理论的文章,讨论现实主义在古典文学中的发生发展和两结合理论的发展等文即属此类。由于这些理论牵涉面广,一时也难以作出结论,但罗先生凭借他对史料的熟悉,因此在这两篇初步探讨的文章中,也曾努力开拓,力图概括出一些带有规律性的结论来。例如他在《现实主义在中国古典文学及理论批评中的发生和发展》一文中说:"综上所述,现实主义在中国古典文学和理论批评中的发生和发展,经过三个阶段:一、不自觉的'真实的描写'阶段,包括自远古的歌谣神话到《诗经》中的《国风》和《左传》以及其他书中所录存的人民讴谣,时间是远古到春秋时代——即到公元前五六世纪。二、自觉的'真实的描写'阶段,包括自《左传》到元、白、韩、柳的诗文及理论批评,时间是春秋末至中唐——即公元前四五世纪到公元九世纪初年。三、除了'真实的描写',还'正确地表现出典型环境中的典型性格'阶段,包括自唐代传奇小说到晚清谴责小说,时间当公元八九世纪到二十世纪初年。"这里他对我国源远流长的文学现象作了史的考察,从而构拟出体系来,这样的研究工作,仍然保持着他治学的基本特点。当然,他所得出的结论能否成立,则有待于后人的检验。

新中国成立之后,罗先生主要从事文学史方面的教学工作,他有意运用新观点写出一部新型的中国文学史来,为此他克服了时间、精力、健康等方面的重重障碍,争分夺秒地写,留下了几部草稿,但却未能整理出定稿来。只有魏晋南北朝一段的文学史讲义,曾经作为交流教材,由南京大学印刷厂排印出版。

一点思考

在罗先生的家族中,一直到他这一代,很少有人是识字的。只有他夤缘际会,获得了读书的机会,还上了两所著名大学的研究院,最后成了学术成就卓著的学者和教授。

一个在旧社会中无所凭借的农家子弟,要想攀登上学术宝座,不知要经历多少艰难困苦。罗先生天资并不过人,只是以他过人的勤奋,不懈的努力,一步一个脚印,才取得这么多的成就。

他的出身,他的经历,也就决定他的人生观。他在《乐府文学史》的自序中说:"生平有一种怪脾气,不好吃不劳而获的'现成饭'。"他赞成一切都自己动手,在学术上也是如此,依靠自己,不仰赖他人。

他相信曾国藩说过的一句话:"凡菜蔬手植而手擷者,其味弥甘也。"因此他在从事著述时,总是亲自搜集材料和组织材料,决不甘心于利用他人的现成材料和现成结论。在有关先秦诸子的考辨中,在中国文学批评史的编纂中,在中国文学史的部分述作中,他都自起炉灶,不傍人门户。他决心以毕生的精力从事著述,孜孜不倦地辛勤垦辟,一切都有白手起家的意味。

只是他的设想没有能够全部实现。实际说来,他的计划也过于庞大,以一人之力也难以完成,然而妨碍他完成计划的主要原因,却是混乱的时局。1937 年之前,他在北京教书时,相对地说,情况还比较稳定一些,因此这一阶段的成果最为丰硕。抗日战争开始后,他从民族大义出发,离开了心爱的北京,撤退到了后方,先后转徙重庆等地,都因材料不全,研究工作受到很大的影响。抗战胜利,他随中央大学复员到南京,读书的条件有好转,也就写成了《中国文学批评史》"两宋部分"的初稿。

罗先生在回忆往事时,总是非常怀念在北京一段时间的生活。那时他工作很顺利,经济收入也较丰,当时又正在积极地从事诸子学和中国文学批评史方面的研究,于是他在教学之外,日夜埋头于著述之中。他设计了一只凹字形的书桌,自己坐在空档内的一只转椅上,三面环书,真是坐拥书城,其乐无穷。遇到有用的材料,就请人抄下,夫人张曼漪又当他的助手,帮他整理材料。罗先生的文章以材料丰富著称,也就是在这样的条件下,不断积累下来的。

罗先生生活俭朴,有钱就买书。他选购的书,不讲版本好坏,主要看它的实用价值。因此,他不买《四部丛刊》,而买《四部备要》和《丛书集成》。他的藏书数量不少,但没有什么宋元旧刻,明版书也很少,只是遇到一些珍本秘籍,而与他的研究工作有关的,则又不惜巨资,务必买到手。例如《晚唐五代文学批评史》第二章内《材料的获得》中提到的《诗法统宗》和《吟窗杂录》二书,就是以其材料的罕见而受到珍视的。

罗先生对书籍非常爱惜。稍为珍贵一些的线装书,他就不愿下墨,而是裁了许多小纸条,将按语写好后,粘在书眉上。他特别反对人家将书折页,因为一折之后,此书也就终生残疾。于是他又风趣地说:"宁可长毛,不可伤骨。"

罗先生为人朴质诚笃,无虚浮之习;他的文章内容充实,而形式也是朴实无华的。他勤于记笔记,一有想法,就立即写成文章,因此他发表的东西,水平的高下有的相差很大。待人接物,诚恳坦率,喜欢以文会友。一谈起学问,就津津有味,也喜欢谈一些文坛轶事,但讨厌那种冗长的清谈,因为他极度珍惜时间,不愿空谈糜日。

在他从事学术活动的前期,受北京一些前辈学者的影响甚大。当时学术界的自由争辩之风,也就一直铭刻于他学术活动的始终。他喜欢学术上的辩难，一些相知甚深的老友，也是你来我往，争论热烈。《古史辨》中的一些文章，就有这样的特点，罗先生在《诸子考索》中，也附入了这方面的文字。新中国成立之后，他还保持着这种良好的作风。学术必须通过争鸣才能前进，这是人人懂得的道理，但争鸣切忌意气用事，目的应是追求真理而不是争什么个人的高下。在罗先生的这类文章中，就有这种雍容大度的气概。前辈学人的这种良好作风，值得后人效法。

全国解放，知识分子的生活起了根本的变化。但新中国成立之初，政治活动多，也安不下心来写作。五十年代中期之后，他已适应形势，生活上也已安定，因此他又抓紧时间，从事中国文学史方面的著述。只是他的健康却每况愈下。自 1956 年起，发现了肝硬化，随之血压又升高，精神上受到了很大的打击。1960 年 1 月 7 日，罗先生突患脑溢血，经多方抢救，延至 3 月 30 日晚，不幸逝世，享年仅六十一岁。在这短短的一生中，他在几个学术领域中做了开拓性的工作，留下了不少有价值的著述，只是由于历史条件的限制，他未能充分施展其才能，这是令人遗憾的事。但他已经取得的成就，一直为学术界所称道，从中可以得到很多教益与启示。

总的看来，罗先生在诸子学的考辨工作中取得了不少成绩，有力地推动了这一学科的发展；他为中国文学批评史的建设作出了不少贡献，特别是在材料的发掘与格局的定型上。他在文学史方面的开拓，则有逊于前二者，未能取得相应的成绩，这是有其原因的。

这里似有两点可提供后人作为借鉴：

一是要"预流"而不要"赶浪头"。学术的发展也有它自身的规律，社会发展到某一阶段，出现了新的需要解决的问题，在学术领域中必然也会有所反映，这时就会有一批敏锐的学者，在时代思潮的激荡下，着手解决这些新提出的问题，把学术研究推向新的阶段。陈寅恪先生在为陈垣《敦煌劫馀录》作序时说："一时代之学术,必有其新材料与新问题,取用此材料,以研求问题,则为此时代学术之新潮流。治学之士,得预于此潮流者,谓之预流(借用佛教初果之名),其未得预者,谓之未入流。此古今学术史之通义,非彼闭门造车之徒所能同喻者也。"如从这一角度观察罗先生的学术活动,则不论是在诸子学、文学批评史抑或文学史的领域中,很多方面都能顺应时代的要求而作出贡献,可说是位"预流"者。但他在文学史方面的研究工作情况比较复杂,需要作些说明。

罗先生在着手研究文学史时,本来订有完整的计划,先按文体汇辑资料,然后提炼论点,编写出一部文学史。按照其时写作的《五言诗起源说评录》等文章来看,如照这条路子走下去,就有可能写出另一部与他的《中国文学批评史》相媲美的著作。只是这种做法工程浩大,一时难见成效,而他又因诸子学和批评史等其他科研项目正处深入阶段,这一计划不久即告中断。新中国成立之后,大学中的中国文学批评史课一时停开,直到五十年代后期才恢复,罗先生遂暂停了他编写《中国文学批评史》的计划,集中精力改写《中国文学史》。现在看来,《中国文学批评史》中的元明清部分未能及时完成,应是罗先生一生最大的遗憾。

这时他的写作文学史,也因形势陡变之故,改走以论带史的道路,从而写作一些缺乏个人特色的通论性的文章了。新中国成立初期,知识分子面临着一个思想改造的问题,大家普遍感到过去受资产阶级学术观点的影响太深,因而都有掌握无产阶级文艺观点的要求,而这时占主导地位的学说,主要是从苏联引进以庸俗社会学为主要内容的文艺理论。国家的某些领导人还时而提出一些新的论点,一经宣传提倡,大家也都视作马克思主义发展过程中的新成果而努力学习,于是学术领域中的活动,也像搞政治运动一样,一浪连着一浪,有人也就形象地称之为"赶浪头"。知识分子"赶浪头"时,往往满怀诚意,以为真是在提高觉悟,为马克思主义与中国古代文学的实际相结合而竞作贡献。但在现在看来,往往事与愿违。首先由于其时占主导地位的理论本身就有问题,一些新的观点未必经过什么科学的论证,因此学习者花了多少心血依此阐发的理论,也就未能取得预期的结果。而从另一方面来说,学者本人也有一个如何学习马克思主义理论的问题。有一些学者,成名之时早已形成了一套适合自己情况的研究方法,他们或重资料的积累与排比,但对钻研理论并不感兴趣,因而在有关哲学的问题上素养就嫌不足。而马克思主义哲学中的辩证唯物主义和历史唯物主义,体系完整,内容丰富,要想全面地领会它,掌握它,非一朝一夕之功。学者要想掌握马克思主义,在自己从事的专业领域中作出成绩,不能指望一蹴而就。恩格斯在《卡尔·马克思的〈政治经济学批判〉》一文中说:"即使只是在一个单独的历史实例上发展唯物主义的观点,也是一项要求多年冷静钻研的科学工作,因为很明显,在这里只说空话是无济于事的,只有靠大量的、批判地审查过的、充分地掌握了的历史资料,才能解决这样的任务。"①但时处新中国成立初期的学者,大都对此认识不足,急于求成,学习时常见生吞活剥之病。在这种情况下进行的研究工作,同样难以取得预期的结果。罗先生在研究先秦诸子时接受过哲学的训练,但对辩证唯物主义与历史唯物主义的掌握与运用,仍然需要一个过程;他在五十年代的一些文章,还未臻于圆融之境。即如罗先生的《现实主义在中国古典文学及理论批评中的发生和发展》一文,依据恩格斯给哈克纳斯的信和高尔基在《我怎样学习写作》一文、《俄国文学史》一书中提出的论点,首先用了三千四百多字,分析出文学中有"真实的描写的现实主义"和"正确地表现出典型

---

① 《马克思恩格斯选集》第 2 卷,第 229 页,人民出版社 1966 年版。

环境中的典型性格的现实主义"两种现实主义,然后把古代的文学作品按照上述模式分别对号入座,从而将现实主义在中国古典文学和理论批评中的发生和发展分为三个阶段。可以看出,罗先生在写作此文时,很花一番心血,也提出了一些可供参考的论点,但因这种理论与中国的实际差距颇远,削足就履,强相捏合,仍然未能做到妥帖精当。又如他和杨增华先生合写的一篇论文《中国古典文学理论中关于现实主义与浪漫主义相结合的理论》,发表在 1959 年南京大学中文系主办的《火箭》第一期上,原是为配合两结合理论的提出而写作的,其学术价值又要差上一些。因为罗先生的这类文章纯属以论带史的产物,即奉某种理论为前提,然后搜集材料去证成它,而在搜集材料时,又只是举例的性质,这与他前期的文章,在搜集了大量材料的基础上再提炼论点的做法,正好相反。若将罗先生的这些文章与他前期写作的《战国前无私家著作说》等文相比,情况截然不同,价值高下自别。因为他前期的文章是"预流",后期的文章是"赶浪头",而"浪头"未必就是代表时代前进方向的洪"流"。

二是要注意个人的"才性"而扬长避短。五四前后一段时期,思想界极为活跃,各种各样的学说都有人介绍。当时一些好学深思的学者,开拓自己的学术道路时,大都经过一番探索,将自己接触到的各种学说分析比较,然后采择一种自己以为正确的理论,选择一条自己以为合适的道路,然后坚定地走下去。顾颉刚先生在《古史辨》第一册的序中,罗先生在《古史辨》第四册的序中,都坦率地陈述了在这一段摸索的过程中如何走上了切合个人才性的学术道路。这种自我发现是很重要的。人因才性的不同,有的做那一种工作合适,有的做这一种工作合适,不能勉强。事后看来,罗先生经过一番探索后得出的结论切合实际,不论从诸子学的研究来看,还是从批评史的研究来看,都与个人的才性相近,因而不断取得可观的成果。但处在复杂的社会中,知识分子也难免会受外界的影响而难以避短扬长。1942 年他用文言为《中国文学批评史》写了一篇序，与全书的格局颇不相称，这是因为其时他正在中央大学的师范学院中文系任职，而该校文学院中文系的一些教授，都是身兼儒林、文苑之长的名流，罗先生在这种环境之下，也要显示一下下笔能文，实则这是大可不必的。因为他的所长本不在此，而在这类文字的写作上，事实上也难以超越他人。不过这类偶一为之的文字倒也无伤大雅。到了新中国成立之后，罗先生因时势所驱，改而写作应时的文字，可就陷入与个人的才性和学养相悖的道路去了。一位学者个人的研究方法，都是通过长期的锻炼，经过多少次的反复，才逐渐形成的。他所研究的专题，也是经过长期的资料积累，不断酝酿，才能产生成果的。新中国成立之后，在不断声讨烦琐考证的低气压下，罗先生放弃了他多年来得心应手的写作方法，改而撰写一些本非所喜或本非所长的论文，如《李白爱祖国爱人民的一面》《曹雪芹的世界观和〈红楼梦〉的现实主义精神及社会背景》等文，可谓避长扬短，今日思之，感到惋惜。

罗先生的一生，处在时代交替时期，他在新中国仅生活了十多年，有些事情只能说是在从头学起，或许上面出现的一些问题也是学习过程中难以避免的，倘天假以年，情况或大有改观，然而由于他的早逝，有些进行到关键阶段的工作未能及时完成，而新开辟的工作一时又难见成效，总是令人感到遗憾。但他在人生历程的每一个阶段都留下了坚实的足迹，作为一个学者，他在三大学科中都作了开拓性的工作，他的名声，将永远留在中国学术史上。

（原载《中国现代社会科学家传略》第九辑，山西人民出版社 1987 年 7 月版）

罗根泽《中国文学批评史》序

中国史学起源甚早,成果也多,但偏于政治史一类,其他各种学术史则发展得很迟。因此,中国过去只有"文苑传"一类的记叙,没有出现什么中国文学史类的著作。

西学东渐,中国学人在新形势的激发下才有这一类新型的著作问世,而在文学史类的著作中,日本学者的早期著作起到了参考和激励的作用。

日本自明治维新后,努力吸收欧美资本主义国家的各种成果,用以形成新的学术观点,解决本国的问题。自唐代起,日本在中国的影响下形成了具有本土特色的文化,汉学一直占有重要的地位,至是日本学者乃参照西方学者的治学方法和著作体例,编写"中国文学史"一类著作。其时中国为了挽救帝国的危亡,开始派遣学生赴日本学习,私人去留学的为数也很多。自清末起,也已出现私人编撰的《中国文学史》。

中国文学批评史的产生年代要晚些。铃木虎雄编撰的《中国诗论史》于 1925 年由日本京都弘文堂书房出版,之前已有论文陆续发表。时隔两年,陈钟凡先生编撰的《中国文学批评史》于上海中华书局出版。

南京地区的一些学者首先在大学里开设中国文学批评史课。胡小石先生在金陵大学讲授中国文学史时,开始积累中国文学批评史方面的材料,陈钟凡先生则在东南大学开设此课。胡小石先生于清末在两江师范学堂求学时,学的是农博科,教师中有从日本聘请来的教授多名,因此他在学生时代就已通晓日语,从而了解到日本学术界的动态。他在自撰的《中国文学史》中表明曾经阅读过笹川种郎等人的著作多种。

当代学术研究思辨

胡小石先生和陈钟凡先生是两江师范学堂的同学。二人在南京一起筹划中国文学批评史的建设，经常交换资料与心得，其后陈钟凡先生将讲义交付在中华书局任职的左舜生，并立即出版。胡小石先生在金陵大学讲授此课时本来也打算编撰一种新的《中国文学批评史》，然仅完成稿本而未及定稿，其后更因时局动荡而被迫停止。

胡、陈二人的学问成熟于清末民初，因此在著作中留下了早期学人的痕迹。他们对古代文献极为熟悉，而在撰述中国文学批评史时使用的材料，以及编写时所使用的笔法，仍深受传统的影响：除了诗文评部分外，不出历代文苑传、诗文集和若干著作中的有关论述；他们介绍这些材料时，大都随文敷演，略作阐释，这对后人来说，自然觉得新意不多和分析不够细致了。

其他地区受新文化运动熏染更深的一些学者，从事这一新学科的建设时，对文学批评这一新的观念作了更为深入的钻研，因此在采择材料和组织成文时，显得更为符合现代学术规范。

二十世纪三十年代，郭绍虞先生、罗根泽先生在北京讲授中国文学批评史，朱东润先生在武汉讲授中国文学批评史，并各有著作行世。中国学术界一致认为，三人可称中国文学批评史这一新学科的奠基者。

三人中，郭绍虞先生从事中国文学批评史的年代略早一些。他在燕京大学中文系任主任时，即已集中精力研究中国文学批评史，其后罗根泽先生进入燕京大学国学研究院当研究生，从冯友兰、黄子通先生学习哲学，也已开始研究中国文学批评史。因为郭绍虞先生同时在研究院任导师，故罗先生亦以师礼事之。其时郭绍虞先生还在清华大学兼职讲授中国文学批评史，后来燕京大学作出新规定，本校教授不得在外校兼课，于是郭先生乃推荐罗先生至清华任教，罗先生遂将主要精力转向中国文学批评史的研究。

朱自清先生曾在评介郭绍虞先生《中国文学批评史》上卷时说："'文学批评'一语不用说是舶来的。现在学术界的趋势，往往以西方观念（如'文学批评'）为范围去选择中国的问题；姑无论将来是好是坏，这已经是不可避免的事实。"这是西学东渐之后的大趋势，中国文学批评这一领域自不能例外。但可以看出，中国学人处在这一潮流中，一方面参照西方的文学观念，用来考察中国学术，以期在筹划新学科时能有新的开拓和建树；一方面则坚守中国学术的本位，力求从中国文学批评的材料中发掘出固有的体系，梳理出一条符合中国文学批评实际的历史发展线索。

　　郭、罗、朱三人中，朱东润先生的外语水平最好，能够直接阅读国外学者的英语著作。他的《文学批评史》中，时而径引某一著作或某一学说作参照，如在研究司空图的诗论时，引 H. G. Giles 所著 *A History of Chinese Literature* 中的论点分析其思想，并进行考辨；又如他在论述唐人诗论时，将殷璠、高仲武等归为"为艺术而艺术"类，元结、白居易、元稹等归为"为人生而艺术"类，于此可见其寝馈西洋学术之深。

　　郭绍虞先生在北京任职时，古史辨派中人发起的学术论争正在激烈展开，这对他的学术活动当有影响，他曾声称："文学批评又常与学术思想发生相互连带的关系，因此中国的文学批评，即在陈陈相因的老生常谈中也足以看出其社会思想的背景。"他在撰史时首先对儒道两家对文学的影响等问题作了深入的研究，进而对文学批评中的一些术语，结合不同时代的思想潮流进行分析，而这也是郭著批评史中最具特色的地方。

　　罗根泽先生在清华大学国学研究院和燕京大学国学研究院学习时，以先秦诸子和中国哲学为研究对象，因而注重理论上的钻研。他在从事批评史的研究时，首先对文学批评的内涵作了深入的探讨，这方面的成果,反映在《批评史》的第一册第一篇第一章中。

罗先生在《绪言》中引用了当时一些有代表性的国外著作,如英人森次巴力(Saintsbury)的《文学批评史》(*The History of Criticism*)中的理论,进而分析中国古代的相关论述。因为引证与论述的文字颇多,所以朱自清先生在称赞罗著《批评史》的同时也批评"《绪言》(第一册)似乎稍繁",不过我们也应看到,著者正是凭借这种细致的辨析,才能如朱先生所说的,"能够借了'文学批评'的意念的光,将我们的诗文评的本来面目看得更清楚了"。罗著《批评史》中有许多新开拓的领域和新发掘的材料,正是"靠了文学批评这把明镜,照清楚诗文评的面目。诗文评里有一部分与文学批评无干,得清算出去;这是将文学批评还给文学批评,是第一步。还得将中国还给中国,一时代还给一时代。按这方向走,才能将我们的材料跟那外来意念打成一片,才能处处抓住要领;抓住要领以后,才值得详细探索起去"。

这里可举《文心雕龙》一书为例,将同时产生的几种批评史作并行的比较,以示罗著《中国文学批评史》如何借了"文学批评的意念的光",认识到此书的重要价值,从而将其安排在突出的位置上。

郭绍虞先生在《中国文学批评史》中已给《文心雕龙》一书以重要地位,但未列专章论述。第四篇第二节第二目"《诗品》与《文心雕龙》"中,介绍得很简单,第三节《时人对于文学之认识》内,虽然在"形文与声文""情文""风格""体制""文笔之区别"五目中也介绍了刘勰的学说,但似都把他的相关理论作为例证而提出,最后又在相隔两节之后安排了《刘勰与复古思想之萌芽》一节。由于内容分散,《文心雕龙》的理论体系也就难于把握,其他一些见解深刻的文学理论也未见介绍。方孝岳先生的《中国文学批评》一书,列有《发挥"文德"之伟大是刘勰的大功》一节,介绍的内容极为简单。作者何以仅着眼于此,或许与他出身于桐城世家有关。

返观罗著《中国文学批评史》，对于《文心雕龙》一书的介绍与评价也就有所不同了。书中专设《论文专家之刘勰》一章，内分"一、刘勰以前的文学批评家"，"二、作《文心雕龙》的动机"，"三、几个主要的文学观"，"四、文体论"，"五、创作论"，"六、文学与时代"，"七、批评及其原理"。可以看出，刘勰《文心雕龙》中的主要问题确已一一抉出。这也就是说，罗先生对这部伟大著作的价值和内容已能全面而明确地把握。

按郭著《中国文学批评史》上卷于 1934 年在商务印书馆出版，罗著的周秦汉魏南北朝部分同年于北京人文书店出版，方著《中国文学批评》同年于上海世界书局出版。应该说，罗著在批评史的撰述中作出了独特的贡献。也可以说，后起的各种文学批评史中对《文心雕龙》一书的阐述当然有深浅之别，但从其基本格局来看，变化不大，于此可见罗著《批评史》对后来这一学科的发展影响之大。

罗先生凭借他对"文学批评"内涵的理解，大力发掘有关材料，这方面的成绩，博得了学术界的公认。郭绍虞先生在为中华书局上海编辑所出版的罗著《中国文学批评史》第三册作序时说："雨亭之书，以材料丰富著称。他不是先有了公式然后去搜集材料的，他更不是摭拾一些人人习知的材料，稍加组织就算成书的。他必须先掌握了全部材料，然后加以整理分析，所以他的结论也是持之有故，而言之成理的。他搜罗材料之勤，真是出人意外，诗词中的片言只语，笔记中的零楮碎札，无不仔细搜罗，甚至佛道二氏之书也加浏览，即如本书中采及智圆的文论，就是我所没有注意到的。当文学批评史这门学问正在草创的时候，这部分工作是万万不可少的。而雨亭用力能这样勤，在筚路蓝缕之中，作披沙拣金之举，这功绩是不能抹杀的。"这样的评语，出于同一专业的权威学者之口，当可作为定论。

罗先生对材料的处理也下了很深的功夫，在编著的体例上也作出了贡献。他参照古代史书的体例,撷取编年体、纪传体、纪事本末体之长,创立一种"综合体"。从全书看,材料的安排确很妥帖,既能照顾时代的特点,又能照事实地随文体而异及随文学上的各种问题而异分入各章各节,各个时期的一些伟大批评家,则特设专章加以叙述。如此安排,可谓纲举目张,巨细无遗。由此可见,罗先生既能从西方新兴学术中获取新的观点,又能结合本国文化的实际情况去熔铸新知。他之所以能在这一领域中取得杰出的成就,绝非偶然。

　　但也应指出,罗先生在《绪言》中介绍了很多西方有关文学的学说,而对据以构建全书框架的一种学说却未明言。读者如细心阅读,即可发现书中常用载道、缘情或尚用、尚文这两组对立的概念去分析中国文学批评史上各种文学思潮的冲突与发展,而这或可根据《绪言》中"历史的隐藏"一节中的解说拟制一表加以概括:

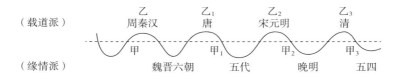

　　这一研究成果,体现了罗先生的努力方向,试图以此勾勒出中国文学批评的发展规律。但每一个时代的文学思想都是极为丰富多彩的,研究者的视角如仅偏于一端,则每陷于片面。即使对某一具体的文学批评家而言,理智与感情也是无法割裂的。研究者不能过分强调一点而忽视其另一方面的表现。例如罗先生在论述晚唐五代的文学批评时,为了勾出一条从"尚用"向"尚文"转变的线索,也就把皮日休和陆龟蒙二人的论点生硬地向一个方面靠去,仅强调其重隐逸和重形式的地方,而对他们思想中的重要部分,即批判现实的抗争之音和用世的理论,也就不能给予应有的评述。实则其时尚有罗隐等人纷纷写作尖锐泼辣的小品，这些又怎能不予重视而将晚唐仅视为尚文的时代？

按文学中的这一理论，源于十九世纪英人德昆西（De Quincey）的学说，他以为："文学之别有二：一属知识，一属情感。属于知识者其职在'教'，属于情感者其职在'感'。"这种学说曾经发生过很大的影响，日本汉学家儿岛献吉郎就把中国文学分为"理智文学"与"感情文学"两大部分。"五四"运动之后的很长一段时期内，学界一直流行这样的观点，以为文学是感情的产物，从而批判理智的干扰。罗先生在写作《中国文学批评史》时受其影响，也就把古代的文学批评归为"载道"（或称"尚用"）与"缘情"（或称"尚文"）两大主潮了。

周作人于1932年间曾在辅仁大学作过关于"中国新文学的源流"的几次讲演，就把中国古代文学的发展看成是"载道派"和"言志派"的矛盾与递嬗。郭绍虞先生在《中国文学批评史》中常用"纯文学""杂文学"这种二分法来分析问题，朱自清先生指出这也是受了德昆西的影响，并批评说："'纯文学''杂文学'是日本的名词，大约从 De Quincey 的'力的文学'与'知的文学'而来，前者的作用在'感'，后者的作用在'教'。这种分法，将'知'的作用看得太简单（知与情往往不能相离），未必切合实际情形。"

由上可知，罗先生之所以如此立说，也是受到时代的影响。罗先生毕竟是位"五四"时期成长起来的学者，自然会带有这一时代的特有烙印，因此我们阅读他的这一著作时，在充分肯定他的成就之馀，也应把这看成是一部产生于特定时代的杰作，并以知人论世的态度来看待其中的一些不足之处。

（上海书店出版社 2003 年 1 月版）

程千帆先生的诗学历程

　　程千帆先生原籍湖南宁乡，1913 年生于长沙。叔祖父名颂万，字子大，号十发，著有《十发居士全集》；父名康，字穆庵，著有《顾庐诗钞》。十发老人于光绪年间与易顺鼎、曾广钧齐名，称湖南三诗人；穆庵先生青年时，即蒙陈衍赏识而有诗作录入《近代诗钞》。父、祖二人还都著籍于汪辟疆师所撰的《光宣诗坛点将录》。千帆先生从小受到家庭的陶冶，也就自然地走上了诗学的道路。

　　正像清末民初一些著名知识分子家庭的子弟一样，千帆先生年幼时期，接受了严格的传统的家庭教育，系统地学习了经史，广泛地阅读了古代典籍。1932 年，千帆先生进入金陵大学中文系，从黄季刚（侃）、吴瞿安（梅）、胡翔冬（俊）、汪辟疆（国垣）、胡小石（光炜）、刘衡如（国钧）诸名师学习，在朴学、诗学、文学史、目录学等方面都下了功夫。这为他日后的研究工作打下了深厚的基础。

　　1937 年，千帆先生与沈祖棻结婚。沈先生是著名的女词人，在学生时代，即以才华出众而受到前辈学者的激赏。他们二人的结合，一时在学术界传为佳话，所谓前有冯（沅君）、陆（侃如），后有程、沈。1977 年，祖棻先生在一次车祸中不幸遇难，千帆先生在悼亡词中说："文章知己千秋愿，患难夫妻四十年。"二人即使是在相濡以沫的艰难岁月中，仍然不废切磋之乐。

理论探索与科研成就

　　1954 年，他们把新中国成立之前发表于《国文月刊》等杂志上的文章,再加上新写的一篇《古代诗歌研究绪论》,编成《古典诗歌论丛》一书,由上海文艺联合出版社出版。在后记中,祖棻先生对千帆先生的治学道路和研究方法作了扼要的说明。她说:

> 在这些论文中,他尝试着从各种不同的方面提出问题,并且企图用各种不同的方法加以解决,是因为在过去的古代文学史研究工作当中,我们感到有一个比较普遍的和比较重要的缺点,那就是没有将考证和批评密切地结合起来。

于是他们努力"尝试着一种将批评建立在考据基础上的方法"。千帆先生所写的《诗辞代语缘起说》《郭景纯曹尧宾〈游仙诗〉辨异》《陶诗"少无适俗韵"韵字说》《韩诗〈李花赠张十一署〉篇发微》等文,就体现出了批评与考据结合的特点。

在当时来说,这些文章的着眼点颇有与众不同之处。千帆先生注意的是各家诗歌的创作特点。例如关于游仙诗的解释,千帆先生介绍了陈寅恪的学说,引用丰富的史料,对唐代女道士常具有娼妓的性质这一特殊的社会习俗作了细致的分析,阐明了曹唐《游仙诗》的底蕴,以此与郭璞的《游仙诗》做比较,从而作出了令人信服的论断。

韩愈个性倔强好奇,因而诗歌有奇险的风格。他在观察外物时,常是透过一层,在别人不加注意的地方着眼,因而在描绘李花和南山的篇章中,就都有一些新创的手法。《韩诗〈李花赠张十一署〉篇发微》中以桃与李为中心,描写花朵上色泽的变化,着眼于色彩和光线的对照。这种描写手法,前人没有应用过,韩愈以之入诗,是很大的创新。千帆先生运用近代物理学有关光谱分析的知识,说明此诗所赋,时当月底,月光照度甚弱,红色反光不强,故不可见;视觉所及,但有光存,故惟见白李,不见红桃。据上可知,千帆先生认为诗歌反映的是丰富的社会现实和自然现象,若要深刻理解诗歌中复杂的内容和独特的表现手法,就得应用不同的方法予以解决。他在《与徐哲东先生论昌黎〈南山〉诗记》一文中,为确切理解诗义,特为介绍近代登山运动者的经验。大雪降后,遍山皆白,反光射目,经常引人流泪。据此解释《南山》诗中"时天晦大雪,泪目苦朦胧"二句,也就显得的当妥帖了。显然,这里也是引用近代科学知识解释诗歌的一种尝试。

千帆先生把应用各方面的知识训释字句并阐明其意蕴,都看作是"考据"的功夫。考据既明,然后把这种成果上升到"批评"的高度。韩诗咏花的创作经验既已明了,千帆先生就将这项研究成果推广运用于对李商隐、郑谷、王安石、苏轼等人的诗歌研究中,从而说明了韩愈诗歌对后代的影响。

由上可知,千帆先生和祖棻先生所提出的方法和努力的目标,在《古典诗歌论丛》结集时已取得一定的成就。朱自清先生读了这些文章后,誉之为"心细如发",并不断鼓励他们多写这类文章。

他们的上述见解,反映着时代的特点,也铭刻着他们个人经历的烙印。

考据之学,是清代的盛业。一些著名的学者,凭借经史和小学方面的深厚修养,对古籍中的疑难字句作出训释,为后人的学习提供了可靠的依据。只是限于历史条件,他们的着眼点,往往停留在个别字句的考释上,未能在此基础上作出更深一层的挖掘,因而每陷于琐碎钉饾。而我国古代的诗文评家,虽然对诗歌钻研有素,体会很深,然而常是采用随笔的手法,记下一些零星片断的感受;一些批评性的意见,固不乏精彩之处,而往往停留在感性的直觉上,缺乏细密的论证。这样,"就不免使考据陷入烦琐,批评流为空洞"。对于一个兼有这两方面的修养而又具有现代科学知识的人来说,自然要求弃二者之短,纳二者之长,熔考据与批评于一炉了。

千帆先生幼年秉承家学，接受了考据学的训练，青年时期进入大学，在学习诗歌的过程中，又大量阅读了诗文评方面的著作。对一个新时代的学者来说，前人的成就已经不惬于心，于是他尝试着"一种将批评建立在考据基础上的方法"。

　　这种理论的形成，显然曾受陈寅恪先生的影响。陈氏的研究工作，常是通过个别字句或史实的解释，揭示一些人们认为平常而不加注意的社会现象，他常在人们不措意处作些考证，阐明重要的社会问题。例如他在《读〈莺莺传〉》一文中，对《会真记》中的"真"字作了考证，说明"会真"即"游仙"，而"'仙'之一名，遂多用作妖艳妇人，或风流放诞之女道士之代称，亦竟有以之目倡伎者"，从而说明唐代进士贡举与娼妓的密切关系。在千帆先生的文章中，也不难发现这种方法的踪迹。

　　陈寅恪先生是近代著名的唐史专家，他以诗证史，以史证诗，开辟了文史研究的新途径。千帆先生的治学，同样具有这一特点。

　　程家和陈家原是世交。千帆先生于寅恪先生谊属晚辈。他一直钦佩陈氏的学问，因此在自己的研究工作中接受其影响，也就是很自然的事。

　　《王摩诘〈送綦毋潜落第还乡〉诗跋》一文，就是文史研究方面的重要收获。为解说此诗，他对唐代的科举制度作了详细的说明，诸如进士的地位，考试的难易，考期的变化等等，都作了考证。背景既明，则读者对诗的内涵，自然领会得更深刻。以诗证史，以史证诗，这里正是沿着陈寅恪先生所开辟的道路发展的。

　　1936 年，《哈佛亚细亚学报》上发表了陈氏《韩愈与唐代小说》的英译文，千帆先生又把它转译成中文，载《国文月刊》第 57 期。他敏锐地感受到文章中提出的"行卷"这种社会现象的重大意义，于是以锲而不舍的精神，对此作了深入的研究。时隔三十馀年后，终于完成了《唐代进士行卷与文学》一书,交由上海古籍出版社出版,对这个有关历史和文学的问题作了深入的阐发。

全书共分九章,对行卷之风的由来、行卷之风的具体内容、举子与显人对待行卷的态度及其与文学发展的关系,都作了细致的考订。在此之前,人们从唐宋一些笔记小说的零碎记载中,虽也略知进士有行卷的风气,但对这一现象的具体内容则不甚了了。经过千帆先生的深入研究,不但大大丰富了人们这一方面的知识,而且澄清了若干混淆不清的问题。

唐代以诗赋取士,因而有人认为唐诗的繁荣与科举制度有关,有人则以为唐人传世的甲赋和试律诗大都水平低下,因此认为唐诗的繁荣与科举制度无关。千帆先生的结论则是:"唐人虽因以诗取士而工诗,但其工是由于行卷,而不由于省试。""唐代进士科举对于文学肯定是发生过影响的。就省试诗、赋这方面说,它带来的影响是坏的,是起着促退作用的;就行卷之作这方面说,它也带来过一部分坏影响,但主流是好的,是起着促进作用的。"书中还列有《行卷对唐代诗歌发展的影响》《行卷对推动唐代古文运动所起的作用》《行卷风尚的盛行与唐代传奇小说的勃兴》三章,分析了行卷对三种主要文体所起的推动作用,这就全面而具体地论证了行卷这种社会风尚与文学发展的密切关系。这部著作,篇幅不大,但精义迭出,内容非常丰富,问世之后,立即得到国内外学者的重视和赞扬。日本奈良女子大学村上哲见教授著文介绍,发表在《东洋史研究》第四十一卷第二号上,对此书作了很高的评价。另外两位日本学者松冈荣志、町田隆吉则将此书译为日文,于 1986 年由凯风社出版。

从《王摩诘〈送綦毋潜落第还乡〉诗跋》到《唐代进士行卷与文学》,可以看出千帆先生在研究唐代科学制度时不断取得进展的历程。他之所以能够在这一方面取得成就,就在于他有深厚的史学基础。

我国古代向有"文史不分"的传统，千帆先生接受的教育，正是这一传统的体现。他年轻时在史学上下了很大的功夫，任教大学期间，一直开设《史通》研究的专题课；在多年精读此书的基础上，终于写成《史通笺记》一书，1980年由中华书局出版。

大家知道，《史通》是我国古代最著名的史学理论著作。千帆先生的治学，重视理论修养的提高，史学方面如此，文学方面也如此。他在20世纪40年代时，即曾选录代表古代文论各别范畴的十篇名著，详加诠释，深入阐发，编成《文论要诠》一书，1948年于开明书店出版。由于此书具有很高的学术价值，深受学界喜爱，于是他在1982年时又应黑龙江人民出版社之请，以《文论十笺》之名再版行世。

新中国成立初期，千帆先生于武汉大学主讲文艺学的课程，更对古今中外的文学理论系统地钻研了一番，这对他后来的研究工作也有助益。可以看出，他在诗歌方面的研究后来有了新的发展，比他在史学与校雠学等领域中所经历不同阶段，尤为明显。

时至70年代末，政治上拨乱反正之后，千帆先生在全国各种杂志上发表了许多60年代以来所写的论文，后又连同新中国成立之前的论诗之作合辑为《古诗考索》一书，1984年于上海古籍出版社出版。此书把新中国成立后所写的文章作为上辑，把《古典诗歌论丛》中的大部分文章和新中国成立前写的另外一篇文章《杜诗伪书考》作为下辑。上辑比起下辑来，面貌已多有不同，这不仅是文体或行文格局上的差异，在观点和方法上也出现了新的因素。

收在上辑中的十六篇文章大体上可以分为三组：

（一）《李白〈丁都护歌〉"芒砀"解》《杜甫〈诸将〉诗"曾闪朱旗北斗殿"解》《李颀〈听董大弹胡笳声兼语弄寄房给事〉诗题校释》《读岑参〈走马川行奉送出师西征〉记疑》《李商隐〈锦瑟〉诗张〈笺〉补正》五篇文章可以归为一组。作者在解决这五篇文章中提出的问题时，偏于使用传统的方法，主要应用了训诂和校雠的知识。例如李白《丁都护歌》中"君看石芒砀，掩泪悲千古"之句，旧注多不得其旨，千帆先生以为"芒砀"是一个叠韵的性状形容词，它以后置的方式与名词"石"结合，成为"石芒砀"这样一个主谓结构，用以形容石大且多和劳动人民就地取石之苦。杜诗《诸将》中有"见愁汗马西戎逼，曾闪朱旗北斗殷"之句，千帆先生认为这里使用的是"反对"的手法，"朱旗"向为褒义词，此句实际上是《燕然山铭》"朱旗绛天"的译文，好多杜诗注者把朱旗看作敌人的旗帜，是不对的。这里上下两句的意思是：面对现在的衰微，愁敌进逼；缅怀先朝的强盛，克敌扬威。他又根据校雠学上的许多成例，如"以旁纪之字入正文""因误衍而误倒"等情况，考出李颀诗歌题目中出现的多重错误，从而证明此诗原名当作《听董大弹胡笳声兼寄语房给事》。其他两篇文章，作者也用文学史上的多种知识作了深入的疏证。这些研究工作，对于指导读者正确理解古代的一些名篇，有启发作用。

（二）《关于李白和徐凝的庐山瀑布诗》《李颀〈杂兴〉诗说》《从唐温如〈题龙阳县青草湖〉看诗人的独创性》这三篇文章，可以归为一组。作者这里使用的，主要是艺术鉴赏的方法。我国过去的文人向来重视鉴赏，但他们往往偏重直觉的感受，而且只提供结论，缺乏理论上的分析。读者知其然，却不知其所以然。千帆先生力矫此弊，欣赏一首诗时，总要说出一个所以然来。例如《题龙阳县青草湖》一诗，因为作者唐温如不是什么名人，作此诗的背景也一无所知，千帆先生纯从文学史和创作经验的比较上论证此诗的独创性。这样的研究工作，有如东坡所谓"白战不许持寸铁"，尤见功夫，对于提高读者的欣赏能力，无疑是很有益的。对李颀《杂兴》诗的分析，情况与此相似。《关于李白和徐凝的庐山瀑布诗》一文，则应用了比较研究的方法，达到了同一效果。

（三）《论唐人边塞诗中地名的方位、距离及其类似问题》《韩愈以文为诗说》《相同的题材与不相同的主题、形象、风格》《张若虚〈春江花月夜〉的被理解和被误解》《古典诗歌描写与结构中的一与多》这五篇文章，又可以作为一组。作者在这里更多地应用了现代文学理论上的知识，视野也更开阔了。得出的结论，具有更广泛的参考价值。

《论唐人边塞诗中地名的方位、距离及其类似问题》一文，明显地反映出作者综合了过去积累的知识和新形成的知识。他在辨析李白《战城南》、高适《燕歌行》、王昌龄《从军行》、李贺《塞下曲》等作品时，抉发其中的地名同方位、距离存在的矛盾，使用的是传统的考证方法；而在说明这些现象时，则用生活的真实与艺术的真实，细节描写与典型环境、典型性格的关系等现代文艺理论加以解释。这样的探索，说明作者的思想有了新的发展。

其他四篇文章中，虽然不像上文那样引用很多新的术语说明问题，但也不难看出，作者运用的正是现代文学理论知识，而且正是在他学习了辩证法之后才能取得这样的成果。

《韩愈以文为诗说》中首先指出，以文为诗不是韩诗唯一的手段，只有部分作品存在着这种情况，最明显的是七言古诗。因为七古更富于流利、开张、曲折、顿挫这样一些笔法和章法，与古文相近。韩愈以文为诗，实际意义在于突破诗的旧界限，开拓新天地，这就成了宋诗新风貌的先驱。他以形象的方式发表议论，以议论的方法加强形象，使艺术表现增加了新的手段。千帆先生通过细致的分析，将韩愈的创作活动放在艺术发展的长河中加以考察，既看到了韩诗成功的一面，也指出了它的流弊。这样的分析，也就显得具体而富有说服力。唐宋诗中的这重公案，可以说获得了比较圆满的解决。

《相同的题材与不相同的主题、形象、风格》一文，对陶渊明、王维、韩愈、王安石四人所写的四篇著名的《桃源诗》作了比较的研究，借用哲学术语，指出"就主题说来，王维诗是陶渊明诗的异化，韩愈诗是王维诗的异化,而王安石诗则是陶渊明诗的复归和深化"。这样的评价,着眼于各家艺术上的新创,摆脱了崇盛唐、轻中唐或重唐轻宋的门户之见,是一种通达的持平之论。

作者从而指出,有些研究工作者"企图用考据学或历史学的方法去解决属于文艺学的问题,所以议论虽多,不免牛头不对马嘴"。这种看法,和他早期提出的理论是一致的。可知他以前所说的"将批评建立在考据的基础上"的"批评"一词,实际上等于"文学批评史"之"批评",寓有文学批评和文学理论的双重含义。这就说明,研究文学问题时,要用各种传统的学问辨析材料,但研究的对象毕竟是文艺作品,所以最后还是要用文学理论加以分析,才能作出正确的评价。他在学习了马克思主义的文学理论之后,更能尊重文学的特点了。

回顾千帆先生诗歌研究方面的历程,可以看出几个阶段的踪迹。

《诗辞代语缘起说》,是发表在《古典诗歌论丛》中学术价值很高的一篇重点文章。千帆先生将古代诗文中代语的用法作了综合的分析,说明"代语之理,则原于人类联想之本能;代语之兴,则基于辞义修饰之需要"。他又将代语发生的缘由细析为九种。这里所使用的,纯属考据家法,观原注中的一些小考证,如考《庄子》"柳生左肘"之类,尤可明白。千帆先生随后根据上述结论批评了王国维在《人间词话》和沈义父在《乐府指迷》中对代语的看法,指出他们各执一偏,非通达之见。但通读此文,可知其重心仍在中间九项使用方法的归纳,其体式与俞樾的《古书疑义举例》相类,继承的是这一朴学传统。清代朴学最常用的研究方法,是形式逻辑中的归纳法。千帆先生这里使用的正是这一方法。返观他近年来所写的《张若虚〈春江花月夜〉的被理解和被误解》一文,不难发现情况有了很大的不同。作者结合各个朝代文学思潮的变迁,说明此诗隐显的原因。尽管研究的对象只是一首诗,但统古今而观之,涉猎很广,发掘很深,对其"孤篇横绝"而"被理解和被误解"的情况作了细致的分析，找出其客观的和主观的因素。识见圆通，逻辑严谨，文笔则挥洒自如。这样的研究，就只能是在辩证法的指导下才能完成的了。

在《古典诗歌描写与结构中的一与多》一文中，千帆先生运用哲学上的对立统一规律，指出"一多对立（对比、并举），不仅作为哲学范畴而被古典诗人所认识，并且也作为美学范畴、艺术手段而被他们所认识、所采用"，"一与多的多种形态在作品中的出现，是为了如实反映本来就存在于自然及社会中的这一现象，也是为了打破已经形成的平衡、对称、整齐之美。在平衡与不平衡，对称与不对称，整齐与不整齐之间，造成一种更巧妙的更新的结合，从而更好地反映生活"。他对诗歌表现手法中的许多复杂现象作了更广泛的考察，得出了具有哲理意味的结论。这样的研究工作，具有很深的用意。千帆先生指出：

> 从理论角度去研究古代文学，应当用两条腿走路。一是研究"古代的文学理论"，二是研究"古代文学的理论"。前者已有不少人在从事它，后者则似乎被忽略了。实则直接从古代文学作品中抽象出理论的方法，是传统的做法，注意这样的研究，可以从古代理论、方法中获得更多的借鉴和营养，并根据今天的条件和要求，加以发展。

这里标举的宗旨，同他前期所追求的目标相比，思想境界已经迥然不同。显然，他想解决的诗歌研究中的古为今用问题，必须是在马克思主义的指导下，掌握科学的思想方法，才能取得成绩。当然，他之所以能够开辟这条途径，同他熟悉古代的诗歌创作和自己也有丰富的创作经验有关。

由上可知，《古诗考索》上辑中的三组文章，后面一组文章代表着最新的成就。或许可以说，它也代表着作者研究的新方向。

千帆先生的主要研究方法之所以能从形式逻辑发展到辩证法的高度，正是自觉地接受了时代的赐予。新中国成立之前，他对文学的领会，固然有其独到之处，但还常是回旋于字句之间。这一时期的研究，固然也有不少精粹之见，但与后来的情况相比，视野还是较为狭窄的。新中国成立之后，千帆先生接受了马克思主义的学说，把文学看成一种社会现象，这就把思想水平提高了一大步。例如1953年写的一篇书评，就是不满足于在分析古典作家时，仅仅局限于作家的家庭、经历、游踪、友谊这些小环境，而没有着眼于那一个时代的一切巨大的变革，因此对于作家的思想的发展，也不能作出科学的说明。这种批评，实际上也是对自己走过的学术道路的反省。这里反映出千帆先生对历史唯物主义的热烈追求。

由于接受了马克思主义，他这一时期的文章，已经出现了新的面貌，但文章的主要论点，还只是建立在若干条语录上，不像后来写的一些论文，尽管使用语录的地方少了，但对问题的剖析，能够坚持历史唯物主义的原则，客观地、具体地进行历史的、辩证的分析。显然，这正是作者的思想水平进入了更高的境界的缘故。

半个世纪以来，千帆先生在学术上的许多领域，如史学、文学史、文学批评、校雠学等方面都作出了显著的贡献，而他在诗歌研究方面的成就尤为突出。"天行健，君子以自强不息。"他在长期的研究工作中，克服种种艰难险阻，不断提高自己的思想和学识水平，探求新的研究途径。因此，他能从追求考据与批评的结合发展到用科学的文艺理论进行辨析，同时从运用形式逻辑发展到运用辩证法来分析问题。前后阶段之间一系相承，但已有质的变化，不过后者并不是对前者的简单否定，而是前者的提高与升华。他在研究工作中仍追求考证与批评的结合，但对考证的运用与对批评的理解，已与前时不同，二者之间的交相为用更如水乳之交融,这在他步入 20 世纪 80 年代时所写的一些论文中表现得尤为明显。这是作者在研究方法的探索中进入了新的境界的缘故。

上面的分析,侧重于对千帆先生的诗学成就作纵向的研究,下面的文字,则着重对他在诗学方面的其他一些活动作横向的介绍。

杜诗研究:教学成果的展示与升华

千帆先生毕生从事教学工作。他在许多大学中开设过杜诗的专题课,而自 1978 年回母校南京大学任教,并指导博士生和硕士生后,继续开设此课。他用讨论的方式进行教学,引导学生逐步加深对杜诗的理解,并不断提高他们的研究能力。1990 年上海古籍出版社出版的《被开拓的诗世界》一书,就是在教学过程中酝酿出来的结晶。此书共收十一篇论文,其中指导莫砺锋、张宏生写作而联名发表者各四篇,自作一篇,莫砺锋、张宏生各写作一篇。莫砺锋和张宏生还合写了《后记》,介绍他们受教的经过,且对全书的内容和研究的方法都作了说明。

杜甫是我国历史上最伟大的诗人之一。自宋代至今,研究杜诗的著作汗牛充栋,后人要想在这领域中有新的创获,诚非易事。千帆先生能在杜诗研究中带领学生进行新的开拓,不但说明了他在诗歌研究方面的功力深厚,而且说明了他是一位高水平的教师,在教学工作中也取得了突出的成绩。

《被开拓的诗世界》一名,取义于宋人王禹偁的"子美集开诗世界"之句,可知千帆先生等人的着力之点,在于探讨杜甫在诗歌发展史中的地位和作用,以及他的作品的前后变化和多方创获。为了说明问题,千帆先生等人广泛地采用了比较研究的方法。与前人比,说明杜甫之前有所承与新的开拓;与后人比,说明杜甫对后代的巨大影响;与同时人比,则可说明杜甫其人、其诗的特异之处。通过比较,杜甫在我国诗歌史上的地位与作用也就清楚地凸显出来了。

但比较亦非易事。千帆先生指导他人学诗时,常是强调提高学养与培养艺术感受力的重要性。阅读《被开拓的诗世界》中的文字,就可明白这些谆谆教导绝非虚语。有关学养方面的问题,已可毋庸赘论;有关艺术感受力方面的问题,则尚可再作申论。

千帆先生能诗,而于旧体诗的写作造诣尤深。他在长期实践的过程中,锻炼了写作上的高超技巧,培养起了艺术上的感悟能力,因而能够了解古代诗人技巧方面的精微之处,从而对古人创作上的表现力能作出精辟的分析。书中《火与雪:从体物到禁体物》一文,论白战体及杜、韩对它的先导作用,就是一篇侧重技巧分析的论文。这一题目,以前似未见到有人论述过,目下也未见到有人触及过。作者注意到,"作家们往往不能仅从题材或主题的开拓上来推陈出新,还有必要通过表现角度的转变来显示自己的创造力。和这一点密切相关而又有所不同的是表现方法的变更"。杜甫在咏物体的写作中取得高度成就之后,又进一步作了摆脱尚巧似的传统,即从体物进而走向禁体物的探索。其后韩愈加入了这一探索者的行列,到了宋代欧阳修、苏轼的作品问世之后,才得到了诗坛的普遍关注。应该说,这里讨论的只是创作技巧方面的一个小问题,前人于此每以诗话的形式点滴道之,但千帆先生等把这问题放在中国诗歌发展史的背景下考察,将古代许多伟大诗人的苦心孤诣细细抉发,说明中国诗歌的表现手法之丰富多彩,出于这些诗人的辛勤探索和大力开拓,文章也就增加了力度与深度。写作这样的文章,要有丰富的学养,更要有敏锐的艺术感受力。阅读这样的文章,可对我国古典诗歌的伟大成就增加新的认识。

古诗今选：提高与普及的结合

出于对祖国文化的热爱，千帆先生还把很多精力投入编写科学性和普及性相结合的读物上，他热情地把古代诗歌中的优秀篇章介绍给读者，借以进行爱国主义教育。其中《古诗今选》一书，在经历了二十多年的不断加工之后，终于在 1983 年秋由上海古籍出版社出版。

这个选本，在选篇、注释、串讲、考证、辨析等方面都有特点。千帆、祖棻先生还把自己的研究心得用按语的方式逐篇、逐段加以申述，做到内容丰富，形式活泼。

我国具有源远流长的诗学传统，每个朝代都有反映各家各派观点的诗歌选本。处在目前这一阶段，根据什么标准挑选优秀的作品，这是至关重要的事。

千帆先生夫妇坚持思想性和艺术性相统一的观点选录作品，这就与以往一般的选本有了明显的不同。由于种种原因，人们通常是偏重"思想性"强的作品而忽视艺术性好的作品。总的情形是重视唐诗而贬抑宋诗；而在唐诗之中，又常是推崇盛唐而轻视晚唐；在唐末诗人中，则又常是以皮日休、陆龟蒙或杜荀鹤、聂夷中等人的诗歌为压卷之作。在宋诗中，人们更是习惯于推崇南宋的爱国诗歌而贬低江西诗派。《古诗今选》则异乎是。编选者当然推崇唐诗，但同样也重视宋诗。他们推崇盛唐，但也并不排斥晚唐，而在唐末诗人中韩偓诗收五首，隐然居各家之首。此点似与其他几种选本的看法有所不同，但我们如果细读冬郎的那些悲离伤乱、眷恋故国而发为慷慨苍凉之音的诗作是如此叩人心扉，也就会同意这样的安排。宋诗部分，黄庭坚诗收十五篇，陆游诗亦收十五篇，二人并列为大家，这或许是与其他选本更为不同的地方。但山谷诗在章法和句法上都有许多创造，在思想上也并非一无可取，因而这样的选辑，从我国诗歌发展的全局来看，还是恰当的。千帆先生为了证明黄庭坚在诗歌创作上的成就，对入选诗歌的艺术技巧作了细致的分析。这些文字都很有启发性，具有很强的说服力。

千帆先生受家学熏陶，从年轻时起就对宋诗进行过深入的研究，1957年曾与缪琨先生合编《宋诗选》一书，由古典文学出版社出版。因此《古诗今选》中对宋诗的选注，驾轻就熟，更具特色。而新中国成立以来，学术界对宋诗的重视相对地说要差一些，《古诗今选》中的宋诗部分，正可补这方面的不足。

这一选本，颇着眼于对作品中民本思想的阐发，爱国精神的赞颂，崇高品德的褒扬，故对读者能起良好的教育作用，而选注者对诗歌艺术方面的分析，也提供了不少精粹的研究心得。

有些诗歌，众口交誉，但习焉不察，不知其妙在何处。例如钱起的《归雁》"潇湘何事等闲回？水碧沙明两岸苔。二十五弦弹夜月，不胜清怨却飞来"一诗，千帆先生夫妇以为此乃问答之词，前两句为身居北方的诗人向雁发问："风景幽美，食物丰富，雁子，你为什么随便地从这么个好地方飞回来了呢？"下二句乃来自南方的雁答诗人："由于湘灵在月夜鼓瑟，那种凄清悲戚的声音使我的感情承受不住，所以只好回来了。"这样的辨析文字，精辟透彻，足见注释者诗心之细。千帆、祖棻先生随又提示，这诗应当与钱起的名篇《湘灵鼓瑟》合读，"就某种意义上说，它是上篇的补充"。这样的演绎文字，又可引导读者进一步深入钱诗的空灵境界。

阅读《古诗今选》，最应注意的当然还是选注者所下的按语。千帆、祖棻先生用随笔的方式把心得体会随篇表达，继承的是诗话的传统，但他们对作品进行分析时，注意前后呼应，通过具体作品的比较，勾勒出诗歌的发展线索，这就体现出当代学者撰述时注意结构严谨、体系完整的科学精神。一般说来，他们在阐释八代诗歌时，常是注意文体演变的问题，因为齐梁诗歌发展至唐初，也就是由古体向近体演变的重要阶段，所以他们在对庾信的《乌夜啼》《寄王琳》《秋夜望单飞雁》等诗歌的按语中，着重指明其七言古诗和五、七言小诗中出现的律化现象；而在薛道衡《昔昔盐》的按语中，则指出其"上承南朝民歌，下开初唐歌行"的特点，以为可作承前启后的一个标志；又如他们在对范云、何逊《范广州宅联句》的按语中，点明二人各写各的，名为联句，还没有融合成一个整体，随后在韩愈、孟郊《斗鸡联句》的按语中，提示唐人于此取得的巨大进展：这就在注释诗歌时自然地勾勒出了文学演进的几个历程。他们在对宋诗的注释中，则注意创作技巧的发展，借以说明唐、宋诗风格特点之何以呈现。例如他们在阐发杨万里《暮泊鼠山闻明朝有石塘之险》诗中的颔联"雁来野鸭却惊起，我与舟人俱仰看"时，下按语曰："粗读似乎并非对句，而细看则无字不对，非常工整。这便是所谓流水对，双句而单意。""这种句法，唐人已开其端，而宋人运用更为自如。"又如他们在阐发王安石《思王逢原》诗中颔联"妙质不为平世得，微言惟有故人知"二句时，曰："第二联写人才难得，知人不易，关合彼我，力透纸背；虽若发论，实则抒怀。正是在这些地方，宋人力破唐人馀地。"这些精彩的意见，非深谙诗道而个人有创作经验者不能道，读者在这类文字上细加体会，当可获得其他选本中难以得到的知识。

1992年，江苏古籍出版社出版了一套《文苑丛书》，其中《宋诗精选》一种，即由千帆先生选注。此书体例与《古诗今选》相似，原诗之后附"品评"，分析更为细致，见解也更为深入。例如道潜《临平道中》一诗："风蒲猎猎弄轻柔，欲立蜻蜓不自由。五月临平山下路，藕花无数满汀洲。"品评曰："莱辛在《拉奥孔》中曾指出：'雕刻、绘画之类的造型艺术用线条、颜色去描绘各部分在空间中的物体，不宜于叙述动作；诗

歌用语言去叙述各部分在时间上先后承续的动作，不宜于描绘静物。'
但我们古典作家的追求则在于诗与画的相同、相通、相融合、相渗透、
而非两者的差异、隔绝或对立。"所以苏轼激赏此诗，立即写了刻石；宗
室曹夫人则据诗意作了一幅临平藕花图。千帆先生随即介绍了苏轼
诗画相通的理论，用之于道潜此诗的分析，指明其状物之妙，"可是它
又以诗人所表现在时间中永恒的动替代了画家所表现的在空间中刹
那的静，因而使两种艺术在这首诗中合二而一"。大家知道，千帆先生
曾经写过《说"斜阳冉冉春无极"的旧评》等脍炙人口的品评文字，可知
他之所以能对前人诗词的赏析独具慧心，除了过人的感受能力等因素
外，还与他有中外美学的深厚修养有关。

此外辽宁少年儿童出版社于 1992 年出版了一套《名家推荐丛
书》，内《程千帆推荐古代辞赋》一种，注释工作分别由学生曹虹、程章
灿承担，他则在遴选了自先秦至宋代的几十篇优秀之作后，又在卷首
撰写了《辞赋的特点及其发展变迁》一文。

日本汉诗选评：国际文化交流的结晶

随着我国开放政策的逐步实施，国际文化交流日益频繁，千帆先
生也热情地投入了这一潮流，与国外的许多汉学家建立了联系，并不
断加深友谊。日本汉学的研究水平甚高，前代文士竞作汉诗，也留下
了许多名篇。于是在中日学者的共同努力下，继俞樾《东瀛诗选》之
后，完成了《日本汉诗选评》一书，1988 年由江苏古籍出版社出版。全
书计收作者二百人，诗 415 首，千帆先生和孙望先生逐篇加以品评，南
京师范大学的吴锦先生在前言中介绍了日本汉诗的发展，并且详细叙
述了中日学者合力完成此书的经过。

千帆先生的评语，颇致意于日本诗人与我国古典诗歌的继承发展

关系,时而标举名句作为比较。他评赖襄《夜读清诗人诗戏赋》之一曰:"扶桑诗人多宗唐,至山阳而兼综历代。其学博,其识高,才亦过人,故出语亦迥超群类,信乎彼邦一代宗师也。"可见他之所以能对日本汉诗作出有见解的评语,于此曾下很深的涵泳功夫。其评虎关师练《秋日野游》诗曰:"宋僧道潜诗:'隔林仿佛闻机杼,知有人家在翠微。'东坡赏之。首二句用其意,后二首则荆公'缫成白雪桑重绿,割尽黄云稻正青'法也。"评伊藤长衡《春日雨中》诗曰:"安贫乐道之言。第五句(一场春梦涵花影)好,尤胜陆鲁望'满身花影倩人扶'也。"这类评语都是很有启发性的,能够帮助中国读者很好地了解彼邦文士诗学上的杰出成就。

馀　论

上述种种,只能说是为千帆先生的诗学历程勾勒了一个轮廓,但事实昭昭,读者也不难看出他在这一领域中取得了多么丰富的成果。然而千帆先生是个永不满足于已有成就的人,平时常对过去的成果进行自我解剖,并作严格的自我鉴定。他总嫌自己的知识面还不够宽,如对佛、道二家的典籍就缺少钻研,因而在指导莫砺锋作黄庭坚诗的硕士论文时未能引导他在黄庭坚与禅宗的关系等问题上深入下去。于此也可看出他对教学工作具有极为认真负责的态度。

自 1980 年起,千帆先生开始整理旧稿《两宋文学史》,其时他年事已高,故邀请吴新雷教授合作。二人经过八年的努力,终于完成了新编,1991 年由上海古籍出版社出版,受到了学术界的欢迎。千帆先生和新雷教授研究文学史时,注意大作家的杰出贡献,也不忽视中小作家的重要作用,并常将二者结合而作群体或流派的研究。他们在分析作家的成就时,总是从具体作品中提炼或概括出结论;在对作品进行剖析时，则遵循着阅读、欣赏、批评的程序，由此进入作家的心灵世界。为了正确地把握研究对象，他们采用考证等手段；为了说明作家文学活动的背景，他们从事政治环境或文化氛围的考察。千帆先生和新雷教授运用了很多诗文评和笔记小说中的材料，吸收了古今学者的很多研究成果，并采择了西方文学理论中一些可取的研究方法，从而使宋代文学的研究工作既超越了前人，又融贯中西而不失其中国学术的品格，从而将文学史的研究工作推进了一大步。由于此书还具有其他方面的很多优点，如体系完整、条理明晰、分析透彻、评价公允等，能够指导读者较易掌握这一段内容丰富而又很复杂的文学历史，因而被国家教委核准为高等学校文科教材。但千帆先生也深感对于宋代道学与佛、道二家的学说在总体把握上未能超越时辈，因而分析有些伟大作家的思想时往往难以作出新的突破。他的这种自我批判精神是很感人的，它能给予后学很多启示。俗语说"学无止境"，只有永不满足于已有成绩的人，才能不断取得进展与开拓。

学问之道又贵触类旁通。这也就是说，学者掌握的知识门类越多，那他通过交叉学科的渗透而酝酿出新成果的可能性就越大。只是由于近代学术过分注重专业方面的分工，以致我国古来文史不分的传统难以为继，即使文史兼擅如千帆先生，也已呈现出史学略逊于文学的倾向。他对《史通》曾有高水平的研究著作问世，但对史学领域中的若干门类，则未及一一进行深入钻研，例如他对历史地理方面的问题就觉得不能应付裕如。当他写作《论唐人边塞诗中地名的方位、距离及其类似问题》时，曾对高、岑等人之作也进行过一番钻研，本想写作类似论述杜甫的一组文字，终因感到历史地理方面的问题难以处理，后来放弃了写作计划。这些地方可以看出千帆先生学风的严谨，但也让人感到惋惜。这里他用自身的体验告诫后学，应该尽可能地掌握学术活动中所需要的各种知识，才能收到"触类旁通"而产生的多种效益。

一个时代造就一个时代的人才。千帆先生的成长,以及他在诗学领域中的不断开拓,都与时代的发展紧密相关。只是由于他能随着历史的前进而自觉地不断攀登,才能取得这些可观的成绩。他的研究成果,可供学界参考;他的诗学历程,可供后学参照。目下他已步入耄耋之年,但仍述作不辍,老骥伏枥,千里奔程上还将留下鲜明的足迹。这篇粗糙的研究文字,只能说是一篇未完成的草稿,日后定将重作研讨,续写新篇。

　　(原载《唐代文学研究年鉴》1984 年号,陕西人民出版社 1985 年 6 月版。后经改写,扩大篇幅,收入《周勋初文集》第六册《当代学术研究思辨》,2000 年 9 月版。)

当代治学方法的进步

—— 以归纳法、假设法为重点所进行的探讨

刘禺生在《世载堂杂忆》中介绍清末读书风气时说：

> 当时中国社会，读书风气各别……曰书香世家、曰崛起、曰俗学，童蒙教法不同，成人所学亦异。所同者，欲取科名，习八股试帖，同一程式耳。世家所教，儿童入学，识字由《说文》入手，长而读书为文，不拘泥于八股试帖，所习者多经史百家之学，童而习之，长而博通，所谓不在高头讲章中求生活。崛起则学无渊源，俗学则钻研时艺。①

为什么世家子弟读书要从《说文》入手呢？ 这是乾嘉之后形成的风气，因为封建社会之中的学术向以经学为首，通经又以掌握小学的知识和手段为先，随着清代朴学的兴起，也就形成了这样的观念。儿童入学之始，应该首先阅读小学的几部基本著作。文字、音韵、训诂之学，清儒取得了巨大的成就，他们以此整理古籍，解决了许多前人未能解决的疑难问题，积累了许多成功的经验。后起的学人，自然要在前人的基础上，去开拓新知了。

清代乾嘉学者中的主流，人称汉学，他们重视汉代儒生的研究成果，还重视汲取汉儒治学的经验。汉人教授学童，即以小学为先，王国

---

① 见该书《清代之科举》一节，中华书局 1960 年版。

维在《汉魏博士考》中分析汉时学校诵习之书，即云首授《仓颉》《凡将》《急就》《元尚》诸篇，进则授《尔雅》《孝经》《论语》，这些经验对于信从汉人学说的儒生自有启示作用，只是清代一般都用《说文》《广韵》《尔雅》等书为主要教材就是了。

章炳麟是清末民初最负盛名的朴学大师，他在《太炎先生自定年谱》光绪十年(1884)叙曰："初读四史、《文选》、《说文解字》。"光绪十一年叙曰："时闻说经门径于伯兄篯，乃求顾氏《音学五书》、王氏《经义述闻》、郝氏《尔雅义疏》读之，即有悟，自是一意治经，文必法古。……逾年又得《学海堂经解》，以两岁细览卒业。"①可见他仍沿着先通文字、音韵、训诂的道路通经的。

当代的一些著名学者，好多人生于清末，但主要活动年代已在民国之后，他们所受的教育或许已经不像章炳麟等人那么严格，但仍受到清代学风的影响。俞大维在介绍陈寅恪治学经过及其成就的讲演中说："寅恪先生由他念书起，到他第一次由德、法留学回国止，在这段时间内，他除研究一般欧洲文字以外，关于国学方面，他常说：'读书须先识字。'因是他幼年对于《说文》与高邮王氏父子训诂之学，曾用过一番苦工。"②可见清代学风影响的深远。

由于当代一些著名的学者走的是这样一条道路，因此他们的共通之点可谓出于清儒而又超越清儒。

清代学者对归纳法的运用

清代学者把精力集中于文字、音韵、训诂方面的研究，取得了巨大

---

① 《章氏丛书》三编本，上海书店 1986 年影印本附手迹数种，可参看。

② 俞大维《谈陈寅恪先生》，载《谈陈寅恪》，台湾传记文学出版社 1978 年再版。

的成就。比之前人,他们的方法更为科学。

学术界普遍认为,清代学者最常用的方法之一是形式逻辑中的归纳法。他们广泛搜集材料,进行排比,经过分析,然后归纳出结论。因为他们的态度比较客观,操作的程序比较科学,得出的结论也就比较可信。清代学术超过前人,是与研究工作中广泛运用归纳法分不开的。

梁启超在《清代学术概论》中曾对清代学者的治学方法作过概括性的介绍,今征引于下:

> 大抵当时好学之士,每人必置一"札记册子",每读书有心得则记焉。盖清学祖顾炎武,而炎武精神传于后者在其《日知录》。其自述曰:"所著《日知录》三十馀卷,平生之志与业皆在其中。"(《亭林文集·与友人论门人书》)又曰:"承问《日知录》又成几卷,而某自别来一载,早夜诵读,反复寻觅,仅得十馀条……"(同《与人书》十)其成之难而视之重也如此。推原札记之性质,本非著书,不过储著书之资料,然清儒最戒轻率著书,非得有极满意之资料,不肯泐为定本,故往往有终其身在预备资料中者。又当时第一流学者所著书,恒不欲有一字馀于己所心得之外。著专书或专篇,其范围比较广泛,则不免于所心得外摭拾冗词以相凑附,此非诸师所乐,故宁以札记体存之而已。夫吾固屡言之矣,清儒之治学,纯用归纳法,纯用科学精神。此法此精神,果用何种程序始能表现耶?第一步,必先留心观察事物,觑出某点某点有应特别注意之价值;第二步,既注意于一事项,则凡与此事项同类者或相关系者,皆罗列比较以研究之;第三步,比较研究的结果,立出自己一种意见;第四步,根据此意见,更从正面旁面反面博求证据,证据备则泐为定说,遇有力之反证则弃之。凡今世一切科学之成

立，皆循此步骤，而清考证家之每立一说，亦必循此步骤也。既已如此，则试思每一步骤进行中，所需资料几何，精力几何，非用极绵密之札记安能致者？训诂学之模范的名著，共推王引之《经传释词》、俞樾《古书疑义举例》。苟一察其内容，即可知其实先有数千条之札记，后乃组织而成书。又不惟专书为然耳，即在札记本身中，其精到者，亦必先之以初稿之札记，——例如钱大昕发明古无轻唇音，试读《十驾斋养新录》本条，即知其必先有百数十条之札记，乃能产出。——故顾氏谓一年仅得十馀条，非虚言也。由此观之，则札记实为治此学者所最必要，而欲知清儒治学次第及其得力处，固当于此求之。①

此说甚得要领。清儒治学之重归纳，确以小学领域中使用得最广，效果也最明显。今即就其提示的若干问题，略事阐述。

在小学领域中，又以古韵的研究成就为大，王国维在《周代金石文韵读序》中说：

> 古韵之学，自昆山顾（亭林）氏，而婺源江（永）氏，而休宁戴（震）氏，而金坛段（玉裁）氏，而曲阜孔（广森）氏，而高邮王（念孙）氏，而歙县江（有诰）氏，作者不过七人，然古音廿二部之目遂令后世无可增损。故训诂名物文字之学有待于将来者甚多，至古韵之学，谓之前无古人、后无来者可也。原斯学所以能完密至此者，以其材料不过群经诸子及汉魏有韵之文，其方法则皆因乎古人用韵之自然而不容以后说私意参乎其间；其道至简，而其事有涯，以至

---

① 朱维铮校注《清代学术概论》第 51、52 页，"梁启超论清学史二种"本，复旦大学出版社 1985 年版。

简入有涯,故不数传而遂臻其极也。①

古音的研究随后当然也有发展,例如章炳麟分古韵为二十七部,黄侃进而分之为二十八部之类,但正如王国维所说,这门科学的成就可谓大局已定,这是因为材料有限,学者用客观的方法进行排比归纳,也就得出了大家都能认可的结论。

清代学者在声纽方面的研究也取得了很大的成就。他们采用的方法,仍然是归纳法,例如钱大昕的"古无轻唇音"说,文曰:

> 凡轻唇之音,古读皆为重唇。《诗》:"凡民有丧,匍匐救之。"《檀弓》引《诗》作扶服,《家语》引作扶伏。又,"诞实匍匐。"《释文》:"本亦作扶服。"《左传》昭十三年:"奉壶饮冰,以蒲伏焉。"《释文》:"本文作匍匐;蒲,本亦作扶。"昭二十一年:"扶伏而击之。"《释文》:"本或作匍匐。"《史记·苏秦传》:"嫂委蛇蒲服。"《范雎传》:"膝行蒲服。"《淮阴侯传》:"俛出袴下蒲伏。"《汉书·霍光传》:"中孺扶服叩头。"皆匍匐之异文也。

在上面节引的一段文字中,钱大昕举出大量例证,说明"匍匐""扶服""扶伏""蒲服""蒲伏"五词实际上是同音的,只是在不同的典籍上写成不同字形的文字就是了。可证"扶"字今虽读为轻唇音,古代则读为重唇音②。

钱氏所以能够得出这一结论,是与他在搜集资料与排比材料的过

---

① 载《观堂集林》卷八,《王国维遗书》第二册,上海古籍书店 1983 年据商务印书馆 1940 年版影印。

② 见《十驾斋养新录》卷五《古无轻唇音》。

程中,也运用了很多科学的方法分不开的。洪诚先生分析道:"钱氏确知声母在语音发展中有转变,研究的方法有四点:一、根据异文或声训研究;二、从谐声偏旁研究;三、从类隔切分析;四、从译音字研究。这四种方法,都被后人所采用。"①说明他在考察这一语言现象时,曾从不同的方面下手,运用了很多辅助科学,这里当然也有个人学识的问题,而如他在"古读无如模"中说"释氏书多用'南无'字,读如'曩谟'。梵书入中国,翻译多在东晋时,音犹近古,沙门守其旧音不改,所谓'礼失而求诸野'也"。可见钱氏视野开阔,考察的领域遍及各种文献资料,但他按类排列,逐层分析,所用的方法仍属形式逻辑中的归纳法。

清儒在训诂中常用的方法,也是形式逻辑中的归纳法,王引之著《经传释词》,就有其代表性。其中提到其父王念孙释"终"字,最受大家推崇,今以其例句太多,文字嫌繁,故改用《经义述闻》卷五中的释词,可以看到王氏父子如何采用归纳法而得出新的结论。

〔《诗》〕《终风》篇:"终风且暴。"《毛诗》曰:"终日风为终风。"《韩诗》曰:"终风,西风也。"此皆缘词生训,非经文本义。"终"犹"既"也,言既风且暴也。(《尔雅》曰:"南风谓之凯风,东风谓之谷风,北风谓之凉风,西风谓之泰风。焚轮谓之颓,回风为飘。"以上六句,通释诗词而不及终风。又曰:"日出而风为暴,风而雨土为霾,阴而风为曀。"以上三句,专释此诗之文而亦不及终风,然则"终"为语词明矣。)《燕燕》曰:"终温且惠,淑慎其身。"《北门》曰:"终窭且贫,莫知我艰。"《小雅·伐木》曰:"神之听之,终和且平。"(《商颂·那》曰:"既和且平。")《甫田》曰:"禾易长亩,终善且有。"

---

①　洪诚选注《中国历代语言文字学文选》第 242 页,江苏人民出版社 1982年版。

《正月》曰："终其永怀，又窘阴雨。""终"字皆当训为"既"。"既""终"，语之转。既已之"既"转为"终"，犹既尽之"既"转为"终"耳，解者皆失之。

由于清代学者对材料的处理比较科学，掌握的各种辅助知识比较全面，得出的结论也就比较可信。因此，他们虽然号称汉学，实际上他们对儒家经典的解释，比之汉儒已经大为进步。清代学术研究的发展，是与清代学者研究方法上的进步分不开的。

后起的学者自小就接触这类学问，并受到这种方法的训练，这对他们后来的治学，自然会发生深刻的影响。

陈垣是开史学新风的一位杰出学者。他在大学里担任教职数十年，经他严格训练而培养出来的学生不可胜计，因此他的治学方法，对于当代史学影响甚巨。李瑚在介绍老师的治学方法时，曾经通过一些具体的事例，说明陈氏与清代学者的继承关系。

> 他早年曾向乾嘉学者学习，方法是，除了读他们所著的书以外，还买到他们的著作手稿、读书笔记和论学手札等，如对王念孙《广雅疏证》、钱大昕《廿二史考异》的部分手稿他都曾反复研究过，看他们是怎样著书，怎样修改，为什么把所引资料一换再换，等等。他认为，这样既可知道著书的艰苦，又可以学到他们治学和著书的方法。①

陈氏的治学方法，继承清儒传统的地方很多，所以胡适在为他的

----

① 《励耘书屋受业偶记》，载《励耘书屋问学记》，生活·读书·新知三联书店 1982 年版。

《元典章校补释例》作序时就说这书是"土法校书的最大成功"①。但陈氏毕竟生于近代，使用归纳法时，更能自觉地运用形式逻辑上的规律加以处理，即如他提出的校书四例（对校法、本校法、他校法、理校法），就把前人普遍使用然而从未有人总结过的校雠之学提高到一种体系完整的理论，可以指导他人更好地去使用这些方法。

由于时代的演变，当代学者的社会经历也与前人大不相同。就以陈垣来说，早年曾经学习过西医，接受过自然科学方面的系统训练，他在处理文史方面的问题时，犹如医生运用解剖刀顺着人的生理结构进行剖析一样，态度更为客观，视野更为开阔，观察更为细致。

清代学者研究水平的提高，还得益于各种辅助学科的进步。清代学者治史时，常是借助于年代学、避讳学和校雠学等方面的知识，而在这些辅助学科中，陈垣都曾作出过巨大的贡献。年代学方面，他有《中西回史日历》《二十史朔闰表》这两种名著；避讳学方面，他有《史讳举例》一书，自序云是"意欲为避讳史作一总结束，而使考史者多一门路一钥匙也"。校雠学方面，他有《五代史辑本发覆》《元典章校补释例》等书，就在从事后一书的整理工作中，总结出了校书四法。陈垣在这些领域中取得的成就，从主要的研究方法来说，仍属形式逻辑中的归纳法；但比之前人，他在搜集材料时更勤奋，排比材料时更细致，归纳法的运用更为自如。

当代学者运用归纳法治学时达到的新水平

如上所云，清代最有代表性的著作是各种读书札记。自从顾炎武

---

① 许冠三著《新史学九十年》第四章《陈垣：土法为本洋法为鉴》中对此有所阐述，此书由香港中文大学出版社于 1986 年出版。

著《日知录》,博得很大声名,受到学术界广泛推崇之后,后起效法者不绝,如阎若璩《潜邱札记》、卢文弨《钟山札记》、钱大昕《十驾斋养新录》、赵翼《陔馀丛考》、洪亮吉《晓读书斋四录》、孙志祖《读书脞录》、姚鼐《惜抱轩笔记》、桂馥《札朴》、俞正燮《癸巳类稿、存稿》等,上乘之作甚多。清代学者写作这类著作时,往往经历漫长的过程,自年轻时起就不断积累材料,到晚年时,才加以整理,经过排比提炼等阶段,得出合适的结论。这样的过程,当然时时需要运用归纳法了。

以史学而论,就可看出这方面的特点。按清代最负盛誉的三部札记式的史学著作,是钱大昕的《廿二史考异》、王鸣盛的《十七史商榷》和赵翼的《廿二史札记》。前两种著作,还是偏于考订具体事实和典章制度;后一著作,则已涉及史论的范畴,与现代史学的观念更为接近。

但赵翼所用的研究方法,仍与小学类的著作一样,其操作过程,也是先作史料排比,然后进行归纳,提炼论点。兹举《廿二史札记》卷一《汉王父母妻子》条为例以说明之。

> 高祖称汉王之二年,定三秦,将五诸侯兵破彭城。寻为项羽所败,西奔过沛,使人求家室,家室已亡去。道遇孝惠、鲁元公主,载以行,而家属反遇楚军,为羽所得,常置军中为质。据《史记》谓是时羽取汉王父、母、妻、子置军中;《汉书》则但谓取太公、吕后,而不言父母妻子。其后羽与汉王约中分天下,以鸿沟为界,遂归汉王家属。据《史记》谓归汉王父、母、妻、子,而班书亦但言归太公、吕后,而不言父母妻子,盖以高祖之母久已前死,(高祖起兵时,母死于小黄。)羽所得者,但有太公、吕后,而以《史记》所云父母妻子者,不过家属之通称,非真有母与子在项羽军中,故改言太公、吕后也。不知高祖母虽已前死,而楚元王为高祖异母弟,则高祖尚有庶母也。(《史记》谓同母少弟,《汉书》则谓同父少弟。颜

师古注:"言同父则知其异母也。"按《吴王濞传》,晁错曰:"高帝大封同姓,庶弟元王王楚四十馀城。"则元王乃异母弟无疑。陆机《汉高功臣颂》:"侯公伏轼,皇媪来归。"正指侯公说项羽,羽归汉王家属之事。曰皇媪来归,明言汉高之母也。)孝惠帝尚有庶兄肥,后封(鲁)〔齐〕为悼惠王。当高祖道遇孝惠时,与孝惠偕行者但有鲁元公主,则悼惠未偕行可知也。悼惠既未偕行,又别无投归高祖之事,则必与太公、吕后同为羽所得,故高祖有子在项军也。然则《史记》所谓父、母、妻、子,乃无一字虚设,而《汉书》改云太公、吕后,转疏漏矣。

这里我们仍可以陈垣为例,与清代学者作比较。陈垣耽读《廿二史札记》,然尚嫌其不周密,时加订正,兹引他在《〈廿二史札记〉——汉王父母妻子条书后》中之商榷文字于下:

> 《札记》汉王父母妻子条,为赵先生最得意之笔。盖曾以《史》、《汉》两《高纪》汉王二年、四年事对读,发现汉王家属被楚军所得者,《汉书》称"太公吕后",《史记》称"父母妻子",遂疑高祖母虽死,尚有庶母,孝惠帝尚有庶兄肥,必同为羽所得。《史记》所谓"父母妻子",乃无一字虚设;《汉书》改为"太公吕后",转疏漏矣。
>
> 《日知录》二十一陆机文误条,曾据《史记·高纪》《正义》引《汉仪注》,高帝母兵起时已死于小黄,《汉书·高纪》,侯公说羽,羽归太公、吕后,并无皇媪,证明陆机《汉高功臣颂》"侯公伏轼,皇媪来归",为"不考史书之误"。今《札记》又据"皇媪来归"及"父母妻子"句,证明高祖实有母在楚军。二说对立,人将谁从?
>
> 然此乃《史》《汉》用语不同问题,非高祖有无母子在楚军问题。试观下表,则"太公吕后""父母妻子",二语随意使用。《史》

亦有称"太公吕后"者,则非《汉书》所改也;《汉》亦有称"父母妻子"者,则此乃家属通称,非必各有其人也。

汉	史 7 项纪	史 8 高纪	史 16 月表	史 56 汉 40 审食其传	汉 1 高纪	汉 31 项传
元年		迎太公吕后于沛				
二年	太公吕后遇楚军	取汉王父母妻子		取太上皇吕后为质	太公吕后遇楚军	太公吕后遇楚军
四年	归汉王父母妻子	归汉王父母妻子	太公吕后归自楚		归太公吕后	归汉王父母妻子

《日知录》据"太公、吕后"句,以为并无皇媪;《札记》据"父母妻子"句,以为无一字虚设。皆仅据两书片面之词,未统观两书全面也。以此表释两家之说,不几如以汤沃雪乎?

陈智超下按语曰:

楚汉战争中,刘邦家属曾被项羽拘为人质。家属中包括何人?顾炎武《日知录》据《汉书·高帝纪》所称之"太公、吕后",认为只有刘邦之父太公及妻吕后,并无刘邦之母;赵翼《廿二史札记》据《史记·高祖纪》之"父母妻子",则认为除太公及吕后外,尚有刘邦之庶母及庶子肥。作者遍查《史记》及《汉书》有关此事之全部记载,发现《史记》提及此事七次,三次称"父母妻子",另有四次则亦称"太公吕后"或"太上皇吕后";《汉书》提及此事五次,四次称"太公吕后",亦有一次称"父母"。(见文中所列表)可见此两语可以随意使用,不能以此作为刘邦有无母子在楚军作人质之证据。

作者在文中指出,《日知录》及《廿二史札记》"皆仅据两书片面之词,未统观两书全面";在教案中有一段:"《札记》仅据二书高纪二年、四年语,而未及项纪、项传、月表,又未及元年";在《廿二史札记》该条上有一批语:"赵仅以两书《高纪》二年、四年之语相比较,而未将全书比较,不得谓之通。"通过此例告诉读者:"读书不统观首尾,不可妄下批评。"①

赵、陈二文并读,可以看出后者具有如下两个特点。

一是陈垣的治学,搜集材料更为齐备,处理材料更为精密,作出结论时更为审慎。他的治学,人称"竭泽而渔",务将材料搜集得无所遗漏,且经彻底考辨,然后再作结论。这里他还采用统计的方法,用表格的方式表达,务使他人一目了然,结论更为明白。这些做法都与前代学者有所不同,也是他超越前人的地方。

二是陈垣的治史,注重建立各种辅助学科。他总结前人的经验,融入个人的心得体会,使之系统化,形成一种理论,使后人有法可循。陈垣既重理论,也重实践,总是想方设法训练学生熟练地解决史源问题。刘乃和在回忆陈垣开设"史源学实习"课的情况时说:"他考虑要设置一个使同学自己动手,能自己查书、找材料、判断史料正误,斟酌取舍,提高写作能力的课程……作文章时首先要考出教材中某篇文章的史源,正谬纠误,提出自己见解。"②而他在讲授这门功课时用的主要教材,就是赵翼的《廿二史札记》。有一次他为"史源学实习"出的试题是:

① 《陈垣史源学杂文》第 18 页,人民出版社 1980 年版。
② 《学而不厌诲人不倦》,载《励耘书屋问学记》。

读《廿二史札记》所得教训，试就左列各点举例说明之：

一、读书不统观首尾，不要妄下批评。

二、读史不知人论世，不能妄相比较。

三、读书不点句分段，则上下文易混。

四、读书不细心寻绎，则甲乙事易淆。

五、引书不论朝代，则因果每倒置。

六、引书不注卷数，则证据嫌浮泛。①

由此可见，陈垣将史源方面的问题系统归纳，总结成一种史学理论，这又是他超越清儒的地方。

陈氏殁后，门人邵循正教授撰挽联曰："校雠捐故技，不为乾嘉作殿军。"②也肯定了当代学者的成就有其超越前人之处。

清代学者使用归纳法治学的局限

清代学者著书时，首先经历着一段长时期的搜集资料的过程，定稿之时，则有一个如何取舍的问题。有的学者取材严谨，总是从积累的大量材料中挑出最有代表性的文字来作为例证，一般学者则不能做到这一点，他们或是不能割爱，或是不能去芜取精，因此阅读清人札记，时常会感到材料填塞，文笔凝滞。用一句现代人的话来说，读这类著作时常会感到只见材料，不见观点。

赵翼之著《廿二史札记》，其操作过程，也是先作史料排比，然后进行归纳，提炼论点。兹举《廿二史札记》卷一一《宋齐多荒主》条为例：

---

① 陈智超《陈垣史源学杂文前言》引。

② 史树青《励耘书屋问学札记》引，载《励耘书屋问学记》。

古来荒乱之君，何代蔑有，然未有如江左宋、齐两朝之多者。宋武以雄杰得天下，仅三年而即有义符。文帝元嘉三十年，号称治平，而末有元凶邵之悖逆。孝武仅八年而有子业。明帝亦八年而有昱。齐高、武父子仅十五年而有昭业。明帝五年而有宝卷。统计八九十年中，童昏狂暴，接踵继出，盖劫运之中，天方长乱，创业者不永年，继体者必败德，是以一朝甫兴，不转盼而辄覆灭，此固气运使然也。今摘于左。

　　宋少帝义符，武帝之长子也。善骑射，解音律。即位后，所为多乖戾，于华林园为列肆，亲自酤卖。又开渎聚土，以象破冈埭，与左右引船唱呼，以为欢乐。徐羡之等废立之夕，帝方游天泉池，即龙舟而寝，诘朝未兴。兵士进杀二侍者，并伤帝指，扶出东阁，收玺绶，群臣拜辞，以皇太后令废为营阳王，遂徙于吴郡。未几，羡之等使中书舍人邢安泰弑帝于金昌亭。帝有勇力，不受制，突走出昌门，追以门关踣之而殂。

　　前废帝子业，孝武帝之长子也。幼而狷急，在东宫，每为孝武所责。孝武西巡，帝参承起居，书迹不谨，孝武责之曰："书不长进，此是一条耳。"初即位，受玺绶，傲然无哀容。始犹难诸大臣及戴法兴等，既杀法兴，于是又诛群公。太后疾笃呼帝，帝曰："病人间有鬼，那可往。"太后怒，谓侍者曰："将刀来破我腹，那得生此宁馨儿！"山阴公主，帝姊也，淫恣过度，帝为置面首左右三十人。每出，使公主与朝臣共陪辇。自以在东宫时不为孝武所爱，将掘其景宁陵，太史言不利于帝而止，乃纵粪于陵，骂孝武为齇奴。又掘殷贵妃墓，忿其在孝武时专宠也。文帝第十女新蔡公主，帝之姑也，纳之宫中，立为贵嫔，改姓谢氏，杀一婢，假称公主薨逝，以鸾辂龙旂送还其家。又忌诸父建安王休仁、湘东王彧（即明帝）、山阳王休祐，聚之殿内，殴捶陵曳，无所不至。三王并肥壮，帝以笼盛之，或尤肥，号为猪王，号休仁为杀王，休祐为贼王。尝以木槽盛饭，纳诸杂食搅和之，裸或入地坑中，令以口就槽食之，以为欢笑。令左右淫休仁生母杨太妃，备诸丑状。又令淫南平王敬猷母，不从，即杀敬猷及其弟敬先、敬渊。时廷尉刘蒙妾有孕，帝迎入宫，冀生男，立为太子，会或尝忤旨，帝裸之，缚其手脚，以杖贯之，使担付太官，即日屠猪。休仁笑曰："未应死。"帝问其故，休仁曰："待皇子生，杀猪作汤饼。"帝意解，乃一宿出之。将南巡荆、湘，期旦杀或、休仁等，然后发引。是夜，或与帝幸臣阮佃夫、王道隆、李道儿密结帝左右寿寂之、姜产之等十一人，共谋杀帝。先是帝游竹林堂，使妇人裸身相逐，一妇人不从，命斩之。夜梦一女子骂其悖虐无道，帝怒，于宫中求得貌类所梦者戮之。是夕又梦所戮女骂曰："汝枉杀我，我诉上帝矣！"至是巫言此堂有鬼，帝与山阴公主及六宫采女数百人捕鬼，帝亲射之。事毕，将奏乐，寿寂之怀刀入，姜产之为副，诸姬皆走，帝亦走，追及之，大呼"寂、寂……"者三，手不能举，乃被弑。

后废帝昱，明帝之长子也。五六岁即能缘漆竿，去地丈馀，食顷方下。渐长，喜怒乖节，左右失旨者，手加扑打。及即位，内畏太后，外惮大臣，未得肆志。三年后，好出入，单将左右，或十里，或二十里，或入市中，遇谩骂则悦而受焉。四年后，无日不出，与解僧智、张五儿恒夜出承明门，夕去晨返，晨出暮归，从者并执铤矛，道上男妇及犬马牛驴值无免者。人间白昼不开门，道无行人。尝著小裤褶，不衣冠。有白棓数十，钳凿刀锯不离左右，为击脑、槌阴、剖心之诛，日有数十，至尸卧流血然后快。左右人见之有颦眉者，帝即令正立，以矛刺之。曜灵殿养驴数十头，所自乘马养于御床侧。与右卫营女子私通，每从之游，持数千钱为酒肉费。出逢婚姻葬送，辄与挽车小儿群饮以为欢。既杀阮佃夫，佃夫有腹心人张羊逃匿，后捕得，自以车辖杀之。杀杜延载、杜幼文，皆手自脔割。察孙超有蒜气，剖腹视之。执盾驰马，自往刺杜叔文于玄武湖北。闻沈勃多宝货，往劫之，挥刀独前。勃知不免，手搏帝耳，骂之曰："汝罪逾桀纣！"遂见害。帝尝〔制〕露车一乘以出入，从数十人，羽仪追之恒不及，又各虑祸，亦不敢追，但整部伍，别在一处，瞻望而已。凡诸鄙事，过目即能。锻银裁衣作帽，无不精绝。未尝吹簴，执管便韵。天性好杀，一日无事，即惨惨不乐。内外忧惶，夕不及旦。萧道成与直阁将军王敬则谋之。七月七日，帝微行出北湖，张五儿马坠湖，帝自驰骑刺马屠割之。与左右作羌胡伎为乐，又于峦冈赌跳，后往青园尼寺、新安寺偷狗，就昙度道人煮之，饮酒。杨玉夫尝有宠，忽然见憎，见辄切齿曰："明日当杀小子。"是夜，令玉夫伺织女渡河来报，因与内人穿针讫，大醉，卧于仁寿殿东阿毡幄中。王敬则先结玉夫及陈奉柏、杨万年等二十五人，是夕，玉夫俟帝眠熟，与万年同入毡幄，取千牛刀杀之。

齐废帝郁林王，武帝之孙，文惠太子之子也。文惠早薨，武帝立为皇太孙。性辨慧，阴怀鄙愿，与左右无赖二十馀人共衣食卧起，妃何氏，择其中美者，皆与交欢。密就富人求钱，无敢不与。凡诸小人，皆予加爵位，许以南面之日，即便施行。师史仁祖，侍书胡天翼，惧祸皆自杀。文惠太子每节其用度，帝谓豫章王妃曰："阿婆，佛法言有福生帝王家，今反是大罪，不如市边屠沽。"文惠疾及薨，帝侍疾居丧，哀容号毁，见者皆呜咽，才还内室，即欢笑饮食，备极甘滋。葬毕，立为皇太孙。武帝往东宫，帝迎拜，号恸欲绝。武帝自下舆抱持之，以为必能负荷也。帝令女巫杨氏祷祠，速求天位。文惠之薨，谓由杨氏之力，又令祷祈武帝晏驾。武帝疾甚，帝与妃何氏书纸，中央作大喜字，而作三十六小喜字绕之。武帝临崩，谓曰："五年中一委宰相，五年以后勿复委人。"执帝手曰:"阿奴若忆翁,当好作!"如此者再。大敛始毕,即呼武帝诸伎奏乐。又好狗马,即位未旬日,即毁武帝招婉殿作马埒,驰骑而坠,面额并伤,称疾不出者数日。多聚名鹰快犬,饲以梁肉。武帝梓宫下渚,帝于端门内奉辞,便称疾还内,奏胡伎、鞞铎之声,响震内外。王敬则问萧坦之曰:"不太匆匆邪?"坦之曰:"此是内人哭响彻耳。"山陵之后,微服游市里,多往文帝陵隧中,与群小作诸鄙亵,掷涂赌跳,放鹰走狗。极意赏赐,动至数十万。每见钱曰:"我昔思汝一个不得,今日得用汝未。"武帝聚钱,上库五亿万,斋库三亿万,金银布帛不可胜计,未期年,用已过半。以诸宝器相击剖碎,以为笑乐。好斗鸡,买鸡价至数千。徐龙驹为后宫舍人,日夜在宫内。帝与文帝幸姬霍氏私通,改姓徐氏,龙驹劝长留宫中,声云度霍氏为尼,以馀人代之。皇后亦淫乱,斋阁通夜洞开,内外无别。西昌侯鸾(即明帝)使萧谌等诛幸臣曹道刚、朱隆之等,率兵自尚书省入,王晏、徐孝嗣等继进。帝在寿昌殿,方裸身与霍氏相对。谌兵入宫,帝走向徐姬房内,拔剑自刺不入,以帛缠头颈,舆接出西弄,遇弑。

齐废帝东昏侯宝卷,明帝第二子也。以母后故,立为皇太子。在东宫好弄,不喜书学,尝夜捕鼠,达旦以为乐。明帝临崩,嘱以后事曰:"作事不可在人后。"故委任群小,诛杀大臣。性讷涩少言,不与朝士接。恶明帝灵在太极殿,欲速葬,徐孝嗣力争,得逾月。每当哭,辄云喉痛。羊阐入临,无发,号恸俯仰,帻遂落地,帝大笑曰:"此秃秋啼来乎?"自江柘等诛后,无所忌惮,日夜戏马,击鼓吹角,左右数百人叫,杂以羌胡横吹诸伎。尝以五鼓就卧,至晡乃起。王侯朝见,至晡乃得前,或际暗遣出。台阁奏案不知所在,阁竖以纸包裹鱼肉还家,并是五省黄案也。元旦朝会,食后方出,礼才毕,便还西序寝,百僚陪位者,自巳至申,皆僵仆。拜潘妃为贵妃,乘卧舆,帝骑马从后,著织成裤褶,金薄帽,七宝稍,金银校具等,各有名字。戎服急装,不避寒暑,陵冒雨雪,驰骋阡陌,渴辄下马,取腰边蠡器,酌水饮之。乘具惧为雨湿,织杂采珠为覆。好为担幢,初学时幢每倾倒,其后白虎幢七丈五尺,齿上担之,折齿不倦。黄门五六十人为骑客,又选无赖善走者为逐马。置射雉场二百九十六处,翳中帷幰皆红绿锦为之,金银镂弩牙,瑇玳帖箭。每出,与鹰犬队主徐令孙、媒翳队主俞灵韵齐马而走,又不欲人见之,驱逐百姓,惟置空宅。一月率二十馀出,既往无定处,尉司常虑得罪,东行驱西,南行驱北,应旦出夜便驱逐,打鼓踏围,鼓声所闻,便应走避,避不及者,应手格杀。从万春门东至郊外数十里,皆悬幔为高幰,处处禁断。疾病者悉扛移,无人扛者扶匐道侧,吏司又捶打,绝命者相继。有弃病人于青溪边者,吏惧帝见,推置水中,须臾便死。魏兴太守王敬宾新死未敛,家被驱不得留视,及还,两眼已为鼠食尽。有一妇人当产不能去,帝即剖其腹看男女。长秋卿王儇病笃,不得留家,乃死于路边。丹阳尹王志被驱,狼狈步走,藏酒炉边,至夜半方得归。蒋山定林寺一僧,病不能去,立杀之。左右韩晖光曰:"老道人可念。"帝曰:"汝见獐鹿亦不射耶。"璿仪等殿及华林、秘阁三千馀间,尽被火烧,有左右赵鬼者,能诵《西京赋》,云"柏梁既灾,建章是营",于是大起芳乐、芳德等殿。又为潘妃起神仙、永寿、玉寿三殿,皆饰以金璧。庄严寺有玉九子铃,外国寺佛面有光相,禅灵寺塔有诸宝珥,皆剟取以为殿饰。又凿金为莲花,使潘妃行其上,曰步步生莲花也。潘氏服御极选,库物不周,贵市人间金宝,价皆数倍,琥珀钏一只直百七十万。又订出雄雉头鹤氅、白鹭缞,百品千条,无复穷已。亲幸小人因缘为奸,科一输十,百姓困穷,号泣满路。凡诸市买,遇便掠夺,商旅无诉。又以阅武堂为芳乐苑,当暑种树,朝种夕死。征求人家，望树便取，毁墙撤屋出之，合抱者亦皆移植，取玩俄顷，烈日中至便焦枯，死而又种，无复已极。诸楼壁上，画男女私亵之状。明帝时所聚金宝，悉泥而用之，犹不足，令富户买金，限以贱价，又不还直。潘妃威行远近，父宝庆挟势逞毒，富人悉诬以罪而没入之。潘妃生女，百日而亡，帝为制衰绖，群小来吊，帝蔬膳积旬，不听音伎，阉人王宝孙等共治肴羞，为天子解菜。又于苑中立店肆，帝与宫人等共为酤贩，以潘妃为市令，自为市吏录事。帝小有失，妃亦予仗，乃敕虎贲不得进大荆。虽畏潘氏，而私与诸姊妹淫通。又开渠立埭，躬自引船，埭上设店，坐而屠肉。于时百姓歌云："阅武堂，种杨柳，至尊屠肉，潘妃沽酒。"朱光尚托鬼道谓帝曰："向见先帝瞋怒。"帝乃缚菰为明帝形，北向斩之，悬首苑门。会魏师来伐，令扬、南徐二州人，三丁取两，远郡悉令上米，一人准五十斛，输米既毕，就役如故。萧衍师至，帝袴褶登南掖门，又虚设马仗，千人张弓拔白，出东掖门，称蒋王出盪。外围既立，屡战不胜，帝犹惜金钱，不肯赏赐。茹法珍叩头请之，帝曰："贼来独取我耶？何为就我求物。"将军王珍国、张稷等惧祸，乃结后阁舍人钱强，游盪主崔叔智，夜开云龙门。稷、珍国勒兵入殿，帝方吹笙歌作《女〔儿〕子》，卧未熟，闻兵入，急趋出。阉人黄泰平刃伤其膝，直后张齐斩首，送萧衍，宣德太后令废为东昏侯。

陈后主叔宝，宣帝嫡长子也。即位后，荒于酒色，不恤政事。左右嬖佞珥貂者五十人，妇人美丽从者千馀人。常使张贵妃、孔贵人等八人夹坐，江总、孔范等十人预宴，号曰狎客。先令八妇人擘采笺，制五言诗，十客一时继和，迟罚酒，君臣酣饮，从夕达旦，以此为常。盛修宫室，无时休止。税江税市，征取百端，刑罚酷滥，牢狱常满。隋兵至，入井避之。军人呼之不应，欲下石，乃闻呼声，以绳引之，惊其太重，及出，乃与张、孔二嫔同乘而上。高颎入宫，见其臣下所启军事犹在床下，尚未启封也。入隋，以善终。（以上皆本纪）魏徵史论：后主于光熙殿前，起临春、结绮、望仙三阁，阁高数丈，并数十间。其窗牖壁带，悬楣栏槛之类，并以沉檀香木为之，又饰以金玉，间以珠翠，外施珠帘，内有宝床宝帐。其服玩之属，瑰奇珍丽，近古所未有。每微风暂至，香闻数里，朝日初照，光映后庭。其下积石为山，引水为池，植以奇（植）〔树〕，杂以花药。后主自居（迎）〔临〕春阁，张贵妃居结绮阁，龚、孔二贵嫔居望仙阁，并复道交相往来。又有王、李二美人，张、薛二淑媛，袁昭仪、何婕妤、江修容等七人，并有宠，递代以游其上。以宫人有文学者袁大舍等为女学士。后主每引宾客对贵妃等游宴，则使诸贵人及女学士与狎客共赋新诗，互相赠答。采其尤艳丽者，以为曲词，被以新声，选宫女有容色者，以千百数，令习而歌之。分部迭进，持以相乐，其曲有《玉树后庭花》《临春乐》等，大指所归，皆美张贵妃、孔贵嫔之容色也。其略曰："璧月夜夜满，琼树朝朝新。"而张贵妃发长七尺，鬒黑如漆，其光可鉴，特聪慧有神采，进止闲雅，容色端严，每瞻视盼睐，光采溢目，照映左右。常于阁上靓妆，临于轩槛，宫中遥望，飘若神仙。才辩强记，善候人主颜色。是时后主怠于政事，百司启奏，并因宦者蔡脱儿、李善度进请，后主置张贵妃于膝上共决之。李、蔡所不能记者，贵妃并为条疏，无所遗脱。由是益加宠异，冠绝后庭。而后宫之家，不遵法度，有挂于理者，但求哀于贵妃，贵妃则令李、蔡先启其事，而后从容为言之，大臣有不从者，亦因而赞之，所言无不听，于是张、孔之势，熏灼四方，大臣执政，亦从风而靡，阉宦便佞之徒，内外交结，转相引进，贿赂公行，赏罚无常，纲纪瞀乱矣。

　　按宋、齐、陈《书》及《南史》所记如此。其无道最甚者，其受祸亦最烈。若仅荒于酒色，不恤政事，则虽亡国而身尚得全。又可见劫运烦促中，仍有报施不爽者，可以观天咫矣。

　　这一条目中的文字，富有故事性，因此读后还不觉得烦冗。若按这类文字的性质来说，也已超越考证的范畴，而见史论的性质了。

　　"宋齐多荒主"，这一社会现象值得注意。在封建社会中，统治阶级的腐朽常从家庭问题暴露出来，六朝多将家篡夺政权而登基，这类人物犹如政治上的暴发户，家庭之中连一般的道德规范都不能维持，更无可起约束作用的任何力量，于是帝王子弟竞相为非作歹，荒主也就层出不穷了。赵翼把史传中的有关记载抄录了下来，集合在一起，更使这一社会现象显得触目惊心，读者阅读之后，可对其时统治阶层的荒淫腐朽能有更深入的了解。但赵翼的这种研究工作所得结论虽有价值，然从方法上来看，还是比较简单的。清儒的好些札记，尽多这类文字，连篇累牍，从头到尾，就是抄书。而且从其结论来看，与史料本身的含义，实际上是一致的，他们的贡献主要表现在材料的收集与排列上。人们阅读宋少帝、前废帝、后废帝、齐废帝郁林王、齐废帝东昏侯宝卷等人的传记时，都会产生宋、齐两代的君主多荒淫无道的感受，而当人们读到陈后主等人的传记时，更会扩大到"南朝多荒主"的感受。这就是说，赵翼排比资料而得出的结论，有益于人们的读史，但其结论未能做到深化与提高，往往停留在一般人也能产生的感受上。这样的归纳工作，也就未能帮助读者透过史实，从而把握住历史发展的规律。

　　按《廿二史札记》卷一二有《陈武帝多用敌将》一条，陈寅恪于《〈魏书·司马睿传〉江东民族条释证及推论》一文中也有所论述①，如将二

----

　　①　原刊《中央研究院历史语言研究所集刊》第十一本第一分册，后收入《金明馆丛稿初编》，上海古籍出版社 1980 年版。

文并读，也就可以看出赵氏所归纳出来的史论较为肤浅。赵文曰：

> 陈武帝起自寒微，数年有天下，其将帅自侯安都、黄法氍、胡颖、徐度、杜稜、吴明彻诸人外，其馀功臣，皆出于仇敌中者。杜僧明、周文育则起兵围广州，为帝所擒者也；欧阳頠亦事萧勃，为周文育擒送于帝者也；侯瑱、周铁虎、程灵洗则王僧辩故将也；鲁悉达、孙玚、周炅、樊毅、樊猛，则王琳故将也。或临阵擒获，或力屈来降，帝皆释而用之，委以心膂，卒得其力，以成偏安之业。其度量恢廓，知人善任，固自有过人者。如侯瑱据豫章，自以本事僧辩，不肯入朝，及部众叛散，或劝其投北齐，瑱以帝有大量，必能容人，乃诣阙归罪。鲁悉达据晋熙，王琳授以镇北将军，帝亦授以征西将军，悉达两受之而皆不就，帝使沈泰潜师袭之亦不克，后为北齐师所破，乃来归。武帝谓曰："来何迟也？"对曰："陛下授臣以官，恩至厚矣，使沈泰来袭，威亦深矣。臣所以自归者，以陛下豁达大度，同符汉祖故也。"帝曰："卿言得之矣。"可见帝之度量，当时早有以见信于人，故能驱策群雄，藉以集事。魏郑公史论谓帝："志度宏远，怀抱豁如。或取士于仇雠，或擢才于亡命，掩其受金之过，宥其吠尧之罪，委以心腹爪牙，或得其死力，方诸鼎峙之雄，足以无惭权、备矣。"然则虽偏安江左，固亦有帝王之量哉。

陈寅恪研究这一问题时，先从赵氏之书同卷中《江左世族无功臣》一条叙起，指出其若干疏误之处后，即云：

> 赵书此条却暗示南朝政治史及社会史中一大问题，惜赵氏未能阐发其义，即江左历朝皇室及武装统治阶级转移演变之倾向是也。夫赵氏之所谓功乃指武功而言，故其所谓功臣，易言之，大抵

为南朝善战民族，或武装阶级之健者。宋、齐、梁、陈四朝创业之君主，皆当时之功臣。其与其他功臣之差别，仅在其为功臣中最高之首领，以功高不赏之故，遂取其旧来所拥护之皇室而代之耳。是以谓江左世族无功臣，与言南朝帝室止出于善战之社会阶级无异。此善战之阶级，在江左数百年间之变迁与南朝境内他种民族之关系，治史之人，固应致意研求者也。

比之赵氏，这种看法视野显然要开阔得多，颇有笼罩全局的气势。

陈氏首先从宋、齐、梁、陈四朝皇室的"社会阶级"考察，以为均非文化显族，属于善战之社会阶级，"然则南朝之政治史概括言之，乃北人中善战之武装寒族为君主领袖，而北人中不善战之文化高门，为公卿辅佐。互相利用，以成此江左数百年北人统治之世局也"。北人善战，吴人不善战，"然江左侨寓之寒族北人，至南朝后期，即梁代亦成为不善战之民族。当时政府乃不能不重用新自北方南来之降人以为将帅。及侯景变起，梁室恃以抗御及平定此乱者，固为新来之北人，而江陵朝廷所倚之纾难救急之将领，亦竟舍囚系待决之逆羯降酋莫属。斯诚江左世局之一大变。无怪乎陈室之兴起，其所任大将多为南方土豪洞主，与东晋刘宋之时情势迥异。若非隋文灭陈，江左偏安之局于是告终，否则，依当时大势所趋推之，陈室皇位，终必为其武将首领所篡夺。江东大宝或不免轮转而入于南方土族之手耶？"

陈氏的论点，也是从大量的材料中概括出来的。《〈魏书·司马睿传〉江东民族条释证及推论》的写作，就是先排比材料，后依此作推论。但他对材料的理解，考察材料的角度，以及提炼论点时不黏着于材料的超越态度，都与前人大有不同。他对问题的推断，已有探讨历史发展内在规律的自觉要求，不再满足于就事论事，提供一些与基本事实不远的结论。他的史观，显然已经达到一个新的层次。

拿赵氏和陈氏的史学成就做比较,可以看出时代的进步。前人每谓清代史学的主流基本上是一种史料学的研究,赵翼的《廿二史札记》则已突破史料学的范围,他在排比史料之后提炼出的结论,已具较普遍的意义,可以帮助读者认识某一历史事实的真相,了解某一类的社会现象的广泛内容;陈氏的研究工作,也极重视材料的搜集和排比,而他考察史料,自有不同前人的特别眼光,例如他在考察陈朝将领时,就注意到了《陈书》卷三五《熊昙朗等传论》中的话,云:"梁末之灾渗,群凶竞起,群邑岩穴之长,村屯坞壁之豪,资剽掠以致强,恣陵侮而为大。"因为"此等豪酋皆非汉末魏晋宋齐梁以来之三吴士族,而是江左土人,即魏伯起所谓巴蜀溪俚诸族"。这在当时"大抵为被压迫之下层民族",乘机崛起后,也就造成了南朝民族及社会阶级之变动。这里陈氏观察了侯安都、侯瑱、欧阳頠、黄法氍、徐世谱、熊昙朗、周迪、留异、陈宝应等人的传记,考察了他们的"性质、才力、籍贯及事迹",这样从各个不同的侧面对问题一一考察,然后得出综合的结论,这样的研究工作,不但表现为视野的开阔,各种辅助科学的进步,而且具体体现了思辨能力的发展与提高。

陈氏得出的结论,尚可用新的观点作出解释,但他这种观察问题的方法,可以给予后人不少启迪。

当代学者注意归纳法与演绎法的交相为用

清代学者运用归纳法而取得了前所未有的成功,但因中国其时哲学界没有发展到对于思想方法进行理论总结的阶段,因此学者之间运用此法,一般只是按照前人的样本进行同类活动,而未能有意识地遵循一定的原则和操作规范进行活动。他们的研究工作,尽管成绩斐然,但总给人以单调之感。除一些优秀著作外,一般学者的著作总是让人感到平板而沉闷,乾嘉学派的高潮过去之后,后劲不继,继之而起的一些著作往往失之于细碎平淡,这与研究方法上的缺乏变化也有关系。

当代一些著名的学者大都接受过西洋学术的训练,他们对于思维规律的认识与掌握,自然超过前人,要自觉得多。

陈寅恪在研究中古史与唐史时,提出过许多新鲜论点,如天师道世家对政治的影响、关陇集团的形成等,也搜集了许多同类的例证,排比分析之后,总结出结论。但陈氏的研究方法已不限于归纳,这里还穿插进了演绎等方法,从而使研究工作显得很丰富多样。

这里可以他对牛李党争的论述作为例证加以分析。

对于中唐时期政坛上的这一重要事件,如何形成牛、李二党的社会背景和他们所代表的社会力量,近人论之者颇多,见仁见智,至今未能得出一致的结论。陈氏研究这一问题时,曾引沈曾植(子培)之言曰:

> 唐时牛李两党以科第而分,牛党重科举,李党重门第。①

陈氏接受此说,但他考察问题时,则从东汉时期统治阶层结构的变化着眼,进行系统的分析与归纳,这就进入了社会演变规律的探讨。现先举其结论性的意见如下:

> 东汉学术之重心在京师之太学,学术与政治之关锁则为经学,盖以通经义、励名行为仕宦之途径,而致身通显也。自东汉末年中原丧乱以后,学术重心自京师之太学移转于地方之豪族,学

---

① 　张尔田《玉溪生年谱会笺》三,大中二年下引,陈氏乃从此书转引。

术本身虽亦有变迁,然其与政治之关锁仍循其东汉以来通经义、励名行以致从政之一贯轨辙。此点在河北即所谓山东地域尤为显著,实与唐高宗、武则天后之专尚进士科,以文词为清流仕进之唯一途径者大有不同也。由此可设一假定之说:即唐代士大夫中其主张经学为正宗、薄进士为浮冶者,大抵出于北朝以来山东士族之旧家也。其由进士出身而以浮华放浪著称者,多为高宗、武后以来君主所提拔之新兴统治阶级也。其间山东旧族亦有由进士出身,而放浪才华之人或为公卿高门之子弟者,则因旧日之士族既已沦替,乃与新兴阶级渐染混同,而新兴阶级虽已取得统治地位,仍未具旧日山东旧族之礼法门风,其子弟逞才放浪之习气犹不能改易也。总之,两种新旧不同之士大夫阶级空间时间既非绝对隔离,自不能无传染熏习之事。但两者分野之界画要必于其社会历史背景求之,然后唐代士大夫最大党派如牛李诸党之如何构成,以及其与内廷阉寺之党派互相钩结利用之隐微本末,始可以豁然通解。①

陈氏考察的这一社会问题,情况复杂,显然不能靠排比材料观察其表面现象所能解决。他在分析牛、李两党的成员时,遇到不合通则的地方,势必要作出新的解说,这种解说又必须合乎通则,这样才能不破坏原有的体系。

他曾引用《唐语林》三《识鉴》类文:

> 陈夷行、郑覃请经术孤立者进用,〔李〕珏与〔杨〕嗣复论地胄

---

① 《唐代政治史述论稿》中篇《政治革命及党派分野》,三联书店 1956 年版。

词采者居先,每延英议政多异同,卒无成效,但寄之颊舌而已。①

　　陈氏以为经术乃东汉以来世族盛门之重要政治资本,此处却说是"经术孤立",李珏史称"赵郡赞皇人",正是所谓"赵郡李氏",杨嗣复则出于"弘农杨氏",也属所谓"山东旧族",但在"地胄"一词之下却接"词采"一词,似与前面提出的通则有违,陈氏敏感地发现此处二句前后二词均搭配不当,实乃包含着一绝大问题。于是陈氏加以解释道:"盖陈郑为李(德裕)党,李杨为牛党,经术乃两晋、北朝以来山东士族传统之旧家学,词彩则高宗、武后之后崛兴阶级之新工具。至孤立地胄之分别,乃因唐代自进士科新兴阶级成立后,其政治社会之地位逐渐扩大,驯致旧日山东士族如崔皋之家,转成孤寒之族。若李(珏)杨之流虽号称士族,即使俱非依托,但旧习门风沦替殆尽,论其实质,亦与高宗、武后由进士词科进身之新兴阶级无异。迨其拔起寒微之后,用科举座主门生及同门等关系,勾结朋党,互相援助,如杨於陵、嗣复及杨虞卿、汝士等,一门父子兄弟俱以进士起家,致身通显(见《旧唐书》一六四、《新唐书》一六三《杨於陵传》、《旧唐书》一七六、《新唐书》一七四《杨嗣复传》、《旧唐书》一七六、《新唐书》一七五《杨虞卿传》及《南部新书》己"大和中人指杨虞卿宅南亭子为行中书"条等),转成世家名族,遂不得不崇尚地胄,以巩固其新贵党类之门阀,而拔引孤寒之美德高名翻让与山东旧族之李德裕矣(见《摭言》七《好放孤寒》门"李太尉德裕颇为寒畯开路"条及《唐语林》七《补遗》"李卫公颇升寒素"条等),斯亦数百年间之一大世变也。"对此现象作了新的解说,这样既不违背其原有结论,反使自己的新见更为圆通了。

　　陈氏这里用以概括的标准实际上已经起了变化,兹略草一表,便

---

① 　陈氏注云"参考《南部新书》丁"。按此文原出《东观奏记》卷上。

可了然：

中唐之前	中唐之后
世族（盛门）——经术、礼法 寒族（孤立）——词采、放荡	世族（孤立）——经术、礼法 寒族（盛门）——词采、放荡

陈氏以为：东汉至唐初，这类社会现象是统一的，世族以世传经术为本，又以礼法持家为特点；寒族则以词采文华为特征，其普遍的作风为放荡不羁。但到中唐之后，在科举制度的激发下，进士阶层出身者转成世家大族，世家大族墨守者转成社会上的孤立分子。陈氏以此说明社会阶级的升降和社会风气的变迁。

举例来说，杜牧为牛党中的著名文士，生活放荡，屡见于唐人记载，本人也有很多诗歌记叙这一方面的经历。但他的祖父杜佑乃是历相德宗、顺宗、宪宗三朝的名臣，且以儒学著称，所著《通典》二百卷，尤以礼典部分为善，那么杜牧又为什么不能克绍箕裘而改变门风了呢？

显然，陈氏以为如用经术与礼法为标准来衡量襄阳杜氏的后裔，已经不合适，因为杜牧的作风更适合于用新进阶层的标准去衡量。这里陈氏除了用进士词科的一般通则解释杜牧等人的放荡作风外，又从杜氏上代着眼，说明他们本非礼法传家的世族。

陈氏举出杜佑以妾为妻一事，说明杜佑虽称旧门，实则"并非士大夫之胜流门族"。这一类事，在今人看来似乎无足介意，但在封建社会中人看来，却是礼法中的大事。管仲协助齐桓公九合诸侯、一匡天下，重申周礼中的若干重要原则而订立盟约，就有"毋以妾为妻"这一条，因为这事牵涉到嫡庶之别等重大问题，因此古人向来把这看得很重，后人自可根据这点区分哪些家族属于诗礼传家的胜流，哪些已经门风衰替，因而不为时人所重。

陈氏历举李师古、李齐运、李伊衡诸人以妾为妻事，说明杜佑"乃与胡族武人同科",自难逃避"家风替焉"的批评。按李齐运乃唐之宗室,而亦有"以妾为妻"之事,似可说明唐代皇室胡化的色彩很浓,朱熹所谓"唐源流出于夷狄,故闺门失礼之事不以为异"①,这对社会上的风气也会发生影响。

陈氏又举《新唐书》卷一六六《杜佑传》及《唐文粹》卷六八权德舆撰杜佑墓志铭,说明杜佑之父希望实以边将进用,更可证明杜牧一家实非士大夫之胜流门族。

由此可见,陈氏提出经术、礼法和词采、放荡两种标准且以变化发展的观点区分牛李党人,比起清人单举一项标准概括某种社会现象的研究方法来,内容自然要丰富得多。而他还把某些含糊不清的社会现象细加分析,一一区分,重新归类,既不违反自己早先概括出来的原则,并将新的研究成果丰富、充实这一原则。如果说陈寅恪研究牛、李党争问题,主要使用了归纳法的话,那么他对杜牧一家的分析,就是使用演绎法的问题了。这样的方式,比之前代学人,更能予人丰富多彩的感觉。

当代学者运用假设法探索历史发展的内在规律

胡适提出过"大胆地假设,小心地求证"的口号,曾对当时的学术界发生过很大的影响。新中国建立之初,大家对这口号展开过猛烈的批判。联系胡适本人的哲学观点,可以说这口号中确有可以商兑的地方,因为胡适认为假设只供参考之用,并不反映研究对象的原有内涵,这就表明胡适认为人类认识的进步并不表明人们对掌握自然界的能力的提高,而只是用一个更为圆通的假设取代了前此的假设,这里牵涉到人类能否掌握客观真理的问题。在这问题上,唯心主义者和唯物

---

① 见《朱子语类》卷一一六《历代类》三。

主义者本来持有截然不同的观点。

但从方法论的角度来说,胡适的这一提法又未为大错。研究科学,必然要提出"大胆的假设",无论自然科学或社会科学,都是如此。

从学术史的角度来说,"假设"的受人重视,又与近代自然科学的飞速发展有关。人们在科学研究的过程中,接触到了许多实例,发现了贯通于现象之后的通则,他们就用"假设"的方法,将这些通则表达出来。随着人们对于这类现象认识的深化,时而发现原有的"假设"还不能充分说明,于是又用新的假设来取代,就是这样地,随着人们对于自然现象认识的深化,作出的假设越来越切近实际,距离客观真理也就越来越近。而当人们可用实验的手段证明自然现象与假设一致时,这种假设也就成了定律。

哥白尼对天文现象作了长期的观察,提出了日心说,恩格斯将之作为科学假设而后"纯粹地构成定律"的范例。其他如牛顿的地心引力说等,莫不如此。

正由于"假设"在近代科学中占有越来越重要的位置,逻辑学家将之作为人们重要的认识方法而力加阐释,作为一项重要的逻辑学说而纳入认识论中。因此,人们把握假设与求证的问题时,并不考察假设的背景牵涉到唯心论或唯物论等重大的哲学问题,大家都是从个人的生活体验中去接受这一方法的。

顾颉刚在《古史辨》第一册的自序中介绍自己接受的科学方法时说:

> 后来进了大学,读名学教科书,知道惟有用归纳的方法可以增进新知,又知道科学的基础完全建设于假设上,只要从假设去寻求证据,更从证据去修改假设,日益演进,自可日益近真。①

---

① 《古史辨》第一册第 95 页,朴社 1926 年版。

可见顾氏之运用假设法而探寻新知,并不是纯受胡适"大胆假设,小心求证"的影响。他是因学习名学而自觉地运用"假设"法的。这在近代学者中怕有其代表性。因为当代学者一般都会接触到逻辑学,或系统地学习过逻辑学,这与清代学者不能自觉地运用逻辑以求知,也就有所不同。

陈寅恪也屡用"假设"法去探求新知。按其早年经历来说,也当是接受了西洋逻辑理论的影响。

他在文中明示运用"假设"之说者甚多,今摘引数例于下,如《论隋末唐初所谓"山东豪杰"》:

> 此"山东豪杰"者乃一胡汉杂糅,善战斗,务农业,而有组织之集团,常为当时政治上敌对两方争取之对象。兹略引史料,稍为证明,并设一假说,以推测其成立之由来,或可供研治吾国中古史者之参考欤?①

《武曌与佛教》:

> 武曌在中国历史上诚为最奇特之人物,宜都内人之语非夸词,皆事实也。……兹篇依据旧史及近出佚籍,参校推证,设一假定之说,或于此国史上奇特人物之认识,亦一助也。②

《唐代政治史述论稿》上篇《统治阶级之氏族及其升降》:

---

① 原刊《岭南学报》第十二卷第一期,后收入《金明馆丛稿初编》。
② 原刊《中央研究院历史语言研究所集刊》第五本第二分册,屡经增补,后收入《金明馆丛稿二编》,上海古籍出版社 1980 年版。"宜都内人之语"见《李义山文集》卷四《纪宜都内人事》,宜都内人言武曌为真天子。

夫河北之地，东汉、曹魏、西晋时固为文化甚高之区域，虽经胡族之乱，然北魏至隋其地之汉化仍未见甚衰减之相，何以至玄宗文治灿烂之世，转变为一胡化地域？其故殊不易解。兹就安史叛乱发源之地域及其时代先后之关系综合推计，设一假说，以俟更详确之证明。即使此假说一时难以确定成立，但安史叛乱及其后果即河朔藩镇之本质，至少亦可因此明了也。

同上：

李唐最盛之时即玄宗之世，东汉、魏晋、北朝文化最高之河朔地域，其胡化亦已开始，此点自昔史家鲜有解释，兹试作一解说，以待将来之确证，然私心殊未敢自信也。

《唐代政治史述论稿》中篇《政治革命及党派分野》：

东汉学术之重心在京师之太学，学术与政治之关锁则为经学，盖以通经义、励名行为仕宦之途径，而致身通显也。自东汉末年中原丧乱以后，学术重心自京师之太学移转于地方之豪族，学术本身虽亦有变迁，然其与政治之关锁仍循其东汉以来通经义、励名行以致从政之一贯轨辙。此点在河北即所谓山东地域尤为显著，实与唐高宗、武则天后之专尚进士科，以文词为清流仕进之唯一途径者大有不同也。由此可设一假定之说：即唐代士大夫中其主张经学为正宗、薄进士为浮冶者，大抵出于北朝以来山东士族之旧家也。其由进士出身而以浮华放浪著称者，多为高宗、武后以来君主所提拔之新兴统治阶级也。其间山东旧族亦有由进士出身，而放浪才华之人或为公卿高门之子弟者，则因旧日之士

　　　　当代学术研究思辨

族既已沦替,乃与新兴阶级渐染混同,而新兴阶级虽已取得统治地位,仍未具旧日山东旧族之礼法门风,其子弟逞才放浪之习气犹不能改易也。总之,两种新旧不同之士大夫阶级空间时间既非绝对隔离,自不能无传染熏习之事。但两者分野之界画要必于其社会历史背景求之,然后唐代士大夫最大党派如牛李诸党之如何构成,以及其与内廷阉寺之党派互相钩结利用之隐微本末,始可以豁然通解。

上面引用的最后一段文字,前面已经引用过,今以其材料可贵,此处可用作说明陈氏研究方法之最佳例证,故再次加以引用。

下面就对陈氏的上述"假设"试加分析:

诚如陈氏所言,隋末唐初的历史记载中常见"山东豪杰"这一名词,但因材料分散,情况复杂,过去史家于此从未作过系统的阐述。陈氏钩稽史实,将有关人员归纳为三类,即(一)窦建德、刘黑闼等,(二)翟让、徐世勣等,(三)青、齐、徐、兖诸豪雄。"综合上引关于山东豪杰之史料,就其性强勇,工骑射,组织坚固,从事农业,及姓氏多有胡族关系,尤其出生地域之分配诸点观之,深疑此集团乃北魏镇戍屯兵营户之后裔也。"

陈氏这里也用了归纳的方法,但所持的标准,并非一端,而是从一善战、二胡姓、三胡种形貌、四务农、五组织力强几种标准着眼的。上述三类人物中,尤以一、二类人物为重要,窦建德、刘黑闼等徒党为唐室之劲敌,翟让、徐世勣一类以洛阳为其政治信仰中心,唐太宗之所以成功,就在能够取得洛阳,抚用这一系统的人物,而获得彼等辅助之效。唐王室以关陇集团为核心,用府兵为战斗主力,但至唐初,已不堪攻战,故在贞观四年(630)之前,对内对外的战争中,主要兵力实寄托于以徐世勣为代表之"山东豪杰"集团①。

　　陈氏在好几篇文章中论述过武曌在中古到唐代历史中发生的作用。考其出处，则又牵涉到初唐时期的政局。太宗虽即王位，又是胡汉关陇集团的首领，但因历史传统的原因，山东以礼法传家的世族在士人中的声望犹在王室之上，唐太宗为王室声威计，采取压制山东世族的政策，而又不得不起用此一文化世族中人，以示天下一统之意。迨至高宗嗣位，政权实际上控制在胡汉关陇集团的元老重臣手中。封建王朝中政治上各派力量的消长，往往在王室内部反映出来。高宗废除关陇集团拥护的皇室旧姻后裔王皇后，而欲立一出身山东地域但既非山东士族又与关陇集团无甚关系之武昭仪为后，在朝臣中遂引起了激烈的冲突。武氏卒得具备"山东豪杰"首领资格的徐世勣的支持，排除了关陇集团首领长孙无忌的反对，登上皇后宝座。所以陈寅恪在《记唐代之李武韦杨婚姻集团》一文中以为，"详悉分析赞成与反对立武氏为后两方出身之籍贯，于当时政治社会及地域集团之竞争，其关键所在更可以了然矣"。

　　过去的史家论述武曌之得立，往往把这归之于高宗的柔懦，武后的善用权术，以及徐世勣的不能坚持封建礼教原则。有的史家还把徐敬业反武曌失败，一门遭戮，认为正是他祖父当年支持武氏的报应。陈寅恪摆脱了这种以道德为标准而分析历史的旧观念，也不把历史上的大事看作纯属偶然的事件，而是挖掘其支配历史发展的原动力。显然，这种奠基在归纳的基础上提出的假设，目的是在寻找历史发展的规律。

　　武曌控制政权之后，一方面通过婚姻关系而组织起李、武、韦、杨

---

　　① 　参陈氏《论唐代之蕃将与府兵》一文，原刊《中山大学学报》1957 年第 1 期，后收入《金明馆丛稿初编》。

婚姻集团,宰控百年之世局,排除了关陇集团的传统势力;一方面又大力推行科举制度,培植一批非士族出身的新型官僚,借以排除山东士族。陈寅恪以为武曌在历史上曾起巨大的作用,他不像其他史家那样花很多笔墨评述武曌的品德和特异之点,而是探讨历史发展过程中这一怪杰怎样适应时势而采取了许多变更社会结构的措施。

武曌以山东寒族中的一员,在山东豪杰的支持下,攫取了政权,久居洛阳,转移全国重心于山东。她大力推行科举制度,扶植起来的新兴统治阶级,生活放荡,重词采文华,排斥尊经术重礼法的山东士族,破坏南北朝以来的贵族阶级。这两种社会力量到了中唐时,也就形成了牛、李两党。由此可见,陈寅恪用假设方式表述的问题,富有系统性,他把各种社会现象用社会集团、政治制度、民族关系、文化背景等因素加以辨析,说明各种社会力量冲突激荡下形成的新格局,这样的论述,比之就事论事的旧史学,自然要深刻得多。试将陈寅恪的这些研究成果与《廿二史札记》中的《唐女祸》《武后之忍》等条目相比,就可看出当代的史学研究确实已经有了长足的进步。

清代学者对于个别的具体问题往往考订甚精,而缺乏透过史实把握其发展动力的史识。因此陈寅恪在论"山东豪杰"时又说:"自沈垚以来,考证六镇问题之著述于镇名地望颇多精义,然似不免囿于时间、空间之限制,犹未能总汇贯通,了解其先后因果之关系也。"例如他将冀、定、瀛、相、济、青、齐、徐、兖诸州的豪杰的善战、姓氏、形貌、务农、组织力强诸特点总汇贯通加以考察,而又通古今而观之,沿流而下,寻求到山东豪杰在李唐王朝中占有的位置,参与政局后产生的影响,如何支持山东寒族而排斥山东士族,乃至发展到党争等等,前因后果,逻辑相当严谨。这种历史因果性的考察,比之清儒运用归纳法而得到的结论,显然要高上一筹。这是史学方法的进步,也是资产阶级史学高过封建史学的地方。

当代的史学家或许对陈寅恪的研究成果还有不满,但从研究方法而言,应该承认有其进步之处。比之前人,已经有巨大的飞跃。陈允吉说:"陈寅恪先生的治学特点,主要表现在他具有过人的远见卓识,至于在细密的史料考据方面,倒并不是他最注意的。因此他提出的一些新见解,往往带有某种预见或推导的成分,需要后人根据他提供的线索去发掘、研究有关史料,才能得到实际的证明。"①这里说到的带有"推导成分"的"远见卓识",往往就用"假说"的方式表达。陈寅恪治史以"通识"自许,"通识"也就是发掘历史发展的内在规律。

当代学者对以意逆志法与比兴说诗法的运用

牟润孙在论述陈垣的史学成就,进而论述中西史学的不同特点时说:

> 史学足以经世致用,自唐杜佑,宋司马光、李焘、徐天麟、李心传、陈傅良、王应麟、马端临以迄清初顾炎武、黄宗羲、王夫之等人发挥得十分尽致。西方史学目的在于归纳出社会发展定律,中国史学则在于求致用,所谓史学的大义微言即在发明古为今用之理,不在于求出社会发展定律。中西史学方法从分析史料方法上说,极容易找到相合一致的说法,至于讲求史事的大义,以期古为今用,则西方史学家至今所不能接受。②

---

① 《韩愈的诗与佛经偈颂》,载《唐音佛教辨思录》,上海古籍出版社 1988年版。
② 《从〈通鉴胡注表微〉论援庵先师的史学》,载《励耘书屋问学记》。

牟氏并说："援庵先生由考据及西方汉学入手,也学了西洋方法,而终于回到通史以致用中国传统史学路途上来。他早期研究宗教史、中西交通史,最后回到研究《资治通鉴》,讲传统政治史,讲传统史学方法,诚如向觉明(达)所批评,援庵先生成了'正果'。"这是因为那些植根在中华文化深厚土壤中的史学家,势难割断与这种优良传统的血肉联系,况且中国近代经历着连绵不断的外患与内乱,史家有所感悟,也就更有可能促使他们自觉地走上经世致用的传统道路。

陈垣和陈寅恪二人在经历了日寇侵华而遭受到的种种磨难之后,经世致用的倾向更明显了。

抗日战争兴起后,陈垣因故未能离开北京,亲身体验了国土沦为异域、人民饱受压迫的痛苦。他日夜处在敌伪胁迫的危苦境地之中。这时他重读历叙古今治乱的史学名著《资治通鉴》,自然感受更为深切,当他细读胡三省为《通鉴》作的注释时,也就引起了强烈的共鸣。胡三省以宋代遗民的身份,坚持不与元王朝合作,在艰难困苦的条件下,注释《资治通鉴》,通过历史事件与历史人物的注释,抒写他的亡国之痛。胡三省的这番苦心,前人从未觉察,大家都只称道他考证之精到与地理知识的丰富,而不了解他眷怀故国的隐衷。陈垣经历了与胡三省相似的经历,千载同心,于是写作《通鉴胡注表微》二十篇,前十篇言史法,后十篇言史事,阐发胡注的精神。在陈垣的著作中,此书具有鲜明的特色,可以看出他史学观念改变的轨迹。

从陈氏著作《通鉴胡注表微》所用的方法来说,仍属形式逻辑中的归纳法,其体例与《史讳举例》等书类同,也是先将材料按不同性质按类排比,然后一一归纳出结论。但胡三省在元王朝的高压统治下著书,有话不便明言,又兼格于注释体例,观点的表达常是很隐晦。要想运用这样的史料,先要经过一番抉发,透过字面,将其深层的含义披露出来。因此,我们应该进一步说明,陈垣研究这书使用的方法似与其他著作相仿，实则这是一种创新，古今史学著作中无此体例。

阅读《通鉴胡注表微》，不难发现下面三个特点：

一是发扬《春秋》大义，使史书起到劝善攘恶的作用。例如《本朝篇第一》中引《通鉴》隋炀帝大业二年，命苏威等六人与吏部参掌选事，虞世基独专之，受纳贿赂，多者超越等伦，无者注色而已一条，胡三省注："注其入仕所历之色也。宋末参选者具脚色状，今谓之根脚。"陈垣《表微》曰：

> 　　此言"宋末"，宋亡后之词也。所谓"今"，元初也。根脚犹言履历。《朝野类要》三，载："宋时脚色状，崇、观间加'不是元祐党籍'，绍兴间加'不是蔡京、童贯、朱勔、王黼等亲戚'，庆元间加'不是伪学'。"元初根脚，则《谢叠山集》四，有《上丞相刘忠斋书》，刘忠斋即降臣留梦炎，书言："当日中书行省勒令福建有官不仕人呈文恁根脚者，又从而困辱之。"此叠山所身受。身之与叠山同榜进士，国亡同隐居不仕，何能独免，身之盖深苦于不断呈写根脚乎！

又如《解释篇第四》中引《通鉴》秦昭襄王五十二年"周民东亡"，胡三省注："义不为秦民也。"陈垣《表微》曰：

> 　　《史记》注家多矣，"周民东亡"一语，周秦二《纪》皆载之，迄无注者，身之独释之曰"义不为秦民"。区区五言，非遇身之之时，不能为是注也。昔宋亡，谢皋羽撰《西台恸哭记》及《冬青树引》，语多不可解。明初张孟兼为之注，明亡黄梨洲重注之，曰："余与孟兼所遇之时不同，孟兼去皋羽远，余去皋羽近，皋羽之言，余固易知也。"然则诸家不能注，而身之独能注之者，亦以诸家去秦远，身

之去秦近耳！

显然，陈氏所发挥的意思，是在说明抗战时期国民之"西"亡。

陈垣这样逆探胡三省的苦心，又融入了自己的思想，一一写入二十篇文字前面的小序中。例如《本朝篇第一》小序曰："本朝谓父母国。人莫不有父母国，观其对本朝之称呼，即知其对父母国之厚薄。胡身之今本《通鉴注》，撰于宋亡以后，故《四库提要》称之为元人。然观其对宋朝之称呼，实未尝一日忘宋也。大抵全书自四十卷至二百三十二卷之间，恒称宋为'我朝'或'我宋'，而前后则率称'宋'或'宋朝'，吾颇疑为元末镂版时所改，其作内词者，身之原文也。"《夷夏篇十六》小序曰："夷夏者，谓夷与夏之观念，在今语为民族意识。《公羊》成十五年传：'《春秋》内其国而外诸夏，内诸夏而外夷狄。'非尊己而卑人也，内外亲疏之情，出于自然，不独夏对夷有之，夷对夏亦宜然，是之谓民族意识。当国家承平及统一时，此种意识不显也；当国土被侵陵，或分割时，则此种意识特著。身之生民族意识显著之世，故能了解而发挥之，非其世，读其书，不知其意味之深长也。"《劝戒篇第十》小序曰："劝戒为史学之大作用，古所贵乎史，即取其能劝戒也。……胡注于史事之可以垂戒者，每不惮重言以揭之曰：'可不戒哉！可不戒哉！'孔子云：'书之重，辞之复，其中必有美者焉。'此之谓也。"可见陈垣发挥胡三省的微旨，读史古为今用，既具科学性，又有现实意义，使史学研究进入了一个新的境界。

二是推阐胡三省的苦心，借古喻今。

这种做法，例证至多，不可烦列举。今仅引《评论篇》与《感慨篇》的小序于下，以见陈氏史学观念的变化。

《评论篇第八》小序曰：

注中有论，由来尚矣，毛公之训《诗》，安国之传《书》，郑君之释《礼》，王弼之解《易》，皆有时参以论议。马班而降，史论尤繁，荀悦曰论，陈寿曰评，裴松之引孙盛、徐众之书，亦皆以评为号，则评论实注家之一体也。胡注《通鉴》，评论亦众，此篇之外，散见于史事各篇者，大抵皆评论也。自清代文字狱迭兴，学者避之，始群趋于考据，以空言为大戒。不知言为心声，觇古人者宜莫善于此，胡明仲之《管见》，王船山之《鉴论》，皆足代表一时言议，岂得概以空言视之，《通鉴注》中之评论，亦犹是也。

《感慨篇第九》小序曰：

感慨者，即评论中之有感慨者也。《鉴注序》言："温公之论，有忠愤感慨，不能自已于言者。"感慨二字，即取诸此。然温公所值，犹是靖康以前；身之所值，乃在祥兴以后。感慨之论，温公有之，黍离麦秀之情，非温公论中所能有也，必值身之之世，然后能道之。故或则同情古人，或则感伤近事，其甚者至于痛哭流涕，如一百四十六卷对于襄阳之陷，二百八十五卷对于开运之亡，是也。兹特辟为一篇，附《评论》后，从来读胡注者尚鲜注意及此也。

这是陈垣著书的宗旨。胡三省史学上的贡献，经过此书的抉发，人们始能有全面的认识。

三是假托古人，抒发个人的怀抱。

陈垣在有些条文的按语中，特用重笔抒发个人的怀抱，带有更多的个性色彩。他与其时很多学者不同，留滞北京，身处沦陷区内，自然会引起人们的猜疑，于是常在书中借史事以明志。例如他在多处借评论韩偓之笔，抒发个人的怀抱，《感慨篇第九》中介绍《通鉴》记唐昭宗天复三年贬韩偓濮州司马,上密与偓泣别,偓曰:"是人非复前来之比。臣得远贬,及死乃幸耳,不忍见篡弑之辱。"胡三省注曰:"呜呼!韩偓何见之晚也!然昭宗闻偓此言,亦何以为怀哉?惟有纵酒而已。"陈垣《表微》申论之曰:

> 是人指朱全忠,明年全忠即弑帝,故云偓所见晚。偓应早去而不去,此其所以为忠也。夫偓岂恋爵禄者哉!盖尝予以相而不就矣。《读史管见》廿七曰:"主暗国危,韩偓久居近密,昭宗多与谋议,故不忍去。宰相人所愿欲,而偓终不肯拜,甘心斥逐,其志操亦可尚。"《新唐书》一八三乃谓:"偓挈其族入闽,依王审知。"刘后村跋韩致光帖辨之,谓:"王氏据福唐,致光居南安,曷尝依之!"全谢山跋致光诗曰:"致光居南安,固不依王氏,即居福唐,亦非依王氏。王氏附梁,致光避梁而出,岂肯依附梁之人!"举其闽中诸诗为证。则偓固皎然不欺其志者也。

显然,陈垣这里是借韩偓忠于唐室表明自己的忠于祖国。虽避地野处,然决不依附敌伪。

西洋史学反对古为今用,要求纯客观地处理史料,对照陈氏著作《通鉴胡注表微》的态度,观点截然不同。陈氏阅读《通鉴》阐发胡注的微旨,真是全身心地投入,他在此书《重印后记》中说:"我写《胡注表微》的时候,正当敌人统治着北京;人民在极端黑暗中过活,汉奸更依阿苟容,助纣为虐。同人同学屡次遭受迫害,我自己更是时时受到威胁,精神异常痛苦,阅读胡注,体会了他当日的心情,慨叹彼此的遭遇,忍不住流泪,甚至痛哭。因此决心对胡三省的生平、处境,以及他为什么注《通鉴》和用什么方法来表达他自己的意志等,作了全面的研究,用三年时间写成《通鉴胡注表微》二十篇。"

"表微"之前，先得"探微"，这得运用"以意逆志"的方法。《孟子·万章上》叙孟子与学生论《诗》时提出了这一处理史料的原则，也就形成了我国论诗读史的一种传统方法。《通鉴》唐僖宗乾符五年，平卢军奏节度使宋威薨，胡三省注："老病而死，固其宜也。史书威死，以为握兵玩寇不能报国之戒。"陈垣《表微·书法篇第二》曰："书死者多矣，身之推论之如此，所谓'以意逆志'也。赵绍祖《通鉴注商》以为胡注多事，是使读史者不能自由运其心思也。"可见他是主张读史时可自由运用心思的。

　　司马光编写《资治通鉴》时，对于历史上的一些大事，时而以"史臣"名义用按语加以评论，而在叙述史事时，也时寓抑扬之意。胡三省加以注释，每借史事倾诉衷肠，陈氏继起，也借此抒写怀抱。阅读这类文字，首先得掌握其言在此而意在彼的特点。这种著书的方式，解说前人文字的方式，具有"比兴说诗"的特点。文字中的寓意，得靠心意相通，决不是读书只停留在字面上的人所能了解。这种文史高度融合的传统，不是植根在中华文化基地上的人，怕很难理解。

　　陈垣著作此书，申述了个人的理想，抒发了个人的怀抱，寄寓着个人的感情，从而在精神上得到了很大的享受。他把此书视作个人最满意的著作之一，认为自己的写作已经进入"有意义的史学"的高级阶段。于是他评清儒的学术成就时，见解已与前此不同。李瑚追忆陈氏史学思想的发展时说："他在讲到《廿二史考异》时说：'有人赠钱大昕诗说："《困学》前惟王伯厚，《日知》近有顾亭林"，其意为此三书可以齐名鼎立。后来认为钱大昕的著作后来居上，作法精密。抗战以来，又觉得不够。因为《困学纪闻》和《日知录》除了考证、辞章以外，字里行间里时常流露作者的精神。《困学纪闻》尤胜于《日知录》。'陈先生所说的精神，指在书中有一种民族意识或爱国思想存在。注意了这一点，就与过去单纯为考证而考证的学风大有不同。陈先生在抗日战争时期的著作更证明了这一点。"①例如他在《通鉴胡注表微·考证篇第六》的小序中就说:"考证为史学方法之一,欲实事求是,非考证不可。彼毕生从事考证,以为尽史学之能事者固非,薄视考证以为不足道者,亦未必是也。兹特辑存数十条,以备史学之一法,固知非大义微言所在也。"而在《解释篇第四》引《通鉴》晋孝武帝太元十二年,秦主登以乞伏国仁为大将军、大单于苑川王之后,引胡三省注曰:"杜佑曰:'苑川在兰州五泉县,近大小榆谷。'余谓杜佑以意言之。"《表微》曰:"以意言之,不专恃考据,所以能成一家之言,此身之自道也。"他的这一番言论,也是历尽甘苦之后的夫子自道。

前面已经提到,陈寅恪治史重视发掘史料中含蕴着的内部规律,足见他寝馈西洋史学之深,而他又极推崇司马光的《资治通鉴》,称之为我国第一部政治史。根据俞大维的介绍,他研究历史的目的是在历史中寻求历史的教训,可见他又直承中国的史学传统。他的史学研究,熔中西治史的特点于一炉,其成就之超出侪辈,决非偶然。

陈寅恪自经日军侵华战乱之后,向经世致用的传统史学回归的倾向也越来越明显了。

他转而推崇欧阳修仿效《春秋》笔法而写成的《新五代史》。1964年作《赠蒋秉南序》曰:"欧阳永叔少学韩昌黎之文,晚撰《五代史记》,作义儿冯道诸传,贬斥势利,尊崇气节,遂一匡五代之浇漓,返之淳正。故天水一朝之文化,竟成我民族文化之瑰宝,孰谓空文于治道学术无裨益耶?"②显然,他认为修史可起正人心挽世道的巨大作用。

他曾撰有《五代史记注》一书,《致刘永济书》中说:"……又有《五代史记注》,其体裁与彭、刘旧注不同,宗趣亦别,意在考释永叔议论之

① 载《励耘书屋受业偶记》。
② 收入《金明馆丛稿二编》,上海古籍出版社1981年版。

根据,北宋思想史之一片断也。"①可惜此书已在南下流亡途中于安南(今越南)遗失,遂使后人无法窥其微旨。

陈寅恪晚年花了巨大的精力写作《柳如是别传》,也有经世致用的目的。吴宓曾记"寅恪细述其对柳如是研究之大纲。柳之爱陈子龙及其嫁牧翁,始终不离其民族气节之立场,光复故物之活动。不仅其才高学博,足以压倒时辈也。……总之,寅恪之研究'红妆'之身世与著作,盖借以察出当时政治(夷夏)道德(气节)之真实情况,盖有深意存焉。绝非消闲风趣之行动也。"②

《柳如是别传》中最能反映作者治学特点的地方,也在阐述钱、柳诗词时,抉发其字面之下的深层含义。例如此书第五章《复明运动》中引钱谦益《丙申春就医秦淮,寓丁家水阁浃两月。临行作绝句三十首,留别留题,不复论次》诗中六、七两首,就有代表意义。其六云:

> 东风狼藉不归轩,新月盈盈自照门。(自注:"梦中得二句。")浩荡白鸥能万里,春来还没旧潮痕。

其七云:

> 后夜缮经烛穗低,首楞第十重开题。数声喔喔江天晓,红药阶前旧养鸡。

陈寅恪加按语曰:

---

① 见《陈寅恪先生遗札及佚诗》,载南京大学古典文献研究所《古典文献研究(1989—1990)》,南京大学出版社 1992 年版。
② 蒋天枢《陈寅恪先生编年事辑》卷下,1964 年引《吴宓日记》,上海古籍出版社 1981 年版。

268 —   当代学术研究思辨

以上两诗皆牧斋自述其此时在金陵之旅况心情。第陆首第壹句用李太白"东风春草绿,江上候归轩"之句(《见全唐诗》第叁函李白壹柒《送赵判官赴黔府中丞叔幕》),盖谓河东君望其归家之意,并用韩退之"狂风簸枯榆,狼藉九衢内"之句(《见全唐诗》第伍函韩愈柒《感春》三首之二),"九衢"指南都。其易"狂风"为"东风"者,即前引《初学集》贰拾上《东山诗集》叁《秋夕燕誉堂话旧事有感》诗"东房游魂三十年"之"东房"也。第贰句"新月"指"桂王",即作此诗之次年,顺治十四年丁酉所赋《燕子矶归舟作》七律"金波明月如新样,铁锁长江是旧流"之旨。第叁第肆两句,即"铁锁长江是旧流"之义。观"万里"之语,其企望郑延平之成功及己身自许之心情,可以想见矣。第柒首前两句谓其此时第贰次草《楞严蒙钞》已至最后一卷。考牧斋之作此疏,起于顺治八年辛卯,成于十八年辛丑,首尾凡五削草。其著书之勤,老而不倦,即观此诗及牧斋尺牍中《与含光师》诸札,可以推知。后二句固是写实,但亦暗寓复明之志。末句用《文选》叁拾谢玄晖《直中书省》诗"红药当阶翻"句,不忘故国故君之意也。①

这里陈寅恪所采用的,也是"以意逆志""比兴说诗"的传统方法。

陈垣、陈寅恪是当代最杰出的两位史学家。他们治学的范围有所不同,个人的学养也有差异,但在他们的学术活动中,仍有许多共通之处。随着政治形势的变化和个人思想境界的提高,他们都表现出了愈来愈自觉地向经世致用的传统史学回归的倾向。

中国的文化源远流长,在这种文化熏陶下培育出来的学者,在向西洋学术学习的同时,也不会舍弃我国传统的治学方法。他们总是珍

---

① 《柳如是别传》下册第 1076、1077 页,上海古籍出版社 1980 年版。

视我国学术的优秀传统，摈弃纯学术的研究，追求经世致用。他们除了在研究工作中开拓新的领域外，还很看重学者个人道德的完善，追求的是经师、人师的统一。因此，纯以西洋学术的标准衡量中国学术，是不妥的。过去的经验证明：继承我国固有的学术传统，并从西洋学术中吸收新知，这怕是其后培育年轻的学者成长的正确之路。

（本文与下文均为研究近代学术研究发展演变大势所作的读书笔记）

古今文史观念的演变

—— 以正史、小说为重点所进行的探讨

学术观念经常处在变化之中。时至近代,学术观念的演变愈益明显,这一方面是因为中国经历着几千年的发展,已经到了封建社会的末期,社会结构的变动迅猛而剧烈,旧有的观念已经不足以约束人心,新的观念正在不断滋生;一方面是因为西洋学术的输入,引起了本土人士观念上的变化,因而引起了中外学术的冲突与交融。在这新旧交替与中外融合的过程中,意识形态领域中更显得异彩纷呈。只是限于条件,这里无法对中国近代学术观念的演变一一作介绍,只能选择文史领域中正史、小说二者的关系进行考察,借以说明文史观念的演变,借此一角反映全局。

叙及正题之前,本文还打算先把当代学者对"国学"一词的理解作一总体介绍,说明学术界的各种观念存在着多大的差距,以及新观念是如何逐步走入正途的。

学者间对"国学"内涵的不同理解

中国步入近代之后,学术思想发生了巨大的变化,反映封建社会中正统观点的经学不再具有指导作用,逐步丧失了独尊的地位。而在西洋学术的强烈冲击下,学术界为了强调中国学术的重要性,于是又称反映我国传统文化的学问为国学。国学的内容自然不同于经学,除经部外,还包括史部、子部、集部中的一些重要著作。因此,国学这一概念的内涵很含混，其中哪一部分最为重要，学术界的看法很不一致。

因为"国学"中包含的内容太多了，古代的所有典籍几乎都可以归入其中，中国人要掌握国学的基本知识，必须阅读哪些著作，也就成了言人人殊之事。

民国初期，即在 20 世纪二三十年代，曾经兴起过一阵知名学者为青年开国学基本书目的热潮，从中反映出了各色人等对传统文化的不同理解，也反映出了他们持有不同的学术观点。

1923 年，清华学校有四个学生将赴美国留学，作为中国人，他们想读一些代表中国文化的基本典籍，于是写信给胡适，请他拟一个书目，于是胡适开了一张容量甚大的书单，内分：一、工具之部；二、思想之部；三、文学史之部。粗粗看来，好像只有一百六十四种；实际上远不止此数，内如"二十二子"等，就包含着很多种重要典籍，又如内有《全上古三代秦汉三国六朝文》《全汉三国晋南北朝诗》《全唐诗》《宋文鉴》等，更是篇幅巨大，遍览为难，因此有人就讥刺说，这份书单中的每一本书，不知胡适本人是否全部读过，要叫初学的人读遍，太不切实际了。于是胡适在《清华周刊》记者的督促下，在原书目上加了一些圈，作为"实在的最低限度的书目"而推荐出去，以为"真的不可少了"。这些加圈的书是：

书目答问　中国人名大辞典　九种纪事本末　中国哲学史大纲　老子　四书　墨子间诂　荀子集注　韩非子　淮南鸿烈集解　周礼　论衡　佛遗教经　法华经　阿弥陀经　坛经　宋元学案　明儒学案　王临川集　朱子年谱　王文成公全书　清代学术概论　章实斋年谱　崔东壁遗书　新学伪经考　诗集传　左传　文选　乐府诗集　全唐诗　宋诗钞　宋六十家词　元曲选一百种　宋元戏曲史　缀白裘　水浒传　西游记　儒林外史　红楼梦

这份书单问世后,梁启超即加以评论,认为"这个书目为'国学已略有根柢而知识绝无系统'的人说法,或者还有一部分适用"。但他随即尖锐地指出:"胡君正在做中国哲学史、中国文学史,这个书目正是表示他自己思想的路径和所凭借的资料。"梁氏并表示诧异,"胡君为什么把史部书一概摒绝!"胡适后来补充"九种纪事本末",或许就是由此而来的吧。

梁启超也应《清华周刊》之邀,写了一种"国学入门书要目及其读法",内分(甲)修养应用及思想史关系书类,(乙)政治史及其他文献学书类,(丙)韵文书类,(丁)小学书及文法书类,(戊)随意涉览书类。一共也有一百三十一部之多。而且像"二十四史"等一种之内实际上还包括卷帙庞大的所有正史,因此要读完这些"入门书",与胡适所说的"最低限度书"比较,情况也差不多。

梁启超随后又列了一份书单,并申述曰:

〔今〕再为拟一真正之最低限度如下:

四书　易经　书经　诗经　礼记　左传　老子　墨子　庄子　荀子　韩非子　战国策　史记　汉书　后汉书　三国志　资治通鉴(或通鉴纪事本末)　宋元明史纪事本末　楚辞　文选　李太白集　杜工部集　韩昌黎集　柳河东集　白香山集　其他词曲集随所好选读数种

以上各书,无论学矿、学工程学……皆须一读。若并此未读,真不能认为中国学人矣。①

---

① 以上所引胡适、梁启超有关"国学书目"的文字,均见《胡适作品集》七《最低限度的国学书目》,台湾远流出版事业股份有限公司1986年版。

梁启超和胡适之间所拟书目的不同,反映了二人经历与观念上的不同。梁启超虽有趋新的特点,但他对中国传统文化核心的体认,仍然反映在经、史、子、集四部的若干重要典籍上,只是以为应当增添一些纯文学(美文)的词曲集就是了。胡适则侧重于将传统文化中的理论部分,特别注意在外来文化的冲击下本土文化所发生的变化,予以突出的地位。但他却是忽视了本国的历史,以致不列任何一部正史,这也反映出一种极为偏颇的观点。

其时还有另外一些学者曾为他人开列书单,则又反映出了其他不同学派的学术观点。

章炳麟(太炎)及其高足黄侃(季刚),人称清代朴学的殿军,他们继承清代汉学的传统,认为研究国学,应该恪守传统规范,首先要在经部的书上下功夫。他们也曾开列过国学基本书目,徐复先生追忆黄侃的教学活动时说:

> 先生讲课,时时称引余杭章太炎先生之说,以为后学矩范。章先生指示青年必读二十一书,先生以为尚有未备,增益为二十五书。二十五书是:经学十五书,为十三经加《大戴礼记》《国语》;史学四书,为《史记》《汉书》《资治通鉴》《通典》;子部二书,为《庄子》《荀子》;集部二书,为《文选》《文心雕龙》;还有小学二书,为《说文》《广韵》。以上青年必读书二十五种,包括四部中最重要的典籍,可以囊括一切,也是治各门学问的根柢。当时社会上盛行梁任公、胡适之开列的《一个最低限度的国学书目》,先生认为泛滥不切实际,没有揭示出重点,故提出二十五书以纠正此偏向。①

---

① 徐复《师门忆语》,载南京师范大学主办的《文教资料简报》1981年第10期,后收入《量守庐学记》,生活·读书·新知三联书店1985年版。

与此形成鲜明对照的是：鲁迅也曾开列过一份书单，为初学者指示门径。他是应挚友许寿裳之子世瑛之请而开列的。许寿裳介绍道：

  ……后来，世瑛考入国立清华大学——本来打算读化学系，因为眼太近视，只得改读中国文学系，请教鲁迅应该看些什么书，他便开示了一张书单，现在抄录如下：

  计有功 宋人 《唐诗纪事》（《四部丛刊》本，又有单行本）

  辛文房 元人 《唐才子传》（今有木活字单行本）

  严可均 《全上古三代……隋文》（今有石印本，其中零碎不全之文甚多，可不看）

  丁福保 《全上古……隋诗》（排印本）

  吴荣光 《历代名人年谱》（可知名人一生之中社会大事，因其书为表格之式也。可惜的是作者所认为历史上的大事者，未必真是"大事"，最好是参考日本三省堂出版之《模范最新世界年表》。）

  胡应麟 明人 《少室山房笔丛》（广雅书局本，亦有石印本）

  《四库全书简明目录》（其实是现有的较好的书籍之批评，但须注意其批评是"钦定"的。）

  《世说新语》 刘义庆（晋人清谈之状）

  《唐摭言》 五代王定保（唐文人取科名之状态）

  《抱朴子外篇》 葛洪（内论及晋末社会状态。有单行本）

  《论衡》 王充（内可见汉末之风俗迷信等）

  《今世说》 王晫（明末清初之名士习气）

  以上所列书目，虽仅寥寥几部，实在是初学文学者所必需翻阅之书,他的说明也简明扼要。①

这份书单,包含着许多新鲜观点,如促使年轻学生注意吸收国外汉学研究成果等。但这里还可注意如下一点,即鲁迅以为一个研究中国文学的人,首先需要注意的是:他对各个时代的社会风气、民情风俗要有了解,各种各样的人物,都是在特定的时代环境中孕育而成的。研究文史,要在文化背景上加以透视。这类问题,正史中是看不到的,只能从笔记小说中去寻觅。小说私记之文如此得到重视,正是时代发展到了新的阶段之后的反映。

文史界公私纂述的常见弊端

陈寅恪在《〈顺宗实录〉与〈续玄怪录〉》一文中提出了治史的一项原则,体现了学术思想的进步,文曰:

> 通论吾国史料,大抵私家纂述易流于诬妄;而官修之书,其病又在多所讳饰。考史事之本末者,苟能于官书及私著等量齐观,详辨而慎取之,则庶几得其真相,而无诬讳之失矣。②

这项原则的提出,是他纵观吾国史料之后得出的结论,符合实际。"私家纂述易流于诬妄",这容易理解。考其原因,则有如下数端:
(一)囿于见闻,易滋误端。那些出身世家与个人社会地位高的

---

① 《亡友鲁迅印象记》二三《和我的友谊》,上海峨嵋出版社 1947 年版,此据人民文学出版社 1977 年 12 月北京第 6 次印刷本。
② 原刊《北京大学四十周年纪念论文集》乙编上,后收入《金明馆丛稿二编》,上海古籍出版社 1980 年版。

作者,因为经历的事情多,接触的人也多,记载的事情出于耳闻目见,也就比较可信。例如赵璘撰《因话录》六卷,《四库全书总目》称"璘家世显贵,又为西眷柳氏之外孙,能多识朝廷典故。《东观奏记》载唐宣宗索《科名记》,郑颢令璘采访诸家科目记,撰成十三卷上进,是亦娴于旧事之明征。故其书虽体近小说,而往往足与史传相参"①。然如《云溪友议》的作者范摅,本是江湖散人,居留多在吴越一区,交游中乏多闻博识之士,记叙的内容往往出于道听途说,不可信从。例如他在《江都事》中叙李绅故事,云李绅治民严酷,致使"邑人惧祸渡江过淮者众",显然过于夸张。当然,小说中的记载也不大可能纯出编造,往往以一些不可靠的传说为根据,《新唐书》卷一八一《李绅传》言开成初为河南尹,"绅治刚严",恶少"皆望风遁去",《云溪友议》却记作一般平民户口逃亡不少了。书中还说"骡子营骚动军府,乃悉诛之",尤属张冠李戴。"骡子营"乃蔡州军事,见《旧唐书》卷一四五《吴元济传》与一六一《刘沔传》。吴《传》云:"地既少马,而广畜骡,乘之教战,谓之'骡子军',尤称勇悍,而甲仗皆画为雷公星文以为厌胜。"可知此事与李绅全然无涉。

(二)朋党成见,故意歪曲。史称唐代之亡,乃由三个问题所触发:藩镇、宦官、朋党。中唐之后,小说言及朋党之争者甚多。牛李之争此起彼伏,持续数十年之久,把许多文士都卷了进去,他们记叙的东西,难免没有偏见。例如李党中人刘轲著《牛羊日历》,就对牛僧孺等人肆意丑诋;牛党中人卢言著《卢氏杂说》,也曾引用一些不可信的材料对李德裕肆意攻击,且对对方政治上的失败持幸灾乐祸的态度②。假如轻信这些材料,也就会受到欺骗,从而作出不合实际的结论。

---

① 参看拙撰《赵璘考》,载《古代文献研究集林》第一集,陕西师范大学出版社 1989 年版。

② 参看拙撰《卢言考》,载《学术月刊》1987 年第 4 期。

（三）攘善讳恶，任意抑扬。我国士人常有用文字发泄私怨的情况，例如有人作《补江总白猿传》，恶意污蔑欧阳询，云是白猿所生。但也有另一种情况，有人为了盗窃虚名，宣扬自己的家庭，往往将他人的一些事迹归在自家身上，形成迷惑不清的情况。例如《邺侯家传》中记载德宗时宣武节度使刘玄佐之入朝一事，云是出于李泌的劝告，就不符事实。《资治通鉴》贞元二年十一月"壬寅，玄佐与陈许节度使曲环俱入朝"，胡三省注："韩滉既遣刘玄佐以入朝之资，又大出赏劳以动其一军之心，玄佐虽欲不入朝，得乎！"又引《考异》曰："《邺侯家传》曰：'韩相将入朝觐，先公令人报"比在阙庭已奏，来则必能致大梁入朝。今来，所望善谕以致之。"'十二月，刘玄佐果入朝。"司马光随后加按语曰："此盖李繁掠美。今从《柳氏叙训》。"可以想见，这类事情如无史家进行考辨，也就会一直混淆不清地传播下去。

私人著述之所以出现上述情况，容易理解。因为作者闭门著书，不受任何约束，如果文德不高，也就会出现"诬妄"之弊。即使他文德尚佳，也想努力征实，但个人见闻有限，终究会有缺失的地方，难免出现"诬妄"的流弊。

"官修之书"的情况应该好些了吧。从史料的来源、史官的待遇、修史的组织措施等方面来说，条件总是要好得多。但史官修史也会出现种种问题，这里有社会的原因，也有个人的原因。

史官修史一般总是把皇帝的实录作为基本的史料。我国自周代起，就已建立起了完整的史官制度，记言记事，各有所司，历代都有相应的建置。按理来说，由日常起居官记下的起居注，再在这基础上整理出来的实录，应该是最为可信的了。实际情况并不如此。且不说地方官吏及朝廷禀报的材料是否全然可靠，就在修史的人编纂实录时，也要受到当时政局的影响，增删材料，抹杀事实，甚至彻底加以改写。例如韩愈撰《顺宗实录》，叙宦官的劣迹甚为切实，随即遭到宦官的忌

当代学术研究思辨

恶,以致宪宗、文宗两朝多所修改,详见《旧唐书》卷一五九、《新唐书》卷一四二《路随传》。

从个人原因来说,史德不佳,而又凭借高位,那也会出现极为荒谬的事。例如初唐时期的许敬宗,以近合高宗、武后而得宠,主持史局后,利用修史谋求私利,竭尽颠倒黑白之能事。《旧唐书》卷八二《许敬宗传》曰:

> 敬宗自掌知国史,记事阿曲。初,虞世基与敬宗父善心同为宇文化及所害,封德彝时为内史舍人,备见其事,因谓人曰:"世基被诛,世南匍匐而请代;善心之死,敬宗舞蹈以求生。"人以为口实,敬宗深衔之,及为德彝立传,盛加其罪恶。敬宗嫁女与左监门大将军钱九陇,本皇家隶人,敬宗贪财与婚,乃为九陇曲叙门阀,妄加功绩,并升与刘文静、长孙顺德同卷。敬宗为子娶尉迟宝琳孙女为妻,多得赂遗,及作宝琳父敬德传,悉为隐诸过咎。太宗作《威凤赋》以赐长孙无忌,敬宗改云赐敬德。白州人庞孝泰,蛮酋凡品,率兵从征高丽,贼知其懦,袭破之,敬宗又纳其宝货,称孝泰频破贼徒,斩获数万,汉将骁健者,唯苏定方与庞孝泰耳,曹继叔、刘伯英皆出其下。虚美隐恶如此。初,高祖、太宗两朝实录,其敬播所修者,颇多详直,敬宗又辄以己爱憎曲事删改,论者尤之。然自贞观已来,朝廷所修《五代史》及《晋书》《东殿新书》《西域图志》《文思博要》《文馆词林》《累璧》《瑶山玉彩》《姓氏录》《新礼》,皆总知其事,前后赏赉,不可胜纪。

这些著作,大都已经失传,有的史书却还在传流。对待那些经过许敬宗之手的文字,当然应该郑重检核的了。

许敬宗的修史,固然竭尽任意抑扬之能事,但总还有一点事实根据在,还不能说是捕风捉影的编造。而像王伟之为侯景编写家世,则纯出于凭空编写,更无史实之可言。《梁书》卷五六《侯景传》曰:

> 其左仆射王伟请立七庙。景曰:"何谓为七庙?"伟曰:"天子祭七世祖考,故置七庙。"并请七世之讳,敕太常具祭祀之礼。景曰:"前世吾不复忆,惟阿爷名标。"众闻咸窃笑之。景党有知景祖名周者,自外悉是王伟制其名位,以汉司徒侯霸为始祖,晋征士侯瑾为七世祖。于是追尊其祖周为大丞相,父标为元皇帝。

侯景篡梁自立为帝,后来失败了,可以设想,假如他称帝成功,绵延数世,那么史官依据王伟编写的帝王世系而撰写历史,又有什么信史可言。但由此事后人自可想到,像五代十国帝王的世系,是否会有雷同的情况,值得注意。

从史官所处的地位来说,本人也承受着很大的心理负担。依常理而言,史官纂修当前的历史,因为史料容易征集,应该更有可能成为信史,但上至帝王,下至达官贵人,牵涉父祖或本人的历史评价,无不竭力给史官增加压力。魏收主修的《魏史》,受到不少人的攻击,一直被称为"秽史"。刘知幾在《史通·曲笔》中也大加诋斥。但如阅读有关魏收的传记,可知他在当时的处境确是极端险恶,如果不是文宣帝高洋出面支持,看来难逃杀身之祸。韩愈本以护持道统自命,以为修史可"诛奸谀于既死,发潜德之幽光"①,但也怕当史官而受祸。他在任史官修撰后,在《答刘秀才论史书》中沮丧地说,史官"不有人祸,必有天刑"②,于此可见史官因职务公开之故,易受人事的纠缠,不像司马

---

① 《答崔立之书》,载《昌黎先生集》卷一六。
② 载《昌黎先生集》卷二。

迁那样；《史记》虽被后代列入正史，但出于一人之手，司马迁本想藏之名山，传之后世，因此未受人事干扰，可以保留更多的个人见解。

韩愈的这种态度，很受时人指责。柳宗元就曾激烈地批判他尸位素餐之不当。但韩愈提到的种种难处，如云"传闻不同，善恶随人所见，甚者附党，憎爱不同，巧造言语，凿空构立善恶事迹，于今何所承受取信，而可草草作传记令传万世乎"，确实也是令人感到棘手的事。

以上种种，均可为陈氏之说提供例证，即私家纂述易流于诬妄，官修之书又多所讳饰。

正史、小说的界线区划宽严不一

自唐初起，修史的任务由皇家控制，当时完成的前五史（《周书》《北齐书》《梁书》《陈书》《隋书》）等都由朝廷遴选人才，主持工作的人，一般都由宰相领衔。如《隋书》一书，就由长孙无忌进上，其中的《经籍志》部分，则由魏徵主持。由此可见朝廷上下对于这项工作的重视。又如《晋书》一书，唐太宗还亲自为司马懿、司马炎、陆机、王羲之四人撰写传论，因此该书署称"御撰"。儒家向来重视修史，"孔子作《春秋》而乱臣贼子惧"，统治阶级以为抓住修史一环，在正名分与正人心等方面可起巨大作用，因此他们不惜花费巨大的人力和物力，去从事这项工作。自唐代起，修史成了一种制度，后起王朝的重要任务之一，就是组织人力，修前代历史。五代之时，石晋命宰相赵莹领衔纂修《唐书》，宋初以为此书修得不理想，乃命宋祁、欧阳修等重修，于是出现了所谓新、旧两部《唐书》。元初修《宋史》，明初修《元史》，清初修《明史》，尽管书成后水平未必有多高，但修史的规模更大，组织更健全，刊刻也更为及时。清亡后，北洋政府也组织人力修成《清史稿》，可见公家修史之事，在封建社会之中已成陈规。

自唐代起，朝廷还把若干史书列为考试进士的指定用书，《玉海》卷四九引《两朝志》曰：“国初承唐旧，以《史记》、两《汉书》为三史，列于科举。”这样士子也就必须精研史书。这类经过皇家核准的史书，其地位也就不同于一般的史籍了。

在封建社会里，儒家中人特别重视正名分的工作，历史书的情况千差万别，确是鱼龙混杂。继前四史之后，由朝廷组织人员编写，并用皇帝名义颁布的史书，也都荣膺“正史”的称号了。这类断代史采用的都是纪传体，首列帝王本纪，与其他编年体、纪事本末体不同，这也是这一类书荣获“正史”一名的原因①。

阮孝绪著《正史削繁》九十四卷，这一名词始见于此。其书已佚，不知他把哪些著作称为“正史”。其后的书目中沿袭不改。史而称“正”，则其书自尊，与其他霸史、杂史等著作自有高下之别了。

目下列入正史的史书，有二十四种，亦即所谓二十四史。这些书中，水平高下悬殊，对于史料的处理，也大有出入。例如《宋书》《南齐书》《梁书》《陈书》，多依实录及各家行状等材料编纂；与之性质相同的《南史》，就喜采择小说入史了。五代石晋时张昭远等编《旧唐书》，因为唐代中期以前的帝王实录和国史还有留存的，于是在很多地方利用了这类史料，尤其是在一些帝王的本纪中。宋祁、欧阳修等编《新唐书》时，以为中唐以后记载的史实颇多残缺，但又没有其他材料可作补充，于是大量吸收杂史及小说入史了。后人对此颇多批评，但也有人公平地指出，正由于宋祁、欧阳修吸收了其他材料，才使此书有关中唐之后的记载比较完整，从而在整体水平上比之《旧唐书》有所提高。

---

① 《明史》把编年体的史书也列入了“正史”，但清代乾隆年间纂修《四库全书》时，明令仅以纪传体为“正史”，而将编年体剔出单列。《四库全书总目》卷四五“正史类”下提要曰：“正史体尊，义与经配，非悬诸令典，莫敢私增，所由与稗官野记异也。”

宋祁、欧阳修等人编纂《新唐书》时，利用了哪些材料，因为没有什么具体的记载，读者虽然可以比勘而知，但仍难以确说。司马光著《资治通鉴》，利用了哪些史料，则可推寻而得。李焘在《上〈续资治通鉴长编〉表》中说：

> 司马光之作《资治通鉴》也，先使其僚采摭异闻，以年月日为丛目，丛目既成，乃修长编。唐三百年，范祖禹实掌之。光谓祖禹：长编宁失于繁，无失于略。今《唐纪》取祖禹之六百卷删为八十卷是也。（《文献通考·经籍考》二十引）

可喜的是，司马光在定稿时，将材料去取过程中思考的一些问题记录了下来，另编成《考异》三十卷，从而使人可以了解到他掌握的是哪些材料。

司马光在《进书表》中也说他曾"遍阅旧史，旁采小说"，"又参考群书，评其同异，俾归一涂，为《考异》三十卷"。近人对此作了很多研究，张须《通鉴学》以《通鉴考异》所列书名为主，旁及正文所引，分为十类，计为正史二十五种，编年二十九种、又谱录八种，别史五十四种，杂史六十七种，霸史三十五种，传记十八种、又碑碣七种，奏议八种、又别集十六种，地理十种，小说十五种，诸子九种，总计三百零一种。但据其他学者的统计，以为数字还有出入①。由于各人对某些书的书名和性质理解不同，统计之时看法必然也有所不同，因此哪一种数字绝对正确，甚为难说，而且有些书用过之后未必都在《考异》中留下名字，因此

---

① 陈光崇《张氏〈通鉴学〉所列〈通鉴〉引用书目补正》，以为实有三百五十九种；高振铎《〈通鉴〉参据书考辨》，以为实有三百三十九种。二文均载刘乃和、宋衍申主编《〈资治通鉴〉丛论》一书，河南人民出版社1985年第1版。

司马光掌握的史料，应该比时人标明的书单更为丰富。

南宋时期的学者也曾谈到司马光运用史料的不拘一格，《容斋四笔》卷一一《册府元龟》中说：

> 以唐朝一代言之，叙王世充、李密事用《河洛记》，魏郑公谏争用《谏录》，李绛议奏用《李司空论事》，睢阳事用《张中丞传》，淮西事用《凉公平蔡录》，李泌事用《邺侯家传》，李德裕太原、泽潞、回鹘事用《两朝献替记》，大中吐蕃尚婢婢之事用林恩《后史补》，韩偓凤翔谋画用《金銮密记》，平庞勋用《彭门纪乱》，讨裘甫用《平剡录》，记毕师铎、吕用之事用《广陵妖乱志》，皆本末粲然，然则杂史、琐说、家传，岂可尽废也。

《资治通鉴》是我国编年史中的名著，在封建社会的各个王朝中占有极为重要的地位，清初修《明史·艺文志》，还被列入"正史"之中。司马光在处理史料时，就没有什么先入之见，而是通过比勘考核，择其可信者加以吸收。这种处理材料的态度，将私著的地位大大提高了，可见严正的史学家都能接受官书与私书并重的观点，只是在二者分量的估计上还会有不同。

轻视小说的传统观念不易改变

以上所论，说明古代一些杰出的历史学家在处理史料时已能打破种种偏见，把一些前人认为不能入史的材料也吸收进去，但从大多数人来说，仍然认为二者之间的价值大有不同。从这里可以感受到传统观念的力量之悠久与巨大。

大家知道，宋代帝王极为重视文化建设，宋初曾有四大书的编纂。

当代学术研究思辨

这四种书,性质有所不同。《太平御览》为类书,《太平广记》为小说总集,《文苑英华》为文学总集,《册府元龟》为政治通史。前三种书,在太宗时编成;后一种书,即《册府元龟》一千卷,则在宋真宗时编成。

按《册府元龟》原名《历代君臣事迹》,真宗诏改此名,以为可作后世君臣的龟鉴。《玉海》卷五四《册府元龟》下载真宗对辅臣曰:"所编《君臣事迹》,盖欲垂为典法,异端小说,咸所不取。"因此,这书援引的材料大都出于正经正史,以朝廷的眼光来看,这是最为纯正可信的历史材料。小说等等,材料不纯,必须排斥在外。

如果说宋初修史时还有宋祁、欧阳修、司马光等人广泛地从杂史、小说等文献中去发掘材料,那么到了元代之后,也就不大见到这样的工作方法了。自元初修《宋史》之后,一直到民国之初修《清史稿》,史官依据的材料,不出实录、行状等等,因此这类史书虽说材料尚有可信处,但在事件细节上时嫌粗率,文字表达上时嫌平板,这应当也是史官执意排斥小说,有意与文学脱离关系的缘故。

为什么古人轻视小说,定要将之排斥在历史范畴之外呢?

这与儒家传统有关。宋代之后,儒家学说更向褊隘的方向发展了。

班固根据刘歆《七略》编成《汉书·艺文志》,《诸子略》中分列儒、道、阴阳、法、名、墨、纵横、杂、农、小说十家。班氏把小说置于末位之后,又说:"小说家者流,盖出于稗官,街谈巷语,道听途说者之所造也。孔子曰:'虽小道,必有可观者焉。致远恐泥,是以君子弗为也。'[①]然亦弗灭也,闾里小知者之所及,亦使缀而不忘。如或一言可采,此亦刍荛狂夫之议也。"可见他对小说家的评价很低。而他随后在为《诸子

---

① 此语出于《论语·子张》,实为子夏之语。汉代典籍上常把孔子门人之语归为孔子本人所说,已成通例。

略》作总结时又说:"诸子十家,其可观者,九家而已。"则是又把小说一家排除出学术领域了。

自从《汉书·艺文志》借孔子的话为小说定性之后,后起的目录书上也一直这么看待,《隋书·经籍志》下的定义是:"小说者,街谈巷语之说也。"言下之意,自然认为小说不足登大雅之堂。但我国古来也有"泰山不让土壤,河海不择细流"之说,因此班固、魏徵等人随后总是援用孔子的一段话,"虽小道,必有可观者焉,致远恐泥",表示可以有选择地予以采用,这又为后代个别史家的扩大史源找到了理论上的根据。

不管怎样,古人认为小说(包括性质相近的杂史、故事等)的史料价值很低,史官如果不是彻底排斥的话,也只能置于很次要的地位。

如上所述,只有司马光等具有很高识见的史家,才能在援用所谓正史的材料之外,援用大量的私家著述,用作参证或补证之助。

元明两代,史学上的成就不大,清代朴学兴起,治学注重实事求是,与前情况有所变化。这里可以援引一些著名学者的意见,以及他们处理史料的原则,借以考察清代的史家在这问题上的进展。

考据之学,首求材料的齐备以及处理材料时态度的客观。梁启超在总结清儒考证之学的通则时说:

一、凡立一义,必凭证据,无证据而以臆度者,在所必摈。

二、选择证据,以古为尚。……

三、孤证不为定说。其无反证者姑存之,得有续证则渐信之,遇有力之反证则弃之。

四、隐匿证据或曲解证据,皆认为不德。①

---

① 《清代学术概论》十三,《中国近代思想文化史史料丛书》,复旦大学出版社1985年9月第1版。

清儒根据这种精神进行考证工作,自然会扩大资料源头,不局限于正史一门了。

考据之业以乾嘉为盛,其时名家辈出,其中尤以钱大昕、王鸣盛和赵翼的成就为大。今即以三人为例,加以分析。

赵翼《廿二史札记·小引》曰:"间有稗乘脞说与正史歧互者,又不敢遽诧为得间之奇。盖一代修史时,此等记载无不搜入史局,其所弃而不取者,必有难以征信之处,今或反据以驳正史之讹,不免贻讥有识,是以此编多就正史纪、传、表、志中参互勘校,其有抵牾外,自见辄摘出,以俟博雅君子订正焉。"此说未免过于绝对,修史史官未必都能像司马光那样,对稗官野史一一进行搜集和考核。赵翼的这种观点,只是一种正统观念,因而对小说持排斥的态度。

钱、王二氏则有考据材料不囿于正史的见解。钱氏在《续通志列传总叙》中说:

> 史臣载笔,或囿于闻见,采访弗该;或怵于权势,予夺失当。将欲补亡订误,必当博涉群书。考唐、宋、辽、金、元、明,正史之外可备取材者,编年则有司马光、朱熹、李焘、李心传、陈均、刘时举、陈桱、薛应旂、王宗沐、商辂,别史则有曾巩、王偁、叶隆礼、宇文懋昭、柯维骐、王维俭、邵远平,典故则有杜佑、王溥、王钦若、马端临、章俊卿、王圻,传记杂事则有温大雅、刘肃、韩愈、王禹偁、郑文宝、林坰、马令、陆游、张唐英、宋敏求、李心传、徐梦莘、杜大圭、徐自明、王鼎、刘祁、元好问、苏天爵、陶宗仪、郑晓、王世贞、沈德符、孙承泽等,遗书具在;以及碑版石刻,文集选本,舆地郡县之志,类事说部之书,并足以证正史之异同,而补其阙漏。(《潜研堂文集》卷一八)

然钱大昕《廿二史考异》全书仍很少引用小说,例如该书卷六〇《孔戣传》引新《书》,"戣为华州刺史,明州岁贡淡菜蚶蛤之属……",用以驳正旧《书》言南海进蚶菜之误。此事《国史补》卷中《孔戣论海味》亦有记叙,新《传》似即出此而钱氏不引,可见他不重引小说以考史。

王鸣盛在《十七史商榷序》中说:

> 二纪以来,恒独处一室,覃思史事,既校始读,亦随读随校。购借善本,再三雠勘;又搜罗偏霸杂史,稗官野乘,山经地志,谱牒簿录,以暨诸子百家,小说笔记,诗文别集,释老异教;旁及于钟鼎尊彝之款识,山林冢墓、祠庙伽蓝、碑碣断阙之文,尽取以供佐证,参伍错综,比物连类,以互相检照,所谓考其典制事迹之实也。

由上可见,乾嘉学派的大师都已注意到了扩大史源,尽可能地搜集史料,对正史中的记载有所订正。王氏还曾举过一个生动的事例,说明小说入史的必要和价值。《十七史商榷》卷九三《欧史喜采小说,薛史多本实录条》曰:

> 大约实录与小说,互有短长,去取之际,贵考核斟酌,不可偏执。如欧史〔朱〕温兄全昱传,载其饮博,取骰子击盆,呼曰"朱三,尔砀山一百姓,灭唐三百年社稷,将见汝赤族"云云。据〔王〕禹偁谓《梁史·全昱传》,但言其朴野,常呼帝为三,讳博戏事。所谓《梁史》者,正指《梁太祖实录》。今薛史全昱传亦不载博戏诋斥之语。欧公采小说补入,最妙。然则采小说者未必皆非,依《实录》未必皆是。

在当时来说,这是一种很进步的观点。但王氏诸书并不能全部贯彻这种观点。《十七史商榷》中多次援引小说后，又随之以训斥，如卷九一《绅死后削官》论李绅云："《南部新书》卷丁乃云'以吴湘狱仰药而死'，小说家言不可尽信如此。新、旧《唐书》皆言湘之坐赃，乃群小欲倾绅以及李德裕，而孙光宪《北梦琐言》第六卷则谓绅镇淮南，湘为江都尉，有零落衣冠颜氏女寄寓广陵，有容色，绅欲纳之，湘强委禽焉。绅大怒，因其婚娶娉财甚丰，乃罗织执勘，准其俸料之外，有陈设之具，皆以为赃，奏而杀之。绅本狂暴，此说恐当得情。绅罪甚大，得良死为幸。新、旧《书》皆以湘实受赃，绅杀之非枉者，恐皆非实录。"这里王氏的态度前后有矛盾，他一方面信从《北梦琐言》之说，以为这一小说的记载可信，而对《南部新书》的记载则持菲薄的态度。《南部新书》所记诚误，但王氏的语气则透露出了传统的偏见。

由此可知，王鸣盛在处理史料的问题上曾有很好的意见，但在《十七史商榷》中仍然可以见到他一而再地提出小说不可信的见解。可见封建时代的文人不可能将小说真的提到与正史并列的地位。

他们注重正史之外的材料，大都是想用以补正史之缺误，孰重孰轻，地位还是截然不同的。

西方学术观念的输入与影响

当代大多数史家的观念，与前相比，当然已有变化，但如与陈寅恪比较，则在态度与技术处理上仍有区别。

查陈垣有《杨贵妃入道之年》一文，载《陈垣史源学杂文》，陈智超加按语曰："陈寅恪先生亦曾考杨贵妃入道之年，与作者结论相同，见《元白诗笺证稿》第一章。"[①]这里指的是陈寅恪的《长恨歌笺证》一文，

---

① 《陈垣史源学杂文》，人民出版社 1980 年版。

曾于 1947 年发表在《清华学报》14 卷 1 期,后经增改,纳入《元白诗笺证稿》中。

　　陈垣和陈寅恪都是当代著名的历史学家,且均以考证精密著称。考证之学,实事求是,如果凭据的材料相同,加以缜密、周到、合乎逻辑的论证和推断,必然得出相同的结论。陈氏二人考证杨贵妃入宫与度为女道士,均首引朱彝尊《曝书亭集》卷五五《书杨太真外传后》与章学诚《遗书》外编三《丙辰札记》中文,指出前人论证之误;随后又列引《唐大诏令集》、《通典》卷一二九《开元礼》、《唐会要》及新旧《唐书》等材料。根据这些材料,就可证成开元二十八年玄宗选取杨妃入宫,开元二十九年正月二日睿宗昭成窦后之忌日度为女道士之说。二人当然都很重视乐史《杨太真外传》中的记载,但陈寅恪在考证武惠妃卒年时,于引用新旧《唐书》、《唐会要》、《通鉴》之后,又引《大唐新语》;考证杨妃入宫之年时,于引用《新唐书·玄宗本纪》之后,又引《南部新书》,陈垣则不引《大唐新语》与《南部新书》等文,可见二者在史料的采择上看法还有不同。

　　陈垣在上文之后,《书〈读史拾渖〉杨妃年岁条后》一文,分列四条,驳斥平步青(景孙)的考证结果。其第三条曰:"杨妃卒时年岁,引《〔杨太真〕外传》不引正史,是谓不知轻重",可见他在论证"杨贵妃入道之年"时虽很倚重乐史的记载,且云:"乐史见《宋史》三〇六,生北宋初,其言当有所据。"但他毕竟认为《杨太真外传》属于小说家言,与正史相比,还应厕于次要地位。这就与陈寅恪的看法不同了。后者在上述考证文字结束,即援引《新唐书·玄宗纪》与《南部新书》《杨太真外传》之后,总结道:"正史小说中诸记载何所依据,今不可知。以事理察之,所记似最为可信。"这就真正贯彻了"官书"及"私著""等量齐观"的原则。

　　与陈寅恪并世而立的史学家,像岑仲勉等人,比之前人视野有所开拓,但仍继承清代考据学派的轨迹,对于史料的看法,也持相同的观点。他们也已注意吸收小说中的材料,用作考史之助,但对小说的看法,仍然评价不高。例如岑仲勉在《唐史馀沈》卷四《总论〈新唐书〉》中,叙及《新唐书》之采录小说、私记时,曰:"刓宇内分崩,公中既无记录,私门又乏碑状,纵有之,子孙岂不颂其先人者?夫列传之体,与纪、志异,对于旧《书》,难以避复,复不可避,势专求增,若并此少数笔记而亦弃之,将至无从着笔。宋氏固有不得已之苦衷也。"则是认为宋初旁采小说乃是不得已的措施。这种说法是否合乎实际,亦难断言,因为同时的司马光修《通鉴》时,对于史料甚为丰富的初、盛唐时期,也曾旁采小说以考史。因此,宋代史家扩大史料来源,应是史学观点进步的表示,纯以客观原因视之,恐怕只是说到了问题的一个方面。

岑氏随后用举例的性质,介绍了《新唐书》采小说入史的一些情况,他说:"旁采小说,旧本已开其端。……《十七史商榷》八四尝考旧《书》各传无字而新传有者,不下百一十馀人,或且搜自石刻,小道可观,其是之谓欤!"①直承《汉书·艺文志》中小说家的评语,可见这种传统观念的力量之强大。

由上可知,陈寅恪所提出的"正史、小说"等量齐观的观点,具有突破传统观念的进步意义。

查傅斯年在《史学方法导论》中也曾说:"官家的记载时而失之讳","私家的记载时而失之诬"②,与陈寅恪的看法完全一致。可见这种新观点的出现,也是时代思潮的体现。

陈、傅二人于20世纪20年代曾经同在德国学习过。其时德国史

---

① 以上岑氏文字均引自《唐史馀沈》卷四《总论〈新唐书〉》,上海古籍出版社1979年版。

② 按该文原为傅氏任教北京大学时之讲义稿,此见《史料论略》部分第二节《官家的记载对民间的记载》,载《傅斯年全集》第二册,台湾联经出版事业公司1980年版。

学界正风行以兰克（Leopold von Ranke 1795—1886）学派为代表的历史语言考证学派。这一学派以"客观主义"和"科学方法"为号召，要求历史学家的治学像自然科学家的治学一样，应该最大限度地掌握资料，然后进行精密的考察。这一学派极度重视史料的齐备，这对陈寅恪和傅斯年的治学看来曾有影响①。

傅、陈二人在二三十年代又同时任职于中央研究院历史语言研究所。从该所的命名看，即可知其受到德国历史语言学派的影响。傅斯年在为创办《历史语言研究所集刊》而撰写的发刊词，即用"本所筹备处"名义而在该刊第一本第一分上发表的《历史语言研究所工作之旨趣》中就宣布：

> 近代的历史学只是史料学。利用自然科学供给我们的一切工具，整理一切可逢着的史料，所以近代史学所达到的范域，自地质学以至目下新闻纸，而史学外的达尔文论正是历史方法之大成。

傅氏强调：一要掌握新材料，研究新问题；二要扩张研究的材料；三要扩张研究的工具。从这历史语言研究所的宣言中，可以看出他们对于扩充史料何等重视。傅、陈等人推重中国传统文化中以顾炎武、阎若璩为代表的优秀传统，注意利用各种材料辨明史实真相；又吸取了西方历史语言学派的治学见解，才能提出正史、小说并重的新观点。他们接受西方学术的洗礼，也就不再拘守以正史为正宗的传统见解了。

当然，陈寅恪治学追求通识，并不遵循"史学就是史料学"这一狭

---

① 参看汪荣祖《史家陈寅恪传》第三章《较乾嘉诸老更上一层》，台湾联经出版事业公司 1984 年版。

隘观念以治史，但他将小说视作与正史并列的史料，则应当与他接受过西方兰克学派的影响有关。中国学术常能及时吸收域外的先进学术，随着时代的前进而不断取得发展，此亦一例。

轻视小说观念的后遗症

上面提到，梁启超在总结清代考据学派的治学原则时曾说到："凡立一义，必凭证据，无证据而以臆度者，在所必摈"，"选择证据，以古为尚"。这已成为我国学术界治学的一条原则，例如人们研究先秦两汉的某一问题时，如果《左传》《史记》中都有记载，那就应该采用《左传》中的记载，因为《左传》成书在前，与所记之事年代更为接近，应该更为符合事实真相，而且《史记》中的记载很有可能就是录用《左传》而写成的。又如此事在《史记》和《汉书》中都有记载，那就应该采用《史记》中的记载，因为《史记》成书在前，与所记之事年代更为接近，应该更为符合事实真相，而且《汉书》中的记载很有可能就是承用《史记》而写成的。……

当代史家运用史料时，一般都信守这样的原则，这里应该提到陈垣在这个问题上作出的重大贡献。他曾开设"史源学实习"的专题课，把清代朴学家重视史料最早出处的不成文法提高到一种有体系的学问，通过训练，让年青的史学工作者系统地领会和掌握这一科学方法。他为讲授这门功课所写的导言说：

> ……
>
> 历史研究法的史源学大概分四项：一、见闻，二、传说，三、记载，四、遗迹。今之所谓"史源学实习"，专指记载一项。

考寻史源，有二句金言：毋信人之言。人实诳汝。①

牟润孙在回忆陈垣的教学活动时提到，"先师教学生作研究工作，最重要的是寻求史源，如果研究唐以前的历史，学生引了《资治通鉴》，他一定要问为什么不引正史，是否只见于《资治通鉴》而正史中没有。或者研究南北朝时期的历史，引用《南北史》而不检对八书，他一定不通过。即使研究唐史，引《通鉴》而不检寻两《唐书》及别的书，又不说明那段材料确不见于两《唐书》、《唐会要》、《唐大诏令》、《册府元龟》等书，也不能通过"②。经过这种严格的科学训练的学生，日后治学时，其严谨程度，自然会超过清儒了。

但当代史家在利用笔记小说中的材料时，则还常见有人采取马虎的态度而不信守这项原则。这种奇特的现象，可以举例作些考察。

按北宋王谠据唐宋时期五十种小说、私记编成《唐语林》一书，仿刘义庆《世说新语》的体例，而又加以扩充，在原有的德行、言语、政事、文学等门之外，再加嗜好、俚俗、记事、任察等门，合计共达五十二门之多。只是王氏成书不久，原稿即有散佚，到了明代，已无完帙。清代乾隆年间编辑《四库全书》时，又从《永乐大典》中辑录佚文，编成《唐语林》八卷，以聚珍版行世。这书前四卷，以嘉靖年间齐之鸾刻的残本为底本，还保留着自《德行》至《贤媛》十八门的一些原貌，后面四卷，则据所辑佚文的年代排列，以《补遗》的名目标示。因为这书材料丰富，主题集中，涉及唐代社会的很多重要方面，故史家每多援用，但此书在引用前人文字时，不标出处，这就给后人阅读和引用时带来很多困难。

---

① 陈智超《陈垣史源学杂文前言》。
② 牟润孙《励耘书屋问学回忆》，载《励耘书屋问学记》，三联书店 1982 年版。参看许冠三《新史学九十年》第四章《陈垣：土法为本洋法为用》四，香港中文大学出版社 1985 年版。

又因该书篇幅较大,史家援用材料时也难一一复核,而这书在流传过程中又出现了很多舛误,这就给史学界带来了种种困扰,大家都想援用这书的材料,而又不敢放心使用;大家觉得应该追溯其原出处,但又以其情况复杂而视为畏途。如何对待《唐语林》中的材料,常是成为考验学者是否恪遵朴学规范和是否重视小说的一个标志。

岑仲勉是继承清儒考证学派的传统研究唐史卓有成就的一位学者,但在使用史料上仍不免有不考史源之弊,例如他在《隋唐史》的一个注释中说:

> 《语林》六称,吉甫再入相,"论征元济时馈运使皆不得其人。数日,罢光德为太子宾客,主馈运者裴之所除也"。按垍居光德坊。然是时征王承宗,非征吴元济,垍实因病危而改宾客,已见正文,可见唐末记事多讹辞。①

按这一记载,应当出自韦绚记载的《刘宾客嘉话录》,今本《刘宾客嘉话录》虽然佚去这一文字,但《唐语林》此文结束时有云:"刘禹锡曰:宰相皆用此势,自公孙弘始而增稳妙焉。但看其《传》,当自知之,萧曹之时,未有斯作。"正是刘禹锡与后辈随便闲谈的口吻。

因为此文仅为闲谈的性质,仅凭记忆,难免发生舛误。《唐语林》中像这一类的记载连着有好几条,都曾标示"刘禹锡曰"字样,有的就可考出确为《刘宾客嘉话录》中文字,如"刘禹锡云韩十八愈直是太轻薄"一条,《类说》卷五四即记作《刘禹锡佳话》,《说郛》(宛委山堂本)卷三六即记作《嘉话录》;又如前一条记作:"刘禹锡曰:'大抵诸物须酷好

---

① 岑仲勉《隋唐史》下册第四十五节《牛李之李指宗闵(宋祁说)李德裕无党(范摅、玉泉子、裴庭裕及孙甫说)》注52,中华书局1982年版。

则无不佳,有好骑者必蓄好马,有好瑟者必善弹。皆好而别之,不必富贵而亦获之。'韦绚曰:'蔡邕焦尾,王戎牙筹,若不酷好,岂可得哉!'"也就明白地显示出了这是韦绚记录刘禹锡言论的文字。因此,唐兰、罗联添等人根据这类文字的通例,把岑仲勉所提及的这一条文字定为《刘宾客嘉话录》的佚文①,是完全可信的。刘禹锡是中唐人,岑氏云是"唐末记事",时代上已是错误,而岑氏又不考此文原出何处,径引《唐语林》中之文,《语林》乃宋人编纂而成,岑氏遽云"唐末纪事",在逻辑上也嫌不够周密。

在把小说用作史料的问题上,陈寅恪的态度比之其他学者也要郑重得多。他在引用某种小说时,常是附带提及另一小说,以供参证,如《唐代政治史述论稿》中篇《政治革命及党派分野》中引用《独异志》言崔群放春榜三十人事,下注"参《唐语林》肆《贤媛类》",又如引康骈《剧谈录》言李贺拒元稹事,下注"参《唐语林》陆《补遗》";又如引《唐语林·企羡》类言宣宗爱羡进士条,下注"参《说郛》柒叁引《卢氏杂说》";又下云"同书同类"(即《唐语林·企羡》类)言宣宗尤重科名事,下注"参《东观奏记》上"。由此可知,陈寅恪在引用小说的时候下过一番辨析的功夫,时而追溯《唐语林》条文的原出处,又因《唐语林》的文字虽然时有误处,但因王说看到的原书后来可能已失传,因而《唐语林》中的文字有时反而独得其真,引用其中文字时,将相关文字并列,也就显得更为有据与可信②。

---

① 唐兰《〈刘宾客嘉话录〉的校辑与辨伪》,载《文史》四辑,1965 年版。罗联添《〈刘宾客嘉话录〉校补及考证》,原载《幼狮学志》2 卷 1、2 期,1963 年 1、4 期;后收入《唐代文学论集》下册,台湾学生书局 1989 年版。

② 陈氏在读书时,积累了许多材料,中有诗文、小说等,如《陈寅恪读书札记》内《旧唐书》之部中叙考进士事,即引小说材料甚多,见该书 28、29 页,上海古籍出版社 1989 年版。

但陈氏在处理这类问题时仍有疏误之处,例如上述书中又曾引到《唐语林》三《识鉴》类言"陈夷行、郑覃请经术孤立者进用,李珏与杨嗣复论地胄词采者居先"一条,注云"参考《南部新书》丁",实则此文原出裴庭裕《东观奏记》卷上。裴氏此书原为纂修《宣宗实录》而在史馆任职时积累资料而成的稿本,实为研究宣宗一朝政治的第一手材料,陈氏未能标示此一出处,对其史料价值也就不能有所提示。又如《元白诗笺证稿》第四章《艳诗及悼亡诗》中引及《唐语林》肆《贤媛篇》引《因话录》,言及柳婕好之妹为夹结事,按《唐语林》此文实际上包括两段,上文之后,还有记载睦州刺史柳齐物聘名娟娇陈的一段,这一条文字出于《因话录》卷一宫部,前面部分即柳婕好妹为夹结事则不在《因话录》中,原出何书不明。王谠有将诸书相类故事合为一文的做法,陈氏不加细察,遂有这一错误。

又陈氏在《元白诗笺证稿》第五章《新乐府》为《西凉伎》作笺证时,曾引及《开天传信记》言开元初天下大治事,岑仲勉也曾引用这一材料,同样以为乃《开天传信记》之文。实则此文原出《明皇杂录》,非《开天传信记》文。上述事例,当然并不说明当代那些史学大师处理材料时问题有多大,但由此也可看出传统观念影响之巨。由于古来人们一直轻视小说,有关材料缺乏应有的整理,而人们运用这些材料时又不像运用正经正史时那么严肃而郑重,所以才有上述种种情况出现。陈寅恪等人虽然已在理论上解决了正史、小说并重的问题,但因传统观念还未彻底扭转,好多小说还未经过整理,因此人们援用之时,仍然不能做到像正经正史那样重视史源。这是一个仍然需要作出努力认真加以解决的问题。时至今日,正史与小说并重的观念已经进一步深入人心,全面整理小说的时间可说已经成熟了。

小说语言、小说笔法入史的问题

上举《十七史商榷》叙及朱全昱用土语责骂朱温的一番话,涉及史书中是否要用切合人物性格的语言来写人物传记的问题。也就是说,历史书中是否应采用一些文学手法来塑造人物形象。

照理来说,这个问题早在实践中得到解决。司马迁作《史记》,叙写的人物栩栩如生,如项羽其人,平日喑呜叱咤,气势磅礴;而叙及项羽陷入垓下之围时,则又充分表达出了英雄末路之悲,感人至深。他又喜用口语入史,如《陈涉世家》中叙其早年同伙惊叹之词"夥颐,涉之为王沉沉者",《留侯世家》中叙刘邦斥郦食其曰:"竖儒,几败乃公事。"都曾博得学界的赞誉。

但当朝廷设局修史之后,常是起用墨守成规的史官执笔,他们只是注重文章典雅,因而反对采用俚词俗语,其后产生的一些史书,非但文笔不生动,而且反映不出当时的历史真实原貌,正像刘知幾在《史通·言语》篇中指责北朝修史时的情况说:"其于中国则不然。何者?于斯时也,先王桑梓,翦为蛮貊,被发左衽,充牣神州,其中辩若驹支,学如郯子,有时而遇,不可多得,而彦鸾修伪国诸史,收、弘撰《魏》《周》二书,必讳彼夷音,变成华语,等杨由之听雀,如介葛之闻牛,斯亦可矣;而于其间则有妄益文采,虚加风物,援引《诗》《书》,宪章《史》《汉》,遂使沮渠、乞伏,儒雅比于元封;拓跋、宇文,德音同于正始,华而失实,过莫大焉。"这也可以说是古时史书中的一种常见病。

在现代人看来,这类采用文学语言的问题,容易得出共识,因为大家都已认识到历史记载必须充分反映事实的原状,那种舞文弄墨陷于虚假的文字,应当淘汰。

清代考证之业兴起后,学界更为重视辨明事实真相,其时出现的一些名著,如顾炎武的《日知录》、钱大昕的《廿二史考异》等,目的都在辨明古时的一些社会现象和历史事实,古代笔记小说中的一些记载时有失实之处,在他们看来,也就没有什么史料价值,不足以作考史之助。可以说,这种情况到了陈寅恪的研究工作中才有根本的改变。

陈寅恪提出"通性之真实"这一论点,当代其他史家似未涉及,应该认为,这是一种具有重要价值的观点,应该引起后人的足够重视。

笔记小说中的某些记载,虽然不合事实,但却反映了当时的社会风气,从中可见当时人的社会观念和真实心态,内涵甚为深广,具有很高的认识价值。

唐代士子通过科举进入仕途,进士、明经和制科诸项,最受士子重视。其中尤以重诗赋的进士科为热门。明经科仅注重诵习经典,不足显示才华,故不为士人所重。陈寅恪在注视二者之间的关系时,视野甚为开阔。他在考察牛、李二党形成时,申论曰:

> 唐代贡举名目虽多,大要可分为进士及明经二科。进士科主文词,高宗、武后以后之新学也;明经科专经术,两晋、北朝以来之旧学也。究其所学之殊,实由门族之异,故观唐代自高宗、武后以后朝廷及民间重进士而轻明经之记载,则知代表此二科之不同社会阶级在此三百年间升沉转变之概状矣。①

陈氏随后举了三个例子说明这一问题:一出于《剧谈录》,叙元稹事;一出于《东观奏记》上,叙李珏事;一出于《新唐书》一八三《崔彦昭传》。陈氏又在第二事下加注曰:"参《新唐书》一八二《李珏传》及《唐语林》三《识鉴》类。"第三事下加按语曰:"此采自尉迟偓《中朝故事》。"

---

① 《唐代政治史述论稿》中篇《政治革命及党派分野》。

由此可知，这后面两个故事都出自小说私记，后为正史所汲取。第一个故事尤有情致，故陈氏首先予以介绍，其文曰：

> 元和中，李贺善为歌篇，为韩愈深所知，重于缙绅。时元稹年少，以明经擢第，亦攻篇什，常交结于贺，日执贽造门。贺览刺，不答遽入。仆者谓曰："明经及第，何事看李贺？"稹惭恨而退。其后〔稹〕以制策登科，及为礼部郎中，因议贺祖①讳晋〔肃〕，不合应〔进士〕举，贺遂致辖轲。韩愈惜其才，为著《讳辩》明之，竟不成名。

康骈撰《剧谈录》，颇多侈陈怪异，如神鬼灵应和武侠故事等，属于传奇一类，不尽实录。如上面这条，文字即多疏误，陈氏为之补订数处，始可通读。而此说之不合事实，后世学者起而驳正者更不一而足，王士禛《古夫于亭杂录》卷二曰："元擢第既非迟暮，于贺亦称前辈，讵容执贽造门，反遭轻薄。小说之不根如此。"朱自清《李贺年谱》更用科学的手段论证道："按元稹明经擢第，贺才四岁。事之不实，无庸详辩。"可见用传统的考据眼光来看，此说无价值可言。

陈寅恪以史学名家，考证工作之细密，博得了学术界的一致赞誉；而他在这一问题上则又表示出了另一种史学眼光，超越于事实的真实而探讨当时的社会风气。他说：

> 《剧谈录》所记多所疏误，自不待论。但据此故事之造成，可推见当时社会重进士、轻明经之情状，故以通性之真实言之，仍不

---

① "祖"当为"父"之误。李贺父名晋肃，新、旧《唐书》及其他文献记载均无异说。

失为珍贵之社会史料也。①

"真实"云云,可分个案之真实与"通性之真实"两类,前者人人都能理解,后者则在陈氏之前,似未见有人注意。这一新的见解,予人以启示,为史料的活用打开了大门。笔记小说中尽多这类在细节上不合史实的记载,如能深入挖掘其内涵,则可窥测当时人们的共通心理,把握当时的社会风气,于是那些有睽史实的记载又从另一方面发挥出其作用。从文学的角度来说,这一类文字或许可以说是符合"艺术的真实"的吧。

陈氏所以能够提出这一见解,应当与他独具的文史高度综合的研究方法有关。汉代之后,文史分流,史家考史,文士创作,每判为二途,各不相涉。陈氏史学名家,开创了以史说诗和以诗说史的研究方法,从而针对文学的特点,提出了"通性的真实"之说,进一步沟通了文史的畛域。

下面我把拙撰《就〈唐语林校证〉事答客问》中的一段文字引用于下,说明我对这一问题的看法和对这类材料的运用。

……

问:笔记小说中的记载不管是否真实,都是有价值的么?

答:可以这么说。《唐语林》中的材料,大都是唐人记唐事,从中可以觇测时代风气,了解唐代社会的一些特殊情况,这就有很高的认识作用和研究价值。例如《幽闲鼓吹》中有一则白居易见顾况的著名故事,并见《唐语林校证》卷三,文曰:"白居易应举,初至京,以诗谒顾著作况。况睹姓名,熟视曰:'米价方贵,居亦不

---

① 载《唐代政治史述论稿》中篇《政治革命与党派分野》。

易.'及披卷,首篇曰:'咸阳原上草,一岁一枯荣。野火烧不尽,春风吹又生。'乃嗟赏曰:'道得个语,居即易也。'因为之延誉,声名遂振。"这件事情是否实有,很难说,有的学者就认为二人不可能在长安见面。但不管怎样,这件轶事还是可以用来说明不少问题。一、唐人在应试之前,先要进谒名流,献上诗作,求得赞誉。这种行卷的作风,大作家在未成名前也无不如此。二、京师人口密集,生活水平很高,故有"居亦不易"之说。这使我们想到,杜甫四十三岁时居京,却把家眷安置在奉先,可能也嫌京城里生活水平太高,因而不得不把家眷安置到郊区去。三、从顾况的赞语中可知,诗写得好的人,在京城里却也不难耽下去。这使人想到李白,他以布衣的身份,只是凭借诗名,就能在京城里轻松地生活。由此可知,那些内容不见得很可信的记载,有的却也包含着丰富的信息,可以从中了解到唐代文人的特有风气和复杂心态。

问:这样来说,笔记小说的情况很特殊,如何发挥其作用,关键在于人们的认识,是么?

答:笔记小说的性质介于文史之间。说它是文吧,记的都是史实;说它是史吧,却又有文的特点,如夸张、渲染,甚至想象、虚构等。这种作品,读之饶有兴味。如果其中某个故事已为正史所采纳,那我还是愿意再找原始记录一读,因为这像保持原汁的饮料一样,从中往往可以发掘到更多的馀味。至于如何把这类材料用到科学研究上,那可就要根据使用材料时的特殊要求灵活处理了。①

---

① 载《书品》1989 年第 1 期。

小说私记材料的充分利用

小说私记中的记叙常与正史中的记载不同，人们进行判断时，常以自己对这一类事情的成见作判断，或依正史中的记载为准，而排斥异说。陈寅恪重视小说私记中的材料，他在判断异说之是否可信时，则将这类文字中涉及的问题放在当时的时代风尚中加以考察，从而判断其是否合乎情理，进而据之立论，阐发自己的新见。

这里可举韩愈其人作为例证。

宋代之后，韩愈的形象似已固定下来，作为道统中的一位人员，必然品德高尚，行为端方，甚至不苟言笑，让人望而生畏。但唐宋笔记小说却记下了有关韩愈的另一个侧面，也就引起了反复的争论。

李肇《国史补》卷中有《韩愈登华山》一条记载，虽寥寥数语，却引起了后人的激烈争辩，文曰：

> 韩愈好奇，与客登华山绝峰，度不可返，乃作遗书，发狂恸哭，华阴令百计取之，乃下。

这番描写，似乎有损于韩文公的形象，于是有人起而维护，根据他们坚持的"情理"而进行推断，以为李肇的记载乃不实之词。

胡仔《苕溪渔隐丛话》后集卷一〇曾引用两家驳论，一为《历代确论》载沈颜《登华旨》，一为《艺苑雌黄》引谢无逸所作《读李肇〈国史补〉》，以为李肇的记载"不谕文公之旨"，"不合于理"。显然，他们不是根据事实而进行辩证，只是认为韩愈既为贤者，就不应该有此举措，立论的根据是很不足的。

沈颜为五代十国人。《昭德先生郡斋读书志》卷四中录沈颜《聱书》十卷，云：“右伪吴沈颜，字可铸，传师之孙。天复初进士，为校书郎。属乱离，奔湖南，辟巡官。吴国建，为淮南巡官、礼仪使、兵部郎中、知制诰、翰林学士。顺义中卒。……性闲〔淡〕，不乐世利，尝病当时文章浮靡，仿古著书百篇，取元次山聱叟之说，附己志而名书。其自序云：‘自孟轲以后千馀年，经百千儒者，咸未有闻焉。天厌其极，付在鄙子。’其夸诞如此。”《登华旨》一文，看来就是《聱书》中的一篇了。魏泰在《东轩笔录》卷一五与《临汉隐居诗话》二书以及邵博在《邵氏闻见后录》卷一七中辨此事时，均作沈颜《聱书》。沈颜自命为儒家正统的传人，自然要极力替韩愈辩解了。

韩愈在《答张彻》诗中曾经叙及登华山之事，且有“悔狂已咋指，垂诫仍镌铭”之句，魏泰就是根据韩愈自述而断定李肇的记载为可信的。这里还应该注意的是，李肇与韩愈同时，且同朝为官多时。对于同时人不含恶意的记载，后人自当加以重视。

《唐语林》卷六载韩愈的另一轶事，引起了更大的争论。

> 韩退之有二妾，一曰绛桃，一曰柳枝，皆能歌舞。初使王庭凑，至寿阳驿，绝句云：“风光欲动别长安，春半边城特地寒。不见园花兼巷柳，马头惟有月团团。”盖有所属也。柳枝后逾垣遁去，家人追获。及镇州初归，诗曰：“别来杨柳街头树，摆弄春风只欲飞。还有小园桃李在，留花不放待郎归。”自是专宠绛桃矣。

《唐语林》此说出于何书，已无法考出，宋代好多类书和诗话中都提及此事，均云出自《唐语林》，想来王谠根据的是前代的某一记载。

此说随后又引起了很多异说。邵博《邵氏闻见后录》卷一七：“孙子阳为予言：‘近时寿阳驿发地，得二诗石。唐人跋云：退之有倩桃、风柳二妓，归途闻风柳已去，故云。’”则是断言韩愈确有此事的了。二侍妾名字不同,或系传闻之误。但也有人起而反驳,以为不足置信,蒋之翘辑注《唐韩昌黎集》卷一〇引《唐语林》《邵氏闻见后录》后,加按语曰:"然其说甚不足信。退之固是伟人,归来岂别无所念,而独殷殷于婢妾。假思之,亦不过作怀人常语耳,更何必切名致意若此。况所云发地得诗石,则当时必韩公自立,他人岂便以去妾为言,此韩公之意,盖感慨故园景色,如《诗·东山》'有敦瓜苦,蒸在薪栗。自我不见,于今三年'同旨。其说宜不攻而自破也。"则是从回护的立场出发,否定上述记载。

我国学界向有比兴说诗的传统。韩愈此诗本以美人香草的手法写出,能否指实,无法确论,因此尽管历代有人辩难,但还是得不出一致的结论。

五代陶穀《清异录》卷上:

> 昌黎公愈晚年颇亲脂粉,故事服食。用硫黄末搅粥饭啖鸡男,不使交千日,烹庖,名火灵库。公间日进一只焉。始亦见功,终致绝命。

这一记载,言韩愈因服食而死,这与韩愈在文字中表明的态度似绝不相容,他在《故太学博士李君(于)墓志铭》、《故监察御史卫府君墓志铭》等文中均曾强烈地反对服食,尽管各人服食的内容有所不同,但韩愈对此态度甚为鲜明,似乎不大可能说的是一套,做的又是一套,蹈他人之覆辙而食苦果。

但白居易《长庆集》卷六二《思旧》一诗中有云:

> 闲日一思旧,旧游如目前;再思今何在,零落归下泉。
> 退之服硫黄,一病讫不痊;微之练秋石,未老身溘然。

杜子得丹诀,终日断腥膻;崔君夸药力,经冬不衣绵。

或庆或暴夭,悉不过中年;唯余不服食,老命反迟延。

　　这里说到的"退之服硫黄",又可与《清异录》中所说的韩愈服火灵库之说联系起来,似乎韩愈确是因服食而死的了。但又有人起而力辩,如钱大昕在《十驾斋养新录》卷一六《卫中立字退之》条中转引方崧卿辩证,云白诗中的退之,即韩愈所作《卫府君墓志》中的卫中立,卫中立字退之,这与韩愈本人的态度也可以一致起来。陈寅恪则又起而驳正,他据当时的社会风习和时人的行文格局立论,以为白诗中的"退之"定属韩愈无疑。他说:"乐天之旧友至交,而见于此诗之诸人,如元稹、杜元颖、崔群,皆当时宰相藩镇大臣,且为文学词科之高选,所谓第一流人物也。若卫中立,则既非由进士出身,位止边帅幕寮之末职,复非当日文坛之健者,断无与微之诸人并述之理。然则此诗中之'退之',固舍昌黎莫属矣。"随后他就举张籍《祭退之》中"乃出二侍女,合弹琵琶筝"等语为证,说明"韩公病甚将死之时,尚不能全去声伎之乐,则平日于'园花巷柳'及'小园桃李'之流,自未能忘情"。因此他的结论是:"鄙意昌黎之思想信仰,足称终始一贯,独于服硫黄事,则宁信其有,以与唐代士大夫阶级风习至相符会故也。乐天于炼丹烧药问题,行为言语之相矛盾,亦可依此解释。"[①]应该说,陈氏对韩、白二家思想行为的分析,结论更为可信。

　　《唐语林》卷三《方正》上有另一记载:

　　　韩愈病将卒,召群僧曰:"吾不药,今将病死矣。汝详视吾手

　　①　上引陈文,均见《元白诗笺证稿》附论(乙)《白乐天之思想行为与佛道关系》。

　　　　　　　　　　　　　　　　当代学术研究思辨

足支体,无诳人云'韩愈癫死'也。"

这一轶闻从未见人引用过,但似亦可与火灵库之事联系起来考察。硫黄乃剧毒之物,中毒之人,皮肤溃疡,类似癞病(麻风),而癞病向称恶疾,冉伯牛染此病后,孔子哀称"斯人也而有斯疾也"①,所以韩愈唯恐与之敌对的僧人混称他得癞病而死,从而有此申明的吧。

由此可见,笔记小说中确是记载着许多不经见的逸闻,虽似与常识有违,实则更为可信,可补正史之不足。这类轶闻常反映出当时的民情风俗与时代风气,更能表现文士的心态,在正统史家的笔下是很难见到的。当代的文史研究工作者必须克服轻视小说私记的传统偏见,充分利用这方面的材料,才能突破前人的成说,而对一些复杂的史实作出新的解释。

---

① 见《论语·雍也》。

文学"一代有一代之所胜"说的重要历史意义

自 20 世纪 80 年代起,重写文学史的呼声很高,新编写的文学史层出不穷。大家深深感到新中国成立之后出现的几种文学史,不论是集体编写的还是个人撰述的,尽管都有很多优胜之处,但受教条主义的影响,都有不能令人满意的地方。只是批评他人容易,自己动手却又犯难,于是学术界又有了总结过去经验教训的要求。90 年代起兴起了一股研究中国文学史的热潮。我对此事本无置喙的馀地,因为我既没有编写过什么文学史,甚至没有认真地读过一种文学史,只是身为高等院校中的一名古代文学教师,自难摆脱这一潮流的影响。今将有关文学史编写历史中的一些看法写出,供大家参考。

清代扬州学派中人对文学的探讨

中国之有文学史一类的读物出现,是从清末林传甲等人的著作开始的,这已成了学术界的共识。这些先驱人物编写的文学史,受到日本等国的影响,也是不争的事实。但我们也应看到,中国古代学术界也一直在对文学的发展进行探索。作为清代学术主流的朴学家中,扬州学派一系人物,在此提出了很好的意见。

焦循与阮元为扬州学派的主要人物。二人同时友好,探讨尤多,贡献更为突出。

大家知道,焦循在《易馀籥录》卷一五中提出了文学"一代有一代之所胜"的著名论点,影响文学史的编写甚巨。今将有关文字引录如下:

商之诗，仅存颂。周则备风、雅、颂，载诸《三百篇》者尚矣。而楚骚之体，则《三百篇》所无也，此屈、宋为周末大家。其韦玄成父子以后之四言，则《三百篇》之馀气游魂。汉之赋，为周、秦所无，故司马相如、扬雄、班固、张衡，为四百年作者，而东方朔、刘向、王逸之骚，仍未脱周、楚之科白矣。其魏、晋以后之赋，则汉赋之馀气游魂也。楚骚发源于《三百篇》，汉赋发源于周末。五言诗发源于汉之十九首，及苏、李而建安，而后历晋、宋、齐、梁、陈、周、隋，于此为盛。一变于晋之潘、陆，宋之颜、谢。易朴为雕，化奇为偶。然晋、宋以前，未知有声韵也，沈约卓然创始，指出四声。自时厥后，变蹈厉为和柔。宣城（谢朓）、水部（何逊），冠冕齐、梁，又开潘、陆、颜、谢所未有矣。齐、梁者，枢纽于古、律之间者也。至唐遂专以律传。杜甫、刘长卿、孟浩然、王维、李白、崔颢、白居易、李商隐等之五律、七律，六朝以前所未有也。若陈子昂、张九龄、韦应物之五言古诗，不出汉魏人之所范围。故论唐人诗，以七律、五律为先，七古、七绝次之。诗之境至是尽矣。晚唐渐有词，兴于五代，而盛于宋，为唐以前所无。故论宋宜取其词，前则秦（观）、柳（永）、苏（轼）、晁（补之），后则周（密）、吴（文英）、姜（夔）、蒋（捷），足与魏之曹、刘，唐之李、杜，相辉映焉。其诗人之有西昆、西江诸派，不过唐人之绪馀，不足评其乖合矣。词之体，尽于南宋，而金、元乃变为曲，关汉卿、乔梦符、马东篱、张小山等为一代巨手，乃谈者不取其曲，仍论其诗，失之矣。有明二百七十年，镂心刻骨于八股，如胡思泉、归熙父、金正希、章大力数十家，洵可继楚骚、汉赋、唐诗、宋词、元曲，以立一门户。而李（梦阳）、何（大复）、王（世贞）、李（攀龙）之流，乃沾沾于诗，自命复古，殊可不必者矣。夫一代有一代之所胜，舍其所胜，以就其所不胜，皆寄人篱下者耳。余尝欲自楚骚以下，至明八股，撰为一集。汉则专取其赋，魏、晋、六朝至隋则专录其五言诗，唐则专录其律诗，宋专录其词，元专录其曲，明专录其八股，一代还其一代之所胜，然而未暇也。偶与人论诗，而纪于此。

值得探讨的是，一代朴学大师焦循怎么会提出这一著名论点的呢？

清代朴学，有吴派、皖派之别。清代中期，扬州学派崛起，这一流派中人除了奄有上述两派的治学特点之外，还出现了另一种"闳通"的气象。张舜徽以为该学派的学风为"能见其大，能观其通"，能"运用变化、发展的观点分析事物。……推广了求知的领域"①。

扬州学派中人除了在经史、小学等领域中继续作出贡献之外，还很重视辞章之学。例如该学派中早期的杰出人物汪中，就以骈散兼行的创作成就享誉一时。焦循于此亦有所成，阮元《定香亭笔谈》卷四曰："焦里堂（循），江都人，朴厚笃学，邃于经义……馀事为诗词，亦皆老成。"

刘毓崧在列数该学派中杰出人物在各个领域中取得的成就时，介绍其中关注骈文的一派，其特点为"奉《易·文言》为根底"；介绍关注诗歌的一派时则曰："其深于古近体诗之学者，循风骚之比兴，乐府之声情，选楼、玉台之格调，以化裁隋唐后之诗，而非若浅率以为性灵，叫嚣以为雄肆也。"②

这一提示表明，扬州学派中人由于倡导骈体而推崇六朝文学。阮元可为这一倾向的代表。他在与桐城派的抗争中，特别提出《文选》这

① 张舜徽《清代扬州学记》第一章《叙论》，第 11—14 页，上海人民出版社 1962 年版。

② 刘毓崧《吴礼北〈竹西求友图〉序》，载《通义堂文集》卷九，《求恕斋丛书》本。

一六朝时期产生的著名选集作为创作的榜样,因此由他倡导的文学流派即有《文选》派之称。

在我国过去的各个朝代中,六朝时期的文学观念具有明显的特点。这一时期的文人考察文学问题时,从政教着眼的倾向有所减弱,而从纯文学考察问题的倾向有所增强。梁代萧氏王室中人曾经提出过一些著名的观点,例如昭明太子萧统在《文选序》中提出"事出于沉思,义归乎翰藻","综辑辞采","错比文华"等说,湘东王萧绎在《金楼子·立言》篇中提出"至如文者,惟须绮縠纷披,宫徵靡曼,唇吻遒会,情灵摇荡"等说,分从感情与辞采等方面阐发文学的特点,有与后代文学观念相合的地方,因而在清代中后期时引起了很大反响。

萧统在《文选序》中还阐述了诗赋等文体之间的演变问题,且结合历史,对诗体的发展也作了考察与说明。这种历史眼光,在其时的几种史学著作中更有突出的表现。

沈约在《宋书·谢灵运传论》中以史家的眼光考察了文学的发展。他首先探讨了文学的起源,以为"志动于中,则歌咏外发","然则歌咏所兴,宜自生民始也"。认为自有人类产生,即有文学出现,这无疑是一种符合近代文学研究者口味的观点。沈约随后从有文字记录的"周室既衰"开始,随着时代的发展,文学的演变,一直叙到宋氏的"颜、谢腾声",其间还列举名作,并附带提出了独得之秘的声律论,对古往今来的文学演变作了综合说明。

他所作的一些分析,很有参考价值,例如其中说到"自汉至魏四百馀年,辞人才子,文体三变:相如工为形似之言,二班长于情理之说,子建、仲宣以气质为体,并标能擅美,独映当时",文中论及玄言诗的一段,成了后代文学史研究者无可替代的指导性意见。

又如萧子显在《南齐书·文学传论》中对萧齐一代文学的分析,先从前此文学的发展叙起,以见文章的源流演变,而后又总结道:

今之文章,作者虽众,总而为论,略有三体:一则启心闲绎,托辞华旷,虽存巧绮,终致迂回,宜登公宴,本非准的,而疏慢阐缓,膏肓之病;典正可采,酷不入情。此体之源,出灵运而成也。次则缉事比类,非对不发,博物可嘉,职成拘制。或全借古语,用申今情,崎岖牵引,直为偶说,唯睹事例,顿失清采。此则傅咸五经,应璩指事,虽不全似,可以类从。次则发唱惊挺,操调险急,雕藻淫艳,倾炫心魂,亦犹五色之有红紫,八音之有郑卫,斯鲍照之遗烈也。

这种分析,概括性强,甚为深入,可作后代文学史研究工作者的重要参考。

众所周知,刘勰在《文心雕龙·时序》篇中对前此文学的发展作了更为系统的考察,提出了许多精彩的论点,如论建安文学曰:"观其时文,雅好慷慨,良由世积乱离,风衰俗怨,并志深而笔长,故梗概而多气也。"这一评述已成为研究建安文学的权威意见,各家研究文字中无不征引。

刘勰在《时序》篇的开端说:"时运交移,质文代变,古今情理,如可言乎!"认为文学的发展,文风的递变,如能结合古今文士的心态与民情风俗而进行考察,都是可以阐述清楚的。文中还进一步总结道:"故知文变染乎世情,兴废系乎时序,原始以要终,虽百世可知也。"这种精辟的意见,一直指导着后世的文学史研究。

《文心雕龙》分为上、下篇。上篇之中,《明诗》以下的二十篇文章,分论数十种文体,《序志》篇中说:"若乃论文叙笔,则囿别区分:原始以表末,释名以章义,选文以定篇,敷理以举统,上篇以上,纲领明矣。"说明他在研究每一种文体时,都要追本溯源,考察流变,选取范文,并从理论上加以总结。刘勰的作家、作品研究,都是置于文学发展的历史长河中加以考察的。这就可以说,《文心雕龙》上篇中的许多文字,都可视作文学史分体研究的专题论文。

刘勰对中国文学的发展作了总的考察和个别的考察,刘宋之前的文学发展历程也就清晰可辨。因此,当代的文学史研究者都把刘勰的有关论述作为文学史研究的重要文字看待。

唐代诗歌创作成就突出。宋人考察前代的文学问题时,大都关注诗学方面的成就。其时兴起的诗话一体,主要内容之一,就在总结唐人在诗歌方面的创作经验。严羽《沧浪诗话》中有《诗体》一章,"以人而论"部分,对作家的创作风格作了详细的论述;"以时而论"部分,对时代风貌作了综合考察。以唐诗而言,就区分出了唐初体(唐初犹袭陈隋之体)、盛唐体(景云以后,开元、天宝诸公之诗)、大历体(大历十才子之诗)、元和体(元白诸公)、晚唐体等多种,而他在《诗辨》一章中又说:"故予不自量度,辄定诗之宗旨,且借禅以为喻,推原汉魏以来,而截然谓当以盛唐为法。"这不仅是因唐代多种诗体的创作均已取得丰硕成果,而且产生了李白、杜甫等一代宗师,可以雄视各代。

宋词、元曲的情况类同。这两种文体在创作上取得巨大成就之后,后人加以总结,也就会联想起唐诗的情况,从而以此作为时代的标志。元代罗宗信在为周德清《中原音韵》作序时说:"世之共称唐诗、宋词、大元乐府,诚哉!"明代陈宏绪《寒夜录》卷上引卓人月之语曰:"我明诗让唐、词让宋、曲又让元,庶几吴歌挂枝儿、罗江怨、打枣竿、银绞丝之类,为我明一绝耳。"目的就在依据上述原理而遴选明代的代表文体。

比之唐诗、宋词的作者,元曲与明代民间文学的作者身份已有很大的不同。前者大都是士族中人,后者则大都是社会地位低下的士子或一般平民。因此明清之后的文士起而将元曲等文体与唐诗、宋词并列,本身就反映了社会观念的进步。清代朴学大师都是士族中人,其中一些人物起而推崇戏曲，也是一种值得注意的社会现象。

清代扬州地区经济极为繁荣，各种娱乐活动极为丰富。李斗《扬州画舫录》卷五曰："两淮盐务，例蓄'花''雅'两部，以备大戏。雅部即昆山腔，花部为京腔、秦腔、弋阳腔、梆子腔、罗罗腔、二簧调，统谓之乱弹。"反映了其时各种戏曲的风靡一时，这对那些兴趣广泛、视野开阔的文人来说，自然会引起关注。

焦循就是这么一位对戏曲极为热衷的朴学大师。他不但喜好雅部，而且热爱花部，且于二者均有著述。目下所传者，有《剧说》六卷与《花部农谭》一卷二书。《扬州画舫录》中还记载着焦氏另一著作《曲考》的部分内容。他不但兴致勃勃地观看演出，而且博征载籍，对戏曲的故事和脚本作广泛的考索，于此可见其文学史观的宏通与深入。

阮元与焦循为姻亲，熟知其为学特点，他在《通儒扬州焦君传》中说："君每得一书，必识其颠末。或朋友之书，无虑经史子集，即小说、词曲，亦必读之至再，心有所契，则手录之，如是者三十年，命子琥编写成《里堂道听录》五十卷。"（《揅经室二集》卷四）

张舜徽在讨论扬州学派的特点时特别表扬了焦循的成就，强调他有科学的态度，并曰："这种分析事物的思想方法，体现在焦循的著述中，最为突出。他无论在阐明性理，讨论经学，教戒子弟等方面，都强调'会通'，强调'日新'；反对'据守'，反对所谓'定论'。他经常把事物看成是变化不居的、前进不停的。……由于他没有把事物看成一成不变，才能提出一系列新颖的见解。这种见解，影响了他周围的朋友和后起的学者，形成了比较活跃的学风。"[①]

由上可知，扬州学派中的杰出人物焦循考察文学流变，观其会通，

---

① 张舜徽《清代扬州学记》第一章《叙论》，第 11—14 页，上海人民出版社1962 年版。

提出了文学"一代有一代之所胜"的观点,说明时代发展至此,已经具备了全面系统地总结文学发展的条件。焦循为《易》学大师,考察问题时自然具有"穷则变,变则通,通则久"的通变观点,而他又曾对各种文体进行过系统的研究,这样才能形成其完整的文学史观。

其后王国维、胡适等人也曾提出"一代有一代之文学"的观点①。按照他们的哲学观点而言,均受清末风行的进化论的影响,这与焦循植根于《易》学上的发展观不同。但王、胡二人均与清代朴学有很深的渊源,自然会受到扬州学派中人学术观点的影响,不大可能直接从元、明时代那些不太知名的文士那里去寻找理论支柱。他们所接受的,当是焦循这样识见高明的朴学大师的影响。

新式学堂的创建和学术流派的纷争

清王朝自中期起,腐朽没落,窘态日益暴露。西洋各国挟其船坚炮利之势,打开了清政府闭关自守的大门。国人迫于危亡,群思变革,清政府为挽救覆灭的噩运,也提出了推行新政的口号。尽管前进的道路上举步维艰,但后人也应看到,中国社会正在发生巨大的变化。

清政府决定在教育制度上实行变革,废除行之千年的科举制,而代之以新型的学校,于是北方有京师大学堂的设置,南方有两江师范学堂等设置。

从统治者说来,科举制度与学校教育的目的都在培养与选拔人才。科举制度的内容,不论是隋唐以来的进士或明经,抑或明清的八股取士,士子熟习的内容,都是突出儒家经典的训练。经学差不多综

---

① 王国维之说见《宋元戏曲考》,实为推重元曲的地位而提出;胡适之说首见于《文学改良刍议》,实为提倡白话文学改良而提出。

合了古时的一切学问。学校代兴,则仿西方学术的建制,重视分科教育。因此,筹建京师大学堂的一些官员,起始就在考虑如何结合中国的国情,将士子的综合训练转向分科教育。

其时能对清政府发生影响的一些西方人士竞相提出建议,美人李佳白在《拟请京师创设总学堂议》中,共提出了八条建议,其三曰:

> 总学堂虽备有各等学问,然一人之聪明才力势不能兼学;兼学矣,亦必不能兼精。总学堂之内,必设各等专门学堂。其最要者,如政事律法学堂、格致学堂、矿学堂、工程学堂、农政学堂、博文学堂皆是。就学者才之所长,性之所近,入一专门学堂,各尽心力以学之,务造其极而止。①

光绪二十七年(1901),张百熙奉派为管学大臣,续办京师大学堂。在他的推动下,次年七月十二日即以上谕的方式颁布《钦定学堂章程》,大学分科仿日本例,分为政治、文学、格致、农业、工艺、商务、医术等七科,文学科内则分为七目。其后张之洞奉调内任,筹办学校的几位大臣以为张氏负天下重望,请其参与意见,张之洞等乃重行商定,又以上谕的方式于光绪二十九年闰十一月二十六日颁布《奏定学堂章程》,增设经学科,因而全部科目遂重行分为八科。张氏曰:"西国最重保存古学,亦系归专门者自行研究。古学之最可贵者无过经书。无识之徒喜新蔑古,乐放纵而恶闲检,惟恐经书一日不废,真乃不知西学西法者也。"②这是"中学为体、西学为用"这一原则的具体表现,也反映

①　载舒新城编《近代中国教育史料》第一册、五《京师大学堂》,第 117 页,中华书局 1933 年版。
②　转引自何炳松《三十五年来中国之大学教育》,第 83—85 页,载商务印书馆编《最近三十五年之中国教育》卷上,1931 年版。

　当代学术研究思辨

了中国发展到这一阶段时特定的国情。

侯官林传甲于宣统二年(1910)六月出版了《中国文学史》一书,这是他任教京师大学堂时所编的讲义,贯彻了学堂章程中所规定的要求。全书共分十六篇,第一篇至第三篇分论文字、音韵、训诂,第四篇至第六篇讲古今文章内容作法之流变,第七篇至第十一篇讲经、史、子之文,第十二篇至十四篇讲汉魏至"今"文体,第十五、十六两篇讲骈散两种文体。从今人看来,实属体系庞杂,文学观念不清,但却正是这一时代的人学术观点的典型写照。清代后期学人对此有共识,学习文学而无经、史、子方面的知识,则如无本之木;学习经、史、子而不从小学入手,则入门不正,难以取得成绩。由此可知,这是乾嘉朴学兴起之后形成的传统,林著文学史这一大学教材,充分反映了时代的特点。

再从林著末篇来看,可知当时的人颇为关注骈散之争。创作领域纷纭扰攘,从各家的争议中也可看出人们正在对中国文学特点进行探索。

自清初方苞等人创建桐城派始,直到清末民初,这一注重散文写作的流派一直占有主导地位。桐城派推重义理,规仿唐宋古文,宣扬程朱理学,自然会得到朝廷的青睐。同治之时,曾国藩等继起,形成了更大的声势。尽管方苞之时已有不少人起而攻之,却无法动摇其文坛上的正统地位。

阮元援引六朝时期的文笔之说,所谓"有韵为文,无韵为笔",主张文必有韵。他又以为文章必须注重比偶,于是又引《易经》中的《文言》张大其说。他在《文韵说》中还提出:"凡为文者,在声为宫商,在色为翰藻。"要求奉骈文为正宗,把散文逐出文苑。这一主张当然也是很片面的。但他根据我国文学的特点而立论,强调文学创作应该珍视本国语言文字的特点,则又有其合理性,这是号称《文选》派的文学主张能够取信于人的原因。

清代末年，学堂制起而代替科举制后，各大文派若想争取群众培养后学，必须在学堂中争得主导地位。清末民初，位于首都的京师大学堂改为北京大学，桐城派的最后几位大师马其昶、姚永朴、姚永概、林琴南等先后在该校任教，为桐城派争得了重要地位。但自民国四年（1915）起，章太炎的学生纷纷进入北京大学。章氏文学重魏晋，其弟子中也有多人爱好魏晋六朝文学，于是在桐城派占上风的地盘上楔入了新的因子。民国六年，刘师培拥袁世凯称帝失败，章太炎又改荐他至北京大学任教。于是《文选》派中人物逐渐排除了桐城势力。

　　刘师培是后期扬州学派的代表人物。他继阮元之遗绪，曾撰《文章源始》《广阮氏〈文言说〉》等文，批判桐城派的以经史为文，要求创作时"以 彰为主"。

　　刘师培编有《中国中古文学史》等讲义，宣扬魏晋六朝文学。这种观点，与其时也在北京大学任教的黄侃在《文心雕龙札记》中宣扬的观点，可谓桴鼓相应。刘氏的这一讲义也得到了爱好魏晋六朝文学的鲁迅的称赞，可见其影响之大。

　　但《文选》派的这种文学观点，却遭到了章太炎的强烈反对。他在《文学总略》一文中，探讨文学的特点，试图结合中国的实际，为文学寻找一种新的定义。他开宗明义地说："夫命其形质曰文，状其华美曰 ；指其起止曰章，道其素绚曰彰。凡 者必皆成文，凡成文者不皆 。是故榷论文学，以文字为准，不以 彰为准。"

　　章氏的这一说明，颇为后人所诟病，以为文的界说宽泛无边，一切见之于文字的东西都可称之为文学，这样也就无所谓文学的特点了。实则章氏的立论自有其思想体系。他是著名的朴学大师。朴学家无不强调为文必先识字，他们以为文章的基础是文字，故论文亦必自文字始。中国古代本有下笔成文之说，举凡应用书札、朝廷公文，无不强调文采,这样,"文"的范围自然无所不包了①。

谢无量于民国七年(1918)撰《中国大文学史》,影响甚大,一再重版印行,可见其受欢迎的程度。谢氏在该书第一编《绪论》第一章《文学之定义》第四节《文学分类》中引近人之说,就吾国古今文章体制列表说明,内分无句读文、有句读文两大类。其理论上的依据,即章太炎在《文学总略》中的主张②。因为这一学说继承了清代朴学的传统,在学术界有深厚的基础,所以仍能不断影响文学史的研讨。

胡小石先生在中国文学史领域中的贡献

章太炎的学生大批进入北京大学任教时,中国文学史课即由朱希祖担任。他在日本东京时期曾从章氏学习国学,因而所编的讲义体系庞大,包括了其时所谓国学中的许多内容③。

民国九年(1920),胡小石先生由同学陈中凡先生推荐,北上至京出任女子高等师范学校(后改称北京女子高等师范大学)教授兼国文部主任,讲授中国文学史、修辞学、诗歌创作等课。

胡先生于清宣统元年(1909)毕业于两江师范学堂农博分类科。陈先生原来也在两江师范学堂读书,后入北京大学求学,毕业后留校任教,并兼任北京女子高等师范学校教员④。他曾赴上海探望两江师

---

① 参见本书《黄季刚先生〈文心雕龙札记〉的学术渊源》。

② 谢无量《中国大文学史》于民国七年(1918)由上海中华书局出版,先后重印 17 次。台湾中华书局于 1967 年又发行新版,至 1983 年已重印 6 次。中州古籍出版社于 1992 年也影印再版。本处引文见原书第 6—8 页。

③ 朱希祖(1879—1944),字遏先,一作逖先,浙江海盐人。章太炎在日本讲授国学时,朱氏与黄侃、钱玄同、周树人(鲁迅)、周作人等同往听课。民国初期进北京大学中文系任职。曾撰《中国文学史要略》,北京大学出版部 1916 年版。

④ 参看姚柯夫编著《陈中凡年谱》,书目文献出版社 1989 年版。

范学堂时的监督李梅庵(瑞清),遂与其时寓居李家的胡先生相识。李梅庵逝世,陈先生乃介绍胡先生至高校任教。他回忆北京高等教育界讲授文学史的情况时说:

> 其时北京大学开有文学史课,由朱逖先先生主讲。看他的讲稿,分经史、辞赋、古今体诗等篇,近于文学概论。读其内容,实则是学术概论,非文学所能包括。小石因举焦循《易馀籥录》说,大意谓"一代文章有一代之胜,《诗经》、楚辞、汉赋、汉魏南北朝乐府诗,以及唐诗、宋词、明制义,各有它的特色。至后代摹拟之作,便成了馀气游魂,概不足道"。①

胡先生因所学专业的关系,信从达尔文的进化论,从而首先在中国文学史的讲授中引入文学"一代有一代之所胜"的学说,具有重大的历史意义和理论价值。

中国是一个文化积累极为深厚的文明大国,文史著作在传统文化中向来占重要地位。高等学校中的文科学生接受中国文学史的教育,即是传承繁衍传统文化的大事。因此讲授中国文学史一端,对于文科建设来说,意义重大。尽管民国初年的学者还重专门之学,一些恪守旧时矩矱的学者还看不上这类通史的讲授,但从事后的发展来看,文学史课在中国语文学系的教学中比重越来越大,这也是分科教育培养学生的必然结果。

早期编写文学史的人,从体例上说,每规仿日本人的著作,如林传甲编写的《中国文学史》,自称仿笹川种郎(临风)《支那文学史》而作;曾毅于民国四年(1915)撰《中国文学史》,胡云翼即指责他"完全抄自

---

① 陈中凡《悼念学长胡小石》,《雨花》1962 年第 4 期,第 34—35 页。

日人儿岛献吉郎之原作"①；顾实于民国十五年（1926）时撰《中国文学史大纲》，梁容若批评说："书以日本著作作为蓝本，直译生涩之语句，弥望皆是。承袭外人谬说，自相矛盾之处时亦不免。"②

中国本来没有这类分章分节逐项论述的著作。日本学者受西学的影响为早，也就规仿西洋的著作体例，编写中国文学史，中国早期的一些文学史编纂者，也就受到他们很大的影响。

另一类著作的特点也可从林传甲的著作中看出，他虽仿日人著作编写，但为顾及中国国情，又加入了许多经、史、子方面的内容。其后一些体系庞大的文学史，大都具有这一特点。

胡先生在文学史研究中接受扬州学派的观点，援引"一代有一代之所胜"说，作为中国文学史的主要发展线索。扬州学派中的杰出人物焦循观其会通，勾勒出了中国文学发展的一条主线，便于后代学者把握其主要内容。焦循的观点，综合了历代史学家与文学批评家的看法，符合中国文学的实际。

一位学者之所以接受某种学说，必然有其原因。胡小石先生的父亲胡季石，清末受教于扬州学派中的后起人物刘熙载。刘氏撰《艺概》，除《文概》《书概》外，其主要部分为《诗概》《词曲概》与《经义概》，与焦循论文学发展的线索大体上是一致的。而胡先生在北上讲学前，曾有三年时间寓居沪上，与晚清名宿沈曾植、郑文焯、徐乃昌、刘世珩、王国维、曾熙等交游，尚及见缪荃孙等前辈学者。这一时期，学界仍宗仰乾嘉朴学，这时他从扬州学派人物焦循的学说中吸收"一代有一代之所胜"的理论作为其文学史学说的主干，也就是很自然的了。

---

① 胡云翼《中国文学史·自序》第 3 页，北新书局民国二十一年（1932）版。

② 梁容若《中国文学史研究》内《中国文学史十一种述评》第 133 页，台湾三民书局 1967 年版。

胡先生对当前几种文派之间的争论也作出评论。他从文笔之辨叙起,云:"此后直到清代,对于文学有明显主张的,约分三派:(一)桐城派,主单语,重散文。即古之所谓笔,此派以方苞为首。(二)扬州派,主偶体,重骈文。即古之所谓文,以阮元为首。(三)常州派,调和文笔之说,如张惠言等,均骈散兼工。"随后加以总结道:"以上三派,论信徒之多,必推桐城派。若论立论之精准,即数扬州派。"这是因为"六朝所下'文'的定义,即前人对于'诗'的定义。惟当时文、笔之分甚严,而所称为'文'者,除内涵之情感以外,还注重形式方面,必求其合乎藻绘声律的各种条件"。说明扬州学派中人努力探讨中国文学的特点,能够较好地继承六朝文学的传统,有向纯文学方向发展的趋势,易为近代学者所接受。

胡先生也反对章太炎在《文学总略》中提出的文学界说,云:"近来的章太炎氏,又主张极广义的:'凡著于竹帛者,谓之文。论其形式,谓之文学。'照他说来,太无限定。凡公司之股票,神庙之签条,均可称之为文,讲来实不胜其烦。现在若要讲文学的界限,与其失之太宽,不如失之太狭。故宁从阮氏之说,而不取章氏之论。"[①]

由此可见,胡先生在文学史研究工作中的贡献之一就在努力将文学从学术中区别开来。但他并不完全依赖西洋学说,或是日本学者的文学史著述去建构他的文学史体系。他从我国源远流长的学术传统中寻求依据,吸收清代朴学中扬州学派的研究成果,从而建立起了一种符合中国文学史实际的文学史体系。而他在讲授文学史时重鉴赏,讲个人的创作经验,继承了以往文学批评的传统,有别于国外学者的同类著述。

---

① 以上引文参见胡小石《中国文学史讲稿》第一章《通论》,人文社 1930 年出版,上海古籍出版社 1991 年再版,编入《胡小石论文集续编》,第 11 页。

当代学术研究思辨

从今人的眼光看来，"一代有一代之所胜"说似乎太偏重形式，有违目下内容决定形式的法定公式。实则中国过去的文人讲到文体发展时无不考虑到时代变迁对文学发生的影响，因此文体的递嬗变化，表现出来的是形式上的不同，但促使文体变化的，却是时代、社会、政治等决定文士心态的种种复杂因素，文士为使思想感情的宣泄更为畅达，探寻新的表现方式，从而在形式上有所发展与演变。中国过去的史书上或是历代诗文评的著作中，总是把讨论各种文体的成就和演变放在中心的位置。焦循的文学"一代有一代之所胜"的理论正是这一传统的完整表述。

胡先生认为，焦氏此说具有四种崭新的观念：（一）阐明文学与时代的关系，（二）认清纯文学的范围，（三）建立文学的信史时代，（四）注重文体的盛衰流变。这一说明，大体说来应是可以成立的，但焦循提到的有些文体是否可称纯文学，却难以取得共识。

焦氏以为八股可以作为明代文学的代表，自难令人接受。八股的创作尽管有很多技巧可供钻研，但明清两代文人之所以热心此道，只是出于功利的目的，时过境迁，这一文体已成刍狗，经过时代的冲刷，也就自然遭到了淘汰。

在"一代有一代之所胜"的行列中，汉赋一项情况特殊，恐怕难以得到纯文学倡导者的首肯。按纯文学一词，原是中国学者接受西洋的文学观之后才提出的新概念。西洋向以诗歌、戏剧、小说为文学的主体，因此一些主张彻底贯彻西洋学说的人势难接受赋这样一种文体到文学的行列中去。曹聚仁编《中国平民文学概论》，即仅列诗歌、戏曲、小说三种①；刘经庵编《中国纯文学史纲》，即在《编者例言》中明确宣布："本编所注重的是中国的纯文学，除诗歌、词、曲及小说外，其他概

---

① 　曹聚仁《中国平民文学概论》，梁溪图书馆 1926 年版。

付阙如。"①

赋是一种最富中国文化特色的文体。依用语及结构而言，介于韵文与散文之间；以性质而言，介于文学与学术之间。因此有些人就称它为文学中的"四不像"。汉代大赋的写作最富这一特点。作者写作这类文字，必须具有多方面的才能，因此《魏书》作者魏收才有"作赋须大才"之说。而且赋这一种文体对其他文体的写作影响至巨，例如杜甫的名篇《北征》即曾深受曹大家《东征赋》、潘岳《西征赋》的影响。汉代文士把聪明才智集中在大赋的创作上，《文选》中即首列汉赋多篇，研究中国文学而漠视汉赋的存在，无疑是偏颇不全的。

对汉赋之类文体持确认的态度还是否决的态度，成了文学史研究者能否从中国实际出发进行撰述的一种标志。

胡先生终身在高等院校中讲授中国文学史，先后培养出了许多著名的文学史家，从他们的著述中可以发现文学"一代有一代之所胜"说的烙印。

民国九年(1920)，胡先生在北京女子高等师范学校讲授中国文学史时，学生中有冯沅君、苏雪林、黄庐隐、程俊英等人；民国十一年于武昌高等师范学校讲授中国文学史时，学生中有刘大杰、胡云翼、贺扬灵、李俊民等人。冯、苏、刘、胡等人其后均以编撰《中国文学史》而知名。

冯沅君与其丈夫陆侃如于民国二十年(1931)合撰《中国诗史》，诗仅叙至唐代，宋代之后略去不谈；词仅叙至宋代，元代之后略去不谈；散曲仅叙至元代，明代之后略去不谈。他们虽未明言这样做法的根据是什么，但不难看出，这是贯彻了文学"一代有一代之所胜"的观点。

---

① 刘经庵《中国纯文学史纲》第 1 页，北平著者书店 1935 年版；东方出版社 1996 年再版。

陆侃如是清华研究院时王国维的学生。从二人的师承而言，可以看到焦循学说所起的作用。

这种学说重视创作中的创造精神，但对后继者所作出的发展重视不够，如强调过度，则易陷于片面。《中国诗史》中的这种写法，引起了很多人的不同意见。苏雪林在《辽金元文学史》中亦曾引及《易馀籥录》中论戏曲的意见，可见她对焦氏学说的关注[①]。但她编写文学史著作时为时已晚，觉察到了焦氏将好多作品视作"馀气游魂"之不当，因而她在《中国文学史·自序》中不满于"近代撰述中国文学史者皆奉焦氏此言为金科玉律"[②]，这大约是看到同门冯氏等人过于拘执而有此一说的吧。

刘大杰于民国三十年(1941)出版《中国文学发展史》上卷，受到学界的高度重视。书中引进了新的学说，如法国郎宋在《论文学史的方法》中提出的一些观点等。但他叙及汉代文学时，特别强调汉赋的重要意义，亦可觇其学术渊源。

他在第六章《汉赋的发展及其流变》叙及汉赋兴衰的原因时，说道："中国文学进展到了汉朝，我们可以看到一个显明的现象。这现象便是文学同民众生活日益隔离，而那种贵族化古典化的宫廷文学，成为文坛的正统。作为宫廷文学的代表的，是那有名的汉赋。在现代人的眼光中看来，汉赋自然是一种僵化了的缺乏感情的死文字，然而在当时，他却有活跃的生命，与高尚的地位。在三四百年中，多少才人志士，在那上面费去了心血。狗监的朋友司马相如，倡优式的东方朔、王褒之流，我们不用说；即如司马迁、刘向、班固、张衡、祢衡们，无论从学

---

① 苏雪林《辽金元文学史》第三章《金之末叶作家》，第 24 页，商务印书馆 1933 年《万有文库》本。

② 苏雪林《中国文学史》第 1—3 页，台湾台中光启出版社 1970 年版。

问、思想、人品方面,都是值得我们景仰的,然而他们也都是有名的赋家。可知赋是汉代文学中的主流,正好像唐诗宋词一样,任何读书人在那时代都不能不同他发生交涉。如果李白、杜甫、白居易、苏东坡生在汉朝,想必也都是以赋名家了。枚、王、司马、东方之徒,待诏作赋,世人讥为倡优,其实李白之咏《清平》,王维、杜甫辈的应制诗,这行为有什么两样?近人因拘于抒情文学的范围,鄙弃汉赋,甚至于大胆地在文学史上,把汉赋的一页,完全弃去不谈,实在是犯了主观的偏见,同时又违反了文学发展的历史性。"①由此不难看出文学"一代有一代之所胜"说对刘氏所产生的影响。

刘大杰把汉赋的发展分为四期:一为形成期,二为全盛期,三为模拟期,四为转变期。持此而与胡先生的《中国文学史讲稿》中论述汉赋的四期之说相较,如出一辙,不难发现其间的传承关系。

胡云翼在《中国文学史》中论汉赋时说:"赋是汉代文人的文学中最主要的部分。两汉的文人,几乎每一个都曾在赋里面贡献他的才力聪明。文学史家都说:'汉是赋的时代。'就赋的发展一方面说,这个话是一点不错的。"②这种看法也已明确地将汉赋归为一代文学之所胜的一种代表性文体。

胡云翼在《自序》中首先对之前已正式出版的二十种文学史作了评论,云:"严格点说来,我们认为满意较多的实只有吾家教授胡小石的《中国文学史》及吾家博士胡适的《白话文学史》。胡小石先生的《中国文学史讲稿》,叙述周密,持论平允,是其特色。"这里提到胡适的书,当然是因为"我的朋友胡适之"红极一时。他之所以特别标举胡小石

---

① 刘大杰《中国文学发展史》第六章《汉赋的发展及其流变》,第97页,中华书局1941年版。

② 胡云翼《中国文学史》第二编《汉代文学》第四章《汉代的辞赋》,第31页。

先生的文学史，固然因为《讲稿》内容丰富，立论精审，"叙述周密"之中当然包括进了"一代有一代之所胜"的优点，如对汉赋有正确的对待等等。只是《讲稿》正式出版的时间较后，直到民国十八年（1929）时才让金陵大学一名学生苏拯把十七年时听课的一份笔记拿到上海一家小出版社——人文社，于十九年春正式出版。胡云翼作为学生而听胡小石先生讲授文学史时，尚在自著的文学史出版十多年前，学生时代聆听文学史课时印象深刻，所以后来沿袭其中的主要观点而又予以高度评价了。

由上可见，文学"一代有一代之所胜"之说很难说是一种纯文学的观点，但可以说是一种切合中国文学史实际的观点，后人自可据此理出文学史发展的主要线索。当然，后人也应注意避免焦氏为过分强调某一时代的突出成就而作出的一些片面论断。

留给后人的思考

"一代有一代之所胜"这一命题，本身就深具历史感。而这一命题何以会在清代出现，为什么会由焦循总结出来，他又怎样会把文学问题总结成这个样子？都有值得深入探讨的地方。

既称某一文学为"一代之所胜"，就可说明此说非当代人的口气。一般来说，一代文学之中品种繁多，舆论不一，很难达成共识。而且一种事物要能得到定论，必须接受历史的考验。以文人而言，也要经过很长时间才能得到定评，如李白、杜甫的诗，要到唐代中、后期时才享大名，大家才逐渐认识到其水平之超出侪辈，宋代之后才有定论。与此类同，哪一种文体可作某一时代的代表，当代人是很难作出判断的。而且文体本身也处在发展之中，唐初诗歌承六朝之遗绪，近体正在走向完美，要到盛唐之后，近体才告成熟。宋人回过头来观察唐诗的创作，才能看得清楚。唐诗的总体成就呈现之后，也才有可能与前此的创作相比较，从而得出"一代之所胜"的结论。由此可知，文学"一代有一代之所胜"的结论，只能是在经历了若干代人的观察与总结之后才能得出。

如前所述，魏晋南北朝人对先秦至刘宋时代的文学作了总结，宋人对唐人的成就作了总结，明人对前此文学已有全面的考察，清代学术普遍具有总结前人成果的特点，扬州学派中的焦循纵观前代历史，才能作出"一代有一代之所胜"的结论。他对某"一代"的考察，往往吸收了前人的总结性意见。

由此可知，后人总结前代成就时，就有这么一种情况：时代越远，哪一种文体成就最为突出，容易得出共识；时代越近，则每因各人对问题的看法一时还不能达成共识，往往得不出结论。例如焦循，他对明代之前一些有代表性的文体的看法，大体说来可称允当，但对明代"之所胜"的文体，却不能把前人极为推崇的民间歌谣视作上品，而举八股文为"一代之所胜"，这种与现代人的观念格格不入的看法，正说明明清两代正统派的文士对八股文的重视，而对民间歌谣的忽视；又正暴露了焦循未能克服其正统观点。清代扬州地区工商业极为发达，焦循的思想，有其重视市民文学的一面，与前人有不同的地方，故能推重戏曲方面的成就，从而以元曲为"一代之所胜"，但总未能进而推重民间歌谣，反而与官方的学界呼应，举八股文为明代文学的代表。焦循的这一局限，耐人寻味。

唐诗的繁荣，与其时的科举制度有关，士人如欲进入仕途，必须在诗的创作上接受严格的考验。焦循是否由此得到启发，以为明代的情况亦可作如是观。但事实证明，这种历史的类比是没有说服力的。宋代的词，元代之曲，与功利无关，同样可以作为"一代之所胜"的代表文体。因此，后人观察文学问题时，要想作出全面的客观的评价，殊非易事。因为每一个人都处在特定的环境中，往往不自觉地受到某种时代观念和特殊癖好的支配。每一个人只能是尽其可能地去作全面、客观的观照，为后人留下一份有参考价值的研究成果。

一种研究成果的取得，取决于时代提供的条件。文学发展到清代，才有焦循出来做总结，发展到了近代，才有胡小石先生等人注意到焦循提出的这一论点。中国文学的发展已有几千年的历史，始终难以独立作为某一专题而供人研究。六朝时期文坛上注意探讨文学的特点，朝廷上也有所反映，刘宋时文帝于儒学、玄学、史学三馆之外别立文学馆；明帝时立总明观，分儒、道、文、史、阴阳为五部，但是这一分科学习的潮流未能在后代继续下去。只是到了清末，朝廷为兴新学的需要，才建立了专科学习的新学堂。但中国的学者为此而建设中国文学史这一新科目时，终于凭借中国悠久历史中积累下的思想资料，继承清代朴学的成就，建设成一种符合中国国情的文学史体系。

严格说来，焦循提出"一代有一代之所胜"的这一命题，还只能说是揭示了文学发展中的一些现象，一个朝代何以会出现这"一代之所胜"的文学，还要作很多探讨，才能逐渐认识清楚，这也正是中国文学史家肩负的任务。

汉代献赋可以得官，按照班固《两都赋序》和蔡邕《上封事陈政要七事》中的说法，至迟到东汉时，已经确立了考赋取士的制度。但由于汉时文献记载不详，这一制度贯彻到什么程度和持续了多久，情况并不清楚，但在它的影响下，定然吸引住了大量谋求进入仕途的文士的注意力，则是不成问题的。这与唐代以诗取士的情况有类似处。这里又有很多问题可以探讨。后世仍有献赋得官的情况，为什么不能再现汉代的盛况？唐代做诗做得好的文人可以得到很高的声誉，为什么李白、杜甫不能通过科举而求得晋身？那么以诗取士对唐代诗坛的繁荣到底起了什么作用？又在哪些地方起到促进的作用？宋代的词与士人的晋升无关，为什么能够取得如此高的成就？宋代社会又为词这一文体的勃兴提供了哪些条件？元代文人在曲的创作上取得了空前的成就。把曲作为元代文学的标志，那是经过了几代人的探讨之后才达成的共识，这里又可提出疑问，明代文士在什么文体上取得了杰出成就，可作一代文学之标志？卓人月等提出可举民间歌谣为"一代之所胜"，焦循不同意，而他举出的八股文，今人绝对不可能同意，那么还有没有其他文体可作代表的呢？与此相同，清代能不能举出其"一代之所胜"的代表文体？如果明、清两代都难选出"一代之所胜"的代表文体，又是什么道理？是否可说，明清之后的社会情况越来越复杂，已经难于推举某一种文体作为一个朝代的标志？情况究竟如何，值得文学史家探讨的地方很多很多。

（前一、二部分原载《文学遗产》2000 年第 1 期）

郁贤皓《胡小石〈中国文学史讲稿〉的建构特点》讲评

　　中国文学史是一门研究中国文学发展演变的学问。自清末以来，文学史类著作层出不穷，至今已有数百种之多。由于时代的变迁，人们文学观念的变化，前后产生的各种文学史面貌大异，内容形式多有不同，因此文学史本身的发展也已成了一种研究对象。中国内地自 20 世纪 80 年代后期起就兴起了一股研究中国文学史各类著作的热潮，但其中还存在着一些问题亟待解决。研究者往往仅凭一本本文学史的出版年代先后排列，由此勾勒文学史编写历程中的发展和变化，殊不知有的著作虽出版在后，实际上作者早就从事研究或已讲学多年；有的著作发表年代虽早，实际上却受到后来才正式付印的某一著作的影响。他们往往仅从西方和日本学者所著的文学史来说明中国学者受到的影响，而对这一学科与中国古代学说的联系缺乏认真的分析与探讨。这也就是说，研究者对各种文学史产生的时代背景、学术系统和著者的个人特点注意不够，发掘不深。郁贤皓教授根据大量材料说明胡小石教授讲授中国文学史的情况，说明其著作的特点，"一代有一代之所胜"说的重要价值，探讨胡小石教授的学说与中国学术史的内在联系，且从胡小石教授的教学活动说明他在建设这一学科时所作出的重要贡献和发生的重大影响，这就把学术史上隐而不彰的一页公布于世，对研究中国文学史者有很好的启示作用。

　　（原载台湾辅仁大学中国文学系、中国古典文学研究会主编《建构与反思——中国文学史探索学术研讨会论文集》上册，学生书局 2002 年 7 月版）

中国大陆唐代文学研究的回顾与展望

中国以历史悠久著称于世。数千年来,列朝列代,都有大量的文学作品流传后世,并且都能呈现出各自的风貌。唐代文学的情况更是如此。不论是唐诗、唐文,还是唐代传奇和众多的笔记小说,都结出了丰硕的成果,博得了人们的喜爱。因此,唐代文学的研究工作在大陆学者中一直占有重要的位置,取得的成果也很可观。现在先按历史顺序加以介绍,然后进行一些必要的分析。

前一时期——十七年中研究情况的介绍

中华人民共和国的建立已有四十多年了,按照国内政治形势的变化,可以分为两个时期,自 1949 年至 1976 年为前一时期,1976 年至今为第二时期。

新中国成立初期的几年里,没有出版过唐人集子,发表的论文也较少。1954 年后,当时的文学古籍刊行社出版了一些集子,前者如《杜少陵集详注》,后者如《白氏长庆集》《元氏长庆集》,这只是利用现成的本子重印或影印,未作进一步的校勘或整理。1957 年至 1962 年,京沪两地的古籍专业出版社共出版了唐人诗文集 26 种,其中如钱仲联编注的《韩昌黎诗系年集释》(古典文学出版社 1957 年版),孙望校点的《元次山集》(中华书局上海编辑所 1960 年版)等,都有较高的水平。御定《全唐诗》(中华书局 1960 年版)也在断句之后出版了。

自此之后,由于政治形势的变化,唐集的整理出版工作受到影响而告中辍。因此，这一时期的文献整理工作虽有一定成绩，但发展不快，且在起步不久即告中止，其后更是长达十多年的停顿，学术界遭受了巨大的损失。

自 1957 年起，学术界长期受到极左思潮的干扰，唐代文学的研究工作受到了严重的影响，当时总的倾向是重盛唐，轻初唐和晚唐；重大作家，轻中小作家；重思想性，轻艺术性。而所谓"思想性"的标准是：揭露旧社会和统治阶级的暴政，同情人民的悲惨遭遇，等等。因此，杜甫的"三吏""三别"和白居易的新乐府、《秦中吟》等作品最受重视，而像王维、孟浩然等人的作品，则因难于评价而常遭贬抑。

这一时期内也曾展开过一些学术上的讨论，如对山水诗的评价等，但因思维格局的限制，很难深入，而且往往以大批判告终。真正的学术研究难以正常开展，例如林庚提出了"盛唐气象"的问题，这本来是很有学术价值的一个研究课题，但当时却被认为缺乏阶级内容而遭到批判。与此有关的一种看法是，文章首先要有革命观点，观点统帅材料，反对"烦琐考证"。在 1958 年所谓拔白旗的运动中，有人竟拿陈寅恪考证杨贵妃入宫年月为例，说明资产阶级学者的荒谬及其研究成果之无价值。这种荒唐的所谓学术斗争，当然不足以动摇学者的信念，但正常的学术活动却也难以开展了。

"文化大革命"中，唐代文学的研究事实上已告废止，如其有之，也是作为政治斗争的工具来使用的。如柳宗元、刘禹锡因荣膺"法家"称号而受到很多不虞之誉，而在文学方面则不可能有什么科学的解说。郭沫若的《李白与杜甫》一书，可以说是其时唯一的一部唐诗研究专著，里面虽然也有一些可贵的探索，但不顾事实、大胆立论、任意抑扬的疵病，亦所在多见。这样的书，出于一位政治地位和学术地位那么高的名家之手，更让人看清了学术研究作为迎合政治需要的一种手段，产生了多么严重的不良后果。

后一时期——近十年来研究情况的介绍

1976 年"文化大革命"结束，长达十多年的极左思潮也就宣告结束，其后三四年工夫，大家称之为拨乱反正时期，主要用来清除前一时期的消极影响，培育一种良好的学术环境。随之，各项学术活动也就正常地开展了起来。

十多年来，唐代文学的研究工作取得了很多成果，下面从三个方面加以简单介绍。

（一）研究范围扩大，学术讨论活跃。

由于前一时期学术领域中出现的种种错误倾向暴露得非常充分，大家对那种主观武断、乱贴标签、凭空立论、倚势压人等等学风极为厌弃，希望看到有材料翔实、论证严密、富有新意的学术著作出现，一批笃实的新著也就应运而生

傅璇琮的《唐代诗人丛考》于 1980 年由中华书局出版，对于转变学术风气起到了很大的推动作用。这部著作共有二十七篇文章，考查初唐至中唐共三十二位诗人的生平和创作。这些诗人，过去一般称之为中小作家，有的向来不受重视。傅璇琮以为研究唐诗必须考查清楚每一位诗人的生平，还应注意群体的活动，因此对于揭示唐诗发展各个阶段的文学集团和风格流派尤为致意。每立一论，必辑集丰富的资料，驳正旧说的迷误，这在当时来说，确有使人耳目一新之感。

总的看来，这一时期的唐诗研究要以作家和流派研究的成就为大。据统计，十年内凡有专文论述的诗人，将近一百六十人，占《全唐诗》存诗一卷以上约二百四十名作者的三分之二。前十七年中，曾有论文研讨的诗人仅五十人左右，即使像贾岛、郑谷等人，也仅有一篇文章作过简单的介绍。二者相比，不论在量与质上都有了明显的发展和提高。

大家还就唐诗研究中的一些重大问题展开过讨论。大的方面，如唐诗繁荣的原因、盛唐气象的含义、边塞诗的评价、牛李党争对文人的影响、白居易文学思想的得失；具体问题，如李白的家世和生地、王维的生年、《长恨歌》的主题等，都有针锋相对甚至多种不同意见提出，讨论之后，尽管并不一定能够得出共同的结论，但大家的态度是认真而严肃的，认识也有深化。例如以往研究边塞诗时，总是拘泥于论证诗中涉及的这一战役属于正义战争还是非正义战争，从而使边塞诗的评价几乎变成了对战争性质的讨论，而对诗歌本身的美学价值与艺术特点反而注意不够。后来有关边塞诗的文章中，视野就要开阔得多，并且扩展到了幕府与文学等多种关系的探讨，其意义也就不是单纯的文学研究可以包容的了。

（二）资料工作得到重视，文献整理成果可观。

学术界对研究工作的科学性提高了认识，自然对著作中文献的处理问题提高了要求。一篇文章，如果还像过去那样只是放言高论，而对基本材料都没有掌握，或是理解和处理上有偏差，那就难以获得发表的机会，这就要求学者对文献问题付与更多的注意。

清人整理的一些唐人集子，如王琦的《李太白全集辑注》等，都得到了进一步的加工，重新出版。一些从未有人注释过的集子，也在这一时期问世，高适的诗还出了两种注本，而如瞿蜕园的《刘禹锡集笺证》，朱金城的《白居易集笺校》，刘学锴、余恕诚的《李商隐诗歌集解》，都是规模庞大的经意之作，上海古籍出版社还出版了一套"唐诗小集"，选择作品不多而有佳作传世的诗人二十馀名，加以注释，附以有关研究资料，内如谭优学注释的《赵嘏集》等，都有较高的水平。这也是扩大唐诗研究领域和重视中小作家的具体表现。

这时一些大型的总集也经整理出版，如中华书局影印了《文苑英华》《全唐文》等，上海古籍出版社影印了《全唐诗》、明铜活字本《唐五十家诗集》等，都给研究工作者提供了很多方便。上海古籍出版社还制订了出版《宋蜀刻本唐人集丛刊》的计划，从已出版的《张承吉文集》十卷本来看，就要比目下通行的二卷本多出一百五十多首诗，就此一例，也可见出这项工作的意义了。

据统计，十年来出版的唐人诗集新注本近三十种，还出版了十馀部有关作家生平研究的颇有深度的考证著作和年谱，无论在材料上或是在论点上比之过去的认识水平都有突破。有关唐诗研究的资料书，如王仲镛的《唐诗纪事校笺》，也是有水平的著作。这一时期问世的一些工具书，如《唐五代人物传记资料综合索引》《全唐文篇名目录及作者索引》《全唐诗作者索引》《全唐诗重篇索引》等，也为研究工作者提供了很多方便。万曼的《唐集叙录》、周采泉的《杜集书录》、郑庆笃等人的《杜集书目提要》等，则对了解唐诗版本目录很有帮助。此外如吴文治的《韩愈资料汇编》等，也是这一时期完成的重要资料书。

（三）扩大研究视野，注重多种联系。

前一时期的研究工作大都就文论文，考查作品的产生背景，主要从政治原因方面寻求解释，因此当时的许多论文，有人称之为四大块的模式，这就是：一社会背景，二作者生平，三作品分析，四后代影响。尤其是在一些教科书中，几乎成了一种常用的套数，陈陈相因，难有新的突破。

研究工作出现了程式，也就丧失了活跃的生命。大家注意到，作家是一个活生生的人，他有丰富的内心世界，作品中反映出来的喜怒哀乐，包含着极为复杂的内容。唐代文人的生活又很丰富，他们大都具有开放的胸怀，这又与唐代这一具体的历史发展阶段有关。研究唐代文学，除了必须注意其时文人的创作活动以及前此的文学传统之外，还得注意对他们影响最大的一些社会因素，除政治外，还有宗教、科举和其他艺术等。

唐代帝王以姓李之故,认老子李耳为始祖,从而倡崇道教。因此有人认为,道教之于唐代,实有国教的性质,其时文人大都受到过道教的影响,而佛教在这时又正处于发展的高峰时期,名僧辈出,文人也或多或少受到过影响。总的看来,唐代文人的宗教信仰很杂,他们因精神生活上的某种需要,信从某种教义,研究工作者如对"二氏"的教义缺乏基本的了解,也就无法进窥其精神境界。学术界开始重视唐代文人与佛、道等宗教的联系,是研究工作中取得进步的标志之一。

陈寅恪在1954年发表了《论韩愈》一文,指出韩愈虽以辟佛著称,但实受到佛教的影响。这一具有卓越史识的论文,当时却遭到了很多人的驳难。进入80年代之后,大家的认识有了提高,陈氏揭示的这种相反相成的复杂现象,给予后人很多启发。陈允吉《唐音佛教辨思录》中的好几篇文章,就曾据此作出富有新意的探索。孙昌武从事佛教与唐代文学关系之研究,对柳宗元的宗教信仰问题用力尤多。

李白、李贺、李商隐等人与道教的关系尤为深切,学术界于此不断有专文发表。但一般来说,大陆学者对道教的研究还处在开始的阶段。

隋唐之时,科举制度正式形成,我国古代的士子受儒家教育的影响,大都有以天下为己任的抱负,他们争取服官,因而重视科举。进士、明经或制科等考试项目,士子的行卷之风,以及雁塔题名等习俗,对于了解唐代文坛都有重要意义,程千帆的《唐代进士行卷与文学》、傅璇琮的《唐代科举与文学》,对此都有深入的探讨。

唐代与域外的文化交流很密切,音乐歌舞极为发达,文人往往有其纵情声色的一面。研究唐诗与音乐、舞蹈的关系,文人与妓女的关系,也不容忽视。这方面的研究成果,常是发表在一些有关诗篇的赏析文章中。唐五代词的形成,也是学术界关注的一个课题。张璋、黄畬《全唐五代词》(上海古籍出版社1986年版)共录作者一百七十馀人，词两千五百馀首，虽在校勘、笺评和体例方面有可议处，但已超过了林大椿《唐五代词》的容量和编纂水平。任半塘在《唐声诗》中就辞、乐、歌、舞四者作综合研究，探讨唐代诗乐及唐人歌诗实况，旨在建立"唐声诗学"理论体系，他的《唐戏弄》一书，则力图证明中国戏曲在唐代即已形成。

唐代文学研究出现繁荣局面之原因

比较起来，近十年来大陆的唐代文学研究工作取得了前所未有的繁荣，究其原因，则与下列条件密切相关。

（一）政府实行开放政策，学术环境趋于正常。

中国实行改革开放政策之后，学术活动摆脱了种种干扰，学者可以各抒己见，独立思考，这就为唐代文学研究的正常开展创造了良好的条件。举例来说，韦庄的《秦妇吟》一诗，堪称反映唐末动乱的一部史诗，艺术成就至高，自从清代末年在敦煌石窟中发现之后，一直受到人们重视，研究的文章不断出现，但到 20 世纪 50 年代之后，因为韦庄在诗中对黄巢的军队入长安后的作为颇多揭露，因而被定为诬蔑农民起义的反动作品，大家也就不再研究它了。80 年代起，学术界提出了重新评价的要求。1987 年第 2 期的《文学评论》上发表了牖人的《论〈秦妇吟〉的艺术真实》一文，根据新、旧《唐书》和《资治通鉴》等史籍，说明黄巢的军队本有烧杀掳掠、侮辱妇女之事，其时已经军无斗志，其成员又贪图享受，作者还以之归结为黄巢军将领的教养和素质问题。应该说，作者在史料的运用上，在理论的分析上，没有多少特异之处，但这类文字在前此阶段则不可能出现，因为这样的问题向来被视为禁区，不便染指。《秦妇吟》的重新开禁，也就说明了政治环境的宽松，已与前此情况有了很大的不同，动多拘碍的局面开始打破，学术活动也就活跃起来了。

（二）文化市场形成，研究成果易见成效。

前十七年中，文化市场也强调计划经济，常是只在北京、上海安置两家古籍出版社，地方出版社和其他专业出版社一般都不出古典文学方面的著作，因此学术成果的出版渠道是很狭小的。80 年代之后，原有的分工格式被打破，各种出版社均可接受学术著作的出版任务，这就初步形成了竞争的局面。现在全国已有二十家左右的古籍专业出版社，这当然是为适应文史方面的研究成果大量涌现而筹组起来的，但反过来又可说明，目下出版学术著作比之过去毕竟要方便多了。

单篇论文的发表问题情况差不多。过去刊载古典文学论文的期刊不多，最主要的，只是《光明日报》上的《文学遗产》副刊，中国社会科学院文学研究所的《文学评论》，还有各省社会科学院有一种综合性刊物，中华书局和中华书局上海编辑所各有一本《文史》与《中华文史论丛》，几家最大的高校办有学报，如此而已。目下刊物之多，无法统计，各种刊物上都有有关古典文学的论文发表，因此沟通学术讯息，编制全国性的论文索引，已经成了重大问题。出版界隔一段时间也出一些有关这方面的资料书，如《全国新书目》之类。几家大的出版社也有介绍自己出版物的材料，但发行面不太广，不能满足社会的需要。编制全国性学术论文索引的工作总是嫌速度太慢。中国人民大学有一份复印报刊资料，解决了部分问题，但也嫌周期太长，选目未必能够做到全面恰当。这是一个有待解决的迫切问题。

政府为加强古籍出版工作的领导，有"国务院古籍整理出版规划小组"这一机构的设置，并拨有专款资助重要古籍的整理和出版。国家教委也相应地有"全国高等院校古籍整理研究工作委员会"这一机构的设置。国务院古籍整理出版规划小组还编有《古籍整理出版情况简报》，至今发行两百多期，唐代文献的整理情况，及时有所反映。

（三）唐代文学学会的成立，推动了学术交流。

大陆上学会甚多，中国唐代文学学会是其中规模较大的一个群众性的学术团体，会员有五六百人，会务开展正常，起到了推动学术交流的作用。

1982年5月，全国二十四个高等教育、科学研究和出版单位联名发起成立了中国唐代文学学会，并在西安举行了第一次学术讨论会。第二届年会暨学术讨论会于1984年在兰州举行，重点讨论了边塞诗的问题。第三届年会暨学术讨论会于1986年在洛阳举行，第四届年会暨学术讨论会于1988年在太原举行，第五届年会暨学术讨论会于1990年在南京举行。在这次会议上，我们邀请了国外、境外许多著名的唐代文学专家参加，计有日本、美国、韩国及中国香港地区的学者二十多人，中国台湾也有十多位著名的学者参加了会议。海峡两岸的学者一起进行文化交流，事后还同赴浙东旅游，加深了情谊，这是会议的一大收获。

唐代文学学会的组织和活动比较正常，除总会外，辽宁、甘肃等地区还组织了分会，并经常开展活动。中国唐代文学学会与西安市文联还联合举办过唐诗讲座，与河南省社会科学院文学所联合举办了唐代文学讲习班。

唐代文学学会主办有两种刊物，《唐代文学论丛》共出版过十辑，刊载各类文稿四百多篇，其后改名《唐代文学研究》，又出版过两辑。《唐代文学研究年鉴》共出版了六集，每集近四十万字，内有"一年研究情况综述""一年论文摘要""新书选评""一年学术活动""问题讨论综述""专家介绍""港台唐代文学研究""国外研究动态""唐代文学研究专著索引""唐代文学研究论文索引"等栏目。这两份会刊起到了传播研究信息、促进文化交流的作用。由于经济方面的原因，1989年后的年刊还未刊出，现正在设法解决中。

唐代文学学会设会长一人，副会长若干人，秘书长一人，副秘书长若干人，理事若干人，均由民主选举产生。先后两任会长由萧涤非、程千帆担任。会址设在西安。

李白、杜甫两大诗人都拥有庞大的研究队伍，相应地有学会的组织。李白学会设在马鞍山，有会刊《中国李白研究》（前称《李白学刊》）；杜甫学会设在成都，有会刊《杜甫研究学刊》（前称《草堂》）。这两个学会也定期举行年会和其他学术活动。

近十年来唐代文学研究的新趋向

近十年来，唐代文学研究呈现出多姿多样的态势，取得的成果也很可观。从其发展趋势来看，或从研究方法上考察，或从产生的成果来考察，可以说有一个共同的特点，就是趋向综合。今从几种不同角度加以介绍。

（一）文史不分的传统研究方法重新得到确认。

我国本有文史不分的传统。陈寅恪、岑仲勉等前辈学者更把文史结合的研究方法发展到了一个新的水平。陈寅恪采用以诗证史的方法，在研究元白诗等问题上取得了很大的成就。岑仲勉在唐代史和唐代文学作品的文献整理方面作出了贡献，他对《元和姓纂》等史料典籍的整理，大量运用碑志等材料，取得了可观的成绩。但是这些研究方法就在当时对古典文学界也没有产生多大影响，大家认为只在史学上作出了贡献。前十七年中，由于重观点轻材料的偏向一直在起作用，大家往往满足于就文论文，仅从具体作家的政治倾向或具体作品的内容发议论，不太讲求史料的翔实，有时还将清代的朴学作为与马克思主义对立的"烦琐考证"学风而加以批判，这对文史不分的传统学风起到了破坏或阻碍作用。近十年来，学术界力反蹈空之弊，陈寅恪、岑仲勉等人的治学方法重新得到确认，文史不分的传统也得到了继承和发扬。为了弄清作家生平和重要史实，研究工作者的注意力不光停留在文集和史传上，还扩大到小说、姓氏书、碑志、登科记、书目、诗话、地志、类书、佛道二藏等领域，大量发掘史料。郁贤皓著《唐刺史考》十六编三百馀卷，根据向来的看法，这应该是史学家做的工作，而他却是中文系的教授。这是学术界注重综合研究后出现的新情况。

中华书局和上海古籍出版社等单位都出版了一些经过整理的唐代笔记小说，像《隋唐嘉话》《唐语林》等书的新本，也可以说是整理者程毅中、周勋初的研究成果。唐传奇的选本和注释本为数亦夥，周绍良为《霍小玉传》等文作了详密的笺注，卞孝萱则以小说证史的方法对唐传奇进行研究。

李白、杜甫、王维、王昌龄、李商隐、李德裕等人的生平，经过众多专家的研究，面貌更清楚了。中小作家的生平，也得到了众多专家的关注，陶敏在这方面的研究工作中取得了不少成绩。有关唐代诗文的考辨和搜集，陈尚君、佟培基做了大量工作，成绩可观。

（二）国外学术成果的引进和新研究方法的采择。

中国采取开放政策，对外文化交流日趋活跃，国外的学术成果和研究方法必然会引起国内学者的注意。1985 年前后，所谓"三论"（系统论、控制论、信息论）的研究方法风行一时，曾对社会科学的许多领域起过强烈的冲击作用。唐代文学的研究工作受此影响较小，当时还曾引起过若干年轻学者的不满，以为唐代文学研究领域内观念和研究方法亟须更新，但是由于大家对新的方法的实际内容不清楚，更缺乏行之有效的研究实例，因此这种所谓方法热的冲击没有发生什么影响，这股热潮随后即自行消歇。

但是大陆上的学者还是非常注意吸收国外的研究成果和研究方法，用以丰富和提高自己的学术水平。松浦友久的《李白——诗歌及其内在心象》(张守惠译)、斯蒂芬·欧文的《初唐诗》(贾晋华译)，都曾受到大家的欢迎。一般来说，美学、心理学等方面的学术成果，可以直接用之于文学研究的，吸收最多；统计方法、语言学批评方法、原型批评方法、结构主义方法以及其他各种新方法，也都有人介绍和运用。这些大都用在诗文的赏析工作中。要说近十年来的研究成果和前十七年的研究成果有所不同的话，新的视角和新的方法的采用，当是主要的方面。

在新的时期中，出现了很多作家评传，林庚在为陈贻焮的《杜甫评传》作序时说："《评传》之作，盖脱胎于诗话而取意于章回。"说明这类著作也是在传统的基础上发展起来的。但作者大都致力于传主的心态研究，这样也就出现了很多新特点。

过去人们总是以为唐代的文学理论成就不大，只有司空图的《诗品》等若干著作较有价值。罗宗强著《隋唐五代文学思想史》(上海古籍出版社 1986 年版)，从文人的创作中探讨其文学思想，从时代变迁和文坛动态中研究文艺思潮，将美学观点和考证方法等统一起来运用，这也是综合研究的途径。陈伯海则着眼于宏观的研究，着力于唐诗学的构建。

总的看来，唐代文学研究工作单纯采用某种新方法而写成的专著还未出现。法国汉学家侯思孟在答复《文学遗产》编辑部的提问时曾说：中国文学深刻地嵌入中国历史，新批评派等方法对于研究中国古代文学是无用的。这当然是一个可以再探讨的问题。但中国古代文人受儒家教育的濡染，大都有用世之志，即使不得意而隐退，用道家或佛家的思想来调节心情，仍与政局密切有关。前十七年中出现的一些弊病，是将社会因素中的政治部分绝对化了，并且把什么问题都归之于阶级性的表现，因此有人称之为庸俗社会学的研究方法。中国本有知人论世的传统，也就是叫人注意社会背景的研究。因此，在重视文学主体研究的前提下,社会学研究方法的正确运用,看来仍将占有重要地位,其他种种新的研究方法仍将多方尝试,这怕是其后研究工作的主要趋向。

(三)综合性成果的大量涌现。

经过众多研究工作者的努力,唐代文学研究的各个领域内都积累了不少成果,时机已经成熟,综合性的著作也就陆续问世。傅璇琮主编了《唐才子传校笺》,集中了众多学者研究初唐至五代诗家三百九十八人的最新成果;他还主编了《唐代文学编年》一书,预计明后年内可以竣工。周祖谟主编的《中国古代文学家辞典》唐五代卷对四千多位作家的研究工作进行了一次新的总结。周勋初主编的《唐诗大辞典》,内分诗人、体类、著作、名篇、格律、典故、成语、胜迹八类,对这些问题中的研究成果进行了综合表述。早在 1983 年就出版的《唐诗鉴赏辞典》则是对赏析文字的一次综合处理,随后又推动了赏析热的发展。

目下大陆的唐代文学研究工作中还在进行两项大型的文献整理工程,一是由周勋初(南京大学)、傅璇琮(中华书局)、郁贤皓(南京师范大学)、吴企明(苏州大学)、佟培基(河南大学)、陈尚君(复旦大学)主编的《全唐五代诗》,集合全国唐诗专家一起工作,预计将于五年至七年内完成。二是由霍松林(陕西师范大学)任主编、韩理洲(西北大学)任副主编的新编《全唐五代文》,预计也将在数年内完成。这两部大的总集,在诗文的容量、材料的考核、体例的周密上都将超过清代的《全唐诗》和《全唐文》。这两大总集都将由陕西人民出版社出版。

对唐代文学研究人员基本情况的分析

大陆学者正处在新旧交替时期。抗日战争之前已开始活动的学者,大都年事已高,陆续退出了研究队伍。目前正在研究的前沿阵地工作的,主要是新中国成立前后培养出来的一批知识分子,他们受到过前辈学者的指导,接受过严格的科学训练,虽因政治活动的干扰而荒废过学业,但在平时仍有较多的时间进行学习与科学研究,因此仍然能够作出其应有的贡献。其中也有一部分人,因受重观点轻材料学风的影响,接受文献学的训练较差,目前已不太能适应形势。

拨乱反正之后,针对过去培养学生中出现的流弊,教育界采取了一些纠正的措施。1979年国家教育部委托南京大学召开了培养研究生的座谈会,当时就培养古代文学硕士研究生的必修课程达成了共识,认为必须增加校雠学这一课程。其后大陆培养出来的研究生大都能较好地处理文献资料。又因中国实行开放政策,教学上提高了对外语的要求,因此这一时期培养出来的学生其外语水平大都超过了师辈。

这里可以程千帆培养的学生莫砺锋为例,说明这一时期成长起来的新一代学者的特点,他的博士论文为《江西诗派研究》,为此他对江西诗派一祖三宗及诗派总集等做过深入研究,其后还将从事诗派作品的整理,包括校勘、注释和辑佚。因为他对江西诗派进行过溯源的工作,所以对杜甫的作品也很熟悉,曾和程千帆、张宏生合写过《被开拓的诗世界》一书,并为匡亚明主编的《中国思想家评传丛书》撰写了《杜甫评传》一书。当他任《唐诗大辞典》的副主编时,就能迅速地编写出《唐诗大事年表》。他还曾赴哈佛大学任访问学者,对海外学者的研究成果也就比较熟悉,曾经翻译过刘若愚的《中国诗歌中的时间、空间和自我》一文,其后他的同学蒋寅作博士论文《大历诗风》时,就对大历十才子诗歌中表现出来的时空观念的特异之处作了深入的探索。凡此均可说明,新的一代正在迅速地成长,并且呈现出了新的风貌。其中像葛晓音(北京大学)、陈尚君(复旦大学)、赵昌平(上海古籍出版社)

等人,都在唐代文学的研究工作中作出了不少成绩。可以预见,用不了多少时间,新一代的唐代文学研究工作者即将成为这一领域中的主力。

（此文原为参加新加坡国立大学于 1991 年 6 月主办的"汉学研究之回顾与前瞻"国际会议而提交的论文,载林徐典编《汉学研究之回顾与前瞻》上册文学语言卷,中华书局 1995 年 9 月版）

十年来中国大陆古代文学研究的成就

1976 年"文化大革命"结束之后,经过三四年工夫的调整,大陆的古代文学研究工作重新走上了正常发展的道路,并取得了可观的成绩。兹从几个大的方面作一些综合介绍。

一、新资料的发现与利用

学者们对新资料的发现和利用一般都是很重视的。王国维利用出土的甲骨研究商代历史,取得了巨大的成就,成为近代新史学的奠基人。这一先例一直激励着继起的学者去利用新材料,从事开拓性的工作。

中国历史悠久,地下埋藏着丰富的珍贵文物,随着田野考古的开展,不断发掘出新的文献资料。1973 年 12 月长沙马王堆汉墓帛书的发现,曾在学术界产生过广泛的影响。1972 年山东临沂银雀山汉墓也出土了大量竹简,内有《孙膑兵法》等著作多种,值得注意的是,还有"唐勒赋"残篇竹简二十多枚[①]。唐勒赋在《汉书·艺文志》上有著录,其后不再见到记载,这些文字的重新发现,为赋学研究提供了极为重要的新资料。宋玉和唐勒同时,其存世诸赋的有些篇,几十年来一直有人怀疑是伪作,假如新出土的唐勒赋确出唐勒之手,那么风格类同的宋玉赋也应当可信。这一新情况的出现,要求人们对赋的起源和发

---

① 参看吴九龙释《银雀山汉简释文》,文物出版社 1985 年版。

展的历史重新探讨,它对文学史的编写将会发生重大影响。

历史上有无屈原其人,《离骚》是否屈原所作,现代一直有人怀疑,并不断引起争论。何天行等人根据荀悦《汉纪·孝武皇帝记三》中"上使(淮南王刘安)作《离骚赋》"的记载,认为《离骚》是刘安的作品。1977年阜阳县发掘汝阴侯夏侯灶墓,内有书写《离骚》的残简,虽仅存四字,但已足以否定《离骚》出自刘安之手。因为夏侯灶殁于汉文帝前元十五年(前165),其时刘安年幼,尚未封淮南王,自无作此巨制的可能①。

有关中古时期文字的新材料,没有什么重大发现,但苏联列宁格勒(今俄罗斯圣彼得堡)藏有不少敦煌卷子,将为唐代的文史研究提供很多新资料。自此消息传出后,大陆学者都很重视,目下上海古籍出版社正在组织力量,去整理这批新材料,并打算在近几年内正式出版。

研究明清文学的学者,则注意发掘以前不为人所知的稿本,或是流失在国外的罕见的版本,例如袁世硕发现了多种蒲松龄的手稿,章培恒在日本摄回《拍案惊奇》《二刻拍案惊奇》的胶卷,从而推动了有关问题的研究工作。

二、文献整理工作的开展

我国向有这样一种传统:新的王朝建立后,常是组织人力,对前此存在的文献进行整理,这是历史悠久的文化遗产得以保存至今的重要措施。例如唐初着重修史和编纂类书,宋初着重编纂总集和类书,明初编纂《永乐大典》,清代前期编纂《全唐诗》《全唐文》和《四库全书》等,这是文化事业上的基本建设,它为后代的研究工作创造了良好的

---

① 阜阳汉简整理组《阜阳汉简简介》,载《文物》1983年第2期。

条件。新中国建立之后，直到"文化大革命"结束，不断受到极左思潮的干扰，古代文化的保存和发扬没有得到应有的重视。近十年来，这种情况有了很大的改变，国家拨有专款支持古籍整理工作，全国十八所著名的大学中设有古籍所，集中了一批人才，有计划地开展文献整理工作。其中最重要的项目，是几个大的古籍所正在编纂一批"全"字号的总集，其中北京大学负责《全宋诗》，四川大学负责《全宋文》，北京师范大学负责《全元文》，复旦大学负责《全明诗》，南京大学负责《全清词》，南开大学负责《清文海》；《全宋诗》《全宋文》《全明诗》已陆续出版，《全清词》也将出书。此外，学术界有感于清编《全唐诗》成书仓促，错误很多，有重新编纂的必要，目下《全唐五代诗》的编委会已经成立，由周勋初（南京大学）、傅璇琮（中华书局）、郁贤皓（南京师范大学）、吴企明（苏州大学）、佟培基（河南大学）、陈尚君（复旦大学）任主编，集合全国的唐诗专家一起工作。这一新的总集，在诗篇的完备、材料的考辨、诗人小传的精确可据等方面，都将超过清编《全唐诗》。这项工作预计将在五年至七年内完成。

逯钦立以个人之力，费数十年之功，成《先秦汉魏晋南北朝诗》一百三十五卷，爬梳剔抉，每首诗下详注材料出处，谨严精当，完全可以替代丁福保的《全汉三国两晋南北朝诗》。

一些大作家的集子，正在重作新的校注，内有詹锳等人负责《李太白集》，萧涤非等人负责《杜工部集》等等，这些工作很艰巨，进度很慢，但可望于近期陆续问世。赵幼文的《曹植集校注》已经出版。

三、学风的变化与研究水平的提高

我们如把新中国成立之后的二三十年称为前一阶段的话，那么可以说在古代文学研究领域内取得过一些成绩，但也存在着很多问题。

从总的方面来看，重观点、轻材料，这样也就影响到笃实之作的问世。而在强调立场观点的情况之下，两种看法影响尤大：

一是苏联文艺理论的影响。自从新中国成立初期苏联专家毕达可夫到北京大学讲授《文艺学引论》之后，在很长一段时间内，学术界把这种带有很多庸俗社会学成分的理论奉为正宗，古人的作品，不论文体如何、内容如何，都纳入现实主义、浪漫主义两大创作方法的范畴之中。理论上着重探讨文学创作的规律，这本来是正确的要求，但把丰富多彩的文学历史归纳为现实主义与反现实主义的交替和对立，并从而探讨现实主义与浪漫主义两结合的发展等等，以此作为研究的热点，可是又得不出可信的结论，也就未免白费气力了。这类名词，原是欧美学者从他们的主要文体小说和戏剧的研究中总结出来的，用来研究我国以诗歌和散文为主体的古代文学上，未必都很合适。要想借此概括出中国文学的若干定律，也就难以取得预期的结果。

二是强调研究工作者要有革命观点。研究作家时，要用阶级分析的方法，看他对人民的态度如何；评价作品，要看它在历史上有无进步意义。这样做，有些文学现象不易作出解释，因为它只注意到文学艺术的共性，忽略了个性，而个性，恰恰是文艺的灵魂。例如山水诗、咏物诗以及孟浩然的《春晓》等抒情短章，如何分析其阶级性，论证它们在历史上的进步意义？又如李煜的词何以能令后人感动，陶渊明在诗中究竟反映了什么立场等，都成了不易解决的疑难问题，引起的争论也最激烈。一些比较抽象的问题，如"盛唐气象"等，因为不易找到一种经典的理论可作仲裁，因此探讨的时间虽然很久，却不易得出大家都能接受的结论。

中国在清除教条主义的束缚之后，以论带史的研究方法不再占有主导地位，百花齐放的局面开始形成。大家都能根据自己的特长，或作考证，或作赏析，或作理论探讨，进行多方面的研究了。以科学研究配合政治运动的时代宣告结束，一向被视为禁区的问题也可探讨。如明代的长篇小说《金瓶梅》，以前因其文字时涉淫秽之故，一直被禁止出版，从而无人对此进行研究了。目下此书已有四五种版本以各种方式供应读者，研究文章已有百十篇问世，专著已有十多种出版，全国并有"《金瓶梅》学会"的建置，非但定期召开学术讨论会，而且还曾举行过国际研讨会。随着改革开放政策的逐步实施，人们的观念也在变化，于是学术界出现了对宫体诗重作评价的要求，一直被视为对统治者贴金的御用文学大赋，也重新赢得了一代之胜之美称，研究者也多起来了。

与前比较，十多年来的研究工作局面要开阔得多。各种学科研究成果的渗透和吸收，促进了古代文学研究的开展和深化。人们大量吸收美学、文化学、宗教学等领域中的成果，用以研究文学问题，例如有人认为韩愈的诗有以丑为美的特点，就是从美学的角度观察问题的；有人从蜀文化的角度考察李白的特点，从楚文化的角度观察屈原的特点，则是以文化地理学的学说说明问题的。研究王维的学者，都很注意他与禅宗的关系；研究李商隐的学者，则注意他与道教的关系，这样也就更深入地触及他们的思想深处。凡此均可说明，新时期的研究工作更为丰富多彩。

过去学术界因反对"烦琐考证"之故，对积累文献资料不太注意，又因片面强调观点的创新，时而凭空立论，对材料的考核也不太注意。这些偏向在近期的学术领域中都已得到纠正。一些水平较高的著作，就从取材的角度来说，视野也要开阔得多。特别是一些考证性或年谱类的著作，大都能从文集、史书、笔记、姓氏书、碑铭石刻、登科记、题名录、书目、诗话、地方志、艺术、政典、会要、类书、佛道二藏等典籍中多方发掘材料。反观前一时期那种仅凭点滴材料就大发议论的文章，可以说目下发表的一些文章可信的程度要高得多。

由于国外各种思潮的涌入，学术界也常有人介绍各种新的研究方法。1985年前后，提倡新三论（信息论、控制论、系统论）的人很多，但仅停留在介绍与宣传上，未见研究成功的实例，结果历时不久即自行消歇。由于社会上趋新成风，学术界也相应地兴起阵阵新风，经过多次折腾之后，大家也就慢慢体会到，文史不分的传统研究方法还是具有强大生命力的。汉代以后，我国古代的士人无不接受儒家的教育，因而大都有用世之志，即使不得意而退隐，或用佛老思想调节心情，也与时局密切有关。因此，我们研究古代文学，必须注意知人论世的古训，把作家放在时代、社会、传统、潮流的大背景下加以透视，还应注意文学流派或文学集团等问题，进行综合考察，分析其创作成就。这样的研究方法，已经成为近十年来研究工作中的主流，并已取得不少成果。

欧美学者常用的一些研究方法，如结构主义、语言学研究、原型研究等方法，也有人使用，但还未见规模宏大的成功之作。这些方法适用于他们的研究对象，我国古代文学的情况有别，因此使用这些外来的新方法，还得经过较多时间的考验，才能作出是否适用的结论。

中国是有悠久文学传统的国家，人们对古代作品的热爱，可谓经久不衰，像《红楼梦》《唐诗三百首》等著作，几乎家喻户晓，出版部门分别出版了多种版本，一而再地翻印，还是畅销无阻。由于人们亟欲提高欣赏水平，因而赏析辞典层出不穷。这类文字水平高下悬殊。如何不断提高赏析文字的层次，引导读者不断提高欣赏水平，这还有待于解决。

四、研究队伍的培养和壮大

国内古代文学的研究人员主要集中在各大学和研究所中。一些师资水平高的大学,分别负责培养硕士生和博士生。其中设有硕士点的学校较多,设有博士点的学校,总计有十五六所左右,他们负责培养高层次的师资和研究人才。由于各校导师大都具有个人的专长和特色,培养出来的学生,往往也就显示出这方面的优势。他们身处改革开放的新阶段,国家对外语水平要求颇高,有的还有机会到国外学习访问,因此他们的外语水平一般都高于师辈,对各种问题的看法往往也就带有新的时代特点。

五、文化市场出现竞争态势

学术上的繁荣,需要各种条件的配合来促成。对学者的研究工作来说,需要政治上的宽松,文化信息的灵通,图书资料的易于获得,此外还要取得出版界的支持,能及时地将研究成果公之于世。前此阶段,国内实行计划经济,登载古代文学研究成果的刊物不多,发行古代文学研究著作的专业出版社更少,这就限制了研究成果的及时问世。

大陆实行开放政策之后,原来的分工格式被打破,一些原属其他专业的出版社也可出版古代文学方面的书籍了。各地纷纷成立古籍出版社,目下全国已有 20 家左右,这当然是为适应古代文史方面的研究成果大量涌现而筹组起来的。比之过去渠道单一的情况而言,学术著作的出版毕竟要方便多了。

随着文化市场的扩大,出版界还出现了竞争的局面,这对学术研究将起促进作用。

以民国时期而言,商务印书馆和中华书局就曾展开过激烈的竞争。当时上海这两家大的书商,都想夺取出版界的首席地位,于是分别组织力量,出版一批高质量的著作。商务印书馆编了一部《辞源》,中华书局就编了一部《辞海》。商务印书馆编印了一套《四部丛刊》,以版本珍贵见称；中华书局编印了一套《四部备要》，以实用价廉见长。商务印书馆编了一套《万有文库》，中华书局编写了一套《中学生文库》。这种你追我赶的竞争局面，推动了文化事业的发展，留下了可观的业绩。目前出版界也已出现这一态势，例如中华书局编了一套《中国古典文学基本丛书》，上海古籍出版社编了一套《中国古典文学丛书》；中华书局编了几套《唐宋史料笔记丛刊》《元明史料笔记丛刊》《清代史料笔记丛刊》，上海古籍出版社编了几套《宋元笔记丛书》《明清笔记丛书》；中华书局编了一套《古本小说丛刊》，上海古籍出版社编了一套《古本小说集成》；中华书局继续印《古逸丛书》三编，上海古籍出版社则影印《宋蜀刻本唐人集丛刊》。他们还出了不少当代知名学者的论文集，有的还汇编成全集，例如中华书局出版了陈垣、余嘉锡、顾颉刚、游国恩等人的遗著，上海古籍出版社出版了陈寅恪、杨树达、胡小石、汪辟疆等人的遗著。这些都是一代精华之凝聚，必将成为学术史上的瑰宝。

一些省市筹组的出版社，也都作出了不少成绩，他们除了出版一般的学术著作之外，还很注意出版本地区学者的著作，例如岳麓书社正陆续出版《王船山全集》《曾国藩全集》。有的出版社还有计划地出版乡邦文献，如江苏古籍出版社就编有《江苏地方文献丛书》，浙江古籍出版社编有《两浙作家文薮》，黄山书社编有《安徽古籍丛书》，巴蜀书社也出版了不少有关本地区的学术著作，还出版了列入国家教委古籍整理"七五"规划重点项目的《古代文史名著选译丛书》。

六、存在的问题

（1）学术信息反应过慢。目下大陆各地报章杂志数量甚多，除了《文学遗产》《古典文学知识》等若干专业性很强的杂志外，其他的文学杂志和综合性杂志也大都刊载古代文学的文章。由于材料分散,有的杂志印数又少,发行的面偏于一隅,研究工作者在搜集这些散见各处的文章时,甚为困难。有的杂志上时而刊载一些综合性的报导,但专题过少,作者掌握的材料有的也不全面。因此如何沟通学术信息,编制全国性的论文索引,已经成了重大问题。中国人民大学有一份复印报刊资料,但也嫌周期过长,选目未必能够做到全面恰当。因此,如何将一些优秀的研究成果遴选出来及时介绍,不论对国外的学者来说,还是对国内的学者来说,都亟待解决。

(2)文化市场受经济规律的制约,也要讲求经济效益。一些层次很高的学术著作,印数过少,难以出版,这就挫伤了研究人员的积极性。目前各地都在设法建立出版基金,谋求予以资助,但还有待于开拓资金渠道,并建立民主评议等一系列的管理措施。

(3)过去政治运动频繁,正常的学术探讨常常流为激烈的政治批判,留下了不少后遗症。大家不再愿意展开批评,以免被人视为打击别人,结果正常的学术探讨也受到了影响。又因国内学术交往增多,大家又讲人情,结果开起会议来不太容易引起争论,见之于文章的争鸣文字就更少了。报刊上发表的书评,常缺少深入的剖析,有的更流于相互吹捧,缺少应有的学术气度。

由于个人见闻有限,上面介绍的六个方面,仅属举例性质,疏误之处,在所难免,仅供大家参考。

(此文原为 1991 年 11 月下旬赴香港中文大学作讲演而准备的讲稿)

读稿杞忧

近年来学术界似有一种趋势,文章越写越长,书越写越厚,尤其是一些通史、通论性质的著作,更是规模宏大,动辄数百千万言。这是学术繁荣的表现呢,还是受到了商品经济的负面影响而出现的竞趋"大路货"的现象?颇令人困惑。

步入新时期后,古典文学研究领域中已经多次兴起波澜。过去评论作家作品时必须恪遵思想性第一、艺术性第二的原则,如在艺术分析上比重加大,就有可能被人扣上提倡形式主义的帽子,因而少见分析精辟之作。拨乱反正之后,学界松绑,赏析之作应运而生,迅速地形成了一股赏析热。随之出现了种种集合之作,赏析辞典大批涌起,有的印了几十万册,说明社会上确有这种需要。但利之所在,各出版社纷纷跟上,分门别类的各种辞书大量出现。工具书形成热潮,无疑是件好事,有助于人们的学习;但抢时间,占市场,粗制滥造的情况极为严重。其后出现的评传热、白话翻译热、丛书热等等,无不出现这一适应市场需要后立即陷于恶性泛滥的周期现象。经济大潮是无法阻挡的,但学人于此如何自处,却值得深思。

古人说"十年窗下无人问,一举成名天下闻",这自然是封建社会中的滥调。但在学术上想卓有所成,十年寒窗苦读的精神怕是应该具备的,有识之士不断劝说青年学子"甘坐十年冷板凳",亦即此意。处在目下人人想发财的环境中,清贫自守很不容易,但若无一点不为潮流所动的呆劲,怕也难以成事。

或许重提此事已近不识时务,我总觉得凡为学人者必须在单篇论文上下功夫。研究某种学问，总得循序渐进，搜集材料，甄辨考索，发掘意蕴，然后写成单篇论文。这样的论文，出于个人的沉思冥想，才可能是有血有肉的精品，不致人云亦云，千人一面。这样的研究论文多了，学界不断涌现新的成果，学术才能前进，才能发展。这才是真正的学术繁荣。

即以王国维而言，基础何等深厚，研究殷周史时，对甲骨文狠下功夫，当时行世的《铁云藏龟》《殷墟书契前编、后编》《戬寿堂所藏殷墟文字》等几种，他都一一作过研究，在小学上也下了功夫，文字、声韵、训诂等方面，都有发明。曾撰《宋代金文著录表》一卷、《国朝金文著录表》六卷，对传世的铜器铭文大都作过研究，又勤读十三经注疏，而对《尚书》与三礼之学尤为致意。为研究古史，故对《竹书纪年》也下功夫加以整理。就在这样的基础上，精心撰就《殷卜辞中所见先公先王考》等文，开近代新史学的先河。又如他的研究戏曲，先后撰有《曲录》《戏曲考源》《录鬼簿校注》《优语录》《唐宋大曲考》《录曲馀谈》《古剧脚色考》等文，凭借这些研究成果，最后撰成《宋元戏曲考》一书。王国维在戏曲史上的地位，就是这么奠定的。由于他的努力，从发掘材料、撰成单篇论文到编纂成书，在文学样式的新领域中进行了开拓，才能使学术真正得到发展，个人也由此而不朽。

反观目下的有些学界中人，没有见过他们写过什么有新见的论文，未在从事的学术领域中做过什么深入的专题研究，但大部头的著作照样出现。这样的著作，不免东抄西袭，杂纂成文。当然，有的人也有办法，或标榜某种西洋新理论，或在章节安排上作些变化，即以领导新潮流自许。这样的著作，究竟有何贡献，难以评判。

即使是一些过去做过专题研究的学者，将小型著作改成中型著作，再扩大为大型著作，也总觉得不能算是成功的尝试。犹如一碗美味的鸡汤，本来鲜美可口，但若冲些水进去，变为一锅鸡汤，品牌可以不变,但鲜味也就所剩无几了。

目下有些大部头的著作中还出现一种现象,就是从头到尾,不加一条小注。他们自己没有解决问题;人家解决了的,不清楚;引用谁家之说即使清楚,也从不提示。对前时这一问题发展到什么阶段,内部存在着哪些问题,前人作出了什么贡献,均不置一词。行文一气直下,令人觉得一切都是他个人的独创。做研究工作,总得有一定规范,清儒已有不隐瞒出处的共识,西洋学术也以不隐没前人成果为必须遵守的职业道德,我们的有些文字工作者,在这些地方过嫌随意,应当纠正。要培养良好的学风,大家应该遵循学术著作中的一般规范才是。

有人预测,学界在经历了各种热潮之后,即将出现一股编写文学史的高潮,但愿这股高潮能够避免上述种种流弊,在正常的轨道上前进。希望编写文学史的学人,能在大部分章节中都有自己的钻研成果。即使不能一一做到,那在引用他人成果时,也能不没他人的劳动,分别注明。

中国文学史源远流长,包孕至富,个人独立完成,确有困难。集合一批学者,分工合作,当是可行之举。但大家都应把这看成是一种具有完整体系的著作,而不能一味抓进度、赶时间,以致杂凑成章,完成任务交差算数。

中国古来只有政治史的编写,而无分门别类的学术史出现,但值得探索的是,为什么《资治通鉴》这类出于众手的编年史可以取得巨大成功。我想司马光除了选得当时最杰出的史家做助手,在资料的积累和鉴别上下过大功夫之外,具有明确的史观,当是成功的主要原因之一。目下编纂文学史,应该在史观上进行深入探讨,这是史书的灵魂,如果在这问题上无新突破,或将难以取得新的进展。

(原载《文学遗产》1997 年第 2 期)

重视中国古典文学特点的研究

　　我是《文学遗产》的老读者,担任编委也已多年,然而没有出过多少力,心中常感不安。但我仍为期刊越办越有特色而感到高兴。近几年来,《文学遗产》又组织了论坛这一以文会友的新形式,分由各地高校承办,就古典文学界普遍关注的若干问题进行讨论。从上四届论坛的情况看,业已取得不少成绩,预见这种组织形式还将继续下去,并将取得更大的成绩。中国地域辽阔,自然风光各异,从古典文学而言,各地区的文人所呈现的风貌也常有其特异之处。这次《文学遗产》论坛由四川省的西华师范大学承办,该校和其他协办单位都位于川北地区。自古以来,四川盆地以其特殊的地理条件,形成了极富特色的地域文化。三星堆出土的青铜器中,那种诡奇壮丽的气象,其他地方很难见到。"蚕丛及鱼凫,开国何茫然",遥远的传说,总是勾起这一地区民众的无穷遐想。从《汉书·地理志》到《太平寰宇记》,都记载有这一地区聚居的众多少数民族,诸如獽人、獠人、賨人、羌人等,由于居民成分复杂,彼此相互影响,因此从大处来看,巴蜀地区北部的民情风俗更有其特异的地方。宗教信仰也纷糅殊甚。汉末张道陵创道教于此,当与这一环境有关。李白五岁时由西域迁至绵州昌隆县(今昌隆市),二十四岁前一直居住此地,且到处游赏。他的成长,他的特殊风貌,自然与这一地区的人文环境与地域文化有关。杜甫晚年寄居蜀地,辗转于各州县。川北崇山峻岭,河道纵横,山明水秀,历史遗存众多,在在激发杜甫的诗思,从而留下了许多诗篇。研究唐诗的人,如不亲自到这一地区去观赏,那么对于李、杜这两位诗人的经历与成就,怕会有所隔膜。

我在 2000 年第 1 期的《文学遗产》上发表过一篇文章《文学"一代有一代之所胜"说的重要历史意义》，介绍先师胡小石首先在文学史的讲授中引用扬州学派中人焦循提出的这一著名观点。所谓"唐诗、宋词、元曲"，确是我国文学史上最光辉的篇章，但学者从事研究时，还得注意每一位研究对象的独特面貌，不能把李白说成和杜甫差不多，把杜甫说成和李白差不多，尽挑二人作品中的一些所谓人民性之作，不再关注二人所特具的奇光异彩。试观巴蜀地区对于两位大诗人的深远影响，就可知道二人之风貌有异，实与他们的经历与文化传承有关。

为了准备这次论坛的召开，《文学遗产》编辑部还草拟了一份征稿启事，要求大家审视近一二年来学科研究的新特点、新问题以及未来几年的发展趋势，并提示近年来古典文学界已呈现出若干值得注意的问题，例如研究方法、评价尺度日益发生深刻的变化，传统文体学的研究得到了越来越多的重视……这些现象，在高等院校的博士生选题时也有明显的表现。我觉得，这种变化内涵深刻，值得重视。

百年以来，西学东渐，学校注重分科教学，中国古典文学也成了独立的一门学科，比起过去的文学观念来，确是清晰了不少。国人引进了许多西方的理论，透视中国古典文学，确是推动了这一领域的研究，也为建设中国文学史这一新学科作出了很大贡献。试观清末至民国时期的一些文学史著作，在论及正题之前总要花上很多笔墨，引进很多西方的理论，探讨文学的定义。他们的这番努力，自属可贵，但在这一过程中，却也产生了另一方面的问题。由于中国的积弱，人们往往缺乏自信，所谓"月亮也是美国的圆"，一切都是西方的好，本国的月亮也就不受重视，中国古典文学本身的一些特点，也就遭到了忽视。

新中国成立之后，这种崇拜西方的心态，有所改变，但在文学研究领域，可还没有得到有力的纠正，有些地方可以说是更为严重。过去学者的接受西学，往往是自发行为，但在新中国成立之初学习苏联的大潮中，苏式理论以政府行为强行贯彻，古典文学教学和科学研究也必须"一边倒"。其时，教育部在北京大学办了一个学习班，聘请苏联专家毕达可夫讲授文艺学，培养出来的年轻教师，回校后替换了原来讲授该课的老教师，于是苏联的文艺理论也就一统天下，成了人人必须遵循的正宗理论。毕氏原为苏联乌克兰大学的一名副教授，学术水平并不高，而他受业的莫斯科大学主讲文艺学的季摩菲耶夫教授，才是这一领域的权威，此时也已有人把他的一本教材《文学原理》翻译了过来。这是当时中国高等学校讲授文艺学的一部重要参考书。凡在20世纪50年代学习或从事研究的人，无不深受其影响。

苏联文艺学也是一种西学，因此这一时期的西学东渐，来势更猛，力度更大。真正做到了一代有一代之文学。

阅读季摩菲耶夫的《文学原理》，可知他的理论，总结的是欧洲十九世纪文学创作的经验，因为是苏联人在讲课，所举的例子多是普希金、托尔斯泰、契诃夫等人的作品。征引的理论，除了马、恩、列、斯之外，还大量引用俄罗斯别林斯基、车尔尼雪夫斯基、杜布罗留勃夫等人的理论。苏式理论中自然会贯彻阶级观点，因此也常引用高尔基等人的作品为例证。这种理论跟其时教师、学生的原有知识结构差距甚大，但大家认为这是文艺学中的唯一的科学知识，因此无不努力学习。

《文学原理》译者明言，季摩菲耶夫是着重从亚里士多德《诗学》中摄取了精华而建立其文学理论的。由是可知，苏式理论与西方原来的理论差别不大，只是加入了阶级论，最后将社会主义现实主义的创作方法推为极致就是了。从这一角度看来，西学东渐的内容有其一致之处，他们都以古希腊为始源的文艺观念来冲击中国原有的文学观念。

季摩菲耶夫讲文学的类时介绍了抒情诗、史诗与戏剧，这也就是西方学术界奉为正宗的诗歌、小说、戏剧三种文学样式，而这与国人原有的文学观念有很大的不同。我国向来诗文并称，向来把散文视作正宗，向来把散文大家视作大手笔，但在西方文艺理论中，却是找不到应有的位置。民国时期的有些文学史已经把散文排斥在外，最具民族特色的赋体，更是遭到了"四不像"的嘲讽。

自20世纪50年代后期起，社会主义阵营发生分裂，中国为了摆脱苏联的影响，要求以毛泽东思想为纲，建立自己的文艺理论，取代苏式文艺学。江苏省委文教部长俞铭璜首先在南京大学讲授毛泽东文艺思想，编成了《毛泽东文艺思想纲要》这一教材，其后他奉调出任中共华东局宣传部副部长，仍然抓这一工作，调集华东地区几所大学的文艺学教师继续编写，最后由叶以群接手，审订后以《文学的基本原理》为名公开出版。这书以毛泽东《在延安文艺座谈会上的讲话》为纲，可在论及文学的特点时，仍然不脱前此理论的范畴，大谈形象等等，而这是西方学界总结十九世纪小说、戏剧的创作经验而提出来的。

新中国成立之后的古典文学研究者，面对的是中国数千年来的文学遗产，但所奉持的指导思想，却是针对现代文艺问题而发的若干政治原则和西方有关十九世纪文学的研究成果。为了将二者磨合，中国古典文学研究者真是煞费苦心。那时人们普遍感到困惑的，像孟浩然的五绝《春晓》："春眠不觉晓，处处闻啼鸟。夜来风雨声，花落知多少？"这诗到底对待人民的态度如何，在历史上有何进步意义？很费思量。又如贾谊的《过秦论》、陆机的《辨亡论》等文，里面到底有什么形象？研究者也是搜索枯肠，还是得不出可信的结论。

我总觉得，一个国家民族自信心的高下，与本国国力的强弱有关。随着中国经济高速发展，国力不断增强，国人的民族自信心也大为提升。大家不再一味地去指责古人，而是更为珍视本国的民族文化传统。在这种时代背景下，我们古典文学研究者也更为重视中国古典文学特点的研究了。传统文体学的普遍受到注意,即是明证。人们评价散文时,也不再横挑鼻子竖挑眼,再用什么形象等等去要求了。思想上的条条框框少了,研究对象的本来面目呈现,这样的研究工作才能取得更大的成绩。

(原载《文学遗产》2006 年第 2 期)

西学东渐下中国古代文学研究的艰难处境

　　大约是在 1958 年前后吧，全国已经出现"大跃进"的形势。中国与苏联的关系日趋紧张，我的副博士研究生头衔已经成了嘲讽对象。系里人手又短缺，于是就让我去教中国文学作品选课。过后不久，索性改为助教，正式成了一名年轻教师。

　　教了一年书之后，"大跃进"的步伐更见加快，学生大编教材，需要教师参与，我就不再讲授作品选了，前后投入编写文学史与批评史的战斗之中。但作品选还得有人教，系里的年轻教师都去大编教材了，实在抽不出人来，于是学校只能从社会上去吸收一些人来临时授课，中文系也就到江苏省文史馆里去请了几位老先生来接替我们上课。

　　当时来了好几位老先生，这里我只介绍两位。一位是陆先生，一位是冯先生。陆先生是国民党副总统李宗仁的秘书，冯先生是政学系首脑张群的秘书，视其头衔，即可知非等闲之辈。

　　应该说明，国民党政要的秘书和共产党高官的秘书有很大差别。如以传统文化的修养而论，国民党政要的秘书要高明得多。因为国民党政要在官场上活动时，还是要用文言来应酬，秘书经常要做一些寿序、贺词等文，这些例用骈文写作，平时还要代拟一些诗文参与酬唱。因为他们代表的是最上层的人物，在传统文化的修养上，自必要有很高的水平。

　　那位接替我上课的冯先生，是出名的四川才子。他不但能大段大段地背诵汉赋，自己也能作赋。诗文水平更不用说了，字也写得好。先师胡小石先生常用的一把折扇上，就是冯先生自书的诗作。有一次，胡先生拿给我们看，指着其中两句"人随春水茫茫去，花逐柳絮款款飞"，赞叹道："才人啊，才人！"足见冯先生的水平之高。

但过了两三个月，忽然有人告诉我："学生在贴冯先生的大字报，对他的教学大为不满，要求你回去教他们。"我大为惊讶，赶到图书馆前去看，果然看到了好几张这样的大字报。学生措辞很激烈，但主要是说冯先生不会讲课，倒还没有牵扯到他曾为国民党服务之事。

我可没有一般年轻人那么容易自我陶醉，真觉得自己有什么了不起、学问上有什么高水平。我想了好久，总觉得对古典文学而言，我与冯先生之间的差距太大了，一个研究生课程还只念了一半的年轻人，能和老师宿儒四川才子相比么？

当时流行这么一种观点：老年教师有材料，年轻教师有观点。后者的资本也就在这里，年轻一辈底气十足的根本就在这里。但我在这方面无资本可言，在观点上自知也没有什么优势。因为从掌握阶级观点而言，一般认为出身好的人苦大仇深，一心跟着党走，可以自发地掌握马列主义、毛泽东思想。我出身不好，无法达到这种高度。从我的政治身份来说，非党非团，说明自己觉悟很低，要说观点上定比老先生高明，也无法开这个口。

我一直感到纳闷，找不到一个合适的理由来说明何以会比老先生更受学生欢迎。直到改革开放以后，传入了很多新名词，这才发现其中有一个常用的词颇能说明问题，那就是"包装"。我突然感到，我之受到欢迎，是我会包装；冯先生之所以不受欢迎，是因为他不会包装。

那我又是用什么手段包装的呢？只是因为学了文艺理论，学会了用新的词语来包装古代文学作品，这就显得新鲜和精彩，可以吸引年轻的学生。

那我用的又是什么理论呢？分析起来，主要内容为苏联式的文艺理论。

新中国成立初期，特别强调向苏联老大哥学习。大约是在 1953 年吧，教育部请了一位苏联专家来讲文艺理论，在北京大学内办了一个学习班，好多高等院校都派教师前去学习。这种理论迅速扩展到了全国，大家奉之为金科玉律，一切研究都得奉之为准绳。此人叫做毕达可夫，原是乌克兰大学的副教授。我在北京工作时有一次在戏院里见到过此人，一个手臂已截去，是在卫国战争中致残的。当时苏联年轻人都上前线，毕达可夫勇敢地参加卫国战争，见到他时，我真心存敬意。但这与学问是两回事。毕达可夫的这份讲义虽然风靡全国，控制了中国学界，但他的水平却不能说很高，感觉不到有多大精彩之处。

毕达可夫是莫斯科大学的毕业生，他的老师季摩菲耶夫才是这一领域的权威。与此同时，季氏的书《文学原理》也分三册翻译出来了，这是最有代表性的苏式理论，大家又热情地学习了一番。我的老师方光焘先生看了这书后，微笑着说："这与我们讲的差不多。"

方先生是新中国成立初期教我们文艺理论的老师。他先后在日本与法国留学，学的当然是正宗的西方文艺理论。当年他教文学类型时，也从亚里士多德的诗歌、戏剧、小说理论讲起，诗歌中讲到抒情诗与史诗，且按这一文体的严格意义为说，认为《诗经》中的《生民》《玄鸟》等诗还不能称为史诗，因此在我们看来，方先生的理论更高一筹，他是在西方文艺理论的基础上又有发展了。

方先生耿直敢言，但他毕竟年事较高，讲话有分寸，故无大碍。其时程千帆先生在武汉大学也讲文艺理论，年轻气盛，对毕氏大为不敬，说是他应该来听我的课，我怎么会去听他的课？程先生被错划为"右派"，这也是罪证之一。因为这是对待苏联老大哥的态度问题。在中国，讲话要看时间，假如这话放在"反修"的时候讲，那就没有问题。因此知识分子在日常生活中也要贯彻辩证法。

我过去一直认为，清末西学东渐，对中国产生了极为重大的影响，现在才懂得,学习苏联时受西学的影响实际上更深。因为过去的学习,是无组织无纪律的,这时的学习是政府安排的,如果违反纪律,就要受惩处。因此这时的苏式文艺理论,发挥的作用更大。

我那时用以包装的,就是这种理论。回想起来,手法并不高明,也不过是在思想性、艺术性此高彼低上换换花样,有时还可讲讲艺术形象的塑造、主题与题材的关系、情节的开展等等。如果要提高作品的价值,还可讲讲现实主义与浪漫主义的结合、采用阶级观点分清作家的进步与落后等等。可惜冯先生满腹诗文,这样的包装也不会。这也是老教师中普遍存在的弱点。汪辟疆先生教韵文选,讲到韩愈、李商隐的诗时,可以立即写一首韩诗风格、玉溪生诗风格的诗来给学生看看,但在讲解时,却无法说清,因而学生大为不满,反对他来上课。我懂得,老教师不光是观点上有问题,他们还吃亏在不能包装。

我对何以会受到学生欢迎,总算清楚了。冯先生之遭到反对,说来可怜,只是因为他受西学东渐的影响小些。

这还使我想起另一件事。大约是在 20 世纪 80 年代后期,法国汉学家侯思孟来访问南大,与我们座谈文化交流。他突然向我提出一个问题,如何看待汉乐府中"公无渡河"一诗,这可把我问住了。这诗极为简单,只有四句:"公无渡河? 公竟渡河。渡河而死,将奈公何?"这诗何以千古以来列为佳作,我想不出多少道理,只能支支吾吾地说:"中国的古诗中有些天籁之作,纯出自然,没有任何人为修饰,也被视为上品。"我想这种答复不痛不痒,不会使他满意,我只是在想他为什么要提出这样一个问题。隔了一段时间,我在一本港台出版的书上看到一篇文章,就是分析"公无渡河"一诗的。作者时任香港中文大学某系主任。他是介绍新方法的一位有代表性的人物,大约花了十万字,用结构主义的方法分析"公无渡河"一诗。我对新方法一窍不通,但想学学,看看到底有些什么花样,这时下定决心,定要把这篇文章啃下去。只是思想准备还是不足，难度太大，越读越难受，读到中间实在读不下去了，心想阅读文学作品本来求的是身心愉悦，干吗这么折磨自己？因而最后还是中途停了下来。我认识到，我已经成了老一代的人，接受新品种的西学已有困难了。

由于工作需要，其后或多或少读过一些新方法写成的文章，得到的印象是，读这类文章，犹如接受日本朋友赠送的礼品。日本朋友有赠送小礼品的习惯，包装极为讲究，刚到手时，会引发你无穷遐思，急着打开来看看到底是什么东西。打开包扎的彩带，剥掉密封的贴片，解开外面的封皮，里面还有一层包纸。再小心翼翼地打开，里面有一只精致的小盒子。打开来看，礼品外面还有纸张包裹。再打开一看，原来是一条小小的手帕。手帕不坏，但受礼者还是会起疑问，这么一点东西值得这么包装么？这可叫作包装过度。读一些用新方法研究古代文学的论文时常会起这种感受。

这是西学东渐进一步扩大影响的结果，包装手段已有压倒内容之势。

最后我再讲一件有关学习古代文学的趣事。20 世纪 80 年代，华东师范大学一位老教授招收硕士研究生，面试时，拿出一首白居易的七律《钱塘湖春行》，叫应试的学生讲解一下。这位学生看了一会，发表高见说："这诗开头嫌平淡，不太能够吸引读者。中间四句对得倒还整齐，早莺啊，新燕啊，乱花啊，浅草啊，写得很形象，把春天的气息反映出来了。最后两句没有什么韵味，引不起读者的什么联想。"那位老教师说："我不是叫你作鉴赏。你先给我一字一句讲清楚，然后串起来再总讲一遍。"那位学生憋了很久，最后老实交代说"读不起来"。这位考生后来还是被刷掉了。我觉得这个学生真倒霉，竟然遇到了这么一位死心眼儿的老教授，还要恢复章句之学。如果碰到一位追求宏观把握的教师，结果可能就大不一样了。

这使我感觉到,西学东渐可能已经发展到另一种境界。大家都认为,西学重分析、重鉴赏,东渐之后,逐渐熔化百家,已经形成了一套路数。作品当前,你可以不读它,超越它,也可以讲出一番道理来。这里说的或许较极端,但类似情况,可不能说不存在。

这使我想到,"包装"的问题实在太复杂了。你的成果要被人接受,那就得考虑接受对象如何。面对一代一代的新人,你得不断变换包装手法。目下的接受对象大都是在欧美文化熏染下成长的一代新人,苏式口味的理论也已不能满足。想要端出古色古香的东西来吸引他们,效果往往也不理想。而且年轻人的欣赏口味往往受到政治、经济、文化等种种复杂因素的影响,不考虑国情,不考虑现实,很难处理得当。表达方式应该与内容协调,最好是从内在的东西中生发出来,不是外在的,但人们常是从外在的东西去迸窥其内在的东西,而外在的东西总是受到种种时尚的影响,处在不断变化之中。因此,我总为研究方法之事想不清楚而犯难。

讲到这里,我也应该坦白地讲一些内心的感受。在这庄严的场合,探讨研究古典文学的历史发展,竟然不断用上一个粗俗的词"包装",实在有伤大雅,真是"其文不雅驯,荐绅先生难言之"。但我又为什么想起这个词来的呢?因为我注意到,中国内地学术界,自20世纪90年代起,慢慢地兴起了一股思潮,在对过去的研究方法进行反思。好多人指出,民国时期常用的现实主义、浪漫主义等术语,原为西方十九世纪文艺思潮的产物,是总结了小说、戏剧、诗歌等方面的成果而提出的,用在中国古代作家身上并不太合适。与此类同,近时输入的好些新名词新方法,也是西方学人总结他们的一些文艺现象而提出的,未必符合中国国情。因此,内地学术界开始注意采择西方学术成果时要取郑重的态度。试将民国时期的文学史、60年代内地的文学史与90年代写作的文学史相比较,就可看出前后之间的差别。例如,过去的文学史都把《诗经》与《楚辞》视作现实主义与浪漫主义的源头与典范之作,90年代之后即少见这一提法了。这使我想到,民国时期的古代文学研究者热衷于采择西方用语,内心深处或许有一种唯西方是从的想法,试观朱维之写作《中国文艺思潮史略》的自序,就可看出当时学人一味规仿西方文学史而写作的热忱了。新中国成立之后五六十年代的依据苏式文艺理论而立论,也有借助老大哥的高见来抬高声势的用意。这样的研究,不从实际出发,只是关注如何吸引听者或读者,从实质上看是否可以叫做"包装"? 我之采用这一名词,大体上就是这么一种思路。

20世纪90年代学术界的这种变化,或许与中国国力的增强、民族自信心的提升有关。当然,目前中国虽说正在崛起,但仍处在西学东渐大潮的包裹之下。我想,只有中国真正崛起了,中国文化成了一种强势文化,世界各地的人都有进一步了解中国文化的愿望,我所提到的上述种种尴尬局面或许才会成为历史遗迹。

（原载张宏生、钱南秀编《中国文学:传统与现代的对话》,上海古籍出版社2007年12月版）

从古今不同教育方式说起

一

从古人来说，接受教育的目的首在谋求出仕。此举可以立身扬名，光宗耀祖，还可以解决个人或家庭的生活问题，因此无不把"学而优则仕"作为切实可行的准则。

从汉代起，朝廷"罢黜百家，独尊儒术"，儒家学派之外的其他学派逐渐衰歇，儒家学派的几部重要典籍则被尊称为"经"，于是"经明行修"者在社会上占有重要地位，通经者即可取得入仕的资格。

"经"学的内容甚为复杂。即以《诗三百》而言，内有所谓"今文""古文"之分。然而不管各个流派的《诗经》学者如何使用不同方式诠释其中的篇章，由于《诗经》内容包罗万象，经师讲授时，弟子学习时，都要涉及与此有关的许多知识，如在《大雅》与《颂》中会接触到商、周创业者的早期历史，读到《七月》等诗时，就会接触到月令与农业上的问题。因此，学习经典时也就接触到了各种各样的专门知识，大至天文地理，小至虫鱼鸟兽，不管是抽象的道理，具体的事物，林林总总，都会在经典中遇到。换句话说，学子可以通过学习经典掌握各种各样的知识。

孔子说："小子何莫学夫《诗》？《诗》可以兴，可以观，可以群，可以怨；迩之事父，远之事君；多识于鸟兽草木之名。"（《论语·阳货》）按照今人的学科分类，《诗经》已被视为文学作品，但在孔子看来，此书可以作为一种重要的政治读物，然又并不囿于此道。学人不但可以从中学到"事父""事君"的道理，而且可以学到有关动植物的好多具体知识。可想而知，不管是今文学派的《鲁诗》《齐诗》《韩诗》，抑或古文学派的《毛诗》，他们的经师都要掌握与《诗》有关的各种知识，以之传授给学生。

这种学习方式，也就成了以各种经典为核心的综合教育。汉代经生凡通一经者即可谋求入仕。可以想见，汉代学子从入学始，主要精力即放在专治某一经典上，他们尽毕生精力，最多精通一两种经典，只有像郑玄那样极为个别的学者，才能博通群经，而且兼习今文与古文。

唐代实行科举考试，程序更为规范，但士子的学习对象，考试的科目，仍以经典的训练为重。士子都得精习法定读物《五经正义》，他们都得经过严格的"帖经"考试，这就要求他们熟谙从中出题的经典中任何一条经文，且须对之有透彻的了解。

科举考试中除进士、明经与制科外，还有明法、明学、明算、史科、道举、《开元礼》、童子等科目，应这些科试的士子，当然着重各科专门知识的学习，但因仕途的关系，专业考试者显得极为冷落，形成不了什么气候。后代的情况也大体如此。

科举考试一直延续下来。尽管方式方法有所变化，主要经典也有不同。自宋代起，历朝历代都把朱熹注的"四书"与"五经"并列，作为应试的经典。因为这是朝廷功令所在，学子接受的教育，仍是一系相承的综合教育，通过学习几种经典而掌握各种各样的知识。

中国的这种教育方式一直延续千年，因为没有什么可资比较的另外方式，也就不易形成促其改变的动力。直到清末，随着资本主义国家的步步侵入，国人始从西人船坚炮利的实效上认识到了西方学术的先进。随着清政府对外交涉的节节失败，国难的日益深重，危亡迫在旦夕，终于使日薄西山的清政府痛下决心，废除行之千年的科举制度，而代之以近代的学校教育。

光绪二十七年(1901)至光绪二十九年,清政府以上谕的方式先后颁布《钦定学堂章程》与《奏定学堂章程》,大学分科仿日本例,分为政治、文学、格致、农业、工艺、商务、医术等七科,后为顾及中国国情,又增加经学一科。这就说明,清政府内的要员权衡再三,还是要保留"经学"一科,只是事与愿违,"经学"的地位与以前已有根本不同。"经学"只是与"文学"等并列的一科,不再具有统率一切的特殊地位。

"文学"科内还分"历史"等七目。可知这一"文学"还是一个大概念,颇与前代的"文史"一词为近,若与后世所分化出来的文学相比较,范围大为宽泛;反过来说,后世的文学一词所包含的内容,正是在不断"澄清"的过程中形成的。

后人将融入了西方教育模式的新教育方式称为新制,若与前此科举制度下培养士子的教育方式相比较,不同之处甚多。就以二者所形成的观念而言,就有很大的差异。兹略举数端如下:

(一)古人推重博学,所谓"一物不知,儒者之耻"。今人崇尚专精,强调"学有专长"。

(二)古人学习时抓住几部经典不放,反复钻研,故而说是"书读百遍,其义自见"。今人受自然科学领域中学人的影响,强调读书要有速效。例如美国考试时,每取选择法,考卷上列出的选择题甚多,应试者要在规定的时间内一一勾出正解,目的在于测试应试者的思维敏捷程度。这样教育界也就更为注重学生的快速反应能力了。

(三)由于近代报纸杂志等媒体的影响,下笔千言的人更能适应快速发展中的社会现状。因此人们不再看重精雕细凿,这又与古人观念有异。中国学界早就注意到文士的思维有快慢之异,但其结论往往强调慢工出细活。例如司马相如与枚皋均善赋,枚皋下笔神速,但其地位显然要远低于精心结撰的司马相如。

从目前的情况看，中国仍然着力于以欧美的学术体系为重要参照，制定种种方针政策。因为中国目下正急于发展科技，提升国力，提高人民的生活水准，而从世界上的大势来看，也有偏重科技而忽视人文精神的趋向。中国的各级领导人，差不多都是学自然科学出身，这就给一切方针政策的制定涂抹上了一层注重实效的色彩。上至教育部的指令，下至各高校自行制定的各种评估体系，考核老师与学生的业绩时，无不采取所谓"量化"的方法，要求多出成果，快出成果。提出种种高指标、硬任务，迫使老师与学生拼命向前。于是大家无不追求速效，十年磨一剑的情况难以再现。这种做法引起了人文学科领域内师生的很多不满，这里就有旧传统与新情况的矛盾存在。

再从中国的现状来分析。新中国成立之后，中国实施计划经济，教育领域内专业的学习更趋细密。即以中文系而言，学习文学史时，就要分为古代文学与现代文学两大块，有的还要加上当代文学一块。古代文学中，有的以时代分，如先秦两汉、魏晋南北朝、唐宋、元明清等等；有的以文体分，如赋、诗、词、曲等等；有的则又分为散文与韵文。为了更趋专精，有的老师毕生只读一本书，如《文心雕龙》；有的只研究一个人，如李白、杜甫。这样做，也就是所谓单科独进。然而快则快矣，效果却未必好。一些教师对研究对象的情况确能迅速掌握，却未必很深入。因为就其所钻研的一本书或一个人而言，实际上牵涉至广，就以《文心雕龙》而言，阅读此书，不能不对先秦至梁代的典籍与众多人物，乃至时代思潮社会动向都得有所了解。阅读一部书，不是只认识这部书中的一个个字，他对这些字中的含义都得有足够的了解。

中国的专业教育已经经历了一百多年，利弊得失，初步呈现。大家把当下的学者与前相比，发现目前活跃于学坛的大都是一个个小专家，已经少见堂庑博大的学者。

用苏式教育培养出来的学者，也包括某些采纳欧美教育体系培养出来的专家学者,最常见的是一些博士论文型的学者。这就是说,他们在做博士论文时下过一番功夫,等到取得学位,参加工作后,一方面已很少有精力再去进行开拓,一方面前此积累的资源全部花在论文中,已无多馀的资源可用,也无能力再行积累,于是就吃老本,躺在博士论文上吃用一辈子。处在这种情况下,势难涌现出什么杰出的大学者。

因此有人悲观地说,目下已是不见大师的时代。

二

我们再以文学为例加以考察。阅读中国文学史时,接触到的人,不论是唐代的韩愈、柳宗元,还是宋代的王安石、苏东坡,他们都是读儒家经典与个别其他家数的典籍成长的,如果我们对这些典籍缺乏基本的认识,又如何了解研究对象的成长?

从清末林传甲等人编《中国文学史》始,就已注意到了这个问题。他们所编的教科书中,仍是包罗万象,包括经、史、子、集中的许多重要文献。而受清代学术的影响,他们还要首先介绍文字、音韵、训诂等小学方面的知识。在他们看来,中国的学术确实应该走上分科教育的道路,但在学习古代文学时,还是应该重视中国的传统,否则就谈不到对中国文学有真正的了解。

只是学术的分科教育毕竟是大势所趋。废科举,兴学校,这是时代的需要,也是中国历史必然要走的道路。以往那种综合式的教育,显然已经不能满足时代的需要,因此人们还得努力把文学与学术相区分,将古代文学清理出一条线索来。

五四时期,中国已经接受了西方关于文学是感情的产物的观点,从而将散文中的政论文等切割了出去。周作人等人提倡晚明小品,林语堂等人提倡闲情小品，也是在对散文做清理。中国向来散文、韵文并重，西方文学界，自亚里士多德起，则是将散文另作处理的。中国学人在散文上作区分，保留某些重情的部分，也是重视西学又尊重传统的一种体现。

有关赋体的评判，分歧更大。一些全盘接受西方文学观的人，坚决拒绝将赋体纳入文学的范畴，一些尊重中国文学传统的学者，则为之辩护，以为汉代文坛主要流行这种文体，可作一代文学之标志，因而坚决主张纳入。从后来的情况看，中国文学史的写作，还是以骚、赋、南北朝文、唐诗、宋词、元曲、明清小说为主线。从中也可看到中国传统力量之强大，因为传统毕竟是在事实的基础上形成的。

不过人们在阅读汉赋以下文体时，不论是研究其作者，或是阅读其作品，还是要接触儒家的几部经典。由于现代的学人已经不是首先从学习"四书五经"开始，他们缺乏这方面的深厚基础，因此进行阅读或研究时，不免产生隔膜。他们在阅读的过程中，还得不时补课，遇到疑难问题时，还得再去查书，借以求得较好的了解。

从文学史的编写来说，从清末到民国十年（1921）左右，即从林传甲的《中国文学史》到谢无量的《中国大文学史》阶段，撰述者总是先从一些重要经典讲起，因此只能求其"大"而难以求得其"纯"。其后历经努力，文学史的内容总算慢慢"纯"了起来，然而钻研纯文学时，又会遭遇很多传统方面的问题，必须想法补救。因此，即使是那些新派的学者，如长期担任清华大学中文系主任的朱自清，也要写上一本《经典常谈》，让年青学子掌握有关经典的基本知识，庶几不致成为一知半解的学人。而自20世纪20年代至今，有关国学常识的书大量出现，其背景也出于同一目的、同一需要。

20世纪的二三十年代，还出现过一阵知名学者为年轻学生开国学基本书目的热潮。1932年，清华学校有四个学生将赴美留学，作为中国人，他们想读一些代表中国文化的基本典籍，于是写信给胡适，请他开一份书目，于是胡适开了一份容量很大的书单。梁启超就此提出评论，以为这一书目不能包括国学中的重要典籍，随之自己在《国学入门书要目及其读法》中也拟了一份书单，最后还精减成一"真正之最低限度"的书单，且云："以上各书，无论学矿，学工程学……皆须一读。若此并未读，真不能认为中国学人矣。"

中国学人应该读哪些基本书，可谓见仁见智，人言言殊，很难达成共识。但其实际意义则是，大家认为若想了解中国文化，仅重个人专业，那是远远不够的。

后人在科学观念的激发下，又向工具书方面寻找解决办法。胡适开出的书单中首先列出的就是工具之部。中文系的课程设置中至今还有"工具书使用法"这一课程，大家希望通过工具的使用，迅速掌握需要的知识。从 20 世纪 30 年代始，洪业等人在哈佛燕京学社的支持下，编制了很多索引，如《论语索引》《庄子索引》等，帮助学者查找需要的文字，借以弥补人们记忆之不足。

随着科技的不断进步，工具的作用越来越显著。使用电脑后，查找资料容易多了。我们阅读清儒的著作，不得不佩服他们的博闻强记，但若细加查核，则还是会发现问题，如引文错误等等。有的学者每凭自小就记下的东西，就加引用，只是记忆很难全然凭信，总是会有一些不应有的错误出现。

郭沫若著《李白与杜甫》，解释李白《上安州裴长史书》中"咸秦"这一地名时，想当然地认为就是"碎叶"的异写。这种问题，当然与郭氏浪漫成性有关，但也与当时电脑未被采用有关。假如当时电脑已经用得很普遍，那他只要让秘书点一下查询系统，就可发现唐人大量运用过"咸秦"一词，并不难看出，这里指的就是长安地区。由此可见，科技的运用确实可以解决学习方面的不少困难，让后人弥补早年不从经典下手之不足。

但过分依靠电脑等手段，忽视熟读深思，则又往往陷于罗列材料，不能深入。

目下常见这样的论文，作者想出一点新见后，大量铺排材料，平铺直叙，以为行文的能事已毕。这样的论文，常是缺乏深度，更谈不到新的开拓。

这样看来，目前的教学方式还得考虑改进。过分偏重专业的训练，忽视与之相关的学术。而从观察源流演变的角度看，对中国文化的传统缺乏基本的了解，显然也会产生不少局限。事实也已证明，过分强调专业，过分依赖科技，忽视大脑思维的融会贯通，同样无法取得满意的成绩。因此，传统与现代的沟通与结合，仍有很多工作要做，仍有很多问题要探讨。

学问之道，贵在根底深厚，博学多能，才能纵横驰骋，触类旁通。试问，基础单薄、见解狭隘的学者如何能有大的开拓、大的收获？

这里可以引用一下胡适的话："为学要如金字塔，要能广大又能高。"这是有道理的。假如某人只在自己的几分自留地上耕耘，尽管利用新的科技手段，网罗材料，精细编排，还只能是在平面上爬梳，而不能做到立体的、纵深的开拓与提高。

（原载南京大学人文社会科学高级研究院《通讯》第 3 期〔2007 年春季号〕）

"全"字号古籍整理项目的重大意义

　　全国高等院校古籍整理研究工作委员会自 20 世纪 80 年代起，即开始组织属下的一些古籍所着手编纂"全"字号的几个大项目，先后投入运作的有：山东大学古籍整理研究所负责的《两汉全书》、北京大学古典文献研究所负责的《全宋诗》、四川大学古籍整理研究所负责的《全宋文》、北京师范大学古籍整理研究所负责的《全元文》、中山大学中国古文献研究所负责的《全元戏曲》、复旦大学古籍整理研究所负责的《全明诗》等。《全唐五代诗》则由南京大学古典文献研究所负责组织工作，联合大陆唐诗方面的专家，共同从事整理和编纂。因此，"全"字号的内容和组织方式有所不同，有的是白手起家，编成一种全新的总集；有的则是在前人已有的基础上改作，重新编成一种更为完善的总集。

　　以中国传统文化为源头的东方文化，由于亚洲众多国家经济上与政治上的崛起，引起了不少国外人士的关注，他们纷纷要求了解中国的传统文化。我国向以文献的丰富著称于世。国外人士首先就会遇到的一个难题是，典籍浩繁，不知从何下手。过去欧美的一些汉学家费尽辛劳，还是难以取得令人满意的成果，这里原因当然很多，但文献的难以全面掌握当是主要原因之一。

　　中国学者于此也会遇到困难。按理说，生长于本土，接触各种文献总是比较方便，实际上并非如此。就以大陆来说，幅员广大，经济和文化的发展很不平衡。边疆地区的学者，不要说是使用什么珍本、秘本、善本，就是一些常见的典籍，也很难得。而大陆的一些著名的图书馆，又都集中在通都大邑。只有居住于此的学者，使用之时较为方便，距此较远的学者，想要进行大量征引文献的工作，也就倍感困难，甚至无法进行。

从学术界的情况来说，对文献的要求也在不断改变。清代汉学大盛，学者读书时总是先从小学着手，进入经学领域，其后可就个人的关注之点，转入史学、子学、文学等领域。这种学术路数，民国前期仍在延续，像章黄学派，首先致力于小学和经典，乃至后起的《古史辨》派中人，也首在先秦两汉的典籍上用功。先秦两汉距今已远，留存下来的典籍本已很少，因此学者进行研究时在掌握文献的问题上相对来说困难还比较少，这是《古史辨》派能组织大规模的讨论，大家都可发言的原因。

中国史学源远流长，各种体裁的著作，从各种不同角度记录了中华民族的孳生和发展。西学东渐之后，中土兴起了编纂中国通史的热潮，前后出现过好几种高水平的新型历史。但有一种现象值得注意，那就是有好几种中国通史，编到唐代时就中断了，这又是什么原因呢？

这当然是一个极为复杂的问题。每一个人的情况也不一样，但文献方面的原因，当是各家都会面临的难题之一。可以就此作些考察。

王仲荦仅编成了《魏晋南北朝史》《隋唐五代史》两种断代史。何以没有编成《先秦两汉史》，原因不明，或许他对这一时期的编写缺乏把握，不愿于此多费精力，但当编完隋唐五代史时，业已进入晚境，精力不敷，因而已难往下写去。

范文澜的《中国通史简编》是在他的主持下集体编写而成的。延安时期曾完成过一部完整的"通"史，但当进行修订时，也仅完成先秦两汉至隋唐五代时期的三种断代史。此书的修订甚为郑重，对材料的概括和考核更见功力。这样做，对文献方面的要求当然更高。然而修订工作步入宋代时，范氏已年老而不能再持续下去。

吕思勉的《中国通史》有三种行世。两种较简，自先秦编至近代；

一种以断代史的方式分册出版,也是编到《隋唐五代史》就中断了。吕氏为近代不可多见的史学大师,据云曾前后通读二十四史达三遍之多,留下过内容极为丰富的读书札记,但当他编写完《隋唐五代史》时,业已进入晚年,不得不告中辍。

这种情况,在其他学科的"通史"中同样存在。罗根泽编《中国文学批评史》,也是仅完成了先秦至隋唐五代部分。那册宋代文学批评史,只是一份未完成的遗稿。在他殁后,由郭绍虞携至当时的中华书局上海编辑所,作为纪念而照原样印出的。

罗先生的书,向以材料丰富著称。他在《中国文学批评史》的《旧序》中介绍著书原则时也称"搜览务全",郭绍虞在为《中国文学批评史》第三分册即宋代部分作序时也说:"雨亭之书,以材料丰富著称。他不是先有了公式然后去搜集材料的,他更不是摭拾一些人人习知的材料,稍加组织就算成书的。他必须先掌握了全部材料,然后加以整理分析,所以他的结论也是持之有故而言之成理的。他搜罗材料之勤,真是出人意外,诗词中的片言只语,笔记中的零楮碎札,无不仔细搜罗,甚至佛道二氏之书也加浏览,即如本书中采及智圆的文论,就是我所没有注意到的。当文学批评史这门学问正在草创的时候,这部分工作是万万不可少的。而雨亭用力能这样勤,在荜路蓝缕之中,作披沙拣金之举,这功绩是不能抹杀的。"郭氏的这一评论,实为深中肯綮之言。

罗先生的这一治学特点,贯穿于全部著作之中。即如他早期的名作《战国前无私家著作说》一文,为了证成这一命题,作了非常周密的论证。在"实证"部分,他先从检验材料入手,用事实说明战国之前确无私家著作,这里他又分四层加以论证:一、战国著录书无战国前私家著作;二、《汉书·艺文志》所载战国前私家著作皆属伪托;三、《左传》《国语》《公羊传》《穀梁传》及他战国初年书不引战国前私家著作;

四、春秋时所用以教学者无私家著作。他在每一节中,对于解决这一问题的材料总是搜集完备,其功夫之深,令人惊叹。一种论点,建立在这样丰富的资料基础上,其取信于人的程度当然要比一般仅标举先进观点者要大得多。

罗先生这种一以贯之的治学特点,博得了普遍赞颂。但我们也可以从另一角度说,他所从事的课题,在掌握材料的问题上还比较容易解决。《战国前无私家著作说》中的材料极为丰富,但却不难搜罗和把握。因为先秦时期的著作遗留下来的不多。在此领域中作过一番涉猎的人,都能掌握。个人使用材料时水平的高下,只是表现在态度是否严谨和治学是否勤奋等方面。

罗先生在编写《中国文学批评史》而汇集材料时,宋代之前也有一些有利条件,因为在文的方面,有严可均的《全上古三代秦汉三国六朝文》、雍正时编成的《全唐文》;在诗的方面,有丁福保的《秦汉三国晋南北朝诗》、康熙时编成的《全唐诗》。这些总集,不能说是编得多么好,材料多么全备,但绝大部分的诗文确是已经汇总在里面了。罗先生在采集材料时,自可利用这一方便,书中很多地方即注明引自严、丁二书和《全唐诗》《文》。目下逯钦立私人编就的巨著《先秦汉魏晋南北朝诗》也已出版,内容更为丰富,编纂更为科学,学者研习先秦至六朝时期的诗歌时更为方便了。

罗先生的《中国文学批评史》第三分册,是在 1945 年自重庆复员回南京后写成的,距其逝世已历有年代,一直置之箧中,未公开问世。此中原因当然很多,但罗先生在材料方面的考虑,也是重要原因。新中国成立之后,学术界情况发生很大变化,罗先生又抽不出更多时间再行发掘、补充、考核材料,也是此书生前不能及时问世的一个关键问题。

上述数家通史著作之写到唐代即告中止,应当也与这一情况有关。即先秦至唐代的材料或多或少已经过整理,有好几种较为完备的总集可供利用,学者工作时自然就会方便得多。

唐、宋两代的文学都极辉煌,而且各有其特点,都有诱人的魅力。但研究唐代文学的人一直要比宋代为多。从各大杂志社的来稿看,也以有关唐代文学的稿子居多。一位研究宋代文学的专家也说,宋代文学方面的研究显比唐代文学方面的研究滞后。唐代文学的作家,除大作家仍有众多学者在探讨外,中小作家研究方面也成果迭出,而且多已发展为流派的综合研究;宋代文学方面则仍集中在几个大作家身上,中、小作家的研究,除南宋时期若干爱国诗人外,大部分还没有开展,流派的研究,则仅停留在江西诗派、江湖诗派等数家。这些当然还不能遽然判定研究水平的高下,但这种现象还是值得重视。

原因何在? 其中的关键问题之一,即是宋代缺少像《全唐诗》《全唐文》一样的几部总集。宋代文学的研究人员不得不花更多的精力去搜集材料,而一些中小作家的材料,目前还很少有完整的排印本面世,处在目下线装书越来越少的情况下,一些宋代文学的研究者即使想作规模宏大的文学思潮研究或文学流派研究,在搜集材料时首先就会遇到很多困难,甚至会因资料问题难以解决而中辍。

距今为止,宋代诗文尚无完整的总集出现。宋词为宋代文学中的一朵奇葩,这一重要文体幸有唐圭璋先生以个人之力编成了《全宋词》,而且唐氏还编成了《词话丛编》等有关著作多种,给予词学研究者以莫大方便。宋词研究之所以取得可观成就,是与宋词资料的容易获得有关的。

由此可知,古委会主持的《全宋诗》《全宋文》等项目完成后,必将给予宋代文学研究者以莫大的方便。正像《全唐诗》《全唐文》的情况一样,它势必会有力地推动宋代文学研究的蓬勃发展。

按我国文献的总体情况而言,元、明、清数代的文献资料,比起宋代来问题更要复杂得多。由于印刷水平的提高和普及,书籍作为商品广泛流通,因而流传下来的文集等资料的数量更为繁多,内容也更为杂乱而难以清理。这些都极大地影响到宋代之下文史领域中科学研究的开展。由此可见,有关宋代之后各个时期的文献整理工作,业已列上议事日程。

再说唐、宋两代的史学研究情况,也有值得探讨之处。赵宋一代注重文治,在文化学术的各个领域都曾取得丰硕的成果。陈寅恪说"赵宋一代之文化,竟成我国民族文化之瑰宝"。但在宋代史学的研究者中,却是缺乏像陈寅恪这样的杰出人物,这又是什么缘故呢?

这里当然也有很多复杂因素,但宋代史料的配套程度不如唐代,当是原因之一。《宋史》芜杂,史学界有共识。按理说,宋代史料极为丰富,南宋覆灭之时,皇家保存的文献都被有计划地转移到了大都,可以据此编成一种理想的史书。但元王朝于此草率从事,仅花了三年功夫即告完成,篇幅庞大,问题又成堆,使用者必然倍感困难。即以其中《艺文志》部分而言,书名人名有误、一书分在两处、卷数不可靠等等,比比皆是。据此考核宋代文献,不能遽然信从,必须谨慎小心,多方求证后始能引用。

反观唐史,问题就要好得多,新、旧《唐史》两种,分别看时当然有其不足之处,但参互并读,也就可以大体掌握有关史实的真相。有条件的读者,还可利用沈炳震的《新旧唐书合钞》,阅读之时也就更方便得多。

以编年史而言,《资治通鉴》中的唐纪部分,编得尤为出色。《通鉴考异》对史实的考核,引用了大量原始史料,通过细密的甄辨,得出可信的结论。胡三省作注,又是水平至高的典范工作,这些都对攻治唐史的人以莫大的帮助。继此而作的《续资治通鉴》有数种传世,也有相当高的水平,但比之《资治通鉴》中的唐纪部分,却不得不说相差甚远了。

后人治史,有关典章制度的问题,也不能不有所涉猎,王溥《唐会要》一书,保存着苏冕、杨绍复等唐人的原作,分类简明扼要,材料极为可贵,又便于查核,实为"会要"这一体裁中的杰作。宋代对"会要"的编撰极为重视，保存下来的资料也多，但目下所见者徐松辑出的《宋会要辑稿》，篇幅大，编制繁复，使用不便。这些都会对宋史研究带来不少困难。

以上所言，也只能是约略言之，但据此似乎可以得出如下结论：唐史方面的研究，以总体而言，成就高出宋代。唐史文献的便用当是主要原因之一。

这一情况告诉我们，宋代之后有关史学等方面的文献整理工作也应有大量的投入。自明代起，即不断有人着手改写《宋史》，也曾出现过几种首尾完整的著作，但因史观等各方面的原因，结果并不理想。今日如欲对此进行整理，也不一定要重新编写一部新的《宋史》，是否可以按专题分别编写各种资料书，为学术界提供一批便用可信的文献资料。

文献建设与研究工作是相互促进的。文献工作做得好，研究工作便于开展，容易取得成效，积累的成果多了，也就创造了良好的条件，可对原有的文献进行增订改作。20 世纪 80 年代之后，唐代文学的研究盛况空前，成果极为丰富，反观原有的御定《全唐诗》，觉得阙漏、错误过多，已经不适于用，因此唐代学会的一些成员，在古委会的支持下，进行了《全唐五代诗》的编纂。预计 2000 年时或稍延后可以完成，这书不但在收诗的量上远超前书，而且在文字的考订、作品的辨伪、小传的精审等方面，都将达到新的高度。这项文献整理工作完成后，又将进一步促进唐诗研究工作的开展。可以预见，21 世纪的中国唐代文学研究，将在《全唐五代诗》的基础上进行新的开拓。

因此，我认为古委会的"全"字号古籍整理项目具有十分重大的意义，理当得到国内外各界同好的支持。

（在 1998 年 5 月全国高校古籍整理研究工作委员会、台湾汉学研究中心联合主办的"海峡两岸古籍整理与传统文化研究讨论会"上提交的论文）

文献学与综合研究

中国古代文学历史悠久，风骚传统一系相承，这在世界文学历史上极为罕见，值得国人珍视与自豪。与此相应，我国研究古代文学的历史也源远流长，在不同时期都曾涌现出众多杰出的学者，这就在我国文化史上呈现出一幅绚烂的图景，吸引世上众多读者沉湎其中。

要使我国古代文学传播到世界各地，为更多的人所接受，关键之一是不断培养出高水平的研究人才。他们应以发扬我国传统文化为职责，努力发掘古代文学中的精华，予以精辟的阐释，为学术界不断提供精品。

在如何培养高层次的人才问题上，确是不能设下什么框框，条条大路通罗马，不拘一格降人才。纵观古往今来的历史，考察杰出学者的成长，实难总结出一种放之四海而皆准的规范。但在目下学校教育占主导地位，人才主要出自高校与研究机构的情况下，我们认为，培养硕士生与博士生时，似可注意下述几个方面。

我国文明发源甚早，历代典籍繁多，因此自汉代起，就已形成了现在称之为文献学的这样一门指导后人学习前代文化学术的学科。刘向、刘歆父子从事的工作，就包括了后代校雠学中的目录、版本、校勘、典藏等重要部分。章学诚以为目录学的任务应是"辨章学术，考镜源流"，这是文史工作者必须掌握的基本知识。而古书在流传过程中，又不断出现残佚、错乱等问题。为了克服这些方面的困难，随之又发展出各种专门的学问。一个专业的古代文学研究工作者，对此应有较多的知识，才能熟练而恰当地处理研究工作中遇到的各种问题。因此，掌握文献学知识,也就是一般的人常说的基础。基础如何,当然不纯是文献学方面的问题,但对古代文学研究者而言,主要应指文献学的水平。

我国学术源于先秦,后代士人无不受其影响。汉代以经学取士,魏晋南北朝时以九品中正征拔人才,都以儒学修养为依据。隋代之后一直以科举取士,士人必须精熟儒家典籍,才能求得晋升。因此,自汉代独尊儒术罢黜百家之后,历代士人无不受到儒家的影响,我们今天要想把握古人的思想,就得了解儒家的几部重要典籍。这是先秦学术中最重要的一个方面。近人或云我国古代政治文化领域中常是儒道互补,或是儒表法里,这是符合事实的;先秦时期的各个学派,交相融会,一直对后代士人的思想起着潜移默化的熔铸作用。可以说,中国古代的文士,除了受到外来的佛学思想的影响之外,无不汲取先秦诸子百家的智慧,来熔铸他们的世界观。因此,我们要想了解古代士人,就得了解先秦学术。

近代以来,国外学术不断传入,对我国思想界影响很大。目下国际学术交流更趋频繁,我国学者自应顺应这一潮流,吸收国外同行的研究成果。但国内的古代文学研究工作者往往有一种偏见,以为其他学问都可以向国外学习,唯独中国古代文学的情况特殊。古代诗文文字艰深,中国古代的文化背景复杂特殊,国外学者很难理解并恰切地加以把握,因此有些古典文学研究者对域外的研究成果往往持不在意的态度。其实这是一种狭隘的观点。即以历史悠久的"《文选》学"而言,东邻日本的研究成果就很值得注意。他们的几所著名大学中都有研究《文选》的传统,知名学者薪尽火传,代代不绝,而他们又藏有如唐钞本《文选集注》等许多珍贵材料,并且就此作出了许多有价值的研究成果,值得我们参考。反观我国,由于意识形态方面的原因,《文选》的研究中断了将近几十年,目下所能利用的主要仍是一部胡刻《文选》和一部《四部丛刊》中的六臣注《文选》，而据考证，胡克家等人依据的尤袤本就不是什么好本子。20世纪80年代台湾"中央"图书馆已将宋代陈八郎本五臣注影印行世，而某些《文选》研究工作者却还在宣扬世上已无五臣单注本。因此，即从文献学的角度来说，大陆的古代文学研究工作者也应注意国内外的学术交流，掌握其他国家或其他地区的文献资料，吸收其他国家或其他地区的学者的研究成果。

中国是一个文明古国，各种学问都有悠久的传统，因此我们要求新一代的古代文学研究者具有深厚的文献学基础。只有这样，他们才能驾轻就熟地驾驭材料，懂得从什么地方加以发掘，放在怎样的时代背景与学术环境中加以考察，以及如何利用各种手段加以考核。具有深厚文献学基础的人就有可能掌握并使用最恰当、最可靠的材料进行研究，从而得出可信的结论。

古代文学研究牵涉面至广，一个优秀的研究工作者应该最大限度地掌握一切相关知识。但"一物不知，儒者之耻"的时代毕竟已经过去了，学术在发展的过程中逐渐从综合趋向于各学科的独立，文学也早已成了专门的研究对象。时至今日，再要培养出章太炎那样的学者，已无可能。我们的研究对象，主要是古代文学。校雠学中的各种知识、先秦时期的各种学问、国外传来的各种思潮，都可为我所用，而且也往往是必要的手段，这些手段本身也有可能成为我们主要的研究对象，但以一个中国古代文学研究者而言，他的主要研究对象是文学，否则他就应该改称其他专家，而非我们这一领域的学者了。

我们的研究对象是文学，因此研究工作者必须在文艺学的理论指导下开展工作。任何一门学问，都有它的理论作为指导，古代文学研究工作者应有理论上的高度修养，包括古今中外的各种理论，才能全面掌握文学这一特殊的艺术样式的特点，理解历代作家在内容、形式、技法等不同方面的继承与创新，正确估量他们对时代精神的独特感受,并对他们创作上的成败得失作出全面而恰当的判断。

　　我国自结束极左思潮影响,采取改革开放的国策之后,研究工作者的视野开阔多了。一些学者采用文化学、社会学、宗教学等相关学科的知识对古代文学作综合性的考察与研究,取得了不少成果,因此综合研究的前景是很广阔的。但我们对研究的对象古代文学本身,首先必须精熟,才能避免牵强附会和生吞活剥之弊。我们首应以文艺学(美学)的方法研究文学本身的价值,兼采其他学科的成果与方法,避免产生泛引其他学科知识而将文学本身仅做陪衬的不正常现象。

　　如上所言,由于我国古代学术长期处在融而不分的状态,历史上已经形成了文史不分的传统,因此如果不正视我国学术的这一特点,而像西方的某些学者那样,对文学作孤立的封闭的研究,怕是不合国情,难以取得多方面的成就。因此,我国的古代文学研究工作者应以文学为主体,进行理论上的综合研究,当是切实可行的正确途径。

　　在理论问题上,还应注意避免以论带史的危害。几十年来,庸俗社会学的观点,以论带史的指导思想,曾对古代文学研究工作带来巨大的危害。改革开放以来,老的一套不时兴了,人们热衷于介绍新理论,不管自己是否已经真正懂得,也就大肆吹嘘,奉为独得之秘,借以抹杀他人的研究成果,而把自己封为领导新潮流的智者。例如20世纪80年代中期兴起的所谓"新三论",虽曾鼓噪一时,不久即烟消云散。因为这些宣扬的人拿不出一件像样的成果,这就不能不使人产生怀疑,他们自己对这些新的理论是否真的懂得? 再说即使有人介绍进来的理论有其科学依据,但是他们仅从古代文学中采择若干材料用作例证,用以证成这种现成的理论,实际上这也是一种"以论带史",难得说是科学的论证。一种理论,或许能够提供你新的观点、方法或视角,但不能帮你包办一切,我们必须从大量的原始材料中进行抉择、概括和提炼,才有可能得出发前人未发之覆的新见。

进行古代文学方面的研究，还应具有中国文学批评史的知识。研究工作者要多读史书和诗文评等原始材料。例如正史中的文苑传论，可以帮助我们了解各个时期的文艺思潮和文学流派的形成和演变；阅读诗话、词话，可以帮助我们提高鉴赏能力……这些知识，则是任何外来理论无法替代的。

研究古代文学，最重要的还是应该多读作品。古人说"书读百遍，其义自见"，现在的人已难做到这点，但只有在对研究对象极为精熟的情况下，才能产生新的感悟。这份灵感，则是无法用纯理性的理论解剖所取代的。

任何一篇古代文学作品，研究人员可以从各种不同角度去接触它。有的人偏于鉴赏，有的人偏于考证，有的人偏于阐发……这些都有其不可替代的价值。一个高水平的研究工作者，应该具有多方面的能力，因为一篇高水平的研究论文，常是包容着鉴赏、考证、理论阐发等内容。当然，有的题目宜于写成考证文章，有的题目宜于写成赏析文章，有的题目宜作理论上的发挥，研究工作者应该具备多方面的能力，才能多方开发题材，并作合适的处理。但在我国学界也有一些不正常的现象，那就是文人相轻的旧习未能根除。人们各以所长，相轻所短，例如擅长写赏析文字的人往往看不起考证工作，而擅长作考证工作的人往往轻视赏析文字，这些都是一偏之见，往往造成自我局限。古人曾云"不相菲薄不相师"，我想当今的人应该再提高一步，改为"不相菲薄更相师"才好。

以上所言，是我对古代文学研究的一些看法，也可以说是此间一些持相同观点的人的共通见解。这种看法是否合适，希望得到广大读者与专家学者的指正。

最后还想再说几句的是：20 世纪 80 年代前期，我曾帮助程千帆先生培养了多名博士生，而自 80 年代中期起，又和他合作培养了一批博士生，他们正在迅速地成长，在《文学遗产》这一古代文学研究的专业期刊上，也可经常见到他们的论文。因此我们体会到，古代文学研究人才的成长，实际上是社会各界联合培养的结果。我和千帆先生一直对《文学遗产》怀有敬意和谢意。这批博士生中不少人留在母校工作，因为他们近期内发表的成果很多，因此有人也曾向我询问，是否他们的教学任务很轻，有很多时间可以用来进行科研，我想利用这一机会告诉大家，情况不是这样。他们的教学任务相当重，社会活动也多。因此，他们从学生时代起，一直处在紧张状态中。我们为他们规定的努力目标是：敬业、乐群、勤奋、谦虚。目下他们正携手并进，勤奋工作，一步一个脚印地不断攀登高峰。

南京大学中文系古代文学教研室和古典文献研究所二十几位成员是一个学风严肃、工作稳定的小小群体，我们依据上述方向已工作了近二十年。我们所追求的是以文献学和文艺学高度结合而构成的科学研究成果。虽然在具体课题上或有偏重，而总的方向则无二致。现在借此机会，将我们的想法和做法向与会的同行专家陈述，敬求指教。

（原载《〈文学遗产〉纪念文集——创刊四十周年暨复刊十五周年（1954—1963，1980—1995)》）

全国古代文学古典文献博士点新世纪学科建设发展研讨会上的发言

　　学术规范问题牵涉至广。新时期培养出来的博士研究生固然要求目光远大，思路开阔，但在开始练习写作时，还得从最基本的功夫做起。这里谈谈我对引用资料和他人成果的看法。

　　梁启超在《清代学术概论》中曾总结朴学家研究工作中普遍遵循的几项原则，如云："选择证据，以古为尚。""孤证不为定说。""隐匿证据或曲解证据，皆认为不德。"……这是清代朴学家建立的学术规范。我们今日从事研究工作，仍然应该遵循这些原则。但清人处理材料时，还有不够细密之处，尚须参照近代西方学者所树立的规范，结合本国国情，详细记录材料的出处或所据版本。

　　清人引书，往往仅提书名；吾人引书，必须兼及篇名。先秦古籍大都出于后人所编，故习惯上不必提卷数；有些史籍书名、篇名文字很多，也可不提卷数，但必须注出篇名，否则他人如何核对？

　　有些残佚的古籍，如桓谭《新论》，引用时必须注明出自何种辑本，或从哪一种类书上转引。如果引用《世说新语》中的注文，应该标明刘孝标注引某人书而不能径题刘孝标注，更不能仅称《世说新语》注，因为此书已有好几种注本。

　　引用今人成果，必须注明最初出处，如果引用的书印刷多次，必须注明哪一年印刷，因为作者在新版中每有改动。有的还必须注明地点，如抗战时期商务印书馆出的书，有的在重庆印刷，有的在长沙印刷，中间会有不同。

有人提示出处，径引《辞源》《辞海》，工具书为集合前代材料而成，最好不用作学术著作的出处。有人注曰某一论点出于某一文学史，因为文学史类的著作大都是综合他人论点而成，因此也以少引为好。应该直接引用这一论点的首出著作。

我国学术，20 世纪 70 年代之前喜谈辩证法，80 年代之后喜谈天人之学，但在指导博士生时，首先得让他们掌握形式逻辑。如立论不能自相矛盾，推论必须适度，演绎法使用要慎重，否则易流于以论带史，归纳法较稳健，但得注意资料的完整性等。然后在这基础上求得提高与深化。

上述云云，实在是"卑之无甚高论"，但博士生入学伊始就能养成良好的写作习惯，将终生受益。

（此文原为参加 1999 年 8 月哈尔滨师范大学主办的"全国古代文学、古典文献博士点新世纪学科研究发展研讨会"而准备的发言稿）

新材料的利用和旧学风的扬弃

——读王国维《殷卜辞中所见先公先王考》

    清末民初,传统的所谓国学至为兴旺发达,大师林立,其时王国维还并不太知名,为什么他能后来居上? 他的家世,他的经历,他早年治学的条件,似乎不像一些书香仕宦之家的学者那么优厚,那他又为什么能够大器晚成? 他到底有什么过人之处,为新史学的建立又准备了哪些条件,才能作出其他人无法作出的贡献? 这项学术史上的奇迹,值得探讨,以便从中汲取经验教训,引为借鉴。

一

    王国维在《最近二三十年中中国新发现之学问》这份讲稿中说:"古来新学问起,大都由于新发现,有孔子壁中书出,而后有汉以来古文家之学;有赵宋古器出,而后有宋以来古器物、古文字之学。惟晋时汲冢竹简出土后,即继以永嘉之乱,故其结果不甚著。然同时杜元凯注《左传》,稍后郭璞注《山海经》,已用其说,而《纪年》所记禹、益、伊尹事,至今成为历史上之问题,然则中国纸上之学问赖于地下之学问者,固不自今日始矣。"①随后他就列举了"此二三十年发见之材料并学者研究之结果",分五项说明,计为(一)殷墟甲骨文字,(二)敦煌塞上及

----

    ① 此文收入《静庵文集续编》,《王国维遗书》第五册,上海古籍书店 1983 年据商务印书馆 1940 年版影印。下引此文,不再出注。

西域各地之简牍,(三)敦煌千佛洞之六朝唐人所书卷轴,(四)内阁大库之书籍档案,(五)中国境内之古外族遗文。他之所以作此报告,不用说,就是为了强调发现新材料和钻研新学问的重要。在这五种新学问中,他对前面三种都曾进行过深入的钻研和作出过巨大的贡献,特别是在殷墟甲骨文字的研究上。

郭沫若在《古代研究的自我批判》中说:"卜辞的研究要感谢王国维,是他首先由卜辞中把殷代的先公先王剔发了出来,使《史记·殷本纪》和《帝王世纪》等书所传的殷代王统得到了物证,并且改正了它们的讹传。如上甲之次为〔乙、〔丙、〔丁,而非报丁、报乙、报丙,主壬、主癸本作示壬、示癸,中宗乃祖乙而非大戊,庚丁乃康丁之讹,大丁以文丁为是,均抉发了三千年来所久被埋没的秘密。我们要说殷墟的发现是新史学的开端,王国维的业绩是新史学的开山,那是丝毫也不算过分的。"①这里提到的一系列重要发现,都发表在《殷卜辞中所见先公先王考》一文中,由此可见这篇文章的水平之高和价值之大。

陈寅恪在《陈垣敦煌劫余录序》中说:"一时代之学术,必有其新材料与新问题。取用此材料,以研求问题,则为此时代学术之新潮流。治学之士,得预于此潮流者,谓之预流(借用佛教初果之名)。其未得预者,谓之未入流。此古今学术史之通义,非彼闭门造车之徒所能同喻者也。"②如用这种观点分析清末民初的学术界,也就可以明白,王国维之所以能够作出独特的贡献,首先在于他能热情地投入新潮流;而当时的其他许多学者,尽管也有不少可称一时翘楚的杰出人物,在其他学术领域中作出过卓越的贡献,但因未能参与新潮流,所以不能成为新学术的奠基人。此中成败得失,值得深入探讨。

---

① 此文为《十批判书》中的第一篇,此据科学出版社1956年版。
② 此文收入《金明馆丛稿初编》,上海古籍出版社1980年版。

二

《殷卜辞中所见先公先王考》一文中讨论的问题，属于上古史的范畴。内如祭祀制度、王位继承、帝王世系等项，都与传统的经学有关。王国维有经学的修养，而能不受其牢笼，才能取得这种成就。

清末的学风和后来的情况大不相同。作为封建社会中的正宗学问，是传统的经学。一个知识分子，如果在经学上缺乏知识，也就无法厕身于学者之林。

可以说，中国封建社会中绵延几千年而积累起来的各种学术，到了清代出现了回光返照的现象，经学上的今古文之争，又出现了新的高潮。清末民初，在时代的哺育下，又出现了几位卓越的经学大师，其中今文经学可以康有为为代表，古文经学可以章太炎为代表。

今文经学依据《公羊传》这部经典，强调"张三世"的学说，为变法而斗争。他们的目的并不在探讨古代社会的真相，因此对新出土的材料并不付与多大注意。

章太炎学问博大，在许多方面都作出过贡献，但经学上的那套所谓"师说""家数"等因袭的传统观念，对他有严重的影响，他已不可能破坏原有的思想体系而去采掇新说。

从汉代起，经学就与小学结下了不解之缘。识字然后通经，成了古人的共同见解。今文家阅读的典籍，由隶书写成。这种社会上通行的文字，大家把它作为交际工具使用，没有想到此中还要建立什么学问，因此他们提出的什么"马头人为长""人持十为斗""屈中为虫"等说，只是就隶书的形体随意敷演。这一学派的后人，也就缺乏研究文字学的传统，例如与王国维同时的梁启超，就未见有什么关于文字学的专门著述。显然，这一派经学家不可能由考释卜辞而建立新史学。

古文经学家情况不同，他们所读的经典大都用战国时的文字写成，通经之前，先要掌握文字，因此他们对文字的形、音、义很重视，一些著名的经学家，大都在小学上有深厚的修养。王国维曾作《两汉古文学家多小学家说》一文，阐述此理①。而古文经学中的大师许慎作《说文解字》，更对汉字的构造作了系统的归纳和阐释。因为他研究的对象是秦代通用的篆文和部分战国时代的古文，还保留着象形文字原来的形体结构的遗迹，这就为后人的研究古文字提供了阶梯，可以由此进窥金文、甲骨的奥秘。

王国维出身于一个亦吏亦商的家庭。其父王乃誉，虽然也著有《诗娱庐诗集》二卷、《游月录》十卷，但并不说明他有多高的学识，只是为充任县吏幕僚而积储的资本，便于宦游的一种风雅手段而已。王国维在十八岁之前，广泛地读过经书，也读过《说文解字》，但对此并无热情，只是一般性的学习而已。十九岁至三十五岁时，接受了新学，钻研哲学与文学，与传统的所谓国学关系疏远。民国成立后，他于 1912 年随罗振玉东渡，兴趣转到古史上去，这才认真地钻研经学和小学。他继承的是乾嘉学派的传统，对于许慎、段玉裁等人在小学上的贡献，极为钦佩。但他不像正宗的古文经学大师章太炎那样，并不拘守什么"师法"或"家数"，因为他走的不是这种传统的路子。尽管他在经学的许多问题上也有不少建树，但从正统派的眼中看来，已经不符规范，所以遭到过他人的讥弹。黄季刚在 1928 年 6 月 18 日的日记中写道："昨伯弢先生言：王国维说《顾命》，庙非殡宫路寝而为大庙，曾面纠其失，国维曰：'虽失而不欲改。'其专已遂非有如此者。今阅刘盼遂所记国维说《尚书》语，果如伯弢言。国维少不好读注疏，中年乃治经，仓皇立说，挟其辩给以炫耀后生，非独一事之误而已。始西域出汉晋间纸，

---

① 此文收入《观堂集林》卷七，《王国维遗书》第一册。

鸣沙石室发得藏书，洹上掊获龟甲有文字，清亡而内阁档案散落于外，诸言小学校勘地理近世史事者以为忽得异境，可陵傲前人，辐辏于斯，而国维幸得先见。罗振玉且著书且行贾，兼收浮誉利实，国维之助为多焉。要之，经史正文忽略不讲，而希冀发见新知以掩前古儒先。自矜曰：我不为古人奴，六经注我，此近日风气所趋，世或以整理国故之名予之。悬牛头，卖马脯；举秀才，不知书；信在于今矣。"①这种指责自然是过分的，和王国维总的治学态度也不合，但这种意见在当时有其代表性。

陈伯弢和黄季刚也是近代杰出的学者。陈氏博闻强识，这是时辈一致钦佩的。黄季刚是章太炎门下公认的高足弟子，他的学问，比起老师来，也有发展。章太炎墨守《说文》的传统，废弃金文不谈，力斥甲骨文字为虚妄，这和陈伯弢在东南大学历史系任教时，把甲骨丢进字纸篓去的态度，是一样的。黄季刚承认甲骨、金文中有可取之处，在所读《说文》一书的书眉上，曾经记下不少甲骨、金文中的文字，但从他对经学和小学的基本态度来说，他还是致力于保持原有的学术体系，而不能像王国维那样无所拘忌地闯入这新开辟的学术阵地中去。

章太炎和黄季刚直接继承了乾嘉学派的传统，在晚近的学术史上也曾作出过多方面的贡献，他们的道路，和罗振玉、王国维等人不同。罗振玉的为人固然有很多不尽如人意的地方，晚节太不光彩，但他对我国学术文化的保存和传播却是作出过很大贡献的。他和国外学者，如日本的内藤虎次郎、铃木虎雄、狩野直喜……法国的伯希和等人，交流学术，交换资料，过往甚密。在此基础上，他系统地出版丛刻，介绍资料，不但自己钻研新学问，而且资助他人进行学术上的开创性研究。这种做法，毋宁说是带有资本主义社会中的学术带头人的作风。王国

---

① 载《黄季刚先生手写日记》内《阅严辑全文日记》卷二，台湾学生书局 1977 年版。

维就是在他的帮助下成长起来的一位重要人物。但从正统派的章、黄等人的眼中看来,这一批人却是具有市侩色彩,因而颇有耻与为伍的表示。尽管王国维一直以晚清遗老自居,效忠清室,后且自沉于昆明湖;章、黄二人都曾参加过辛亥革命,为建立中华民国作出过贡献,但从学术思想等方面来看,前者却是带有更多的资本主义性质,后者带有更多的封建主义性质,所以郭沫若称王国维为近代新史学的开山祖师,梁启超称章太炎为清代朴学的最后一人。黄季刚在小学和经学上也作出了贡献,在文学上也有成就,但他和章太炎的情况类似,所以人们称之为章黄学派,给予同一评价。

清代末年,本来还有一位大师也可以出来承担这项历史重任,这就是孙诒让。他在经学上的成就,压倒群伦;他还研究子学,可见他并不墨守经学的固有阵地。他研究金文的成绩也很可观,但他生活的年代过早,见到的甲骨文字仅限于《铁云藏龟》一种,材料有限制,条件未成熟,所以不能取得突破性的成就。

三

由于学派的不同,各人对古史的看法也就不一样。章太炎、陈伯弢等人还相信古来的三皇五帝之说;康有为倡孔子改制之说,以为尧、舜等人都是孔子为改制而假托的圣人,他又倡新学伪经之说,以为古文经传出于刘歆伪造,这就兴起了一股疑古之风。五四运动前夕,胡适自美国回来,在北京大学讲授中国哲学,就把古代略去而直接从周宣王时讲起,曾经震动一时①,好多人认为他有见解。王国维的情况

---

① 参看胡适《中国哲学史大纲》中的《中国哲学结胎的时代》一章,此据商务印书馆 1921 年 10 月第 7 版。

不同,他既不墨守,也不疑古。因此他在当时,甚至还可以说是偏于"保守"的人物。

即如《殷卜辞中所见先公先王考》一文中提到的古代史中事件,如契父帝喾,为商人所自出;奚仲作车,相土乘马,王亥服牛……深信古来传统之说,没有表示任何怀疑。从中可以看到,他的研究古史,首先是信其有,然后参照地下发掘材料,进行补充和纠正。他是在相信司马迁著《史记·殷本纪》确有根据的前提下然后进行比较的研究。

《殷本纪》中对商汤之前许多先公的记载,极为简略。除此之外,只有《世本》等若干典籍上有所记叙,但也极为简略,因此对于这段记叙的可靠性,确是很难断言的。罗振玉等人首先从卜辞中识别出了若干先公先王的名字,王国维继起深入钻研,与《殷本纪》比较并读,终于证明了司马迁的记叙确有根据,但也有错误和遗漏。

在他的考证工作中,对王亥、王恒、上甲微三人的训释尤具卓识。这里就应用上了他在小学上的广博知识。

《史记·殷本纪》曰:"……冥卒,子振立。"司马贞《索隐》:"《系本》作'核'。"卜辞中常见王亥一名,如《殷虚书契前编》卷四第八叶有云"贞之于王亥卅牛,辛亥用",《后编》卷上第二十八叶有云"贞之于王亥□三百牛",《龟甲兽骨文字》卷一第九叶有云"贞,夏于王亥五牛"……祭典特别隆重,明为商之先公先王,王国维随即和《系本》中的"核"联系了起来。《汉书·古今人表》中又有作"垓"之人,由此他就判断:"《史记》之'振',当为'核',或为'垓'字之讹也。"

王国维博征载籍,引用了《山海经·大荒东经》中有关王亥的带有神话色彩的记载,又引用了郭璞注引《竹书》中的记载,以及今本《竹书纪年》中类似的记载,这就进一步证明了殷之先王中确有王亥其人。《山海经》一书,其文不雅驯;《竹书纪年》一书,正统的史学家也不予重视,而他都能用作考史之助,随之也就促使世人逐步认识到了这类书籍的史料价值。

王国维治学极为谨慎，为了证明一种论点，总是将有关材料搜罗净尽，然后排比材料辗转互证。由于《山海经》上有"王亥托于有易河伯仆牛"的记载，他就引用了《吕氏春秋·勿躬》篇"王冰作服牛"和《世本·作篇》"胲作服牛"的记载。篆文冰作〢，和亥字相似，"王〢"亦"王亥"之讹。古"服""仆"同音，"服牛"同"仆牛"，亦即驯牛，"然则王亥祀典之隆，亦以其为制作之圣人，非徒以其为先祖。周秦间王亥之传说，胥由是起也"。王国维的这一说明，实际上运用了宗教传说方面的知识。

王国维凭借音韵方面的深厚基础，在训诂上作出了贡献，写过《肃霜涤场说》《与友人论〈诗〉〈书〉中成语书》《〈尔雅〉草木虫鱼鸟兽名释例》等许多著名论文。他在训诂成语或专名时，特别注重声音，这符合古代的实际。亥，或作"核"，或作"垓"，或作"胲"，或作"该"……现在这些字的读音已有不同，但在古代来说，声旁相同，原出一源，那些带偏旁的字，大都是后起的通假字。

《史记·殷本纪》上没有"王恒"之名，卜辞中却有此人。王恒，卜辞作王𪔂，或作𪔂，王国维释此字，则依据传统的小学和经注。《说文解字》二部："恆，常也，从心从舟，在二之间。上下心以舟施，恆也。𣱣，古文恆，从月。《诗》曰：'如月之恆。'"这种解释不太好懂。"上下心以舟施"一句，前人作过多种解释，但总嫌迂曲。宋本"心"字之前有"一"字，王筠《说文句读》以为"施"字不可解，当是"旋"字之误，然而"上下一心以舟旋"云云，仍然无法确解。这是因为"恆"字本来不从"舟"。王国维根据许慎对古文恆字的训释，知其中作"外"者有误，字当作𪔂，篆文作"舟"，则又为"月"之形讹。这种分析符合事实，《说文解字系传》中的古文恆字作𣱣，确是从"月"。《诗·小雅·天保》"如月之恆"，毛传："恆，弦也。"于是王国维据之作出判断说："然则𪔂、𪔂字确为恆字。"

王国维的业绩，并不停留在识字上，他的难能可贵之处，在于贯通群籍，用以考史。王恒在卜辞中出现，具有先王的身份，是不成问题的，但他在世系中的地位和生前事迹仍然一无所知。这里王国维又引用了《楚辞·天问》中的记载为旁证，于是那些扑朔难明的材料也就一一得到了印证。王国维说："王恒之为殷先祖，惟见于《楚辞·天问》，《天问》自'简狄在台，詧何宜'以下二十韵，皆述商事，其问王亥以下数世事曰：'该秉季德，厥父是臧，胡终弊于有扈，牧夫牛羊？干协时舞，何以怀之，平胁曼肤，何以肥之？有扈牧竖，云何而逢，击床先出，其命何从？恒秉季德，焉得夫朴牛，何往营班禄，不但还来？昏微遵迹，有狄不宁，何繁鸟萃棘，负子肆情？眩弟并淫，危害厥兄，何变化以作诈，后嗣而逢长？'此十二韵，以《大荒东经》及郭注所引《竹书》参证之，实纪王亥、王恒及上甲微三世之事。""以《世本》《史记》所未载，《山经》《竹书》所不详，而今于卜辞得之。《天问》之辞，千古不能通其说者，而今由卜辞通之。此治史学与文学者所当同声称快者也。"这确实是古史上的一大发现，后人续起推衍其说，顾颉刚见《易》中的大壮卦有"丧羊于易"之句，旅卦有"丧牛于易"之句，也就明白此亦商代王亥之事，于是写作《周易卦爻辞中的故事》一文，证明"卦爻辞与《易传》完全是两件东西"①。这样许多片断零乱的记载都像散珠一样串起来了，对许多沉湮已久的问题确切地作出了解释。

王国维对上甲微其人的考释，则是应用了金文上的知识。

《史记·殷本纪》上说："……振卒，子微立。"司马贞《索隐》："皇甫谧曰：'微字上甲，其母以甲日生故也。'商家生子，以日为名，盖自微始。谯周以为死称庙主曰'甲'也。"根据后人的研究，谯周之说可信。"微"即"上甲微"，由于汉晋间人的记载而得到了证明。

---

① 载《燕京学报》第 6 期，1929 年 12 月。

《国语·鲁语》上说："上甲微能帅契者也，商人报焉。"《孔丛子》引逸《书》曰："惟高宗报上甲微。"上甲微乃商人先祖，先秦古籍上也是记载得很明确的。

这位先王，要从卜辞中把他的名字认出来，关键在于识字。

按卜辞中常见有祭于⊞者，此字与田字极为类似，只是畋狩之田横直两笔都和四旁相接，而此人名之"⊞"则横直两笔或其直笔必与四旁不接，细察之，可以区别。识读此字，应该从中间的这个"十"字着手。

《殷本纪》中的报乙、报丙、报丁三人，甲骨文作𠂤、𠂤、𠃊，乙、丙、丁三字皆在［或］中，王国维也就悟出了甲在□中的道理。□与［或］形似有不同，但从字形的构造来说，体例却是一致的。

王国维熟习金文，知道传世铜器铭文中的甲字也有作⊞的，他又从𠂤、𠂤、𠃊等人名字的构造上得到启发，懂得⊞乃先公中之某"甲"。卜辞中的文字与金文字形多同，如今又在卜辞中识出了报乙、报丙、报丁等人，这样也就可以确定此"⊞"即"上甲"。

⊞有作𤱿者，上甲之义尤为明显。其后罗振玉又找到了几个字，径作𤱿形，上甲之义更是无可怀疑的了。

这个"甲"字，字形上变化很大，但有演变的轨迹可循。

甲，小篆作甲，《说文解字》释之曰："东方之孟，阳气萌动，从木戴孚甲之象。一曰人头宜为甲，甲象人头。……甲，古文甲，始于十，见于千，成于木之象。""宜"为误字，段玉裁依《集韵》改作"空"。空者，腔也。这就是说：甲为象形字，象什么形，可分二说：一以为象草木发芽之形，"T"象草木发芽生长，⌒象外面的壳子；一以为象人的骷髅，即人的头部，头俗称脑壳，故可谓甲象人头。

在《说文解字》中，甲字均作此形，早字小篆作早，许慎释之曰："晨也，从日在甲上。"卓字小篆作，许慎释之曰："高也，早匕为卓。"戎字小篆作，许慎释之曰："兵也，从戈从甲。"可以想见，那些墨守《说文》体系的人，见到""字时，也就不会摆脱其似乎言之成理的原有体系而去把它作为字源对待。

但在金文中，这些甲字均作十形，敔敦早字作，史伯硕父鼎绰字作，虢季子白盘戎字作，与《说文》中的形体不同，与隶书以及目下流行的字体则相同。

在金文中，甲字有演化为形的。虡彝上有"胄"一词，孙诒让说：即甲字，外从衣，内从甲①。这就向小篆的甲字形体又靠近了一步。

秦国的兵符，传世者有阳陵虎符和新郪虎符，文中均有甲字，作形，已与小篆形体相当近似。

由上可知，甲字字形的演变可能如此：

   ②

对于那些信其流而不考源的人来说，自然很难想到即上甲微；对于精通文字的源流演变而又熟悉史料的王国维来说，自然有发现与识别的可能。

在当时来说，如何对待《说文解字》这部重要典籍，不同意见的冲突很尖锐，是维护其原来的体系，还是依据金文甲骨中的材料加以修正，形成了截然对立的不同派别。孙诒让乃素负盛名的前辈学者，章太炎视之若师长，但当孙氏起而批评《说文》时，章氏也就作出了激烈

---

① 载《古籀拾遗》卷中。
② 关于"甲"字字形的演变，曾参考胡小石师《说文部首讲义》（未刊稿）。

的反应。他在为黄季刚的遗著作序时说:"若夫文字之学,以十口相授,非依据前闻不可得;清儒妄为彝器释文,自用其私,以与字书相竞,其谬与'马头长''人持十'无异。宿学如瑞安孙氏,犹云'李斯作小篆,废古籀',为文字大厄。伏生、毛公、张苍已不能精究古文;《说文》以秦篆为正,所录古文,盖摭拾漆书及款识为之;籀文则出于史篇,仓沮旧文虽杂厕其间,而叵复识别'。观其意,直谓自知黄帝时书者! 一言不智,索隐行怪乃如是。季刚为四难破之,学者亦殆于悟矣。"这里是指黄季刚在《说文略说》一文中对孙说的驳斥,有云:"今自宋以来,彝器踊盛,近日甲骨诸文,出自泉壤,虽其物未必皆赝,而说者纷纭,无师以正,汉世说经者于《古文尚书》十六篇,《逸礼》三十九篇,以无师说,称之曰'逸'。挽近古器,虑亦同兹。即偶有一二明白可信者,尚当在慎取之列。孙氏遽取此等后出之文,欲以陵驾许书之上,此其不考,三也。"黄氏还以为:"《说文》于篆书外,所载古籀、鼎籀,无一臆说。"①不信近代大量出土的可靠资料,把汉末一位经师的记载和解说视若神圣,这些地方,未免信古过甚。

当然,甲骨金文中的一些字形体上为什么这样结构,因为缺乏传统的解说可作依据,各人纷纷自创新说,确有混乱的现象发生。例如甲字,俞樾《儿笘录》谓甲之本义为鳞甲,郭沫若《释干支》谓:"十为鱼鳞之象形。"又如王国维释田之□形,以存疑的口吻说:"意坛墠或郊宗石室之制,殷人已有行之者欤?"吴其昌极力赞同师说,并在《卜辞所见殷先公先王三续考》中作了多方面的论证,以为□、〔丶〕乃祐之象形②。于省吾则另有不同的解释,他赞同朱骏声在《说文通训定声》中的训

① 此文原发表于 1936 年中央大学《文艺丛刊》编印的《黄季刚先生遗著专号》,今引自上海古籍出版社于 1980 年刊印的《黄侃论学杂著》。

② 载《燕京学报》第 14 期,1933 年 12 月。

释："甲，铠也，象戴甲于首之形。"并且举商器比作伯妇簋中的 🜲 形为证，正象"武士右手执戈，左手执盾，首戴盔甲形"①。这些说法都能言之成理，只是释者去古太远，殷周之时造字的人是否一定如此设想，则又无法断言。但不管其字形到底说明了什么，⊞ 为殷之先公，则佐之以文献记载，已可成为定论。

王国维的情况就不同了，按他的学术道路而言，也是重视继承乾嘉以来朴学的传统，《段懋堂手迹跋》中说："平生于小学最服膺懋堂先生，以为许泍长后一人也。"②但他并不故步自封，所以在《浙江考》中说："许叔重之说自不能无误，乾嘉诸儒过信其说，不复质之古书，是末师而非往古，重传说而轻目验，吾不能从之矣。"③说明他虽极为尊重许慎的成就，但并不墨守《说文》的体系。研究古史时，也遵循着这样的原则，信古而重目验，既充分运用《说文》这部重要的典籍，又能不受其牢笼而别出新解。这种科学的态度，较好地解决了继承和发展的关系。

王国维对其他一些先公先王的考释，也有不少精粹之见，但对王亥、王恒、上甲微三人的考证，尤为精辟。地下的材料和书面文字互证，援引各种材料而能触类旁通，运用语言文字这项工具作为破门而入的钥匙，确有拨开古史迷雾，豁然开朗，使人耳目一新之感。这样的成就，非浅学者所能侥幸，非墨守者所能想见，只有那些"好古敏以求之"而又不拘成说的人才能取得。

---

① 《甲骨文字释林》，中华书局 1979 年版。
② 载《观堂别集》卷三，《王国维遗书》第四册。
③ 载《观堂集林》卷一二，《王国维遗书》第二册。

四

比起梁启超来，王国维得名较晚，只是在四十岁到北京讲学之后，才名震天下。

王国维死后，除黄季刚等个别学者因学派不同而有贬词外，绝大多数的人都推崇他的成就，称赞他学识的博大和精审。他是我国学术史上为数很少的能够做到既博又专的杰出人物之一。

博和专，是一对对立统一的范畴。有些人只是追求知识面的广，信守"一物不知，儒者之耻"的老教条，只知务博而不讲求专精，他们的知识往往流为通论一类的常识。有些人一味追求专精，而不注意培植深厚的基础，走这样的路，往往欲速不达，即使有所成就，常常是一些片断零星的见解，不足登大雅之堂。胡适说过："学问要如金字塔，又要博大又要高。"不失为有得之见。在学术上要想取得突出的成就，而又缺乏深厚的基础，那是难于做到的。

王国维之所以能够写出《殷卜辞中所见先公先王考》等文，就因为他在撰文之前早已积累下了深厚的基础。

当时已经出版的几部甲骨文的著作，如《铁云藏龟》《殷虚书契前编》《殷虚书契后编》《戩寿堂所藏殷虚文字》，他都一一作过研究，并对后者作过释文，因而牢固地掌握了原始资料。

他在小学上下过很大的功夫。寓居日本时，认真学习过段玉裁的《说文解字注》，晚年在清华大学研究院讲学时，即以此书为教本，讲授《说文》。在上海"广仓学窘"任职时，从沈子培游，讨论声韵上的问题。传统的音韵学注意研究字的韵尾，沈、王等人则注意研究字的声纽，于此多所发明。在训诂方面，除了熟读清人著作以外，对秦汉时期的一些原始著作也下了功夫，撰有《重辑苍颉篇》二卷，《校松江本急就篇》

《史籀篇疏证》各一卷。文字、声韵、训诂之学，是研究先秦史时必备的基础知识，因为先秦典籍文字古奥，必须掌握小学这项武器，才能叩学问的大门。

清朝政府被推翻时，罗振玉携所藏典籍文物东迁，在日本建大云书库，所藏的铜器和拓片居全国收藏家之首。王国维帮他整理材料，成《宋代金文著录表》一卷、《国朝金文著录表》六卷，截至那时，有文字记载的铜器铭文，大都作过研究，可见他在金文上的学识何等深厚。

在日本时，为了考史，他认真地读经。这就是黄季刚说他中年以后才读注疏的一段经历。据罗振玉介绍，这时他读书极为勤奋，一天要读完注疏数卷。而在十三经中，他用心最多的是三礼，因为他性喜考史，特别喜欢探讨古代礼制。他对《尚书》一书也下了功夫，所以后来他在清华研究院讲学时，就以《仪礼》《尚书》授徒。

他对记载古史最为完整的《史记》一书，自然加以重视。他的另一名著《太史公行年考》，就是对《史记》全书作了系统的研究后写成的。

对于那些别出于经典之外的史书，他也予以重视。如《世本》，不时从中征引材料，只是此书在清代已有许多学者进行过整理，因此没有专门的著述；《竹书纪年》一书，他在文章中多次引用，其后作《古本竹书纪年辑校》一卷、《今本竹书纪年疏证》二卷，这些都是整理史料的工作，可见他对先秦时期各种来源、各种不同性质的史料都曾作过系统的整理和研究。

他在十九岁至三十五岁一段时间内，喜欢新学，专攻哲学和文学，似乎和他后来的研究史学关系不大。实际看来，这对他后来的成就也有帮助。研究人文科学的人，假如能花一段时间系统地学习哲学，则对见解的开拓、思绪的细密、方法的科学，将会起到很好的作用。当然，这种作用往往是无形的，在后来的活动中也难于找出明显的踪迹，但细察其活动的开展，则还是可以觉察得出来。例如刘勰之作《文心雕龙》,体大思精,条理密察,论者都以为得力于佛经的学习;这虽然找不到明显的证据,但从二者之间的相通之处考察,有其可信之处。王国维在考史工作中,继承的是乾嘉以来朴学的传统,但其论证的严密,归纳、演绎、类推等方法的运用,已与前此学者有别。这些都应该说是熟悉资产阶级哲学的结果。目前有人常为某一阶段脱离本行而惋惜,以为研究一种学问,必须自小到老锲而不舍,不能稍有间断,这种见解,也有片面之处,如果他在脱离本行的这段时间内不忘学习,注意提高自己的思想方法和工作能力,则对日后的工作和学习还是会起到良好的作用。

由此可见,王国维少不读注疏,或许还正是他日后有大成的一种优点。假如他像那些世家子弟那样,从小就陷入某种传统的经学的牢笼,思想受到束缚,或许日后就不能在乾嘉学者的基础上开拓新的天地。假如他不在哲学和文学上下功夫,那他对《楚辞》和《山海经》等材料可能就会忽视,不能熔文史于一炉而陶铸。因此,王国维的学术道路有似崎岖,实则正是培植这样一位学术巨人的有利条件,事在人为,问题就在处于各种不利条件之下的人如何好自为之,化不利为有利就是了。

在王国维的研究工作中,"分类法"的运用,曾经取得非常好的效果,值得后人注意。他学问数变,但在研究某一问题时则集中精力,寝馈于是,从中不断发现问题。他先是集中精力搜集材料,研究前人的成就,然后排比整理,发掘原始资料的内蕴,提出前人未曾触及的新说。罗振玉在《集蓼编》中说:"本朝经史考证之学,冠于列代。大抵国初以来,多治全经,博大而精密稍逊;乾嘉以来,多分类考究,故较密于前人。予在海东,与忠悫论今日修学,宜用分类法。故忠悫撰《释币》《胡服考》《简牍检署考》,皆用此法。"就是《殷卜辞中所见先公先王考》《殷周制度论》等文,也是专题分类研究的成果,比之"乾嘉以来"的学者,其精密的程度又已不同。

王国维自三十六岁之后,读书条件就很有利了,他先后与罗振玉、沈子培、柯绍忞、缪荃孙、傅增湘等人交游,并与日本和法国的学者互通声气,这对他学识的开拓大有好处。但每一个学者都有他时代的局限。王国维所结交的人,大都是清廷遗老,他自己也以继承清代绝学自居,因此他注意的史学,虽然能做到不囿于前人之说,但他兴趣所在,还是在于帝王的世系和朝廷礼制等方面,对于商代的社会生产、阶级结构等重大的课题,他都没有兴趣,因而始终没有列入过研究的项目之中。这样,他虽然能在学术上"预流"而作出新贡献,但终因政治上未能"预流"而受到严重的影响。这些方面的新课题,只能留待日后那些具有新观点的学者来完成。

五

自今文学派开始的疑古之风,愈演愈烈,对古史体系的破坏,似乎有摧枯拉朽之势。古史中的记载本来纷纭杂乱,经不起疑古派的洗垢索瘢,渺茫的古史也就破绽百出,确乎显得荒诞而不可置信。人们为"科学"起见,不大敢去谈论中国的古史了。

王国维埋头进行甲骨文字的研究,且与商代的历史对照,取得了很大的成就。他为人淳朴笃实,不大批评同时的其他学者,也不去指责时行的学术流派,但罗振玉于1923年为《观堂集林》作序时,曾转述王氏的话,说:"君尝谓今之学者于古人之制度文物学说无不疑,独不肯自疑其立说之根据。"这里显然流露出了对疑古学者的不满。但当时一些激进的人,对于这位拖着辫子的遗老,恐怕不会去重视这种"落后"的言论吧。

1926年,王国维进清华研究院讲学,根据《殷卜辞中所见先公先王考》等文编成《古史新证》讲义一种①。古史而曰"新"证,不仅限于提供了地下发掘的新史料,而且表明了自己研究古史时坚持的新观点。他申述道:"研究中国古史,为最纠纷之问题,上古之事,传说与史实混而不分,史实之中固不免有所缘饰,与传说无异,而传说之中亦往往有史实为之素地,二者不易区别,此世界各国之所同也。至于近世,乃知孔安国本《尚书》之伪,《纪年》之不可信,而疑古之过,乃并尧、舜、禹之人物而亦疑之,其于怀疑之态度及批评之精神不无可取,惜于古史材料未尝为充分处理也。吾辈生于今日,幸于纸上之材料外,更得地下之新材料,由此种材料,我辈因得据以补正纸上之材料,亦得证明古书之某部分全为实录,即百家不雅驯之言,亦不无表示一面之事实。此二重证据法惟在今日始得为之,虽古书之未得证明者,不能加以否定,而其已得证明者,不能不加以肯定,可断言也。"

这里王氏提出了"二重证据法"的研究方法,要求古史记载与地下考古结合,这样得出的结论,自然要比疑古派可信得多。疑古派的研究方法,只是停留在古史材料的考核辨析上,缺乏可信的实物作旁证,其结论当然带有更多的随意性。

王国维不轻于疑古,而是在深信古人记载的基础上进行考订。但经过他的努力,终于证明了《史记·殷本纪》中关于商代先公先王的记载,基本上是可信的,这就为司马迁的著作树立了信誉。《古史新证》说:"商之先公先王及先正见于卜辞者大率如此,而名字之不见于古书者不与焉。由此观之,则《史记》所述商一代世系,以卜辞证之,虽不免小有舛驳,而大致不误。可知《史记》所据之《世本》,全是实录。而由殷、周世系之确实,推想夏后氏世系之确实,此又当然之事也。又虽谬悠缘饰之书,如《山海经》《楚辞·天问》;成于后世之书,如《晏子春秋》

---

① 1935 年 1 月北京来薰阁曾影印行世。

《墨子》《吕氏春秋》；晚出之书，如《竹书纪年》；其所言古事，亦有一部分之确实性。然则经典所记，上古之事，今日虽有未得二重证明者，固未可以完全抹杀也。"这种审慎的观点，当然是很有说服力的。

甲骨刻辞用的是体系相当完整的文字，离开初期阶段的象形文字体系，已有一段很长的过程。可以推知，中国的历史还可以向上推去。《史记》中还有《夏本纪》这一代，以前因疑古的影响，对于其中的记载，大家都不敢轻易相信，但由于商代历史的得到印证，司马迁的记载得以证实，大家也就相信《夏本纪》中的记载应当也大体可信。目前我国正在多方面寻找和发掘夏代遗址，可以肯定，随着地下考古工作的开展，司马迁的记载将可得到证实。

《竹书纪年》一书，自此之后，其可靠性得到了证验。研究先秦史的学者转而重视此书，从近年来出版的古本《竹书纪年》辑校本之多，就可知道学术界对此的关注。学者编写战国年表时，大都改为以《竹书纪年》为主而以《史记·六国年表》为辅的了。

《山海经》一书，过去的学者不加重视，以为荒谬之言，不足以证经考史。自从王国维用来证明商王世系后，看法有了改变，大家逐渐认识到这是一个容纳古代神话传说的宝库，应该好好发掘，充分利用。于是用以考史者有之，用以考地理者有之，用以考先民文化习俗者有之……这是学术观念上的重大进步。王国维的研究工作，对利用此书来说，起了滥觞的作用。

《天问》一文，光怪陆离，内容似难以置信。有人见到某些文字难于读通，就用错简等说来解释。自从王国维把王亥至上甲微一段文字读通之后，大家对屈原呵壁而问所提问题的可靠性增加了信任，一般不敢再轻易加以否定了。遇到难解的文字，只能抱存疑的态度，这就自然地培植起了多闻阙疑的良好学风，对推动科学研究是大有好处的。

当代学术研究思辨

总而言之,王国维的《殷卜辞中所见先公先王考》一文,成就卓著,阅读此文,可以得到多方面的启发。学习这样的名篇,不但在具体的学识上,而且在治学方法等方面,都可得到教益。

六

杨向奎在《论"古史辨派"》一文中评判这一学派的功过得失时说:"'五四'运动以后,在中国史学界出现了一种疑古的学风。这种学风发展成为以顾颉刚先生为代表的'古史辨派'。也就是在这个时候,和'古史辨派'的学风相反,不是怀疑中国古代史,而是利用出土的甲骨金文证明中国古代典籍中的古史记载而说明其可信者是王国维先生。王国维是利用甲骨、金文解释中国古代史的创始人。……如果说'古史辨派'在扫荡不科学、不合实际的古史传说上作出了贡献,那么王国维则在建设可信的古史系统上作出了成绩。他们是一破一立,同时存在。"①杨氏作为当事人而提出这样的看法,自然是具有说服力的。

有趣的是,"古史辨派"的创始人顾颉刚就极为尊重王国维。他在《我是怎样编写〈古史辨〉的?(下)》一文中自述道:"在当代的学者中,我最敬佩的是王国维先生。1924年3月31日的日记中,有这样一段记载:'予近年之梦,以祖母死及与静安先生游为最多。祖母死为我生平最悲痛的事情,静安先生则为我学问上最佩服之人。今夜又梦与他同座吃饭,因识于此。……数十年来,大家都知道我和胡适来往甚密,受胡适的影响很大,而不知我内心对王国维的钦敬和治学上所受的影响之深。可见任何事情都不可能只看表面现象的。当然,我对他也有

---

① 载《中华学术论文集》,中华书局1981年版。

不满意的地方，就是他不能大胆辨伪，以致真史中杂有伪史。'"①这些地方正可发现学术发展史上的一些来龙去脉。

王国维以为传说中有真史，顾颉刚以为真史中杂有伪史，他们都在不同的历史阶段作出了卓越的贡献。现在看来，他们的不足之处，恐怕首先是由于缺乏科学的社会发展史的观点而产生的。

（以下五篇文章，原是1987年时为南京大学中文系古代文学专业硕士研究生开设"近代学者治学方法研究"课而准备的讲稿）

---

① 载《中国哲学》第二辑，三联书店1981年5月出版。

前修或未密,后出当转精

——读王国维《汉魏博士考》

王国维在经学史上下了很大的功夫,对汉魏时期的博士制度作了专门的研究。他钩稽载籍,排比资料,然后进行归纳,提炼出若干结论。这样的文章,说服力强,经受得起推敲。后人对这个问题进行研究时,怎样才能做到百尺竿头、更进一步? 在接受前人研究成果的基础上,有所创新,有所发展?

一

先秦时期,许多诸侯国中有博士一职的设置。从残存的一些史料来看,他们享受的待遇很优厚,能够安心从事学术活动,自由地、广泛地开展学术交流,这样也就促进了各种学术的飞速发展。

汉代的博士制度当然是继承前代而来的,但它的体制更为完整,对后代的影响也大。特别是从汉武帝独尊儒术、立五经博士之后,封建社会中的所谓经学,一直成为法定的正统思想。因此,研究汉魏时期的博士制度,也就是很有意义的一项课题。只是古代对此缺乏系统的记载。《汉书》《后汉书》中立有"儒林传",记载过一些博士的活动,个别著名学者,如马融、郑玄等,还立有专传,但对"博士制度"而言,却是缺乏完整的记叙。徐天麟的《西汉会要》和《东汉会要》对此有所记载,但只是集纳了些材料,没有什么分析,更无总结性的意见可言。《通典》《通志》《文献通考》等著作中有所记叙，但过于简略，要想据此了解汉魏博士的全貌，就很不够。清代出现了几种专门性的著述，但水平不高，错误很多，有待于后人的补正①。关于清代学者研究博士制度的情况，周予同《博士制度和秦汉政治》一文有所介绍，可参看②。

王国维作《汉魏博士考》，因为功力深厚，方法细密，成绩也就超过前人。

二

除《汉魏博士考》外，他还写有《汉魏博士题命考》二卷以及《汉时古文本诸经传考》等文。他对魏石经和蜀石经的研究，如《魏石经残石考》一卷《附录》一卷，《魏石经考》一至五等文，也和研究博士制度有关。这就说明，他能写出《汉魏博士考》这样一篇带有总结性质的文章，对五经博士的设置、博士弟子的教学以及博士的产生等问题都能提出新的看法，绝不是偶然的。他做了大量的资料工作，对有关问题一一进行排比整理，然后归纳出结论。这样的结论，都有大量的材料作基础，所以经得起推敲。《汉魏博士考》是王国维在研究经学史时的升华之作。

由此可知，王国维之所以能在文史领域内作出巨大的贡献，原因是多方面的。他在史学和经学上有深厚的基础，当是成功的主要原因之一。

他精通前四史，这是他从事汉魏时期学术研究的有利条件。

---

① 王国维有《书绩溪胡氏〈西京博士考〉昭文张氏〈西汉博士考〉后》一文，载《观堂集林》卷二一，《王国维遗书》第三册，可参看。

② 载《新建设》杂志 1963 年第 1 期，后收入《周予同经学史论著选集》，上海人民出版社 1982 年版。

博士之制,盛行于汉代,所以《汉魏博士考》中的材料,大都出于《史记》《汉书》《后汉书》等典籍。三国之时,承汉代馀波,各个割据地区的王朝内也有博士一职的设置,所以王国维也引用了《三国志》中的一些材料。但总的说来,主要是辑录《汉书》和《后汉书》中的材料而成的。除此之外,汉代人的其他一些著作,如《汉旧仪》和赵岐的《孟子章句》等,也都一一爬剔;后代的《三辅黄图》《通典》等书,也都从中采掇材料。他把这些书中的有关材料摘出后,排比整理,用的是形式逻辑中的归纳法。这样的文章,从方法上来说,没有什么复杂之处,但它言必有据,说服力是很强的。

三

王国维的过人之处,在于排比材料时,能在人们习而不察的地方发掘下去,发现新问题,提出新见解。

汉武帝罢传记博士时,也罢去了《论语》《孝经》《孟子》《尔雅》四种经典的博士,这为的是什么?《汉魏博士考》中写得最精彩的部分,是对这问题作出的解释。

汉武帝独尊儒术,为了推崇几部经典,提高五经的地位,罢去传记博士,这是容易理解的。当时孟轲还未取得先圣的地位,只能算是诸子中的一员,这时罢去传《孟子》的博士,也就是很自然的事。但《论语》是记录孔子言行的重要著作,为什么此书不立博士?封建社会中向来把孝道作为道德中的首位,为什么《孝经》也不立博士?《尔雅》是通经的重要著作,为什么也要裁撤这一专题的博士?这些都是很难理解而应该作出解答的问题。

王国维从《汉书·艺文志》的编排中,敏感地觉察到了《论语》等书具有特殊的性质和地位。他在文章中阐释道:"刘向父子作《七略》,六艺一百三家，于《易》《书》《诗》《礼》《乐》《春秋》之后，附以《论语》、《孝经》（《尔雅》附）、小学三目。六艺与此三书皆汉时学校诵习之书，以后世之制明之，小学诸书者，汉小学之科目；《论语》《孝经》者，汉中学之科目；而六艺则大学之科目也。武帝罢传记博士，专立五经，乃除中学科目于大学之中，非遂废中小学也。"于是他从汉代求学程序谈起，旁征博引，说明学童识字习字，其书用《仓颉》《凡将》《急就》《元尚》诸篇，其进则授《尔雅》《孝经》《论语》，有以一师专授者，亦有由经师兼授者。从《汉书》《后汉书》《三国志》中的许多材料来看，"汉时但有受《论语》、《孝经》、小学而不受一经者，无受一经而不先受《论语》《孝经》者"。这些都是根据确凿的证据得出的结论。了解这点之后，对于汉代求学的程序和朝廷用人的制度，也就有了更完整的认识。

这样的研究工作，就不是简单归纳一下材料就能奏效的了。王国维对目录学有深厚的修养，对各种典籍的性质有深刻的理解，除此之外，他又熟悉汉代的社会风习。只有奠基在深厚的学术基础上，才能提出这样精辟的看法。

研究目录学的人，重在考镜学术源流。《汉书·艺文志》对古代的典籍和学术源流作了系统的记叙，研究先秦两汉学术的人，必须下一番钻研的功夫。孙德谦著《汉书艺文志举例》，以为班固的《汉书·艺文志》原本于刘歆的《七略》，然二者颇有异同，故举"出入""称省"二例以明之。王国维为作《汉书艺文志举例后序》，提出三个问题，表明《汉书·艺文志》与《七略》有异。其一乃就经学发问，以为刘歆之撰《七略》，依据的是汉代宫廷的"中秘书"，然而《汉书·艺文志》中有漏略者，如"中书确有《易》古文经，而《志》仅录施、孟、梁丘三家经各十二篇，与《书》《礼》《春秋》异例"①。于此可见他读书的精细，能从各种文

---

① 载《观堂别集》卷四，《王国维遗书》第四册。

字记载的间隙中发现问题。汉武帝罢传记博士，去掉《论语》《孝经》《孟子》《尔雅》四种典籍的传习，此中原因，也是他在钻研《汉书·艺文志》的过程中发现问题之后才得到解释的。

此说一出，备受时人赞誉，只有余嘉锡提出过一些补充和修正。他在给钱玄同的信中说："王静安先生论《六艺略》语，援据精博。惟其以今世学制相譬况，以为'小学'者汉小学之科目，《论语》《孝经》者中学科目，'六艺'则大学科目。鄙意于此尚有所疑。盖大学、小学，为汉世所固有，不必以今制相况；而中学，则遍考群书，当时并无名目。大抵汉人读书，'小学'与《孝经》同治，为普通之平民教育；至《论语》，则在小学似随意科，在大学似豫科，无意升学者，此书可不读，故有从间里书师即已读《论语》者，有从当代经师先读《论语》后习专经者。此为弟所考与静安先生不同之处，证据亦甚多。最强有力者，莫如崔寔《四民月令》（见《齐民要术》及《玉烛宝典》），明以《孝经》《论语》篇章（原注：六甲、九九、《急就》、《三苍》）同为幼童入小学所读之书。故窃以王先生说为未安。"①余氏所以能在百尺竿头更进一步，由于他在目录学上也有深厚的功夫，对各种典籍的性质有真切了解。

四

一种制度的建立，总有它的前因后果。《汉魏博士考》开头就说："博士一官，盖置于六国之末，而秦因之。"目的就在提示汉代建立博士制度的前因。

---

① 见钱玄同《重论经今古文学问题》，原是为方国瑜标点本《新学伪经考》所作之序。此据《古史辨》第五册，朴社 1935 年版。后余氏又将此意写入《目录学发微》十"目录类例之沿革"章，中华书局 1963 年版。

看来王国维的注意力只是放在汉代博士制度的论述上，因而对有关六国和秦代时博士问题的说明，就嫌论证不足，掌握的材料也不充分，结论不免流于草率。

《汉书·百官公卿表》上说："博士：秦官，掌通古今，秩比六百石，员多至数十人。"许多书上都说秦代博士有七十人之众。王国维还说："其姓名可考者，博士仆射有周青臣，博士有淳于越、有伏生、有叔孙通、有羊子、有黄疵、有正先、有鲍白令之，仅七人。"这与章太炎在《秦献记》中的统计一致，但与事实还有出入。

马非百作《秦集史》①，内有《博士表》一种。他花了几十年的时间成此专史，收集的材料很全备。《表》中列出博士十七人，比起王、章二文来，人数超过一倍多。但马书的材料以求全胜，对记载的真伪则未加考辨，因此他所提出的有些秦博士，可信与否，颇成问题。如《集韵》引《炅氏谱》言桂贞为秦博士，《新唐书》卷七三下《宰相世系表》言沈遂为秦博士，《通志·氏族略》言茅焦为秦博士，这三条材料都出于姓氏书，《汉书·眭弘传》颜师古注："近代学者旁引《炅氏谱》以相附著。私谱之文，出于闾巷，家自为说，事非经典。苟引先贤，妄相假托，无所取信，宁足据乎！"说明这些博士的出现或系后人张皇家世而编造。一般说来，材料也嫌上距秦代太久，其可靠性是颇成问题的。

马书据《文选·陶征士诔》李善注引《三辅三代旧事》，定四皓为秦博士。按《三辅三代旧事》一书，《隋书·经籍志》缺载，《新唐书·艺文志》史部故事类载韦氏《三辅旧事》一卷，当即此书。作者云是韦氏，清章宗源《隋书经籍志考证》卷六据《后汉书·韦彪传》，以为即彪所作。此说如是，也只能说此书乃后汉人所作。前人未有四皓为秦博士之说，韦氏后起，其说未必可信。马书又据颜师古《匡谬正俗》卷八引圈

---

① 马非百《秦集史》，中华书局 1982 年版。

称《陈留风俗传》，云其上代圈公为秦博士，然颜氏此书原文曰："圈称《陈留风俗传》自序云圈公之后。圈公为秦博士，避地南山，汉祖聘之不就。惠太子即位，以圈公为司徒。自圈公至称，传世十一。案：班书述四皓，但有园公，非圈公也。公当秦之世，避地而入商洛深山，则不为博士明矣。又汉初不置司徒，安得以圈公为之乎？且呼惠帝为惠太子，无意义。孟举之说，实为鄙野。"①又《汉书·王贡两龚鲍传》叙及园公、绮里季、夏黄公、甪里先生时，颜师古注曰："……至于后代皇甫谧、圈称之徒，及诸地理书说，竞为四人施安姓字，自相错互，语又不经。班氏不载于书。诸家皆臆说，今并弃略，一无取焉。"可见颜氏对《陈留风俗传》中的记叙持不屑一顾的态度。圈称之说，明系托大之词，马氏引以为据，说服力就不够。

马氏还引用《洞冥记》中的记载，以为伏胜受《书》于秦博士李克。《洞冥记》即《汉武洞冥记》，旧题后汉郭宪撰，而据余嘉锡《四库提要辨证》卷一八考证，则以为实出梁元帝之手。《四库全书总目》卷一四二《洞冥记》提要曰："此书所载，皆怪诞不根之谈。……其中伏生受《尚书》于李克一条，悠谬支离，全乖事实。"这类纯出后人编造的故事，不当羼入以一代正史自许的《秦集史》中。

由此可知，马非百虽然广征群籍，列出了上述八人，把秦博士的人数增加了一倍还多，但其根据是不可靠的。王国维没有引用这些材料，可以说是一种持重求实的态度。

只是马非百在秦博士中还曾列出卢敖一人，却是持之有故，颇可信据。《史记·秦始皇本纪》："三十二年，始皇之碣石，使燕人卢生求

---

① 章宗源《隋书经籍志考证》卷六："《陈留风俗传》三卷，圈称撰。《元和姓纂》，后汉末有圈称，字幼举，撰《陈留风俗传》(《广韵》注同)。……称字幼举。〔颜〕师古书作孟举，误。"

羡门、高誓。"《淮南子·人间》篇"秦皇挟录图"句许慎注曰:"秦博士卢生使入海还,奏图录书于始皇帝。"二者所记明系一事。马书沿用旧来之说,以为《淮南子》中的这条注文出自高诱。按汉代许慎和高诱都曾为《淮南子》作注,而据劳格《读书杂识》卷二、陶方琦《淮南许注异同诂自叙》、陆心源《淮南子高许二注考》①、余嘉锡《四库提要辨证》卷一四中的考证,可知今本《人间》篇中的注文实出许慎手笔。许慎生活的年代要比高诱早得多,"五经无双许叔重",这样一位著名学者的论点,就值得重视。

卢生为燕人,则又说明此人的身份原是燕齐方士。《新唐书》卷七三上《宰相世系表》云:"卢氏出于姜姓。齐文公子高,高孙傒为齐正卿,谥曰敬仲,食采于卢,济北卢县是也。其后因以为氏。田和篡齐,卢氏散居燕、秦之间。秦有博士敖,子孙家于涿水之上,遂为范阳涿人。"这一段记叙,显然出于卢氏先世谱牒。其中说到他们的上代源出齐国大贵族高氏,或系依托之词,但又说到卢生作为秦博士而家于范阳,则又与史书上的记叙相合。卢生为秦博士,他以燕齐方士的资格而仕于秦,负责神仙方术之事,可谓信而有征。

从论证的方法来说,假如仅依许慎《淮南子注》中的记载确定卢生为秦博士,尚嫌证据不足,那么《新唐书·宰相世系表》中的记载就可以作为很有说服力的旁证而使用。里面提到卢生的籍贯,与前人之说相合,燕齐方士出任秦博士,又可与其他的记载相参照。秦有占梦博士,有研究山川之神的博士,有数目众多的分任神仙方术的博士……其身份与卢敖类同,那么卢敖作为研求神仙方术博士中的一员,不止有文献上的记载,而且可说是颇合当时实情的了。

由上可知,马非百在秦博士中列入卢敖一人,辗转互证,可以成

①　载《仪顾堂集》卷二。

立。王国维定秦博士名之可见者"仅七人",实际上还有遗漏,这里下的结论,略嫌武断。

五

如果说,王国维在叙及秦博士时偶有遗漏,那么他在叙及战国时的博士时,论证更为不充分,而且有错误,这是由于掌握的史料更为不足。

战国之时,各诸侯国分立,文献记载不完备。有关博士的记载,片断零碎,似难勾勒出这一问题的全貌。但是我们如果掌握有关博士制度历史发展的脉络,则还是可以对学术史上的这一问题有所了解。

《宋书·百官志》曰:"六国时,往往有博士。"这种判断是可信的。下列材料可用以证明。

> 《战国策·赵策三》:"郑同北见赵王,赵王曰:'子南方之博士也,何以教之?'郑同曰:'臣南方草鄙之人也,何足问?虽然,王致之于前,安敢不对乎?'"
>
> 《史记·循吏列传》:"公仪休者,鲁博士也。以高第为鲁相。"
>
> 褚少孙补《史记·龟策列传》:"渔者举网而得神龟,龟自见梦宋元王,元王召博士卫平,告以梦龟状。平运式,定日月,分衡度,视吉凶,占龟与物色同。平谏王留神龟以为国重宝,美矣。"
>
> 《汉书·贾山传》:"祖父祛,故魏王时博士弟子也。"
>
> 《说苑·尊贤》篇:"〔齐威王〕十三年,诸侯举兵以伐齐,齐王恐。召其群臣大夫,博士淳于髡云……"

现在所能发掘出来的材料,仅上述寥寥数条,但根据这些文字,可以说明很多问题。

《汉魏博士考》中所用的六国时期博士的史料，仅列出《史记》《汉书》两种，可见王氏写作这篇文章时，对于先秦时期的材料，没有花功夫仔细爬剔。因此，他所作出的结论，比之秦博士的论述，疵病更多。

王国维说："公仪休即《孟子》之公仪子，缪公时为鲁相，时在战国之初；卫平在宋元王时，亦与孟子同时；疑当时未必置博士一官。《史记》所云博士者，犹言儒生云尔。"这个结论，是从史料产生的年代着眼而作出判断的。

汉武帝罢黜百家，独尊儒术，于建元五年春置五经博士，于是后代均由儒生出任教职。司马迁著《史记》，已在武帝晚年，那么他用"博士"一词代替"儒生"，也就有其可能。王国维由是认为公仪休和卫平的"博士"一名，可能只是"儒生"的代称，未始没有一点道理。但是这里仍有扞格难通之处。《战国策》乃先秦古籍，当然不受汉代尊儒风气的牢笼，里面说到郑同为南方博士，也就无法把"儒生"一词作为同义词而加以代替。

由此可见，《史记》中提到的先秦"博士"，应当从其本义上来理解。

王国维还说："……惟贾祛为魏王博士弟子，则六国末确有此官，且教授弟子，与秦汉博士同矣。"这种见解当然是正确的。但如上所言，王国维依史料产生的年代立论，否认战国前期有博士，则参之有关文献记载，又恐未必尽然。

还是用《战国策》中的这条史料来考察问题。郑同的游说对象是赵惠文王，时当战国中期。战国中期已有博士，那就没有理由认为"博士一官盖置于六国之末"。

由此可见，《史记》中提到先秦博士的年代，应当认为是可信的。

《文献通考·职官考》九曰："博士，魏官也。魏文侯初置，三晋因之。"这条材料虽嫌后起，但因《汉书》中有魏博士的记载，因而也不能截然否定它的可靠性。

战国之初,魏国首先崛起为强国。魏文侯礼贤下士,师事子夏,以田子方、段干木为友,说明这一时期魏都中曾经聚集过一批博学的智者。对照魏国后期博士的设置,那就没有理由截然否定前期不可能有此建树。当然,假如魏国前期已"初置"博士,那么人数可能还比较少,在体制上可能还比较粗率。

魏国衰落后,齐国继起为东方的强国。我国古代向以齐、鲁并称,原来的文化水准就比较高,自齐威王、齐宣王之后,更是积极招纳四方的学者,群集于首都临淄,公开讲学议政,这就有力地推动了古代文化的发展,兴起了先秦学术的第一次高潮。各种专门人才在齐国的学宫中大显身手。许多材料记载,齐国著名的稷下学宫中也有博士的设置。

这里王国维又忽视了《说苑·尊贤》篇中有关淳于髡的记载。淳于髡与公仪休、卫平同时,也是战国初期人,他的身份就是一名博士。

大家知道,《说苑》一书并非刘向的创作,里面的材料,辑自前代典籍,刘向只是作了编纂的工作①。因此,淳于髡为齐博士之说,应当有其年代更早的原始资料作为依据。

淳于髡是著名的稷下先生。战国时期,齐国的文化至为发达,《史记·孟子荀卿列传》曰:"自驺衍与齐之稷下先生,如淳于髡、慎到、环渊、接子、田骈、驺奭之徒,各著书言治乱之事,以干世主。"可以想见,处在这样的学术气氛之下,而又有博士的设置,那就决不能只让淳于髡一人戴此桂冠。稷下学者中一定有大量的博士,只是史书缺载罢了。

许慎《五经异义》曰:"战国时,齐置博士之官。"可与上面的记叙相

---

① 钱穆曰:"案《说苑》本有奏上言'所校中书《说苑杂事》及臣向书民间书校雠,其事类众多,章句相溷,除去复重,更造新事'。则此二书旧本有之,向重为订正,非创自其手也。"见《刘向歆父子年谱》,载《古史辨》第五册上编,朴社1935年版。"二书"指《说苑》《新序》。

互印证。《史记·叔孙通列传》曰："汉王拜叔孙通为博士,号稷嗣君。"裴骃《集解》引徐广曰："盖言其德业足以继踪齐稷下之风流也。"说明稷下学宫中确有博士的设置。《后汉书·郑玄传》曰："我先师棘下生子安国。"《太平寰宇记》卷一八:"棘下,齐城内地名。"棘下即稷下,棘下生即稷下先生。孔安国为博士,而称稷下先生,亦可用以说明齐国的稷下确有博士的设置。

下面再来研究齐国博士的人数问题。

《新序·杂事二》曰："驺忌既为齐相,稷下先生淳于髡之属七十二人,皆轻忌。"这就透露出了一丝消息,似乎齐国的博士有七十二人之众。当然,"七十二"是一个成数,反对驺忌的未必定是七十二人。

有趣的是,秦国博士的总数也是七十馀人。《史记·封禅书》言秦始皇"即帝位三年,东巡郡县,祠驺峄山,颂秦功业。于是征从齐鲁之儒生博士七十人,至乎泰山下"。《史记·秦始皇本纪》言三十六年:"始皇置酒咸阳宫,博士七十人前为寿。"《说苑·至公》篇曰:"秦始皇帝既吞天下,乃召群臣而议曰:'古者五帝禅贤,三王世继,孰是? 将为之。'博士七十人未对。……"按"七十"为一虚数,古籍中时而用以指称七十馀,时而实指七十二[1]。如孔子弟子的人数,先秦典籍,如《孟子·公孙丑》《韩非子·五蠹》和《吕氏春秋·遇合》篇,都说"七十";汉代典籍,如《淮南子·泰族》与《要略》,《汉书·艺文志序》,《汉书·楚元王传》,《水经·淇水注》引《论语比考谶》等,也都说是"七十",《太平御览》卷五四二引《孝经右契》,作"七十人弟子"。《大戴礼记·卫将军文子》作"七十有馀人",而《史记·孔子世家》和《新序·杂事一》均作"七十二",可知秦国博士七十人云云,即指七十二人。齐秦二国博士

---

① 参看"七十二"一文,载《闻一多全集》中的《神话与诗》一书,古籍出版社1956年版。

人数相当，从这一点着眼，也可了解到后者的博士制度乃承前者而来。

先秦时期，文化学术得到了迅速的发展。生产力的提高，社会上财富的积累，也达到了前所未有的高度，这就为精神生产和物质生产的分工准备了更好的条件。战国初期，饶有渔盐之利的齐国就为具有各种专业知识的稷下学者提供了良好的工作条件。《中论·亡国》篇曰："齐桓公立稷下之宫，设大夫之号，招致贤人而尊宠之，自孟轲之徒皆游于齐。"《风俗通义·穷通》篇："齐威、宣王之时，聚天下贤士于稷下，尊宠若邹衍、田骈、淳于髡之属甚众，号曰列大夫。皆世所称。"《史记·田敬仲完世家》曰："宣王喜文学游说之士，自如驺衍、淳于髡、田骈、接予、慎到、环渊之徒七十六人，皆赐列第，为上大夫，不治而议论。"他们议论的内容当然很繁富多样，但其基本倾向则是利用自己的专业知识为政治活动服务。《新序·杂事二》又说："齐稷下先生喜议政事。"秦国的情况与此相同。从现存文献看，秦始皇和秦二世时有集体议政的做法，每次还必定有博士参加，这些人也"不治而议论"，以其专门知识积极参加政治活动。《艺文类聚》卷四六引应劭《汉官仪》曰："博士，秦官也。博者，通博古今；士者，辩于然否。"议政即是"辩于然否"的活动。

秦始皇刚愎自用，在他生命的后期，情况越发严重，议政之制不复举行，这就引起了博士的反对。《秦始皇本纪》三十五年，"侯生、卢生相与谋曰：'始皇为人，天性刚戾自用，起诸侯，并天下，意得欲从，以为自古莫及己。专任狱吏，狱吏得亲幸。博士虽七十人，特备员弗用。丞相诸大臣皆受成事，倚办于上。'"这种异议，也就触怒了暴君，随后引起了坑儒的惨案。

前面已经说过，博士卢生的身份原是燕齐方士。秦始皇也说，他"悉召文学方术士甚众"，历史上也有这方面的记载。

《秦始皇本纪》二十八年，"……西南渡淮水，之衡山、南郡。浮江，至湘山祠。逢大风，几不得渡。上问博士曰：'湘君何神？'博士对曰：'闻之，尧女、舜之妻，而葬此。'"这位博士，"通博古今"，应当是研究山川之神的一位专家。

同书三十六年，"荧惑守心。有坠星下东郡，至地为石，黔首或刻其石曰'始皇帝死而地分'。始皇闻之，遣御史逐问，莫服，尽取石旁居人诛之，因燔销其石。始皇不乐，使博士为《仙真人诗》，及行所游天下，传令乐人歌弦之"。这里所说的"博士"，似非一人，他们不但精于仙术，而且擅长文辞。

同书三十七年，始皇梦与海神战，如人状。问占梦博士，曰："水神不可见，以大鱼蛟龙为候。今上祷祠备谨，而有此恶神，当除去，而善神可致。"这位占梦博士，也是"文学方术士"中的一员。

从学派的源流来说，方术之士是由阴阳家演化来的，而阴阳家的活动基地，就在齐国的稷下。《史记·孟子荀卿列传》详记阴阳家的巨子邹衍在齐、魏、燕国活动的情况，以及他在学术界所发生的深远影响。其后燕齐方士的兴起，即与二地盛行阴阳家的学说有关。

"七十二"是一个带有神秘意味的数字。根据闻一多等人的研究，这个数字的广泛运用，即与方术之事有关。"原来'七十二'是一年三百六十日的五等分数，而这个数字乃是由五行思想演化出来的一种术语。"那么齐国有稷下先生七十二人，秦国有博士七十馀人，这个数字的出现，原来都与阴阳家有关。

由此可见，齐国的文化活动影响后代至巨。就以博士制度而言，战国时诸侯国中有此设置者甚多，但沿波讨源，可知它起初或许产生在魏国，后在齐国得到了发展。齐国与鲁国文化上属于同一系统，所以鲁国也有博士的设置。《史记》上说公仪休以高第为鲁相，这里说的"高第"，只能理解为博士制度中经过考核而出现的区分。

秦国的文化一直比较落后，为了赶上其他国家，让各种掌握专门

当代学术研究思辨

知识的人也参与议政,或备君主咨询,于是设置了许多博士,建立了完整的制度。这显然是学习了东方文化的结果。秦国的博士,受齐国稷下学风的影响至巨,特别是在方术方面,更能看到齐国阴阳家或燕齐方士的影响。

前面已经提到,周予同曾撰《博士制度和秦汉政治》一文,他运用新的观点对博士制度加以阐释,取得了可喜的成绩。但他认为先秦时期的博士大都属于儒家,则又不太合乎事实。这从稷下学者的身份上也可得到说明。

汉承秦制,汉代初年的博士制度和秦代相类,汉高祖时起用叔孙通等秦博士,就是为了利用他们的专业知识。《汉书·刘歆传》上说:"至孝文皇帝,始使掌故晁错从伏生受《尚书》。……《诗》始萌芽。天下众书往往颇出,皆诸子传记,犹广立于学官,为置博士。"可见这时的做法,仍然继承自战国初期沿袭下来的旧制度。到了汉武帝时,文教方针起了根本的变化,赵岐《孟子题辞》曰:"汉兴,除秦虐禁,开延道德,孝文皇帝欲广游学之路。《论语》《孝经》《孟子》《尔雅》皆置博士。后罢传记博士,独立五经而已。"自这时起,一大批钻研各种各样学问的专业人员被裁撤,于是百家争鸣的条件被连根铲除,这对中国学术的发展来说,是很大的损失。

六

阅读《汉魏博士考》后,可得下述体会。

对于那些排比资料后用归纳法得出结论的文章,检核其结论的是否可信,首先得检查其搜集材料的工作做得是否过细。如果收集的材料很完备,论证时态度又很客观,那么这样的文章就有很大的稳定性。后人如果不能挖掘出新的材料,也就很难写出超过前人的文章。

如果前人的文章搜集的材料不全备,作出的结论有片面性,那么后人可以重新编排材料和审核材料,从而作出新的结论。如果作者具有相当高的水平,能够发掘新材料,运用新观点,依靠后来发展的新知识,提出新的结论,那么这些后起的文章,就可做到后出转精,起到发展前人学说或补充前人不足的作用。

但是那些继起而作文者的能力如果仅限于死死地编排材料,本人知识有限,学问无根底,则很难从中发现问题,也无法提出新的见解。

王国维在《汉魏博士考》中作出的结论,具有很高的参考价值,但他对汉代之前博士的源流演变却是注意不够,论证不足,这与他掌握的资料不充分有关,也与当时对这一问题研究不够有关。自王国维去世之后,学术界对先秦道家的研究讨论很热烈,论证较充分,因此对稷下学派的活动了解得也就比较清楚了。这样后人就可根据这些方面的研究成果,用来考察战国初期齐文化对后代的影响,再来研究秦代的博士制度。这些问题搞清了,那么汉代博士制度中的一些具体问题也就可以看得更清楚了。这就说明,学术研究工作中还有一个学识积累的问题,后人利用前代积累下来的成果,凭借更多的有利条件,就可作出补充或纠正过去的学术大师所作的结论。因此,学术上的退化观点是错误的。

当然,先秦时期的文献记载常嫌零星片段,用以说明问题,有时难以作出斩钉截铁的结论,但如精心加以剖析,则还是可以用以说明问题。因此,研究工作者如对某一制度进行历史考察,则应该重视先秦时期的文献记载。后人如能运用新积累的知识,采用科学的研究方法,作缜密的论证,那么即使是那些权威性的结论,也有可能超越。前修未密,后出转精,这是学术研究发展的正常规律,人们自可看准学术界的新趋向而大显身手。

综合研究与触类旁通

——读陈寅恪《陶渊明之思想与清谈之关系》

在社会科学领域内,经常发现这样一种有趣的现象:有些文学问题,由历史学家或哲学家来阐释,常是更为合适;有些历史问题,由哲学家或文学家来阐释,常是更为合适;有些哲学问题,由文学家或历史学家来阐释,常是更为合适。一个文人的思想和作为,本来可以从文、史、哲等不同方面进行解剖,而作为一个具体的人,他在各方面的表现,又是融为一体而很难区分的。这就说明,研究一位伟大的作家,要有多方面的知识,只有进行综合研究,才能取得深入而透彻的了解。陈寅恪学问渊博,考察某一问题时,浮想联翩,触类旁通,新的见解层见叠出。在他的笔下,史学和文学的特点如水乳之交融。而他有关名教与自然之争的阐释,又影响哲学史的研究至巨。他的这些成功经验,应该仔细地予以总结。

一

在清华学校(后改称清华大学)国学研究院的几位教授中,陈寅恪年纪最小。1926年年初入校时,梁启超年五十三岁,王国维年五十岁,陈氏年仅三十七岁,然与诸大师并立而无愧。

在他早年留学国外时,吴宓已誉之为"合中西新旧各种学问而统论之,吾必以寅恪为全中国最博学之人"①。他不但精通多种中西古今语言,就是在传统的国学上,各种学术的精熟,也很少有人能与之伦比。和梁、王二人类同,陈寅恪在学术上也作出了多方面的贡献。

陈寅恪在中年时期,潜心于魏晋南北朝与唐代文史的研究,贡献尤为突出。收在论文集中的文章,不少是这方面的专著。他的论文富于创造性,每一篇文章中的论点,都能发人之所未发。这些文章还带有明显的个性。《陶渊明之思想与清谈之关系》一文,对于理解他的为人和写作特点,就很有代表意义,值得认真阅读。

二

陈寅恪的文章,很难截然定其性质,这里毋宁沿用过去的说法,把他的学术活动称之为"跌宕文史"。这也就是说:他那一些现在归入史学领域的著作,也充满着文学的意味。

这与他的家世有关。

陈寅恪出身在一个著名的知识分子家庭。父亲陈三立,清末最著名的诗人之一;长兄衡恪也能诗,尤以绘画篆刻著称;兄敦恪,弟方恪,均擅韵语;幼弟登恪,特长法国文学。陈寅恪本人在诗学上也有很深的造诣。陈家的女性,也多能诗。可见这个家庭中文学气氛的浓郁。

他的许多文章,从题目上就可看出取材于文学作品,如《桃花源记旁证》《读哀江南赋》《读东城老父传》《以杜诗证唐史所谓杂种胡之义》

① 吴宓《空轩诗话》,转引自《陈寅恪先生编年事辑》卷中,上海古籍出版社1981年版。

《书杜少陵哀王孙诗后》《顺宗实录与续玄怪录》《西游记玄奘弟子故事之演变》《蓟丘之植植于汶篁之最简易解释》《庾信哀江南赋与杜甫咏怀古迹诗》《论再生缘》《韦庄秦妇吟校笺》以及专著《元白诗笺证稿》等，都是玩绎诗文有得之作。

作为一个著名的历史学家，他把文史二者很好地沟通起来，融为一体，以诗证史，以史说诗，成了一种重要的研究方法，也为后人的学诗开辟了新途径。

他的文章，经常流露出一种抒情的文学意味。这种感情，常是流于郁闷悲观。因为他虽从年幼时起就长期在国外留学，但因家世的关系，受洋务派的影响很深，主张"中学为体，西学为用"以立国。《冯友兰中国哲学史下册审查报告》中自白曰："寅恪平生为不古不今之学，思想囿于咸丰、同治之世，议论近乎曾湘乡、张南皮之间。"然而随着时代的演变，传统的伦理道德观念日益受到冲击，而当社会秩序剧烈变革之时，确实也会出现一些不正常的现象，这又使他感到失望和惆怅。他在《读吴其昌撰梁启超传书后》中说："余少喜临川新法之新，而老同涑水迂叟之迂。盖验以人心之厚薄，民生之荣悴，则知五十年来，如车轮之逆转，似有合于所谓退化论之说者，是以论学论治，迥异时流，而迫于时势，噤不得发。"可见其思绪之郁塞。这些地方，与王国维的思想也有相通之处，无怪二人在清华研究院时交情特为契合。王国维死后，时人都迁罪于罗振玉，以为他从钱财上勒逼王国维，导致他走上绝路。陈寅恪则不然，他在《王观堂先生挽词》中以"纲纪沦亡"为说，认为："今日赤县神州值数千年未有之巨劫奇变，劫尽变穷，则此文化精神所凝聚之人，安得不与之共命而同尽，此观堂先生所以不得不死，遂为天下后世所极哀而深惜者也。"对照王国维在《中西政学异同疏》中的论点，以为中国欲求长治久安之道，莫过于周孔①。可知陈寅恪的看法能够洞烛王氏思想的隐微之处，可能更符合实际，见解是深刻的。陈寅恪和王国维年辈有差，所以意气相投，正因精神上有共鸣的缘故。

三

《陶渊明之思想与清谈之关系》一文论及陶氏的政治思想时说："总之，渊明政治上之主张，沈约《宋书》渊明传所谓'自以曾祖晋世宰辅，耻复屈身异代，自〔宋〕高祖王业渐隆，不复肯仕'最为可信。与嵇康之为曹魏国婚，因而反抗司马氏者，正复相同。此嵇、陶符同之点实与所主张之自然说互为因果，盖研究当时士大夫之言行出处者，必以详知其家世之姻族连系及宗教信仰二事为先决条件，此为治史者之常识，无待赘论也。"这种论点，他在其他许多文章中也多次提出。

新中国成立初期，《历史研究》创刊时，陈寅恪就发表了《记唐代之李武韦杨婚姻集团》一文，通过"李、武为其核心，韦、杨助之粘合"的婚姻集团，如何"宰制百年之世局"，作了详细的考察。他从前人不大留神的这一社会现象着手进行解剖，确是接触到了封建社会中一些重要问题的本质。

在奴隶社会和封建社会里，统治阶级常是把婚姻看作一项重要的政治活动，恩格斯说："不论在哪一种场合之下，婚姻都是由两方底阶级地位来决定的，所以就这点而言，常是衡量利害的婚姻。"②联姻的双方讲求"门当户对"，说明婚姻乃是阶级或阶层之间进行的一项加强

---

① 关于此文的情况，可参看罗继祖《王国维先生的政治思想》一文，载《王国维学术研究论集》第一辑，华东师范大学出版社 1983 年版。王文附罗振玉撰《王忠悫公别传》。

② 载《家庭、私有制和国家的起源》。

联系的活动,所以《红楼梦》中描写贾、王、史、薛婚姻集团之间的牢固关系,有"一荣俱荣,一枯俱枯"之说。

在这问题上,也就充分反映出各个阶层的政治动向,各个阶层的道德观念,各个阶层的教养和喜好,并且反映出了社会上的民情风俗。因此,探讨古代士人之间的姻族联系,对于治史确有其重要意义。陈寅恪把元稹的《会真记》等传奇都作为重要的史料而进行研究,他的史学观念确有其独到之处。

陈寅恪之所以专注这一问题,也与他的家世有关,因为他的上代,自陈宝箴入湘任巡抚起,就与当地的许多著名家族通过婚姻而建立起了密切的联系。婚姻原是政治势力的结合,因此陈氏与左、谭、曾氏及山阴俞氏辗转都有婚姻关系。这些家族,尽管政治上有清浊之分,思想上有先进和落后的差别,但都带有洋务派的特点,在这一点上有共同的思想基础。俞大维在《怀念陈寅恪先生》一文中说:"本人与寅恪先生可说是两代姻亲,三代世交,七年的同学。"[1]可见这些家族联系之紧密。这也就是一个著名的婚姻集团,在近代中国历史上占有重要的地位。当然,就在民国成立之前,陈三立已退隐家居,他的子女,大都已从事学术活动而不再从政了。但陈寅恪是从这种环境中出来的人,所以深知婚姻问题与政治问题联系之紧密,并且从此下手,探讨历史上的许多复杂事件了。

陈寅恪在文章开端,论及竹林七贤时,曾对嵇康的自然之说多所阐发,且以嵇康、杜预比类言之,说明二人因姻戚之故而影响其政治立场。但他在论述陶渊明的思想时,却只是郑重地作了提示,没有作什么发挥,然而后人受此启发,却可由此进行探索。

陶渊明曾作《晋故征西大将军长史孟府君传》,对外祖父孟嘉的一

---

[1]　转引自《陈寅恪先生编年事辑》。

生行实作了详细的记录。孟嘉潇洒出群，文辞超卓，颇有后人所说的魏晋风度。《传》文中还有一段很生动的记叙，云："……至于任怀得意，融然远寄，傍若无人。……〔桓〕温尝问君：'酒有何好，而卿嗜之？'君笑而答曰：'明公但不得酒中趣尔。'又问听妓丝不如竹，竹不如肉，答曰：'渐近自然。'"这样的见解与风度，在陶渊明的身上就留下了浓厚的烙印。特别是"自然"一说，对他影响更大，陈寅恪以为陶渊明乃新自然说的首创者，而又强调婚姻关系的重要意义，此处似可举孟嘉的自然说来加以阐说。

陶渊明在《孟府君传》中还说，孟嘉"娶大司马长沙桓公陶侃第十女"，而"渊明先亲，君之第四女也"。陶、孟之间究竟能不能称得上是婚姻集团，尚待进一步考索；但二姓之间尝有联姻之举，则是已然之事，陈氏于此不作论证，或许是史料不足，难以确说的缘故。

宋人王质撰《栗里谱》，以为陶渊明的妻子翟氏出翟汤一家。翟汤儿子翟壮，孙子翟矫，曾孙翟法、翟赐，都是隐士，事迹详见《晋书·隐逸传》。萧统《陶渊明传》上说其"妻翟氏，亦能安勤苦，与其志同"。如果翟氏确是出于翟汤之后，那么这里似乎也可用婚姻关系来说明陶氏的精神面貌。

四

陈寅恪论陶渊明的家世，有不少创见。

《宋书·隐逸（陶渊明）传》上说："曾祖侃，晋大司马。"《晋书》《南史》中的记载相同，萧统《陶渊明传》中也有同样的记载，但在陶渊明的集子里却没有什么可以直接用来作印证的材料。

当然，陶渊明的诗文中也有一些篇章涉及家世问题，其中能够直接用来说明问题的有《赠长沙公（并序）》一诗，只是在文字上有不同的说法。此诗诗题各种版本均作《赠长沙公族祖》,陶侃封长沙郡公,如依这诗题来看,陶渊明称陶侃为族祖,那他就不是长沙公的嫡系子孙了。但在这问题上又可有不同的解释。陶澍以为"族祖"二字乃后人误读序文而衍入者,诗题应作"赠长沙公",此人乃同族之袭爵者,这样也就证明了陶渊明确系陶侃之后。

此诗序文,有云"长沙公于余为族祖同出大司马。昭穆既远,以为路人。……"首句如于"族祖"二字下加逗,则与世系序次不合,因据《宋书·武帝纪》与《何承天传》,晋末袭爵者为陶延寿,也有可能是延寿之子,于陶渊明均属晚辈,此处反而尊称之曰"族祖",显然有误。但是这里可用不同的版本记载作为解释。李公焕《笺注陶渊明集》引张缵说,陶澍《靖节先生集集注》引杨时韦说,以为"长沙公于余为族一句,祖同出大司马一句",这样也就解释得通了。而宋曾集本、元李公焕本还记有异文,一本作"余于长沙公为族祖,同出大司马"。假如这里的异文还不足以取信于人,那么还有更有力的材料可用作证明。宋葛立方《韵语阳秋》卷二〇引此,也作"余于长沙公为族祖,同出大司马"。这样,原来以为扞格难通之处,也就可以贯通无碍了。

因为古代典籍上记载得不清楚,因此很早就有人起来否定陶渊明为侃后之说。阎咏《左汾近稿》、洪亮吉《晓读书斋二集》、方东树《昭昧詹言》均有论证。阎咏为阎若璩之子,声望既高,影响也大,但此说一出,也有很多人出来批驳,其中钱大昕《跋陶渊明诗集》一文,载《潜研堂文集》卷三二,论证颇为充分,辩驳至为有力,因而说服力很强。他分五点批判阎咏之说,且申述道:"六朝最重门第,百家之谱皆上于吏部,沈休文撰《宋史》在齐永明三年,亲见谱牒,故于本传书之。"这是值得注意的一点。方东树于此有所申辩,以为"六朝最重门第,故多伪造谱牒,诬而失实,殆无一族不然"。这自然也是事实。但谱牒之中追溯祖先之自出,常见托大之词,因为远古无征,容易造假;但如叙及近事,则耳目相接，又将如何作伪？如果妄攀贵势为同宗，则六朝时有专门研究族姓的人，不难发现此中伪迹。假如被人揭露出来，作伪者将自贻羞辱。沈约生于元嘉之时，和陶渊明年代相接；他又历掌机要，见闻之广，当代罕有其比。因此他所说的陶氏世系，必有所据，后人应该相信《宋书》中的原始记载。

朱自清以为有关陶氏世系的记载凌乱不堪，难以清理，因此在《陶渊明年谱中之问题》中说："……至世系年岁，则只可姑存然疑而已。"这种态度过嫌谨慎。这类问题，后人自可相信当代人的记载，遇到窒碍难通之处，则不妨根据一些可靠的材料进行考虑。关于这问题，近人大都已经信从沈约和萧统之说，以为陶渊明乃陶侃之后。

《宋书·陶渊明传》上还说："自以曾祖晋世宰辅，耻复屈身异代，自〔宋〕高祖王业渐隆，不复肯仕。"此说也曾引起不同意见的争议。后来梁启超撰《陶渊明之文艺及其品格》一文，以为陶渊明乃高逸之士，并不计较司马氏与刘氏孰得天下，后人不必以"耻事二姓"来推崇他。陈寅恪则以为沈约《宋书》上的说法"最为可信"，并批评梁启超的说法为"取己身之思想经历，以解释古人之志尚行动，故按诸渊明所生之时代，所出之家世，所遗传之旧教，所发明之新说，皆所难通，自不足据之以疑沈休文之实录"。实则陈寅恪在解释陶渊明之"志尚行动"时，也融入了自身的"思想经历"，只是他参照"沈休文之实录"而立论，比较接近于事实。

陈三立自戊戌变法失败后，隐退不仕。入民国后，虽无敌视新政权的表示，但也不愿出来为新朝效劳。袁世凯阴谋恢复帝制，曾想利用陈三立的声望，让缪荃孙去游说过，结果遭到陈氏的坚决拒绝。袁世凯在变法维新的关键时刻向荣禄告密，出卖谭嗣同等人，导致新政的失败，陈氏不愿拥戴他称帝，自然与前事有关。但陈氏父子乃先朝旧臣，"耻复屈身异代"，也就很自然地成了操守问题。作为陈氏的后裔,对于旧日士大夫坚持气节的思想情绪,自然了解得很深刻。

如上所言,陶渊明的家世问题非常复杂,各家的意见针锋相对,颇难清理。陈寅恪于此没有花什么笔墨,他采取的是一种快刀斩乱麻的论证方式,只是根据古代那些有教养的士大夫的精神状态而立论,直觉地去把握住陶渊明在改朝换代过程中必然会坚持的政治立场。他之所以有此史识,则是出于自身的体验,根据封建社会中那些明廉耻、识进退的知识分子的共同心理而作出判断的。

由此可见,陈寅恪在学术论文中经常流露出由其"所生之时代,所出之家世,所遗传之旧教"而形成之个人特点,了解这一特点,对于他"所发明之新说"也会有帮助。

五

陶渊明为陶侃之后,陈寅恪又根据陶侃的种族和宗教信仰,阐发陶渊明的思想。这方面的见解,立论更为新奇。

陈寅恪以为陶侃是溪族。《晋书·陶侃传》上没有提到这点,只说侃"本鄱阳人也,吴平,徙家庐江之寻阳","早孤贫","侃少时渔于雷泽"云云。陈氏确定陶侃为溪族,在《〈魏书·司马睿传〉江东民族条释证及推论》一文中作了详细的论证,其主要根据,是《世说新语》上的记载。《容止》篇"石头事故,朝廷倾覆"条记庾亮畏见陶侃,温峤劝亮往之,言曰:"溪狗我所悉,卿但见之,必无忧也。"随后他又据《后汉书·南蛮传》章怀注引干宝《晋纪》,知陶侃乡里所在之庐江郡,原为溪族杂处区域。又《晋书·陶侃传》、吴士鉴《晋书校注》引《异苑》、《世说新语·贤媛》篇及刘孝标注引《幽明录》等文,均记陶侃钓鱼、取鱼或作鱼梁吏事,"然则侃本出于业渔之贱户,无怪当日胜流初俱不以士类遇之也"。随后他又引用了著名的《桃花源记》一文,此文首云:"武陵人,捕鱼为业，缘溪行……"陈氏以为"正是一篇纪实文字"，因为溪人原是《后汉书·南蛮传》中的武陵蛮，此族又以"溪"名，就与五溪之地有关。此地属于水网地带，居民以渔为业，陶渊明的作品中保留着一些前代遗留下来的本族风光，然则"士行少时既以捕鱼为业，又出于溪族杂处之庐江郡，故于太真溪狗之诮终不免有重大之嫌疑"。

论证至此，可以说是初步作出了结论，但光证明这点，还不能用来说明多大问题。陈寅恪的目标是在借此证明陶氏世奉天师道。

陈氏作有《桃花源记旁证》一文，以为今本《搜神后记》中的《桃花源记》实为陶渊明草创未定之本。文中著录武陵捕鱼为业之溪人姓名叫作黄道真，这个名字就颇有天师道的色彩。他在《〈魏书·司马睿传〉江东民族条释证及推论》一文中又介绍周一良说，转引李绰《尚书故实》，说明黄氏乃溪洞显姓[①]。又《资治通鉴》义熙六年载殷阐说何无忌之言，有云"〔卢〕循所将之众，皆三吴旧贼，百战馀勇，始兴溪子，拳捷善斗，未易轻也"。陈氏下加按语曰："卢循、徐道覆之部众，乃孙恩领导下之天师道宗教军队。据《续搜神记》本《桃花源记》，在晋孝武帝太元时捕鱼溪人之名，已是天师道教名，则溪族夙为天师道信徒。"可谓信而有征的了。

再拿陶家的情况来对照。陶侃有子十七人，大都凶暴异常，《晋书·陶侃传》中附载陶氏子孙的一些事迹，令人骇怪，于是陈氏又说："士行本身既为当日胜流以小人见斥，终用武功致位通显于扰攘之际，而其诸子之凶暴虓武，为世所骇恶。明非士族礼法之家，颇似善战之溪人。""而陶侃后裔亦多天师道之名，如绰之、袭之、谦之等。"这样，陶侃之为溪人与天师道信徒也就得到了进一步的证明。

---

　　①　周一良《南朝境内之各种人及政府对待之政策》，《历史语言研究所集刊》第七本第四分，后收入其《魏晋南北朝史论集》，中华书局 1963 年版。

这篇文章就是这样构成的。陈寅恪凭借其渊博的知识,纵横驰骋,一步步推论下去。他先根据陶侃的出身、乡里和时人的评论,定之为溪人,然后根据溪人的姓名和军事统属,了解到该族信奉天师道。这样,陈寅恪就得出了陶渊明为溪人和出身于天师道世家的结论。

上述云云,是《陶渊明之思想与清谈之关系》这篇文章立论的前提。前面已经提到,陈氏以为"治魏晋南北朝思想史,而不究家世信仰问题,则其所言恐不免皮相"。所以,他花了很多笔墨解决陶渊明的家世信仰问题,然后凭借这一结论,探讨陶氏基于前代名教与自然之争而提出的新自然说。情况表明,陈氏这篇文章的写作顺序虽是先从介绍名教与自然之争开始,然后提到陶渊明的《形影神(并序)》诗,最后点出陶渊明的家世信仰问题;实际上这篇文章的逻辑结构正与此相反,陈氏把解决陶渊明的家世信仰作为建立新论点的关键:由于陶氏世奉天师道,故能提出"自然"之说,这就可用《形影神(并序)》诗为证。由于这种自然说已与过去的旧自然说不同,所以定名为新自然说。自然说的产生经历着一段与名教相争的历程,所以要从自然与名教之争叙起。这样的构思,与写作的程序正相反:从阅读来说,从自然与名教之争谈及,介绍《形影神(并序)》诗,说明新自然说的建立,自然更为顺理成章,但从掌握作者的思想脉络而言,首先解决陶渊明的家世和信仰问题,则对当时思想界的争论与基于这种争论而提出的新论点,可以把握得更正确些。

不论研究哪一位作家,若能了解其家世和信仰,也就可以帮助我们更深入地掌握其创作个性。学术界的情况也是一样。一些著名的学者,也有其独特的个性,了解这种个性,可以帮助读者更好地把握其论点。如果我们要想了解那些"跌宕文史"的老一辈学者的个性,那也得了解其家世和"所遗传之旧教",这或许也是"知人论世"的必要功夫吧。陈寅恪的著作,特别富于文学意味,个性尤为突出。读他的论文,也就应该对他的家世和"所遗传之旧教"有所了解。

从陈寅恪的家世和"所遗传之旧教"着手,进窥陶渊明的家世和"所遗传之旧教",可以掌握陈氏研究方法中一些显著的特点,而陈寅恪之研究陶渊明,如上所言,看来颇得力于在家世与"所遗传之旧教"等问题上产生的共鸣。

六

陈寅恪提出问题道:"凡研究渊明作品之人莫不首先遇一至难之问题,即何以绝不发见其受佛教影响是也。以渊明之与莲社诸贤,生既同时,居复相接,除有人事交际之记载而外,其他若《莲社高贤传》所记闻钟悟道等说皆不可信之物语也。陶集中诗文实未见赞同或反对能仁教义之单词只句,是果何故耶?"

这里陈寅恪就用上了前面作出的结论。他提纲挈领地说,"两晋南北朝之士大夫,其家世夙奉天师道者,对于周孔世法,本无冲突之处,故无赞同或反对之问题。惟对于佛教则可分三派",一为排斥,二为皈依,三为调停,"鄙意渊明当属于第一派,盖其平生保持陶氏世传之天师道信仰,虽服膺儒术,而不归命释迦也"。

陶渊明识见甚高,"其种姓出于世奉天师道之溪族,其关于道家自然之说别有进一步之创解,宜其于同时同地慧远诸佛教徒之学说竟若充耳不闻也"。

这就牵涉到了许多宗教和哲学上的问题。从哲学来说,这里涉及儒家、道家的学说;从宗教来说,这里涉及佛教和道教(天师道和全真教)的教义。只有对这些问题有透彻的了解,才能对名教与自然的冲突和调和,以及陶渊明的新自然说的提出,作出明确而具体的阐述。

这就给予后人一种启示:研究文学的人,不能只是把注意力停留在一些文学作品的讽咏玩味上，知人必须论世，他必须先熟悉该作家活动年代前后的历史；作家是有思想的，越是伟大的作家，思想必定更为丰富多彩，这就要求研究工作者对哲学也要有足够的知识，这样才能用来分析作品中反映出来的复杂的思想内容。

《陶渊明之思想与清谈之关系》一文，就从解剖最集中反映陶渊明思想的《形影神（并序）》诗着手。

《形赠影》一诗，陈寅恪以为"此首渊明非旧自然说之言也"。这是从诗的结尾几句话中看出来的。此诗首言人生于世不能如大自然之长久，其后说到"我无腾化术，必尔不复疑。愿君取吾言，得酒莫苟辞"。这是说主张旧自然说者求长生学神仙为不可能，但如阮籍、刘伶等人借沉湎于酒以苟全性命，或差可耳。这就与文章开端时详论竹林七贤的政治态度一段文字联系了起来。

《影答形》一诗，"托为是名教者非旧自然说之言也"。此说的重要根据是末四句中透露出来的消息，"身没名亦尽，念之五情热。立善有遗爱，胡为不自竭"。立善即立名，立名可以不朽，正是周孔名，教之义。

《神释》一诗，陈寅恪以为其立论的重点也在最后几句上，"甚念伤吾生，正宜委运去。纵浪大化中，不喜亦不惧。应尽便须尽，无复独多虑"。这就说明了"旧自然说与名教说之两非，而新自然说之要旨在委运任化，夫运化亦自然也。既随顺自然，与自然混同，则认己身亦自然之一部，而不须更别求腾化之术，如主旧自然说者之所为也。但此委运任化，混同自然之旨自不可谓其非自然说，斯所以别称之为新自然说也"。

陈寅恪的研究陶渊明，首先从思想分析开始，而他的研究陶氏思想，不是从一些作品中作寻章摘句的评述，而是举出一组集中反映其思想的诗，进行剖析。不过要想解释清楚这一组诗，也不容易。从远的方面来说,要从对中国古代文人影响最大的儒道两家学说谈起;从近的方面来说,则从魏晋以后知识分子的思想演变着眼;然后从各种思想的矛盾纷争中,看陶渊明思想的继承和新创。这样的研究工作,眼光独到,规模宏大,自非胸罗万卷者不能奏功。阅读这样的文章,对于开拓眼界,打开思路,有很大的作用。

这一组诗解释清楚,读者对陶渊明的思想有了明确的认识,那么对其他文章中一些自白式的言论,也就容易了解了。《自祭文》中说:"乐天委分,以至百年。"《归去来辞》的结束语曰:"聊乘化以归尽,乐夫天命复奚疑。"均持任生委运、乐天知命的宗旨。陶渊明之所以成为田园诗人,与大自然为邻,乃至与大自然融合为一体,在哲学上也就找到了明确的答案。

陈寅恪从天师道世家的革新者方面着眼,说明陶渊明所以不受佛教影响的原因,蹊径独辟,而持之有故,这也是治思想史者应当注意的。

七

陈寅恪在《朱延丰突厥通考序》中自述曰:"寅恪平生治学,不甘逐队随人,而为牛后。"他的文章,总能提出新的见解,给予读者不少启发。即使是像陶渊明这样一位历来受人重视的诗人,千百年来研究著作汗牛充栋,他也能够大力创辟,提出一些常人意想不到的论点,把学术研究向前推进一步。

《陶渊明之思想与清谈之关系》一文,给予后人多方面的启示,后出的许多论文,明显地曾受其影响。

唐长孺《清谈与清议》一文,看来就受到了陈文中论清谈部分的影响①。

唐氏的《读〈桃花源记旁证〉质疑》一文,不言而喻,对陈氏的论点提出了异议,但也是在肯定陈文的前提下提出自己论点的②。

有关名教与自然之争的阐述,在魏晋南北朝的思想史上,是一个重要的理论问题,它对后来哲学史的研究工作影响很大,而这问题首由专攻文史的陈寅恪提出,说明博学之士触类旁通之可贵。后来的史学家和哲学研究工作者论证这一问题时,无不受到陈氏这篇文章的影响。例如唐长孺《魏晋玄学之形成及其发展》③、庞朴《名教与自然的辩证进展》④,都可发现此中踪迹。当然,随着时代的发展,后来的哲学工作者已经应用新的观点阐述这一问题,而且更多地从王弼、郭象等人的著作中去寻找名教与自然在理论上的说明,不像陈氏之文着重在竹林七贤等人的政治见解和行动上,这里也可见到陈寅恪的研究工作毕竟偏于文史方面,但他史学根底深厚,因而对这一时期各派文士的思想了解得非常深刻,从而对各种人物理论上的隐微之处也能洞烛此中症结,例如他对"三语掾"的解释和对山涛调和自然与名教之论所作的批判,可谓透辟入微。

陈寅恪也提到了慧远《沙门不敬王者论出家二》一文,引用了其中"其为教也,达患累缘于有身,不存身以息患;知生生由于禀化,不顺化以求宗"数句,和《形影神》诗中的论点相比较,说明"陶令绝对未受远公佛教之影响"。后人于此进一步作论证,得出了《形影神》诗乃反对慧远此文的结论。逯钦立作《〈形影神〉诗与东晋之佛道思想》一文,以

---

①　载《魏晋南北朝史论丛》,生活·读书·新知三联书店 1955 年版。
②　载《魏晋南北朝史论丛续编》,生活·读书·新知三联书店 1959 年版。
③　载《魏晋南北朝史论丛》。
④　载《中国哲学》第一辑,生活·读书·新知三联书店 1979 年 8 月出版。

为此诗乃（甲）为反报应说，（乙）为反形尽神不灭说。他还总起来说："道教重形，佛门重神，彼此适为相反，于此并知慧远形尽神不灭之论，不特为佛教张目，抑且为暗斥道家；渊明形神俱灭之说，则兼就当时之佛道两家而一切反之也。"①这种论点虽似与陈氏之说有所差异，但也不难看出，前者实际上是从后者变化出来的。

陈寅恪的立论异于常人，有的论点似嫌材料不足，结论不够稳当，因而旁人不敢贸然采用。即如他对《形赠影》《影答形》二诗的解释，也不能说没有根据，但还可以作出其他不同的解释，因此后代采用这些说法的人就不太多了，逯钦立的解释比较平实，后人大都采用他的结论，但以文章而言，陈寅恪的这一篇却是更有启发意义。

《陶渊明之思想与清谈之关系》一文最后说："故渊明之为人实外儒而内道，舍释迦而宗天师者也。惟其造诣所极，殆与千年后之道教采取禅宗学说以改进其教义者，颇有近似之处。然则就其旧义革新，孤明先发而论，实为吾国中古时代之大思想家，岂仅文学品节居古今之第一流，为世所共知者而已哉！"这样的结论，后人也大都无法采纳，但对他融贯古今、旁通百家而立论的水平，则又不得不表示惊叹。这样的考史工作，也就像是一篇天才横溢的文学作品。

八

从研究方法而言，陈寅恪的文章，与前比较，也已出现了新的特点。

清代史学大盛，但前期史家的一些著作，如王鸣盛的《十七史商

①　载《历史语言研究所集刊》第十六本，1947年版，后收入《汉魏六朝文学论集》，陕西人民出版社1984年版。

榷》、钱大昕的《廿二史考异》、赵翼的《廿二史札记》以及梁玉绳的《史记志疑》等书,所用的方法,主要是排比材料,然后归纳概括,提出新的看法。一直到近代,如陈垣、吕思勉等人,大体上也采用同样的方法。这是谨守朴学规范的人在史学研究中使用的主要方法。陈寅恪与此不同,他的文章,除了引用正史、文集等方面的材料,进行细密的论证外,还经常引用笔记小说和佛、道二藏中文,因而显得材料特别丰富,视野极为开阔。他有时还穿插进一些生动的小考证,例如《天师道与滨海地域之关系》一文中,特辟《天师道与书法之关系》一节,说明琅邪王氏多书家的原因;又如《孙恩之乱》一节中,引《真诰》八《甄命授第四》论竹一段,说明"天师道对于竹之为物,极称赏其功用",且引王子猷好竹以明之。这些文字,如锦上添花,足见作者浮想联翩,各方面的材料络绎奔赴笔下。因此,陈氏研究工作中的触类旁通,也就是文学创作中常说的丰富的想象力的表现。

陈寅恪在论陶渊明的思想时,引用《桃花源记》一文,又根据"武陵人""缘溪行"与渔人黄道真一名,推论此为溪族之事,也是触类旁通,纵横如意。这些地方,陈寅恪通过一系列的联想,将文史研究熔于一炉,由是学术界又出现了一个崭新的局面。

他的文章,对那些恪守朴学规范的人来说,或许会觉得论点太怪,根据不足。因为他的一些结论,是由假设和推论构成的;有的结论,则有以偏概全的问题;这与那些运用形式逻辑方法从大量材料中概括结论的文章,情况当然不同。因此,陈寅恪的文章容易引起争议,例如他论陶渊明思想的这篇文章,古直就撰有《陶渊明的世系问题》一文,与之商榷①。陈寅恪对他人的异议,从来不予反驳,大约认为个人逸气已经发舒,信否任随尊便。不管怎样,他的文章富有启发性,则是大家

---

① 载《光明日报》1958 年 3 月 9 日《文学遗产》副刊。

一致公认的。

　　陈氏教学终身,桃李满天下。他的学生,在史学上有成就的也很多,但若做比较,则总觉得二者之间有相当大的差距。这当然与各人的学养有关。但陈寅恪的过人之处,重要原因之一,恐怕就在他的文学修养难以企及。他的一些学术论文,时见空灵的妙趣,这是其他人很难达得到的。

通才达识,迥出意表

——读陈寅恪《论韩愈》

　　事物之间的联系充满着辩证的关系。有些事物之间,看似绝无关系,甚至还有相互排斥的情况,但若细加考察,则仍可以发现彼此之间有其内在联系。人们观察事物时,如果只是停留在表面现象上,那就只能人云亦云,在低层次上作些论述;但若能发掘出事物之间潜在的深层联系,并能深入地加以阐发,最后取得大家的公认,这类文字才有可能被人认为具有发人之所未发的创见。显然,我们应该努力提高自己的学养,培养敏锐的感受力与观察力,有所发现,有所创辟,有所建树。

一

　　《新唐书·刘子玄(知幾)传》曰:"史有三长:才、学、识。"这是古今一致的看法。一位史学家,除才、学外,还要有卓越的史识,这不光是前人所说的"识正闰,辨贤愚",而应当是像司马迁在《报任安书》中所说的:"究天人之际,通古今之变,成一家之言。"只有那些通才达识、卓荦不凡的人才能成为一代史家。

　　清代学术有它自己的风貌,处在封建社会的末期,各种学问都已积累了可观的成果,后人续作努力,似乎要对两千年来的成绩作一小结。这时,每一个领域内都曾出现过一些卓越的人物。史学领域内,也曾产生过钱大昕、王鸣盛、赵翼、梁玉绳等杰出的学者。他们的成果，偏于考订史料，如《廿二史考异》《十七史商榷》《廿二史札记》《史记志疑》等等，对前代历史上的一些具体问题作了细致的辨析。这些成果也是非常可贵的，但从史学建设的角度来看，毕竟属于史料学的范畴，还没有在此基础上提高一步，产生可称一代通史的巨著。近人论及清代史学时，有的就以为不及宋朝，因为那时曾经出现过《资治通鉴》等巨著，司马光等人确是可称通才达识的一代史家，清代徐乾学、毕沅等人虽然也有《续资治通鉴》等书的编纂，但只能是排比材料，罗列史实，所缺少的，也就是"识"吧。

近代学术出现了新的面貌，然按学术系统而言，还是继承前代而来，只是海运开通后，接受西洋学术的影响，在观点和方法上都出现了新的因素，像陈垣、陈寅恪等人，他们的成就，才可以说是超过了清代学人。

陈寅恪在《陈垣明季滇黔佛教考序》中说，这部著作，具有"搜罗之勤，闻见之博"，"识断之精，体制之善"数种优点。可以说，这也就是陈寅恪对一切史学著作提出的共同要求。优秀的史学著作必须具备上述四项优点。陈寅恪在他自己的著作中，也是努力向这四个方面努力的。其后孙楷第有《评明季滇黔佛教考》一文①，顺次对此作过诠释，其释"识断之精"曰："何以云'识断之精'也？凡评论史学著作，言识断多以考证言。则寅恪先生所谓识断之精者，当指考证以搜集材料为尚。"这恐怕不太符合陈氏原意。因为《陈垣明季滇黔佛教考序》开头就说："中国史学莫盛于宋，而宋代史家之著述，于宗教往往疏略，此不独由于意执之偏蔽，亦其知见之狭陋有以致之。元明及清，治史者之

---

① 此文原载 1940 年《昆明日报》"图书季刊"，后收入《沧州后集》卷五，中华书局 1985 年版。

学识更不逮宋。"如以考证而言,那钱大昕、梁玉绳等人持论的精密,不下于洪迈、王应麟等人,可见陈寅恪所说的"识",乃指"通古今之变"而言。只有那些从纷繁杂乱的材料中理出头绪,提出一些崭新结论的人,才能称有"史识"。

近人论及唐代文史研究时,每以陈寅恪、岑仲勉并称。他们都对我国的史学发展作出了巨大的贡献,都是备受时人尊重的一代学人。他们的成果,各有高下,也难并论。但他们的学风实际上是不同的。陈寅恪治史,"搜罗之勤","闻见之博",这是大家一致钦佩的,他的著作是否可称"体制之善",因为社会观念的变化,恐怕有人不大会接受,而"识断之精",也会有人持异议。他的一些论点,常是引起他人的批评和议论。岑仲勉的情况似有不同,他也喜欢发议论,而当陈寅恪提出一种观点时,经常遭到他的否定和驳斥。表面看来,岑仲勉的见解似乎更为平正,容易为人接受,实则岑仲勉的成就并不在这些方面。最能代表他成就的,是《隋书求是》《唐史馀沈》《唐人行第录》《元和姓纂四校记》等著作,而这是继承乾嘉朴学而来的考订之作。他的贡献,还是在史料学方面。尽管他也提出过不少可取的意见,如云"唐人冒宗,乃郡望统一之滥觞"等等,但却没有提出多少统古今而观之的论点,引起史学界的关注,启发他人的思维,开拓学术上的新领域。他在史识方面,应当说逊于陈氏一筹。

二

陈寅恪的文章,富于创见,这是大家一致公认的。所谓"创见",指"识断之精"。他能在人们习而不察的一些史料中发掘出意想不到的意蕴,提出前人从未触及的观点,让读者对那些历史现象一新观瞻,从而对这些问题产生新的认识。

例如他在魏晋南北朝史的研究中，从宗教问题着眼，说明天师道的重大影响，从而对晋代皇室的纷争，孙恩、卢循的起事，魏太武帝的灭佛，高门王氏中人的精于书道，陶渊明的新自然说等等，都作出了新的解释，在在给人以启发。

又如他在唐史的研究中，提出了关陇集团的形成和升降，王室中婚姻集团的左右政局，牛、李党争的背景和实质，进士行卷对文体的影响等等，都是具有开拓性的观点，影响当代史学甚巨。

这些观点，是否可以成为定论，那是另一问题。一种新颖的论点，往往难于取得一致的看法。有的史家治学，最喜欢谈评价，而所谓"正确的评价"，往往是一些四平八稳的老生常谈，大都是从那些"放之四海而皆准"的大结论中推阐出来的小结论。陈寅恪不同，他的论点迥出意表，这些论点往往过于新奇，人们常难于接受。因此，读陈氏的文章，还有一个如何接受的问题。例如他在《长恨歌笺证》一文中，据宋代赵彦卫《云麓漫钞》之说，以为唐代的传奇作品"文备众体，可以见史才、诗笔、议论"，从而解释白居易《长恨歌》、陈鸿《长恨歌传》和韩愈的《石鼎联句诗序》等文的体制。这种看法，新颖可喜，但与大量的传奇作品的情况不符，因而招致他人的不少批评。但陈氏却我行我素，后在《元白诗笺证稿》第一章《长恨歌》和第四章附录《读莺莺传》中再次申论，于是招来了更多的批评。不过我们如作深入一层的观察，也就可以看到，陈寅恪有关这一问题的论述曾给予后人很多启迪，影响甚为深远。

程千帆先生著《唐代进士行卷与文学》一书，内有《行卷风尚的盛行与唐代传奇小说的勃兴》一章，详细地讨论了这一问题。内云："陈寅恪先生依据赵说，加以发挥，指出传奇小说某些结构和内容上的特点，对我们也还是有益的，但他却将这些本来并不具有绝对性和普遍性的情况绝对化和普遍化了，陷入以偏概全，因而就不得不得出与事实完全不符合的,同时也不能完全信服的结论来。如果我们只说,在唐代某些传奇作品中,出现过一篇之中兼备叙事、抒情、说理之体的情况,而这种情况的形成,则与进士们用它们来行卷,以便集中表现自己的多方面的文学才能有关,那就符合事实,因而也就没有什么可被訾议的了。"①这个结论,由于正确对待陈寅恪的研究成果,比之陈氏的论点,当然更为妥帖。但也可以看出,这里正是吸收了陈氏论点中的新鲜因素而形成了更为完整的见解。

程千帆先生的这部著作,备受时人赞誉。其后傅璇琮先生写了《唐代科举与文学》一书,对此作了更进一步的考察②。但如追本溯源,则仍可看出,这项研究工作主要是从陈寅恪的研究唐代传奇开始的。陈氏的结论引起他人争议,但他的开创之功,却是无可争议的。

鲁迅先生在给许寿裳的儿子世瑛开列古代文学必读书目时,提出了《唐摭言》一书,可能意在说明:研究唐代文学时,必须了解唐代的社会风习,从而研究当时士人的生活与心理状态。陈寅恪研究唐代举子的传奇写作,也是从这一角度着眼的。这种观察问题的方法,现已为大多数的研究工作者所接受。

三

韩愈其人,千百年来受人重视,有关他的著述,汗牛充栋,后人要想在这个问题上提出一些新的看法,确是不太容易。但陈寅恪作《论韩愈》一文,又提出了一系列出人意料之外的新论点。他是把韩愈放

---

① 《唐代进士行卷与文学》第 82 页,上海古籍出版社 1980 年版。
② 参看《唐代科举与文学》第十章《进士行卷与纳卷》,陕西人民出版社 1986 年版。

在中国文化发展的历史长河中观察问题的。

文章中说："综括言之，唐代之史可分前后两期，前期结束南北朝相承之旧局面，后期开启赵宋以降之新局面，关于政治、社会、经济者如此，关于文化、学术者亦莫不如此。退之者，唐代文化学术史上承先启后、转旧为新关捩点之人物也。其地位价值若是重要，而千年以来论退之者似尚未能窥其蕴奥，故不揣愚昧，特发新意，取证史籍，草成此文，以求当世论文治史者之教正。"可见他的研究韩愈，是从宏观上把握这一人物的。但他并非仅作泛论，而是列举六点，一一加以阐述。

这六点是：

一曰：建立道统，证明传授之渊源。

二曰：直指人伦，扫除章句之繁琐。

三曰：排斥佛老，匡救政俗之弊害。

四曰：呵诋释迦，申明夷夏之大防。

五曰：改进文体，广收宣传之效用。

六曰：奖掖后进，期望学说之流传。

乍看起来，这六个论点前人大都提到过。尤其是一、三、六点，如依标题而言，差不多是人人都懂的道理。但陈寅恪的论证方法与众不同。韩愈的建立道统，"表面上虽由孟子卒章之言所启发，实际上乃因禅宗教外别传之说所造成"。因为"退之从其兄会谪居韶州，虽年颇幼小，又历时不甚久，然其所居之处为新禅宗之发祥地，复值此新学说宣传极盛之时，以退之之幼年颖悟，断不能于此新禅宗学说浓厚之环境气氛中无所接受感发"，因此"退之自述其道统传授渊源，固由孟子卒章所启发，亦从新禅宗所自称者摹袭得来也"。孔子、孟子为了扩大本学派的影响，广收门徒，终于使儒家一脉绵绵不绝，传流后世。韩愈为了扩大儒家和古文的影响,奖掖后进,努力培植"韩门弟子",这与他建立道统的努力也是一致的。

细察下面几个论点,可知陈氏的着眼之处与第一个论点实际上是一系相承的。

"直指人伦,扫除章句之繁琐",也和新禅宗的影响有关。"新禅宗特提出直指人心见性成佛之旨,一扫僧徒繁琐章句之学,摧陷廓清,发聋振聩,固吾国佛教史上一大事也。退之生值其时,又居其地,睹儒家之积弊,效禅侣之先河,直指华夏之特性,扫除贾、孔之繁文,《原道》一篇中心旨意实在于此"。

"排斥佛老,匡救政俗之弊害",论证的方式与他人类同,但陈氏引《唐会要》四七《议释教上》中彭偃之说,用来证明韩愈的议论是为现实政治斗争而发的。这是一种新材料,在他论及此问题前,似未见到有人引用过。

"呵诋释迦,申明夷夏之大防",则从安史之乱叙起。安、史之后的藩镇也多胡族或胡化之汉人,而释迦乃夷狄之人,佛教为夷狄之法,所以韩愈站在正统王朝的立场,以"尊王攘夷"为中心思想,尽力抵排释教,这是韩愈较之同辈文士认识最清晰、主张最彻底的地方。

陈寅恪在论证韩愈"改进文体"时,首先复述过去提出的,"以为退之之古文乃用先秦、两汉之文体,改作唐代当时民间流行之小说,欲借之一扫腐化僵化不适用于人生之骈体文"。其后他就论述到韩诗,认为"自东汉至退之以前,此种以文为诗之困难问题迄未有能解决者。退之虽不译经偈,但独运其天才,以文为诗,若持较华译佛偈,则退之之诗词旨声韵无不谐当"。这样说来,韩愈的以文为诗,也是受到华译佛偈的影响而成的了。

统观此文,可知陈氏的目的原来是在证明这样一个道理,韩愈以反佛著名,"排斥佛老,匡救政俗之弊害","呵诋释迦,申明夷夏之大防"，其态度何等坚决，壁垒何等森严，但是意识形态领域内的问题却是错综复杂，颇难清理的。原来韩愈的建立道统，奖掖后进，建立学说，改进文体，都与佛家有关。这里存在着相反相成的关系。外似相反，内实相成，这应当是符合辩证法的一种见解。

韩愈的排斥佛老，呵诋释迦，容易为人理解；要说韩愈受到佛家的影响，可就难于为人接受了。唐代佛教至盛，韩愈自然和佛徒有过交往，刘克庄《后村诗话》前集卷一云："唐僧见于韩集者七人，惟大颠、颖师免于嘲侮。高闲草书，颇见贬抑，如惠、如灵、如文畅、如澄观，直以为嬉笑之具而已。"这是符合事实的分析。颖师善琴，以一艺博得称誉，并非对其佛徒身份的肯定。所以后人有关韩愈与僧徒交往的争议，集中在与大颠的关系上。这个问题，钱锺书《谈艺录》一七《昌黎与大颠》一条论叙甚明，可知韩愈和这和尚的交往，并不能用来证明韩愈曾受佛家的影响。

由此可见，前人之论韩愈，从未有人提出过具有说服力的根据，证明韩愈曾受佛家影响。陈寅恪《论韩愈》中的论点，确是发前人之所未发。

当然，这篇文章中的论点，大都是用比较、对照的方法得出的。新禅宗的学说中具有某一特点，韩愈的学说中也具有相应的特点，从而得出后者受前者影响的结论。用这种方法得出的结论，在逻辑上当然不能说是非常严密的。但陈氏着眼在学术环境、学术气氛、学术渊源的作用，从而考察学术之间的交流和影响，这种大处着眼的研究方法，可给人们提示许多新的线索，去进一步加以思考。

四

陈寅恪称沈子培为"近世通儒"。沈氏深谙佛典，曾在《海日楼札丛》卷七中提出过一种观点,云:"吾尝论诗人兴象与画家景物感触相通。密宗神秘于中唐,吴(道子)、卢(棱伽)画皆依为蓝本,读昌黎、昌谷诗,皆当以此意会之。"又《札丛》卷七中还曾提到韩愈的《陆浑山火》诗,云"当作一帧西藏曼荼罗画观"。沈氏的著作到了1960年前后才由钱仲联先生整理出来,并于1962年由中华书局上海编辑所出版,在此之前,人们很难知道上述论点。陈寅恪的观点与此不谋而合,可见学术上的一些奥秘,迟早会被博闻通识者所探知。

钱氏后作《佛学与中国古代文学的关系》一文[①],对沈氏之说作了申述,江辛眉作《论韩愈诗的几个问题》一文[②],也引述了沈氏的观点。

陈允吉先生曾作《论唐代寺庙壁画对韩愈诗歌的影响》一文,则对这个有趣的问题作了更为全面的考察。他按照唐代壁画题材和形象特征上的差别,从"奇踪异状""地狱变相""曼荼罗画"三个方面进行探讨。陈文指出,有关地狱变相有两个问题值得注意,一是关于火的描绘,二是关于行刑的场面。《陆浑山火》诗是韩集七言古体中最长的一篇,在构思上受到"地狱变相"的影响[③]。这些论证具体而可信,陈寅恪的学说得到了充分的阐发。韩诗有"怪怪奇奇"的一面,这一特点何以产生,前人不太了然,自从韩诗与佛家的关系引起人们注意,并在某些方面有所阐述之后,大家的认识大大地提高了。

陈寅恪论韩愈以文为诗,曾与佛经中的偈颂作比较,说明韩诗的优胜之处。这一问题,有的学者也曾进行过具体的论证。饶宗颐先生作《韩愈〈南山诗〉与昙无谶译马鸣〈佛所行赞〉》一文[④],把两篇作品进行比较,指出韩诗中描写南山奇峰异壑各种态势的一段,句首连用五

---

① 载《江苏师院学报》1980年第1期。
② 载《中华文史论丛》1980年第一辑。
③ 载《唐音佛教辨思录》,上海古籍出版社1988年版。
④ 载日本京都大学《中国文学报》第十九册,1963年版。

十一个"或"字,向被视为诗中异构,实则脱胎于北凉高僧昙无谶译《佛所行赞》中的一段文字。陈允吉继此而作《韩愈的诗与佛经偈颂》一文,扩大比较研究的范围,对韩诗中的句式、文字与动物名称分别进行考辨,一一追溯其受佛经影响而呈现的迹象,得出了可信的结论①。

刘熙载《艺概·诗概》尝称"昌黎诗往往以丑为美",舒芜先生在《论韩愈诗》一文中详加论列,引及《元和圣德诗》中有关杀戮刘辟一门的描写,说明这类诗歌的题材前所未有,开了美学中的另一境界②。陈允吉进而指出这种描写也与佛教壁画中的地狱变相有关。上述文字无可辩驳地说明了韩愈的创作活动曾受佛家的影响。

陈寅恪观察问题时,目光敏锐,发为文章时,立论新颖。人们初接触时,或因其悖于常论,一时难以接受,但是随着时间的推移,则又会有越来越多的人表示接受。如上所言,有识之士中已经有人注意到了韩愈与佛家之间这种相反相成的关系,但比之他人,陈寅恪的视野更为开阔,论述更为全面,涉及韩愈的思想、创作、活动、影响等许多方面。由于《论韩愈》此文精粹异常,许多论点呈引而不发之势,后人如能续作探讨,一定会有新的收获。

韩愈一生,坚持辟佛,这一点是无可置疑的。佛徒深恶其人,因此编造了许多韩愈匍匐于大颠足下的故事,有的儒者则从好心维护的立场出发,以为韩愈之排佛,并非盲目从事,如马永卿《懒真子》卷二引王抃语,以为退之最号为毁佛,实则深明佛法。看来这也没有多大根据,原不必如此议论。韩愈屡游佛寺,交结僧人,接触过佛教经典,熟悉佛家的各种表现艺术,则屡见记载,也是不争的事实。他身处佛教兴盛时期,耳濡目染,受其影响,不但是可能的,而且可以说是必然的。韩

---

① 载《唐音佛教辨思录》。
② 载《中国社会科学》1982 年第 5 期。

愈的思想很复杂,见之于行动,有时表现出截然相反的矛盾态度,例如他一方面仰慕史职,《答崔立之书》中表示欲"作唐之一经,垂之于无穷,诛奸谀于既死,发潜德之幽光",一方面则又怕秉史笔而得祸,《答刘秀才论史书》中说:"夫为史者,不有人祸,则有天刑,岂可不畏惧而轻为之哉!"他在《论佛骨表》中的态度何等轩昂,但在《潮州刺史谢上表》中的态度则又判若两人,何等畏葸。欧阳修《与尹师鲁第一书》中说:"每见前世有名人,当论事时,感激不避诛死,真若知义者;及到贬所,则戚戚怨嗟,有不堪之穷愁形于文字。其心欢戚,无异庸人。虽韩文公不免此累。"韩愈对佛教的态度,总的看来,也有相近之处,一方面从维护世俗地主利益的立场出发,以儒家思想为武器,在政治上持坚决排佛的态度,一方面又对佛家的其他许多方面感兴趣,因为他原是一个具有广泛兴趣又有多种涵养的人,因此他在政治之外的其他一些领域中受到佛家方面的影响,也就是可以理解的了。

五

陈氏此文发表后,随即招来一批人的反对。

新中国成立之后,韩愈受到冷遇,据云他在王叔文的革新运动中持保守立场,在《原道》篇中又说过"君者,出令者也;臣者,行君之令而致之民者也;民者,出粟米麻丝作器皿通货财以事其上者也。……民不出粟米麻丝作器皿通货财以事其上,则诛"这样一些刺耳的话,所以在一阵阵的政治风暴中,都是作为反动人物而遭到批判的。人们为了贬低他在古文运动中的地位,极力强调柳宗元的进步作用,把柳宗元树为韩愈的对立面,称他为古文运动实际上的领导人。

陈寅恪却仍然"吾行吾素",认为"退之在当时古文运动诸健者中,特具承先启后作一大运动领袖之气魄与人格,为其他文士所不能及。……退之发起光大唐代古文运动,卒开后来赵宋新儒学新古文之文化运动,史证明确,则不容置疑者也"。他甚至在文章开端即申明"古今论韩愈者众矣,誉之者固多,而讥之者亦不少。讥之者之言则昌黎所谓'蚍蜉撼大树,可笑不自量'者"。这种看法,可以说是犯了当时的大忌的。

后来批评这篇文章的人,水平高下不一,立足点也不相同。到底哪一种看法更符合历史事实,值得作些分析。

在批评《论韩愈》的文章中,黄云眉先生的《读陈寅恪先生〈论韩愈〉》一文,和随之写成的《韩愈的文学评价》[①],坚持摆事实、讲道理,也是写得不错的。如把陈、黄二人的文章对照着读,可以发现这样一种有趣情况:黄氏的文章平实可信,但却没有多少启迪他人的馀地;陈氏的文章似乎被人抓住了漏洞,但却耐人寻味,可以给人不少启发。

黄云眉在许多问题上都和陈氏展开了针锋相对的争论。韩愈建立道统,黄氏以为说到"由孟子卒章所启发"已经够了,不必再说亦从新禅宗所自称者摹袭得来。而且据黄氏的考证,韩愈早年随从长兄韩会贬谪到韶州,这个地方虽然是新禅宗的发祥之地,但在当时,佛法并不兴盛。黄氏的阐明此理说服力似乎也还不够有力。按宋释道原《景德传灯录》卷五、契嵩《传法正宗记》卷七记载,慧能殁后,法嗣四十三人中曹溪令韬一直在双峰故寺传法,看来此人是一个沉稳的宗教徒,不喜欢交结官府进行政治活动,所以当肃宗下诏令其赴京时,称疾不赴,而遣明象赍六祖传法衣钵进呈。由此也可看出令韬决不是新禅宗系统中无足轻重的一位人物。令韬的事迹见于《宋高僧传》卷八,附慧能传后,又见《景德传灯录》卷五、《传法正宗记》卷七,云是享年九十五

①　黄氏二文均已收入《韩愈柳宗元文学评价》一书,此据齐鲁书社 1980年版。

岁，则是下距韩愈从兄迁谪至此之时相去不久。南宗禅发祥之地的风气，不能因为记载少而断言其衰落，它对幼小的韩愈在心灵上留下过踪影，完全有其可能。

黄氏的一些论证，看似针锋相对，实际上却是转移了论点，逻辑并不严谨。他曾"姑举一件连韩愈自己也不能'匡救'自己的不小的政俗之弊害"，以证明陈先生这个"肯定的错误"。这里谈的是韩愈服食金丹之事。唐代的帝王将相受道教的影响，不少人服食金丹，谋求长生，结果却是中毒而早逝。韩愈极力排斥佛教，同时也排斥道教，但受时代风气的影响，却也躬蹈其弊，照样服食得病。但黄氏由此得出结论，用韩愈的服食驳斥陈氏的新见，以为"匡救政俗之弊害"之说不能成立，却也说服力不够。这些地方，只能说明韩愈自己也还不能彻底摆脱时俗的影响，因而不能将其理论贯彻到底。犹如我们一些批判极左思潮的人，自己有时不能彻底克服前此受到的影响，仍然在个别问题上反映出来，但却不能不说我们是在努力清除极左思潮的影响。

陈寅恪把韩愈的辟佛和攘夷结合起来，用以说明韩愈受到政治形势的激发，以《春秋》的尊王攘夷思想为武器，将与夷狄有关的藩镇和佛教并列，作为斗争的对象。佛学为夷狄之法，藩镇存夷狄之风，这在韩愈的许多文章中有论述，因此陈氏的这种意见，应该是可以成立的。陈氏以此说明韩愈在古文运动中的特殊地位，可以促使他人注意韩愈思想行动的这一特点，但黄氏也起而大加驳斥。他的辩难却是违反了形式逻辑中的同一律。因为他的批评，并不针对陈氏的主旨，而是列举了唐代古文运动中的许多名家，说明他们同样写作古文，却并不辟佛。这样的论证方法，未免太缺乏说服力了。因为黄氏的论点，正好证明了陈氏的新观点，即韩愈在古文运动中独标新帜，与众不同。黄氏不能用其他古文家不"呵诋释迦，申明夷夏之大防"证明韩愈也不能"呵诋释迦，申明夷夏之大防"。

黄云眉的论文,从论辩的角度来说,持论嫌粗率。名为驳难,看似针锋相对,实际上是论点转移,自说一套。即如论及韩愈以文为诗一段,黄氏却举出李白、杜甫二人来压住韩愈,搜集了一些韩愈推崇李、杜的言论,"由此可见陈先生认为韩愈以文为诗的技巧,'不仅空前,恐亦绝后'的那种过分的推许,也是这个具有个人英雄主义思想的韩愈所不敢接受的"。这种论点,实际上与陈氏论文的主旨不合。韩愈认为自己的创作水平比不上李、杜,但这又怎能说明韩愈以文为诗没有取得突出成就呢?

陈氏此文,大气滂沛,看似六条并列,实际上围绕着儒佛斗争之间的相反相成关系而立论,文章有此中心,也就不显得支离,最后又加总结,说明韩愈在中国文化史上承前启后的重要地位,分析综合,一气呵成,逻辑结构是很谨严的。黄氏此文,用力甚勤,但却显得枝枝节节,而且定要把韩愈的好些论点分为儒学与文学两个不同的范畴,说明韩愈的建树不在儒学而在文学,貌似科学,实则陷入形而上学,平添割裂之弊。

六

陈寅恪的很多文章,不光说明了某一历史现象,而且启发人的思维,促使人们去思考更多更大的问题。

中国思想史上发生过一些事件,中间似有规律性的现象发生。例如汉代经学大盛,《易》学派别其多,但多着眼于象数,不能摆脱迷信的束缚,显得神秘而烦琐。魏代出现了天才王弼,参用老庄之说,一扫汉人的《易》说,使《易》学的哲理研究进入一个新的阶段。又如魏晋南北朝的经学,发展到唐初,孔颖达等人撰"五经正义",朝廷立为功令,经学上的烦琐之风随之而起,宋代理学兴起,朱熹等人重作经注,返博就约，于是经学上又出现了替代的现象。经学是统治阶级思想的集中表现。经学内容和风貌的改变，反映了统治阶层意向的转移，这当然和政治、经济、文化等各种复杂的因素有关，内容是极为丰富的。研究统治阶级思想的各种变化，有助于了解中华民族所经历的各个阶段的不同特点，意义也是极为巨大的。

佛教的发展也经历着类似的历程。佛教自汉末传入，经过魏晋南北朝时期的传播，日趋兴盛，佛教大小乘的各种教派，有代表性的几部经典，先后传入。但是佛教典籍的经历也像中国的几部经典一样，正文之外随之出现了许多传注，而且愈来愈趋烦琐。新禅宗的出现，废除前此一切陈规，主张顿悟，立地成佛，说者以为曾受老庄的影响，于是佛家学说也就进一步中国化了，终于使新禅宗成了中国佛教各宗派中最有势力的一个教派。

佛家之说，从思辨的角度来说，代表着当时学术界的最高水平，因此文人受其影响，也就是很自然的事。"诗人老去爱谈禅"，唐代许多著名的诗人和文士，都有谈禅的记录。那么佛家的新禅宗在其他学术领域中发生巨大的影响，也就是很自然的了。

中唐时期，在经学领域内出现了摆脱贾、孔烦琐的章句之学，改从心意说经的风气，啖助、赵匡、陆质的说《春秋》，施士匄的说《诗》，都以自己的心意体味经文，不取传注，这点《刘宾客嘉话录》中有很多记载。参加永贞革新的陆质，就是一个说《春秋》的新学风的代表人物。这点似可推知，随着庶族地主的抬头，要求摆脱旧传统的新经说正在酝酿之中。韩愈、柳宗元等人都是新经说的喜好者。

晁公武《郡斋读书志》卷一下录啖助弟子陆淳（即陆质）《春秋微旨》六卷、《春秋辨疑》一卷，并作提要说：

予尝学《春秋》，阅古今诸儒之说多矣。大抵啖、赵以前学者，皆专门名家，苟有不通，宁言经误，其失也固陋；啖、赵以后学者，喜援经击传，其或未明，则凭私臆决，其失也穿凿。

《四库全书总目提要》卷二六陆淳《春秋集传纂例》提要提到啖助治《春秋》，以为功过互见，曰：

> 盖舍传求经，实导宋人之先路。生臆断之弊，其过不可掩；破附会之失，其功亦不可没也。

就在这种新学说酝酿成长的阶段，和韩愈有关的一些人也参与了进来。韩愈《寄卢仝》诗曰："《春秋》三传束高阁，独抱遗经究终始。"（《昌黎先生集》卷五）韩愈的朋友樊宗师著《春秋集传》十五卷，见《南阳樊绍述墓志铭》（《昌黎先生集》卷三四）。殷侑注《公羊春秋》，又曾请韩愈作序（《昌黎先生集》卷一八《答殷侍御书》）。可见处在同一时代，古文运动中的柳、刘一派，韩愈身边一派，都有摆脱旧注而竞作新注的风气。作为这一氛围中的人，能说韩愈不会受到时代风气的影响么？

从这些人物曾受佛家影响来看，中唐时期出现的舍传求经之风，当然也受到了佛家的影响。

韩愈的作风有其特点。他不太关心抽象思维的哲理，着重在眼前的政教。他和朋辈不同，猛烈攻击佛说，但他毕竟处在新禅宗笼罩思想界的中唐时期，因此他在建立个人的学说时，受到时代风气的熏染，不自觉地反映出佛学的某些影响，不是可以理解的么？

可知陈寅恪在《论韩愈》中提出的论点，确是统古今而观之，具有很高的史识。这些论点可以启发后人作进一步的探索。

这里可以提出如下一些问题供思考：

（一）为什么唐代会发生新禅学？

（二）为什么唐代中期会发生以意说经的一派？

（三）为什么宋儒会有新的发展和变化？

这些问题如能得到充分的研讨和阐释，那么韩愈在中国文化史上的地位，将会得到进一步的说明。

以诗证史的范例

——读陈寅恪《韦庄秦妇吟校笺》

陈寅恪开创了以诗证史的研究方法,沟通了文学和史学的界线,博得了学术界的广泛称誉。他对《秦妇吟》的研究,有助于学诗,有益于治史,是文史领域中的重要收获。比起其他学者的研究工作来,着眼点很不相同,贡献尤为突出。这些成绩的取得,可以作为以诗证史的研究方法的范例。因此,分析他研究《秦妇吟》一诗时所用的方法,也就是一件非常有意义的工作。

一

自从斯坦因、伯希和在敦煌莫高窟中发现《秦妇吟》的抄本之后,这篇风行一时而又沉湮千年的名作,始为今人所知。新中国成立之前,一直有人对此进行多方面的探讨。关于这一方面的情况,可参看刘修业的《秦妇吟校勘续记》一文①。

罗振玉和王国维首先注意敦煌学的研究。王国维作《唐写本韦庄秦妇吟跋》时所看到的,只是狩野直喜博士录自英伦博物馆中所藏的一种,前后残缺,无篇题及撰人姓名。他据孙光宪《北梦琐言》中的记载,云是韦庄著《秦妇吟》,内有"内库烧为锦绣灰,天街踏尽公卿骨"二

---

① 载《学原》一卷七期,1948 年出版。此稿后收入王重民《敦煌遗书论文集》,中华书局 1984 年版。刘修业补注中叙及另一写本残卷,可参看。

句,而此卷子之诗中亦有此二句,故知此诗乃是韦庄《秦妇吟》无疑。王氏首据《北梦琐言》确定此诗作者和篇名,并且了解此诗流传的经过,是早期研究工作中的一大收获。

可能有人会惊异,在我国浩如烟海的典籍中,王氏怎么会想起《北梦琐言》一书? 一个博闻强记的人,也不一定会突然想起《北梦琐言》卷六中引用过的"内库烧为锦绣灰,天街踏尽公卿骨"二句,从而与此残卷中的文字联系起来。

实际说来,这倒并不算是什么难事。熟悉典籍的人,只要发现线索,就能跟踪追击,弄清事情的原委。《秦妇吟》这诗的卷子,传世者有九种之多,大都首尾不全,但粗通文墨的人也可看出,这是一首长诗,叙述黄巢攻破长安之后,一个妇女往江南逃难的故事。敦煌石窟中的经卷很少有宋初之后的抄本,这就说明,此诗的作者定当属于晚唐、五代。《全唐诗》对诗的采录可说相当全备,当然应该先从这部总集中查对一下。王国维肯定也在《全唐诗》的晚唐部分查对过,但未发现线索,这才确定这是一首逸诗。

如果在作品中一时找不到什么可供印证的材料,那就应该到作者身上去找线索。

计有功的《唐诗纪事》和辛文房的《唐才子传》中记载着许多唐代诗人的传记和轶事,还有不少有关的篇什。如果查对晚唐诗人的传记,不难发现,里面有关韦庄的记载,就提到了这两句诗。《唐诗纪事》卷六十八"韦庄"条曰:"庄应举时,遇巢寇犯阙,著《秦妇吟》一篇,内一联云:'内库烧为锦绣灰,天街踏尽公卿骨。'尔后公卿多垂讶,庄乃讳之。时人号《秦妇吟》秀才。"《唐才子传》卷一〇"韦庄"条曰:"庄应举,正黄巢犯阙,兵火交作,遂著《秦妇吟》,有云'内库烧为锦绣灰,天街蹈尽却重回'。乱定,公卿多讶之,号为《秦妇吟》秀才。"二者不但基本情节相同,就是文字也相近似。

《唐诗纪事》和《唐才子传》中的文字大都采自唐代的笔记小说。有关韦庄的这条记载，文字基本相同，说明它同出一源。可以推断，它应当出于某一笔记小说。

按唐末记载黄巢之乱的杂史甚多，如《续宝运录》《唐末见闻录》等；有的还是这一问题的专著，《新唐书》卷四八"杂史类"载王坤《惊听录》一卷，下注"黄巢事"。这些书籍大都已经散佚，只在《资治通鉴》的《考异》或胡三省注的引文中可见片段逸文，而从现存材料来看，也找不到可与《秦妇吟》相印证的线索。而且这些杂史的可信程度也颇成问题。《资治通鉴》卷二五二《唐纪》六八僖宗乾符三年《考异》曰："王坤此书，年月事迹差舛尤多。"所以司马光"但择其可信者取之"。

现存记载唐末琐事的笔记，篇幅大，内容丰富，而著述态度又称谨严者，首推孙光宪的《北梦琐言》。全书现存二十卷，缪荃孙刻《云自在龛丛书》，又从《太平广记》中辑得佚文四卷，最称完备。缪氏与王国维熟识，王氏考虑这一长诗的作者时，当然会想到《北梦琐言》一书，因此他能首先断定此诗的篇名与作者，绝不是偶然的臆中。这是王国维首先作出的重要贡献。

二

自罗、王开始注意这一珍贵诗卷之后，继起而进行研究的中外学者，绵绵不断。比较起来，陈寅恪的成果远远地超过他人。从中可见他的史学水平之高。

《韦庄秦妇吟校笺》是他的精心撰述之作。

文中说："戊辰之春，俞铭衡君为寅恪写韦端己《秦妇吟》卷子，张于屋壁。八年以来，课业馀暇，偶一讽咏，辄苦不解。虽于一二字句稍有所校释，然皆琐细无关宏旨。独端己此诗所述从长安至洛阳及从洛阳东奔之路程，本写当日人民避难之惨状，而其晚年所以讳言此诗之由，实系于诗中所述从长安达洛阳一段经过。此点为近日论此诗者所未详，遂不自量，欲有所妄说。至诗中字句之甚不可解及时贤之说之殊可疑者，亦略申鄙见，附缀于后。"可知他的研究工作，开始于1928年，八年之后，才写成《读秦妇吟》一文，发表于《清华学报》11卷4期。据蒋天枢《陈寅恪先生论著编年目录》，此稿尚有昆明自印线装本，改题为《秦妇吟校笺》；后又有广州第二次油印本，最为完备，并改题《秦妇吟笺证》。其后又有《秦妇吟校笺旧稿补正》之作，发表于《岭南学报》12卷2期，1950年6月出版；最后又有油印修订本一种①。现在收在《寒柳堂集》中的《韦庄秦妇吟校笺》一文，当是晚年定稿，不知是否上述油印修订本？此稿之中已经提到刘修业《秦妇吟校勘续记》一文，可知时在1948年后，大约是在旧稿的基础上，吸收《旧稿补正》中的成果，重行写定之作。

陈寅恪学问博大，读书堪称神悟，但他写这篇文章，反复钻研达八年之久始行落笔，前后反复修改达二三十年之后始行定稿，这种锲而不舍、一丝不苟的精神，在在足以供人效法。由此可见，精思妙解之文，沉潜有得之作，决非浅学而浮躁者所能侥幸。有人偶得一知半解就草率着墨，还沾沾自喜，自以为能文，宁不自愧。

三

陈寅恪把"诗句校释"放在全文之后，表示这段文字不是全文的重点，但他的研究工作，却是从诗句校释入手的。

他读书时，总是从批校开始，曾经校治《旧唐书》《新唐书》各多次。

---

① 附《陈寅恪先生编年事辑》，上海古籍出版社1981年版。

据介绍，他读书的方法是：圈点正文，以识脉络之所在；书眉行间，移录各方面材料以资参证，并于所录材料后，申抒己见。这也是前辈学者读书时常用的方法。他们大都通过这种途径发现问题，积累材料，以备日后研究之用。

陈寅恪读书非常精审。他从年轻时起眼力就不好，但读书时一字也不轻易放过，并且总能从人们不留意处发现问题。例如《秦妇吟》诗中有"一斗黄金一升粟"之句，各家校读说法不一，"升粟"有作"斗粟"者。陈氏以为"作斗粟虽亦可通，作升粟者疑是端己之原文。考唐人以钱帛估计米粟之价值时，概以斗言。故斗粟或斗米值若干，乃当时习用之成语"。随后他就列举《旧唐书》《新唐书》中的本纪、列传、食货志以及《唐会要》、《陆宣公谏苑集》、王楙《野客丛书》等书中的记载为证。陈寅恪读史，首先注意典章制度，因此，他对唐人估计米粟之价时概以斗言，自然知之甚悉。除此之外，他还援引刘复《敦煌掇琐》中的"豆卢军和籴帐"所载之"斗估"大都误为"升估"一事，说明"升""斗"二字经常误写。陈氏后与贺昌群交谈，贺氏提出古人所书"升""斗"二字差别至微，故易于误认，并以近日读汉简之经验为例，陈氏复证以刘复书中幸而未误之一字，即《敦煌掇琐》中辑第 261 页三行之"斗"字，系依原写之形，尚未改易者，遂豁然通解，于此可见他读书的精细。

贺昌群后作《升斗考》一文，列举史籍中升、斗二字传写讹误的许多实例，纠正后人的许多误解。他还介绍了陈寅恪于《清华学报》11 卷4 期首先发表的《读秦妇吟》一文，认为"升粟"应作"斗粟"，因为后者乃当时习用的成语[①]。但贺氏引文并不符合陈文本意。陈氏认为"斗粟"价值几何，乃是唐人的习惯用语，韦庄这里故意使用"升粟"一词，则另有深意，此处文字当以"升粟"为是。这是从《秦妇吟》乃文学作品

① 贺昌群《升斗考》，载《历史研究》1958 年第 6 期。

这一前提着眼的。陈氏诗学深邃，懂得文学手法的特点，诗人措词与史学有别，因此他又说："……然则端己此诗若依罗氏校本作'一斗黄金一斗粟'，犹是唐人常语，不足为奇。今作'一斗黄金一升粟'，则是端己故甚其词，特意形容之笔，此一字颇关重要，因恐读者等闲放过，遂详引史籍以阐明之。"他从校勘着手而又不囿于成例，考史而能尊重文之特点，这种辩证的态度，可以给人不少启发。

以诗证史，不光是把诗中的片言只语摘录出来作为史料，直接用以印证另一史料，便以为能事已尽，而是通过诗中所反映的历史事实，说明当时社会上的重大事件和环境气氛。这样的"史料"，有它本身的特点，必须照顾这种文艺特点而另作阐释，才能沟通文史的畛域。读者吟咏之馀，才能产生"切理恹心"之感。

以往的正史著作，主要用来记述帝王将相的生平大事，对于事件的细节，则略而不叙，当时社会上的动态，也不太注意。因此，阅读正史，虽然能了解重大事件之梗概，但对其时社会各阶层的动向和反映出来的情绪气氛，则因缺乏具体的描写，往往流于模糊不清。阅读文学作品则可以补充这方面的不足。恩格斯在《致玛·哈克奈斯》的信中谈到巴尔扎克的小说时曾说："我从这里，甚至在经济细节方面（如革命以后动产和不动产的重新分配）所学到的东西，也要比当时所有职业的历史学家、经济学家和统计学家那里学到的全部东西还要多。"这种见解，对后人理解文学的作用，有启发意义。

陈寅恪以诗证史，所以博得人们如此高的评价，原因恐怕也就在这里。实际说来，他的研究方法，可称之为"以文证史"。这个"文"字，又当从我国古来广义的说法上去理解。他不但用诗、文、杂史证史，而且用小说证史。

《秦妇吟》中有句曰："路旁试问金天神，金天无语愁于人。"伯希和敦煌诗集 2700 和伯希和敦煌诗集 3780 两种残卷于"金天神"下均有注曰:"华岳三郎。"周云青《秦妇吟笺注》引《西岳华山志》、黄仲琴《秦妇吟补注》引《逸史》金天王叶仙师以证之,陈氏补出此事之最初出典,移录《唐大诏令集》七四"典礼类·岳渎山川门"先天二年八月二日封华岳神为金天王制以证之。考史必须征引最初出典,这是大家应该信守的原则。

《秦妇吟》叙金天神之语,有云:"旋教魔鬼傍乡村,诛剥生灵过朝夕。"陈氏云:"安友盛写本作'魔',其有作'魔'者非是。"且引《北梦琐言》一一"关三郎入关"条以证之。华岳三郎即关三郎。此神遣鬼兵入城,关中人民于丧乱之际,又遇时疫流行,所以一提到关三郎之名,莫不股栗。《老子》上说:"大兵之后,必有凶年。"于此更可看到当时人民困苦的窘境。"遣鬼魔人",正是当时广泛流行的一种迷信,陈氏引用小说以证史,用来说明黄巢之乱时关中人民饱受天灾人祸之苦,也就将当时动乱的社会现实生动具体地展现在读者眼前。这样的以诗证史,符合于恩格斯所揭示的原则,其价值就在这里。

由上可见,陈寅恪所从事的校勘工作,并不停留在个别字眼的订正上。校勘工作如果仅止于此,那就真如他所说的"琐细无关宏旨"。通过个别字句的校勘,揭示重要的社会现象和重要史实,这才是研究工作者应该致力的地方。

文学通过形象而反映了当时的历史事实。以文证史,也就提供了不少细节描写,生动具体,诉之于读者的感情。人们读史之时,只能掌握历史事件的轮廓,主要诉之于理性的认识,如今更进一层,在具体的细节和环境气氛等方面都有所理解,这时浮想联翩,神游往古,岂非一大快事?

四

"从洛阳东奔之路程"一节,陈氏置于全文之首。他使用了校勘和训释等手法,依地理系统以为推证,首先把贯穿全诗的重要线索解释清楚。这项工作,不但对唐人东下抵达江南时的历程作了介绍,对韦庄南游的踪迹提供了线索,而且对当时徐淮军事的形势提供了新的史料。

按《秦妇吟》中叙述的"从洛阳东奔之路程",实际上也就是沿汴河(通济渠)东下,到泗州临淮县入淮,沿淮水至楚州山阳,再沿漕渠至扬州的过程①。唐宋时期的文士东下时,都出此路,他们还曾留下过一些自叙行程之作,如高适的《东征赋》、李翱的《来南录》、欧阳修的《于役志》,都可供参证。《秦妇吟》中提到的"汴路"一名,上述诸文都提到过,只是使用了不同的名词,后人不明就里,有的笺注者也就作出了错误的解释。

从黄巢军队中逃出的这位女子,要想逃往江南金陵之地,但又忧心忡忡,因为她听说此道也不安宁。陈寅恪引用了下述数句以说明徐淮军事:

> 出门惟见乱枭鸣,更欲东奔何处所。仍闻汴路舟车绝,又道彭门自相杀。野色徒销战士魂,河津半是冤人血。适闻有客金陵至,见说江南风景异。

王国维校本云:汴路一作洛下;罗振玉校本汴路作汴洛;周云青

---

① 　参看高文《通济渠——汴河方位考略》,载《史学月刊》1980 年第 2 期。

《秦妇吟笺注》云："汴路，谓河南开封至洛阳也。"这是对"汴路"一词的误解。小翟理斯《秦妇吟之考证与校释》以四川彭州市之天彭山释"彭门"，也是错误的。他们的错误，就在于对诗中的名词缺乏正解，对诗歌的特点未能注意。

陈寅恪说："汴路乃当时习用之名词。"随即列举《元和郡县图志》、白居易《白氏长庆集》、李翱《李文公集》中的《来南录》文以明之。证据确凿，此诗也就获得了正解。阅读古书，要熟悉古人习用的名词，而这是相当困难的事。我们平时所说的"功力"，这也是一个重要的方面。

《秦妇吟》中所说的"汴路"，乃指汴州至泗州一段路程，实际上指埇桥之地。《元和郡县图志》卷九："宿州，本徐州符离县也。元和四年，以其地南临汴河，有埇桥，为轴轳之会。运漕所历，防虞是资。又以蕲县北属徐州，疆界阔远，有诏割符离、蕲县及泗州之虹县置宿州，取古宿国为名也。"又同书卷九徐州："《舆地志》云：'郡城由来非攻所能拔。'按自隋氏凿汴以来，彭城南控埇桥，以扼汴路，故其镇尤重。"说明埇桥乃是水陆交通的枢纽，而当时历经战乱，业已丧失其作用，故诗曰"仍闻汴路舟车绝"也。

上句"汴路"的含义既已明了，下句"彭门"的含义也就不难确定。所谓"徐州南控埇桥，以扼汴路"，彭门即指徐州，更无疑义。这里陈寅恪又征引了另一种旁人不太注意的材料加以说明："崔致远《桂苑笔耕集》代高骈所作书牒，关于汴路区域徐州时溥泗州于涛之兵争及运道阻塞之记载甚多，俱两《唐书》及《通鉴》等所未详，实为最佳史料。兹择录于下，亦足征当日徐淮之间军事交通之情势也。"随后他就摘录了书中的四五处文字，如《桂苑笔耕集》八《致泗州于涛常侍别纸》云："况属彭门叛乱，仍当汴路艰难，独守危城，终摧敌垒。"可见运用此书材料诠解《秦妇吟》中的"汴路""彭门"二句，何等妥帖。陈氏续引吴融《唐英歌诗》上《彭门用兵后经汴路》诗与《新唐书》五八《艺文志》史部"杂史类"载郑樵《彭门纪乱》三卷①,说明韦庄诗中这两句的含义与相互联系;"彭门相杀之语及彭门与汴路之关系,可得其确解矣"。

这两句诗意已明,那么下两句诗的意思也就容易了解了。"野色徒销战士魂,河津半是冤人血",按照通常的词汇用法来说,"河津"自然指黄河之津,犹如武王伐纣,大会天下诸侯于孟津之类。但徐州时溥与泗州于涛既然在此交兵,则此"河津"只能解作"汴河之津",也只有这样,才能与前句"东奔"之说相合。

《秦妇吟》是一首古诗,并不要求字句的对仗工整,但我国文字既然富有声偶之美,文人运用它而创作,很自然地,也就会利用它组织成精致的对偶句。唐宋以后的文人,即使在写古诗之时,也会时常插入这类句式。"仍闻汴路舟车绝,又道彭门自相杀。""仍闻"对"又道","汴路"对"彭门","舟车绝"对"自相杀";可见作者确是在有意识地编排字词。下两句情况同样如此。"野色徒销战士魂,河津半是冤人血。""战士魂"对"冤人血","徒销"对"半是",甚为工整;但"野色"却难与"河津"为对,这里字句上就可能存在着问题。

陈氏转而运用校勘的手段解决这一问题。他说:"翟君谓'野色'丙本作'野宿'。""野宿徒销战士魂",自然也说得通,而且比起"野色"云云来或许更为生动一些。但"野宿"仍难与"河津"为对。陈氏于是作出了新的解释:"细绎上下文义,'野色'二字疑是'宿野'二字之讹倒。"这是基于声偶对仗的原则进一层作出的假设,从全篇来看,应该承认陈氏的这种看法是有道理的。

"宿野徒销战士魂,河津半是冤人血",意在补足上两句,且作进一步的渲染。如此读去,更觉这四句诗前后呼应,一气呵成,精当之极。

---

① 高似孙《史略》卷五"杂史"录《彭门纪乱》三卷,"唐郑樵撰,记懿宗朝徐州庞勋叛"。

陈氏自云："汴路之界说既已确定,彭门之地望因之可以推知,而野色之校改亦得佐证矣。"这种严谨的逻辑程序,足见说诗者思绪的周密。这样的结论,也就具有很强的说服力。

以上说明,以诗证史这种方法的运用,首先要求正确地理解诗,只有那些精于诗道的人,才能正确地阐释诗中的意蕴,从而利用这些新的成果,补充史书记载的不足。陈寅恪通过对《秦妇吟》的诠释,证以《桂苑笔耕集》中的记载,说明了黄巢之乱时东南地区的军阀混战,阻断了水陆要道,给人民的生活带来了说不尽的艰难困苦。这样说诗,有益于考史,而考史的结果,又有益于说诗。这样的文史研究,如水乳之交融,但研究者必须根据"水"与"乳"的特点进行研究,才能得出正确的结论。

上面提到的其他一些说诗者,对其中的词语不能作出正确的解释,学力不足,固然是重要的原因,但文学素养不足,也是重要的原因。他们读《秦妇吟》时,不能正确地把握住韦庄此诗的章法和句法,生吞活剥,也就不能沿着正确的渠道剖析此诗。

五

做研究工作,要能发现问题,然后解决问题。"从长安到洛阳之路程"一节,就是发现问题和解决问题的佳例。

《北梦琐言》卷六"以歌词自娱（附蜀相韦庄）"条曰："蜀相韦庄应举时,遇黄寇犯阙,著《秦妇吟》一篇,内一联云:'内库烧为锦绣灰,天街踏尽公卿骨。'尔后公卿亦多垂诃,庄乃讳之。时人号'《秦妇吟》秀才'。他日撰家戒,内不许垂《秦妇吟》障子,以此止谤,亦无及也。"

陈氏从中发现了疑点。如上所言,敦煌发现《秦妇吟》的卷子前后有九本之多,可见此诗盛传于世,"《秦妇吟》秀才"云云,自属可信。但一首博得盛誉的诗歌，韦庄之弟蔼编《浣花集》时竟不收入，说明韦庄"撰家戒，内不许垂《秦妇吟》障子"之说尤为可信。他为什么在晚年时讳言此诗，孙光宪以为其中一联触犯了忌讳，却是缺乏说服力的。唐人在这些地方比较开放，唐僖宗责备高骈的诏书，还引用了高骈表中"园陵开毁，宗庙焚烧"之语，说明朝廷诏书尚且不以此为讳，韦庄所作之民间乐府何以如此拘执？况且韦庄向来宗奉杜甫的诗歌创作，杜诗《诸将》中也有"早时金碗出人间""洛阳宫殿化为烽"等语，韦庄又何必对同样的字句畏首畏尾？假如《秦妇吟》中真是只有一联有所忌讳，那么删去它，改易它，处理的办法很多，何必取全篇而禁绝之？"然则其意以'内库''公卿'一联为说者，乃不能显言其故，遂作假托之词耳。以是愈知其所讳之深而用心之苦矣。"①而他所以深自隐讳的原因就必须另作解释。

陈氏引用了《北梦琐言》卷九"李氏女"条，说明黄巢之乱时，有一个遭遇类同于《秦妇吟》中"秦妇"的李氏女，辗转避难，而其路线则由兴元至蜀。但不论当时"奔波随人"之女东奔抑或南奔，从他们出奔的路线来看，都要经过官军的驻防之地。从史籍的查证中，陈氏也就发现了问题，于是他作了一番考证，最后总结道："据《旧唐书·杨复光传》，王重荣为东面招讨使，复光以兵会之。又据两《唐书·王重荣传》，复光与重荣合攻李祥于华州，及重荣军华阴复光军渭北，掎角败贼。是从长安东出奔于洛阳者，如《秦妇吟》之秦妇，其路线自须经近杨军防地。复依《旧唐书·僖宗纪》《新唐书·王重荣传》及《通鉴》中和元年〔九月〕之纪事，复光屯军武功，则从长安西出奔于成都者，如

---

① 俞平伯《读陈寅恪〈秦妇吟校笺〉》引用这段文字后说："以《北梦琐言》此条记载乃本诸作者自言者，说甚新颖，未知信否。"陈氏的这种解释确嫌牵强，但"讳深心苦"之说还是可以成立的。俞文载《文史》第十三辑，1983 年 3 月出版。

《金溪闲谈》之李氏女，其路线亦须经近杨军防地，而杨军之八都大将之中，前蜀创业垂统之君，端己北面亲事之主（王建）即是其一。其馀若晋晖、李师泰之徒，皆前日杨军八都之旧将，后来王蜀开国之元勋也。当时复光屯军武功，或会兵华渭之日，疑不能不有如秦妇避难之人，及李女委身之事。端己之诗，流行一世，本写故国乱离之惨状，适触新朝宫闱之隐情。所以讳莫如深，志希免祸，以生平之杰构，古今之至文，而竟垂戒子孙，禁其传布者，其故倘在斯欤？倘在斯欤？"这当然只是一种假设，但统观全局，应该认为这种假设是合理的。一位致力于诗歌创作的诗人，要把获得广泛称誉的代表作品删去，当然有其深沉的隐痛。问题的严重性，应该向当时的政治形势中去寻找答案。陈氏用《秦妇吟》"本写故国乱离之惨状，适触新朝宫闱之隐情"作解释，或许接近事实的真相。

　　《秦妇吟》在韦庄生前流传的这一段曲折经过，经过陈寅恪的解释，可以说找到了一种比之于《北梦琐言》中的原始记载更为合理的说明。自此之后，似乎还没有第二种假设出现。

后　记

　　《当代学术研究思辨》一书,于 1993 年 5 月出版,受到学术界的重视,曾被许多指导研究生的导师指定为参考书,有的教师则按照其中分析王国维、陈寅恪的几篇文章中的体例,另挑一些范文进行讲授。到了 1998 年 5 月,南京大学出版社重印了一次。2000 年 10 月,江苏古籍出版社为我出《文集》,列入第六册,又重印了一次。顷蒙北京大学出版社垂顾,又要给我印行新版,我就筹划出一种增订本,把后来陆续写成的一些同类文章也印进去。

　　对我来说,进入当代学术研究领域,可说很偶然,不能说是早就立志于此云云。改革开放之前,党叫干啥就干啥,改革开放之后,情况有所改变,工作上需要,这才进入这一新领域。形势使然,其间仍有不由自主之处。

　　其时各个学校出现了竞争态势。一些老大学,忙着翻家当,把过去一些名教授重新抬出来壮声势,争地位。南京大学当然也不例外。外面的一些报章杂志也纷纷来约稿。只是过去的教授往往涉及的面很广,而新中国成立之后培养出来的教师大都属于某一方面的专家,很难为其师辈作全面的陈述,于是系领导又让我挑起这副担子。我因喜欢泛读,东奔西走,干过不少突击工作,适应性较强,因此前前后后也就承担了不少介绍中央大学至南京大学时期一些老教授的文字。

　　人的生存状态很复杂。我写这些文章的时候,当然是在表达对师辈的一份情感,但身处 20 世纪 80 年代,还得以考虑完成任务为重,因此收在这里的一些文章,我得说清,并非全部出于尊师或兴趣等目的。

我为罗根泽师写评传,在 1983 年的上半年。教育部通知我去参加全国高考出题,还要隔离两个月,系里就不能安排课程,我就利用之前之后两三个月的间隙完成了初稿。罗先生曾在很多高校任教,为时都很短,又身历抗日战争与解放战争,兵荒马乱,辗转流徙,没有长期追随的学生,因此很少有人能理清头绪,承担写作任务。我为写好这篇文章,下学期时还赴上海向郭绍虞先生请教,后又广发书信,请他当年的好多老友提供意见,还曾得到过杨向奎先生等人的回音。到了第二年时,又与编写《罗根泽先生著作年表》的聂士美先生交换意见,还让罗先生的子女提供意见,再改写定稿。因此,我为完成此文,也可说是尽到了最大努力。我前后只教过三年中国文学批评史,其后一直不再教这门课,也无必要再进入其他教师主管的领域,但是为了写好此文,我还是阅读了很多有关资料。随后研究中国近代学术史的热潮越来越高涨,好多单位,好多朋友,都来邀约撰写有关罗先生的文章,要求提供面目一新的新稿,可我已无法再写出另外一篇不同样式的文字,只能以这篇稿子到处充数,最多随情况不同作些小的改动。后来收在光明日报 1985 年 6 月 8 日《文学遗产》副刊、《中国当代社会科学家》第八辑(书目文献出版社 1986 年版)、《中国现代社会科学家传略》第九辑(山西人民出版社 1987 年版)、张世林编《学林往事》中册(朝华出版社 2000 年 3 月版)、陈平原主编《中国文学研究现代化进程二编》(北京大学出版社 2002 年版)、夏晓虹编《清华同学与学术薪传》(生活·读书·新知三联书店 2009 年 7 月版)中有关罗先生的传记,都用的是这一篇文章。对此我内心一直很矛盾,一方面觉得为师门学术的发扬光大做了一些工作,得到学术界的认可,总算是尽到了一份责任,一方面又感到不能处处有新稿寄去而感到遗憾。这篇文章反复使用,实出无奈,只能祈求他人谅解。

我写胡小石师研究方面的文章,情况相似。小石师在中央大学时期,就是与黄季刚齐名的知名学者与名士。据詹瑛先生面告,重庆时期,国民政府教育部第一次评部聘教授,他与黎锦熙是中国语言文学领域内首批评出的两位,可见其学术地位之高。但他很少写东西,与政界与学界都很疏离,因此新中国成立之后就很沉寂,据云上面有人就说他不写东西而不能评科学院学部委员。改革开放之后,情况大变,南京大学的地位也有所改善与提升,于是校领导敢于宣扬当年中央大学的光荣历史了,何况小石师生长在南京,毕业于两江师范学堂,学校更要重点宣扬了。南京市与江苏省基于同样考虑,也要积极宣传他的业绩。小石师建树多端,一些同门难以适应,于是动笔的任务又常落到我的身上。为了写好有关文章,我尽了最大努力,然因各方面的工作头绪纷繁,这方面的任务又连绵不断,尽管我已竭尽所知,觉得该说的话都已说尽,但新的任务仍不断下来,于情于理还得完成,有时不得不将部分旧稿移入。例如 2008 年时校方为了筹办百年校庆,要编一套《学术大家经典》(后改称《南雍学术经典》),希望我负责编写有关小石师的一部著作,其时我已年届八十,为了抓住最后一次发扬师门学术的机会,还是努力完成了任务,只是体力衰惫,有的地方只能偷巧,如介绍他在文学史方面的贡献时,就用了不少旧稿。作为一本单行的书或单篇论文来看,自成体系,问题还不大,如今都编在一起,可就有些不合适了。但我已经无法可想,只能将情况说明,请求大家谅解。

平心而论,我本不喜欢在人前多介绍师辈的业绩,这样做,总会惹上吹嘘自己的嫌疑。只是任务当前,可也不容迟疑。不过我还是一直在努力注意掌握分寸,不能为私人感情所支配,应该把老师的贡献放在学术史的洪流中考察,确定一个适当的位置。

近百年来,时代潮流汹涌澎湃,到处是惊涛骇浪。作为一名小知识分子,随波逐浪,备历艰难。二十岁前后,经历改朝换代;五十岁前后,又身历两个不同世代。改革开放之前,作为一名学生,一位年青教师,努力学习,勤奋工作,自然会接触到许多著名学者的优秀成果,但不可能做什么学术史方面的研究。"文化大革命"中,"横扫一切牛鬼蛇神",已是玉石俱焚;前十七年,"批"字当头,也已动多拘碍。如果介绍师辈的业绩,弄得不好,就会招来"替资产阶级学者(或封建学者)招魂"的横祸。我思想水平低,无力高举毛泽东思想伟大红旗,平时只能退避三舍,少说为妙。到了 20 世纪 80 年代,政治上逐渐松绑,域外各种新思潮纷纷传入,又产生了很多新的困扰。为了探讨方法论方面的问题,我开了一门近代学者治学方法研究的新课,这才正式投入这一课题的研究中去。在本书的《前言》中也提到,当时本想对更多学者进行研究,如胡适、顾颉刚、闻一多以及傅斯年、钱穆等人,我都有些兴趣,只是限于当时条件,材料无法征集,只能对王国维、陈寅恪二人作些分析。迨至 90 年代,资料问题大体已可解决,而我早就举步维艰,只能望洋兴叹。教学、科研、社会活动、对外交流,纷至沓来,都得一一做好,实是分身乏术,原先打算好的一些学者的专题研究计划只能束之高阁。然而《当代学术研究思辨》出版后,学术界却又把我视作专门人才,于是又不得不应邀写一些文章或是出去作一些讲话,一直忙到世纪之交,才能慢慢放慢节奏。

20 世纪即将结束时,有些单位纷纷组稿,请人写一些总结百年成就的文字。北京三联书店来函,让我总结古代文学研究方面的成就,编入《中国人文百年》一书,我可抽不出一段完整的时间来写作,只能利用 1997 年时赴美国几所大学讲学的空隙,住在女儿家里,写了五万多字。这一种书的出版计划后来撤销了,可是这段插曲却帮我认清了形势,激发起了另一想法。多少年的事实证明,我不可能享有什么完整的时间读上一段时间的书,可以埋头写作,完成一本几十万字的胡适、顾颉刚、陈寅恪、岑仲勉、郭绍虞、朱东润等人的研究专著。以前我就只是见缝插针,零敲碎打地作些笔记,酝酿较为成熟时,就写成一种系统的读书笔记。《当代治学方法的进步》《古今文史观念的演变》等文,都是这么积累下来的。其后正式发表的《文学"一代有一代之所胜"说的重要历史意义》等文,也是同样性质的文字。这时我就想到,可以在之前那些专家研究和专题研究的基础上,总结提高,连缀成篇,完成学术史方面的写作心愿。只是体力日衰,其后又有脑供血不足等毛病,弱弩之末,势难达标了。

今日重印《当代学术研究思辨》,想到我在各种会议上的一些讲话,一些报告,也多同一性质的文字。其中两篇总结新中国成立后及改革开放十年来古代文学研究的报告,是否有过时的问题?考虑之后,却又认为,20世纪之末正值该学科的飞跃发展阶段,这些总结应该符合实际,还是有其固有价值,可以帮助读者认识这一时期的文学思潮,因而仍然可以收在这里,供大家参考。上述所有的文字可以编在一起,列为《思辨》的第二部分,作为学术史专题研究方面的一组。于是不再像初版中那样,细分为四部分了。

那篇原为《中国人文百年》准备的稿子,后来改称《西学东渐和中国古代文学研究》,编入《周勋初文集》的第六册中,此处不再收入。应该说明,由于同样的原因,该文之内也有与其他地方重出的地方。

屈指算来,我之从事近代学术史研究,似乎已有三四十年,只是精力极度分散,实际投入的时间并不多。况且我在改革开放之后已经年过五十,精力日渐衰殆,也是无可奈何之事。大家常说人有时代的局限,对我来说,问题更多,情况更为复杂。尽管我一直在夹缝中奋斗,也不知道这些劳动到底有多少价值。是耶非耶,尚祈各方不吝赐教。

2012年12月

附　录
当代学术：从"预流"到"正果"

——读《当代学术研究思辨》

陈允吉　朱　刚

　　1898年，梁任公作《论中国学术思想变迁之大势》，开卷即谓："学术思想之在一国，犹人之有精神也。"否则死灰槁木而已。梁先生晚年退出政界，以教授著述为业，以"终于讲席"为生涯之归宿，居清华国学研究院四导师之列，以其一生求学治学之历程，体现了近代以来中国学术范式之转变。就学术范式看，我们可以将明显不同于古典学术的新学术范式径称为当代学术，它所涵载着的观念变革和形成的治学方法，几十年来已成为新的学术传统。及时地总结这一代学者的成果和方法，是当代学人的职责，它本身也是对"当代学术"之本质内涵的揭示。这便是周勋初先生从事"现代学者治学方法研究"课题的重大意义。

　　周先生说，由于资料方面的障碍一时难以克服，故暂时还不能"进行宏观的全面综述"，"于是我在郑重考虑之后，决定采用另外一种表达方法，改从各种角度进行探索，写作几组性质有所不同的文字，对当代学术研究的演变和发展分别进行探索，总结学者治学过程中的经验和教训，从各个侧面反映学术界的成就"（《当代学术研究思辨·前言》页1，以下引此书只注明初版时的页码）。这几组性质有所不同的文字，一是研究黄季刚、胡小石、陈寅恪、罗根泽、程千帆五位先生的专题论文，二是对古今治学方法进展与文史观念变化的揭示，三是有关近十年来学术进展情况的介绍，四是将王国维、陈寅恪著作中较有代表性的五篇论文详加评析。这就是《当代学术研究思辨》一书的基本面貌。由于在写作中时刻体现出一种努力，即从特殊性的对象向具有普遍意义的学术范式的归结，所以此书实际上以论文集的形式涵盖着"宏观的全面综述"性专著的内容，即对"当代学术研究"的整体性思辨。

一

中国本世纪以来"国学"诸流派，即信古、疑古、证古三派，固如梁任公先生解释的那样有清代学术的渊源，但也与胡适等人推行的"西化"，以及日本"中国学"的发展有关。对西方自由派绅士之言论举止风貌的模仿，自以胡适诸人为最，但就文史研究之实绩论，真正开创和实践了当代学术范式的却是王国维先生，继他之后使这一范式成熟起来的就是陈寅恪先生。《当代学术研究思辨》以他们的五篇论文为范例，是完全正确的。

周先生说："在王国维的研究工作中，'分类法'的运用，曾经取得非常好的效果，值得后人注意。"（页282）这是根据罗振玉《集蓼编》中的一段话提出的，周先生将"分类法"释为"专题分类研究"（页283）。按专题分类当与学科确立有关，此实以近代以来西方的一整套学科体系为前提，故大学学制的改革每为文化革新之关键。学科体系的哲学根据即是科学理性，传统的"七略""四部"之学被有所别择地更替下来。在评价罗根泽先生《中国文学批评史》时，周先生引朱自清的话说："罗先生这部书的确能够借了'文学批评'的意念的光，将我们的诗文评的本来面目看得更清楚了。"（页110）文学批评的"意念"来自它本身作为一门独立学科的质的规定性，和一套与它自身相适合的方法。

它不能同传统的"诗文评"简单对应，因此必须在浩如烟海的古籍中辑取新材料，在新的学科意念的观照下提出新问题，加以解决。这便是陈寅恪先生在《陈垣〈敦煌劫馀录〉序》中提出的："一时代之学术，必有其新材料与新问题。取用此材料，以研求问题，则为此时代学术之新潮流。治学之士，得预于此潮流者，谓之预流。"所谓"预流"，是借用了佛学中初果之名，在这个意义上是指进入新的学术范式。以科学理性为根据的现代学科体系，正是区别于清代以前古典学术的重要标志。周先生认为当代学者与清儒相比，除了运用更细致的归纳法外，还能使用演绎法与假设法（页 165，170）。这种演绎和假设便在很大程度上来自学者头脑中明确的学科"意念"。

科学理性在王国维先生的上古史研究中表现得极为出色。上古史研究的难点在于一方面材料严重缺乏，另一方面则现有材料中传说与史实混而不分，难以别择，要合理地处理古史材料，即须以考古发现与文献记载相参较，此即王先生所谓"二重证据法"（页 284）。它的更进一步表述即陈寅恪先生《王静安先生遗书序》中所概括的三条："一曰取地下之实物与纸上之遗文互相释证"，"二曰取异族之故书与吾国之旧籍互相补正"，"三曰取外来之观念与固有之材料互相参证"。这自然是借鉴了西方学者研究耶稣、佛陀之生平和希腊、罗马之古史的方法，它在很大程度上依赖于古典文献学与考古学提供的新材料。王国维先生的上古史研究，就以殷墟甲骨卜辞的释读为工作中心，以此证明《史记》所载商代世系基本正确，然后作《殷周制度论》以揭示两代之间社会制度的基本差异，给人全新的中国上古史面貌。

在学科的"意念"下开拓新材料以解决新问题，从而建立新的学术范式，似以古音学一门最为典型。王国维先生《周代金石文韵读序》谓，古音之学自顾炎武到段玉裁、江有诰等，"廿二部之目遂令后世无可增损"，因为"其材料不过群经诸子及汉魏有韵之文，其方法则皆因乎古人用韵之自然而不容以后说私意参乎其间,其道至简,而其事有涯,以至简入有涯,故不数传而遂臻其极也"(页147)。按此可见以纸上文献材料为囿,以"离析唐韵"分部归纳为工作方式的清代古音学的困境。段玉裁据《诗经》韵表,群经有韵之文,及《楚骚》、诸子、秦汉六朝辞章所用之韵,将唐以后合用的"支""脂""之"三部分立,令当时学术界倾倒备至。然而他自己却陷入了困惑,因为他只知道唐以前这三部分别很严,却实在不明白它们之间有何音值上的区别。其晚年致信江有诰云:"足下能知其所以分为三乎? 仆老耄,倘得闻而死,岂非大幸!"(陈澧《切韵考》卷六引)这位令人尊敬的清代古音学大师提出的问题,是清代古音学无法解决的,所以他只好死不瞑目。本世纪以来,由瑞典学者高本汉创立,赵元任、罗常培诸先生发扬光大的当代古音学为了解决这个新问题,采用了西方历史比较语言学的古音构拟方法。他们突破了文献材料的囿限,到各地方言中寻找保留的古音;到历史上曾引进汉语词汇的日语、韩语中寻找它们引进这些词汇时的读音,谓之"域外汉语";因为汉藏语系诸民族语言与汉语同祖,所以各少数民族语言中也保留着大量材料可资利用;中国历史上曾大量翻译佛经,在一大批音译词汇中,可以参考梵语来确定音译汉字在当时的读法,谓之"梵汉对音"……这样大规模的开拓,使当代古音学具有了与清儒迥异的学术风貌。

从观念上讲,当代学术对古典学术在文史领域的最大突破,是对"正统"观念的消解,将"正统"回归给"传统"。以科学理性为指导的当代学术声明经学不再是天经地义,它是哲学史上的一家之说,这在梁任公《清代学术概论》中表述得相当清晰。与此相应,诸子学研究兴起,成为罗根泽先生从事的三大学科之一(页96—104);正史与笔记材料、正统诗文与戏曲小说之间的不平等地位也被逐步摆正(页187—227);黄季刚先生引《庄子》《韩非子》释"道"为"万物之所由然",而不是"一家之道",由此批判当时持"一家之道"的"文以载道"说(页17—20);这些都是将"正统"回归为"传统",并折合于"自然""公理"的表现,已由周先生详细论证和描述了的。

借鉴新观念,以建立新学科,利用新材料,以解决新问题,使当代学术作为新的范式得以建立起来。在周先生所论述的几位学者中,胡小石先生曾跟陈寅恪之父散原老人学诗,又尝居上海与沈子培、王国维诸人往来;陈寅恪先生与王国维同为清华研究院导师,相处甚密,论学每多契合;罗根泽先生曾考入清华,从梁任公、陈寅恪诸导师求学;程千帆先生与陈寅恪两家世交,在治学方法上深受陈的影响。他们声气相通,学业相承,同为当代学术的发展作出了杰出的贡献。而统观全书,则尤以寅恪先生为当代学术的典范。

二

陈寅恪先生是众所周知的"中国文化本位论"者,也有人称他为"遗少",这当然与他的家世有关,周先生论之已甚详(页50,53,326,328,332)。但作为一个当代学者,科学理性在他头脑中依然居于不可动摇之地位,最能说明这一点的,是他对中医的态度。寅恪先生极度珍视传统文化,其家又世代习医,而他本人却"不信中医,以为中医有见效之药,无可通之理"。中医究竟有否"可通之理",当然是一个可以继续讨论的问题,但此点适足以证明这位"中国文化本位论"者并非迷古,而颇具坚强的"以理性审视一切"的科学精神。寅恪先生通过历史研究,"知中医之理论方药,颇有由外域传入者",故"若矜夸以为国粹,驾于外国医学之上,则昧于吾国医学之历史,殆可谓数典忘祖欤?"(《寒柳堂记梦未定稿》)一个古典文化的研究者,有"好古"的习尚并不为过,因为"好古"不见得就"薄今",杜甫就写过"不薄今人爱古人"的诗句;关键在于必须先还"古"以真实面目,即孔子所谓"信而好古",这才是正确的态度。寅恪先生从小就读过大量医学古籍,他虽不信其有"可通之理",却仍认为它们有史料价值,后来在《狐臭与胡臭》等论文中就曾借此以考论史事——这便是当代学者对一切古代文化遗产的正确处理方法。正如周先生所指出,他对于笔记小说记载的材料,于其细节上的不真实外,能另看出"通性之真实"加以利用(页 212—214),也是这种正确态度的表现。

寅恪先生的最大业绩,在于他创立了中古史的当代体系。周先生曾拿他的《〈魏书·司马睿传〉江东民族条释证及推论》与赵翼《廿二史札记》"陈武帝多用敌将"条对比,说明他超过清儒的地方就在于他从"社会阶级"来考察历史现象(页 164)。按以"社会阶级"之间的斗争分合、盛衰交替来阐释历史,起源于大革命之后的法国史学界如米涅等人,后来被马克思所继承而得到长足的发展。我们没有足够的材料来证明寅恪先生负笈欧洲时曾否接触此类学说,但揆情度世,恐怕仍可肯定下来。以前曾有人认为他的"阶级"概念是对马克思主义阶级学说的歪曲,现在看来,"歪曲"固然谈不上,两者之间的异同也可进一步探讨;但寅恪先生的学术实践本身,却无可怀疑地证明了他的"社会阶级"概念要比别的史家所持的诸种更适合于对中国中古史上各种社会现象的深入解剖。在这里,研究方法与研究对象所达成的高度的一致性、契合性,呈现出极为理想的状态。就整个文史研究的全局来看,他创立的中古史体系,在他的研究中成熟起来的学术范式,仍长久地具有统领全局的指导意义。

如果说在"信而好古"的前提下,"好古"不但并不影响学术研究,反而更有助于把握对象的实质,那么,在对中国传统文化的起源、生长、与外来文化的交流融会及其发展的方向等有了科学的认识的基础上,"文化本位论"也实有利于学者更准确全面深入地认识并体会此

"本位文化"。早在梁任公先生著《论中国学术思想变迁之大势》时，就已指出："凡一国之立于天地，必有其所以立之特质，欲自善其国者，不可不于此特质焉，淬厉之而增长之。"寅恪先生研治中古以下民族文化之史，正是为了发现这种所以使中国文化长立于天壤间的内在合理性，也即此种文化的真正精神所在，用古典的术语讲，即是"道"或"斯文"。那当然不能完全等同于古人的"道统""一家之道"，而已诉诸理性的检验，折合于世界文化发展之"公理"，从中外文化交流融会之具体历史中淬砺出来，具有客观的存在合理性，而实以民族文化精神为内涵——这本身是近现代中国所遭逢的世变向学者们提出的时代命题，在王国维、陈寅恪等先生身上体现为强烈的"存亡"意识。王先生于辛亥、壬子后学术遽变，其内在动力就在于此，《送日本狩野博士游欧洲》："我亦半生苦泛滥，异同坚白随所攻。多更忧患阅陵谷，始知斯道齐衡嵩。"他要自觉地担负起接续"斯道"使之传沿不绝的责任，而他也非常出色地完成了这一使命，所以他去世后，陈寅恪先生乃有"文化神州丧一身"（《挽王静安先生》）之叹。在这方面，寅恪先生是王先生的后继人，当时学界也多作如是观，如罗振玉即曾写信给他，道"忠悫（按此为清室给王先生的谥号）以后学术所寄端在吾公矣"（《寄陈寅恪书》）。作为"一代文化所系命之人"，寅恪先生时时不忘此种责任，周先生引其《赠蒋秉南序》中论欧阳修的一段话来说明他"贬斥势利，尊崇气节"的深意（页53），按欧阳修之文化业绩，苏轼有过很好的概括曰："斯文有传，学者有师。"（《祭欧阳文忠公文》）这正是寅恪先生心仪的榜样。如周先生所指出，他推崇东晋的王导，也是出于同样的用意（页58）。而从学术的角度来说，因为"存亡续统"确为中国古代文化人心目中的使命，所以寅恪先生从"文化本位论"作出的深刻揭示，完全符合历史的真实。

从这个角度来说，当年避居沪上、金陵等地的一批逊清遗老，对于中国文化的传衍作出过不可抹杀的贡献，似也不可因其政治上的保守性而一概否定。王国维先生本人亦在其中，其他如沈子培、郑大鹤、寅恪先生之父散原老人、小石先生之师清道人等，都具有深厚的传统文化修养，他们于感情上留恋清廷，于理智上却能认识到真正的问题不在一朝一姓之更替，而在于整个传统价值的毁灭和传统文化的断层。因此他们大都专心致力于学术研究，群策群力地弥补起古典文化与当代学术间的断裂，他们在学术上的后继人，后来纷纷成为当代学术研究的中坚力量，像周先生列举的当年东南大学至中央大学的一批著名教授，大多为"身兼儒林、文苑之长的名流"（页34、122），这多少便秉承了些他们上一代的遗风。

三

二战以后的世界学术，对于人类的"理性"提出过相当尖锐的责问，对于科学、现代工业之类也有过深刻的反思，学术文化的着眼点由对科学理性的坚强信心，转为对"存在"的关心，即对"人类如何生存"问题的根本性思考。当各种文化中心主义被驳斥后，秉承不同文化传统的人们必须学会共同生存。由此出发，文史学领域比以往任何时代都强调文化史的观念。中国文史学者必须思考中国文化如何在世界文化之林中获取自具特色的生存之问题。它与古代"存亡续统"意识的区别在于文化中心主义的自大观念即"夷夏之辨"被清洗，而更关心如何与异质文化沟通，获取世界性，又能保持自己生生不息的传统精神，在世界文化中树立起自我的形象，为整个世界文化作出独特的贡献——而这一切，基本上就是王国维、陈寅恪等先生思考过的问题。毋庸讳言的是，由于身世时代方面的影响，他们身上多少带有"遗老遗少"所具有的那种对于被取代了的清朝乃至整个古典文化的不切实际的理想化,那种对于过去了的并不美妙的光鲜时代的梦幻般美妙的追忆,当这种情感因素消退后,我们在学术研究中所能继承到的却是一种文化史的观念,一种对于民族文化传统的深层认同,一种在研究工作中对传统文化之特点的充分尊重与关切,也即研究方法与研究对象之间的一致性、契合性。像周先生屡次提到的"文史不分"(页 253,264)或"以诗证史"(页 127,391)研究方法重新得到确认,和"以意逆志""比兴说诗"法的复活(页 176)等等,就是显证。在这方面最典型的例子莫过于陈垣先生的《通鉴胡注表微》和陈寅恪的《柳如是别传》。周先生解释《通鉴胡注表微》道:"胡三省以宋代遗民的身份,坚持不与元王朝合作,在艰难困苦的条件下,注释《资治通鉴》,通过历史事件与历史人物的注释,抒写他的亡国之痛。胡三省的这番苦心,前人从未察觉,大家都只称道他考证之精到与地理知识的丰富,而不了解他眷怀故国的隐衷。陈垣经历了与胡三省相似的经历,千载同心,于是写作《通鉴胡注表微》二十篇,前十篇言史法,后十篇言史事,阐发胡注的精神。"(页 177)周先生概括此书的三个特点为:一发扬《春秋》大义,劝善攘恶;二推阐作者苦心,借古喻今;三假托古人,抒发个人怀抱。这样,陈垣先生从早年治宗教史、中外交通史,"多更忧患阅陵谷"后回到了传统史学方法,诚如向达先生所说,他著《通鉴胡注表微》,是成了"正果"(页 176)。

向达先生所说的"正果"与寅恪先生讲的"预流",都借用了佛学中的概念,从"预流"到"正果",正是中国当代学术所走过的道路,这两者也是当代学术范式的两个基本特点,既预于世界学术之流,又能正本清源地结中国文化之果。这是周先生在《当代学术研究思辨》一书中再三致意的。孔子云:"书之重,辞之复,其中必有美者焉。"我们当识此"美者","淬厉之而增长之"。如何总结"前修"的成果和治学方法及其对于传统学术的继承和更新之处,从而指明发展的方向,不仅仅是一个研究课题,而且具有为时势所需的现实意义。周先生的书以富于感性的笔调向我们展现了老一辈学者的风貌,深入近代以来学术文化嬗变的历史,对各种现象加以概括,在丰富的遗产中提炼其"荦荦大者",从理性层次上进行阐发推扬,力图使后来者看到轨辙所在,凭轼放眼,前景可观。如果说学术的起点是"预流"的话,周先生是做了一个对于"流"的揭示工作,相信它一定能帮助今天的研究者去努力结出"正果"。

(原载《传统文化与现代化》1995 年第 6 期)